지은이 옥한흠

제자훈련에 인생을 건 광인(狂人) 옥한흠. 그는 선교 단체의 전유물이던 제
자훈련을 개혁주의 교회론에 입각하여 창의적으로 재해석하고 지역 교회
에 적용한 교회 중심 제자훈련의 선구자다.

1978년 사랑의교회를 개척한 후, 줄곧 '한 사람' 목회철학으로 예수 그
리스도를 닮은 평신도 지도자를 양성하는 데 사력을 다했다. 사랑의교회
는 지역 교회에 제자훈련을 접목해 풍성한 열매를 거둔 첫 사례가 되었으
며, 국내외 수많은 교회가 본받는 모델 교회로 자리매김했다. 1986년에 시
작한 〈평신도를 깨운다 제자훈련 지도자 세미나〉(Called to Awaken the Laity,
CAL세미나)는 제자훈련을 목회의 본질로 끌어안고 씨름하는 수많은 목회자
에게 이론과 현장을 동시에 제공하는 탁월한 세미나로 인정받고 있다.

철저한 자기 절제가 빚어낸 그의 설교는 듣는 이의 영혼에 강한 울림을
주는 육화된 하나님의 말씀으로 나타났다. 50대 초반에 발병하여 72세의
일기로 생을 마감할 때까지 그를 괴롭힌 육체의 질병은 그로 하여금 더욱
더 하나님 말씀에 천착하도록 이끌었다. 삶의 현장을 파고드는 다양한 이
슈의 주제 설교와 더불어 성경 말씀을 심도 있게 다룬 강해 설교 시리즈를
통해 성도들에게 하나님 말씀을 이해하는 지평을 넓혀준 그는, 실로 우리
시대의 탁월한 성경 해석자요 강해 설교가였다.

설교 강단에서뿐만 아니라 삶의 자리에서도 신실하고자 애썼던 그는
한목협(한국기독교목회자협의회)과 교갱협(교회갱신을위한목회자협의회)을 통해 한
국교회의 일치와 갱신에도 앞장섰다. 그리하여 보수 복음주의 진영은 물
론 진보 진영으로부터도 존경받는, 보기 드문 목회자였다.

1938년 경남 거제에서 태어났으며 성균관대학교와 총신대학원을 졸업
했다. 미국의 캘빈신학교(Th. M.)와 웨스트민스터신학교에서 공부했으며,
동(同) 신학교에서 평신도 지도자 훈련에 관한 논문으로 학위(D. Min.)를 취
득했다. 제자훈련 사역으로 한국교회에 끼친 공로를 인정받아 웨스트민스
터신학교에서 수여하는 명예신학박사 학위(D. D.)를 받았다. 2010년 9월
2일, 주님과 동행한 72년간의 은혜의 발걸음을 뒤로하고 하나님의 너른
품에 안겼다.

교회 중심의 제자훈련 교과서인 《평신도를 깨운다》를 비롯해 《길》, 《안
아주심》, 《고통에는 뜻이 있다》, 성경 강해 시리즈인 《로마서 1, 2, 3》, 《요
한이 전한 복음 1, 2, 3》 등 수많은 스테디셀러를 남겼으며, 그의 인생을 다
룬 책으로는 《열정 40년》, 《광인》 등이 있다.

옥한흠 전집 주제 06

나의 고통 누구의 탓인가
안아 주심

│ 일러두기 │

본문의 성경은 《성경전서 개역개정판》을 주로 사용하였습니다.
이 책은 고(故) 옥한흠 목사의 설교를 바탕으로 구성한 것입니다.
설교 영상/오디오 자료는 QR코드를 참고하십시오.

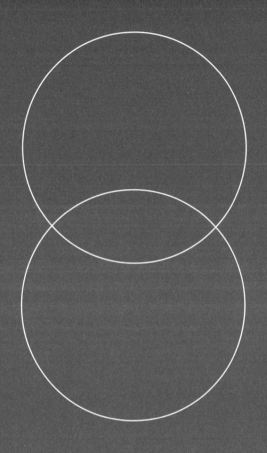

나의 고통 누구의 탓인가

옥한흠 지음

국제제자훈련원

들어가며

많은 그리스도인에게서 나타나는 공통된 현상이 있습니다. 그것은 신앙생활을 잘하면 별 어려움 없이 세상을 살아갈 줄 알았다가 어느 날 갑자기 심한 고난의 파도에 휩쓸리게 되면 자기도 모르게 '욥'이라는 인물을 생각하게 되는 것입니다. 그만큼 욥은 동서고금을 막론하고 숱한 성도들로부터 사랑을 받아 왔습니다. 그러나 참으로 욥을 이해하거나 본받는다는 것은 결코 쉬운 일이 아닙니다. 고통의 해답을 찾고자 욥기를 폈다가 실망하고 일어서는 사람이 어디 한둘이겠습니까? 앞뒤 한두 장 정도는 쉽게 읽으면서 이해할 수 있습니다. 그러나 그 나머지는 절대로 수월히 읽히는 부분이 아닙니다. 이처럼 욥기는 고통의 멍에를 짊어진 사람이라고 해서 누구나 아무 어려움 없이 접근할 수 있는 성경이 아닙니다. 그럼에도 욥의 이야기를 빼놓고 성도가 겪는 고통에 대해 무슨 말을 한다는 것은, 알지 못하면서 아는 체하는 우를 범하는 것과 같습니다.

저는 대학 시절 내내 병과 씨름하는 어두운 터널을 통과해야 했습니다. 그래서 고통이 무엇인지 조금은 느끼고 이해할 수 있었습니다. 그러나 목회를 시작한 후 별다른 어려움 없이 10년을 보내고 나니 저도 모르는 사이에 고통을 당하는 형제들을 보는 눈이 싸늘해졌다는 것을 한참이 지나서야 알게 되었습니다. 약한 자들, 가난과 씨름하는 자들, 말 못할 고민을 몰래 숨긴 채 가슴앓이를 하는 자들을 보면서도 그들의 처지로 내려가서 함께 울어 주지 못하는 냉정한 목회자가 되어 버린 것입니다. 힘들이지 않고 산을 타는 사람이 조금 오르다 숨을 몰아쉬며 쩔쩔매는 동행자를 이해하지 못하는 것과 같은 잔인한 인간성이 제 마음 한구석에 자리를 잡았던 것입니다. 옥 목사 곁에 있으면 무섭다는 말이 그래서 나왔는지도 모르겠습니다. 게다가 저는 이러한 증세가 목회자에게 있어 얼마나 심각한 것인가를 잘 느끼지 못하고 있었습니다.

그러던 어느 날, 수요예배 설교를 하고 돌아와서 밤사이에 저는 끝이 보이지 않는 깊은 수렁으로 떨어지고 말았습니다. 어디가 잘못되었는지 알 수도 없는 병이 저를 사정없이 움켜쥔 것입니다. 그 후 4년이 넘도록 고통과 씨름하면서 남모르는 아픔과 눈물을 삼켜야 했습니다. 첫 한 해를 제외하고는 교회 일을 쉬지 않았기에 저는 목회와 병이라는 거인 둘을 상대로 힘겨운 씨름을 계속해야 했습니다. 하나님께서는 이 기간 동안 저의 귀를 열어 교회 이 구석 저 구석에서 들리는 신음 소리를 듣게 하셨습니다. 저의 눈을 열어 건강하고 행복한 사람들의 그늘에 가려 눈에 잘 띄지 않던 형제들을 보게 하셨습니다. 저의 고통을 통해 고통 가운데 있는 그들을 발견할 수 있게 된 것입니다.

좋은 믿음을 가지고 열심히 주님을 섬기려 힘쓰는 형제들이 이유를 알 수 없는 고통을 겪게 되는 것을 보면서 제가 할 수 있는 일이 무엇인가를 생각했습니다. 그러다가 하나님의 말씀을 가지고 성도들이 자신의 고통을 바로 보고 대처할 수 있게 만드는 것이 바로 제가 해야 할 일임을 알게 되었습니다. 그래서 욥기를 주일 강단에 올려놓게 된 것입니다. 비록 어려운 말씀이지만 고통을 맛본 사람이라면 세미하게 들리는 주님의 음성을 들을 수 있다는 것을 저의 경험을 통해 발견했기 때문에 주저할 필요가 없었습니다.

작년에 제가 런던에 들렀을 때 하나님께서 왜 욥기를 가지고 설교하도록 인도하셨는가에 대한 작은 대답을 얻을 수 있었습니다. 그곳에서 수재들만 들어간다는 고등학교에서 공부한 딸을 둔 부부를 만났습니다. 학교를 졸업한 후 고국에서 대학을 다니고 싶다고 소원해서 하나뿐인 딸을 유학시켰다고 합니다. 그런데 그 딸이 어느 날 한강변에 갔다가 불량배에게 쫓겨 엉겁결에 물속으로 뛰어든 것이 목숨을 잃는 참사가 될 줄을 누가 알았겠습니까. 하나님을 섬기는 가정에서 일어난 끔찍한 비극이었습니다. 그런데 그 남편이 나이에 비해 많이 늙어 보이는 부인을 가리키며 "목사님의 욥기 설교 테이프가 아내를 살렸어요"라고 말하는 것이었습니다. 하나님의 품에 안겨 있을 그 딸이 사랑의교회에 다니고 있었기 때문에 테이프를 쉽게 구할 수 있었다고 합니다.

제가 고통에 조금씩 눈뜨기 시작하면서 설교한 내용이어서 독자들에게 더 강력한 하나님의 음성으로 다가갈 수 있기를 기도하고 있습니다. 더욱이 독자들이 이 책을 읽으면서 욥을 찾아오셨던 하나님을 묵상하고 만날 수 있다면 더 이상의 바람은 없을 것입니다.

1994. 10
옥한흠

차례

I

온전하고
정직한 자의 삶

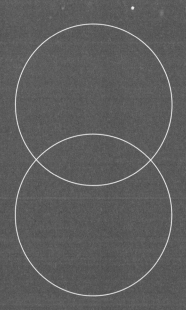

욥의 온전하고 정직함은 부를 얻는 데서도 입증이 되었고,
부를 누리는 데에서도 입증되었으며 부를 잃어버리는 데서도 입증이 되었습니다.

욥기 1:1-5

1 우스 땅에 욥이라 불리는 사람이 있었는데 그 사람은 온전하고 정직하여 하나님을 경외하며 악에서 떠난 자더라 2 그에게 아들 일곱과 딸 셋이 태어나니라 3 그의 소유물은 양이 칠천 마리요 낙타가 삼천 마리요 소가 오백 겨리요 암나귀가 오백 마리이며 종도 많이 있었으니 이 사람은 동방 사람 중에 가장 훌륭한 자라 4 그의 아들들이 자기 생일에 각각 자기의 집에서 잔치를 베풀고 그의 누이 세 명도 청하여 함께 먹고 마시더라 5 그들이 차례대로 잔치를 끝내면 욥이 그들을 불러다가 성결하게 하되 아침에 일어나서 그들의 명수대로 번제를 드렸으니 이는 욥이 말하기를 혹시 내 아들들이 죄를 범하여 마음으로 하나님을 욕되게 하였을까 함이라 욥의 행위가 항상 이러하였더라

온전하고
정직한 자의 삶

욥에 대해서 확실하게 말할 수 있는 사실은 별로 없습니다. '욥'이라는 이름의 원래 의미는 '돌이키는 자', '미움받는 자'라는 말이지만 정확하지는 않습니다. 그가 살았던 시대역시 언제인지 확실하지 않습니다. 아브라함과 같은 시대에 살았던인물이 아닐까, 아니면 그보다도 훨씬 이전에 살았던 인물이 아닐까하고 대략 짐작할 뿐입니다.

성경학자들은 욥기에 기록된 사건이 일어났을 당시 욥의 나이가 대략 6, 70살쯤 되었으며, 그 후 약 2백 살까지 살다가 세상을 떠났을 것이라고 추측하고 있습니다. 그가 한생을 살았던 곳은 '우스'라고 하는땅이었습니다. 그곳은 지금의 이라크와 사우디아라비아의 국경 지대에 위치해 있는 지역입니다. 그 유적지를 중심으로 지금도 많은 고고학자들이 연구를 하고 있습니다. 그 결과, 지금까지 약 3백 개 이상이나 되는 고대 도시의 유적들이 발견되었다고 합니다. 이런 사실로 미루어 볼 때 욥이 살았던 당시는 문명이 꽤 발달한 시대였다는 것을 알수 있습니다.

간혹 욥을 꾸며 낸 인물로 보는 성경학자들도 있습니다. 우리에게 어떤 교훈을 주기 위해 욥이라는 가공의 인물을 성경에 설정해 놓았다고 보는 것입니다. 그것은 잘못된 견해입니다. 욥은 분명히 역사적 인물입니다. 그는 실제로 생존했던 사람입니다. 하나님이 에스겔 14장 14절을 통해 증명해 주십니다. "비록 노아, 다니엘, 욥, 이 세 사람이 거기에 있을지라도 그들은 자기의 공의로 자기의 생명만 건지리라 나 주 여호와의 말이니라." 욥이 가공인물이 아니라는 것을 이 말씀이 증거하고 있습니다. 노아와 다니엘이 역사상 실존했던 인물인 것을 우리가 의심하지 않는 것처럼 욥도 의심을 할 수 없습니다.

욥기는 매우 이해하기 어려운 성경 가운데 하나로 불립니다. 그러나 욥기는 고금을 막론하고 많은 성도들에게 지대한 영향을 끼쳐 왔습니다. 우리는 욥기를 통해서 하나님이 기뻐하고 사랑하시는 사람이 어떤 사람인지에 관해 배울 수 있습니다. 또한 하나님의 사랑과 복을 받으려면 어떤 마음가짐을 가지고 인생을 살아가야 하는지를 배울 수 있습니다. 욥기를 펴서 읽을 때마다 하나님이 주시는 삶의 지혜를 발견할 수 있습니다.

○ ○ ○ ○ ○ ○ ○
신앙 인품과 경건

욥은 참으로 위대한 신앙의 사람이었습니다. 신앙의 인물을 평가할 때에 가장 중요한 기준이 되는 것은 '하나님이 그를 어떻게 보시느냐' 하는 것입니다. 성경에는 수많은 인물이 등장합니다. 그 가운데서 하나님께서 사탄 앞에서 그 사람의 됨됨이를 두 번이나 칭찬하신 예가 욥 말고 또 있는지 모르겠습니다. 하나님이 욥을 얼마나 자랑스럽게 생각하셨으면 사탄 앞에서 그를 두 번이나 칭찬하셨겠습니까? "여호와께서 사탄에게 이르시되 네가 내 종 욥을 주의하여 보았느냐 그와 같이 온전하고 정직하여 하나님을 경외하며 악에서 떠난 자는 세상에 없느니라"(욥 1:8). 욥기 2장 3절에도 똑같은 내용의 말씀이 나옵니다.

하나님은 욥의 신앙 인품을 일컬어서 "온전하고 정직하다"라고 말씀하십니다. 또 그의 경건한 삶을 일컬어서 "하나님을 경외하며 악에서 떠난 사람"이라고 말씀하고 계십니다. 욥은 온전하고 정직한 신앙 인품을 가지고 있었습니다. 그는 하나님을 두려워하며 악을 멀리하는 경건한 생활을 했습니다. 하나님께서 이와 같이 욥을 인정해 주셨던 것입니다.

여기에 나오는 '온전하다'와 '정직하다'는 말을 굳이 구별할 필요는 없을 것 같습니다. 용어는 다르지만 대동소이한 의미로 볼 수 있습니다. 욥기는 대단히 차원 높은 시로 되어 있습니다. 우리말 성경에는 산문처럼 표현되어 있지만 원문을 보면 수준 높은 운문체로 되어 있습니다. 욥기의 문체는 화려한 시구로 되어 있어서 시편, 잠언서와 같이 유사어구를 병행시켜서 같은 의미를 반복하기도 하고 강조하기도 합니다.

시편 37장 37절을 보면 "온전한 사람을 살피고 정직한 자를 볼지어다"라고 기록되어 있습니다. 온전한 사람과 정직한 사람이 서로 대칭을 이루어 내용을 강조하고 있는 것을 볼 수 있습니다. "온전하고 정직하다"는 말도 이와 같은 맥락에서 이해할 수 있다고 봅니다.

성경은 욥의 신앙과 인격을 한마디로 "온전하고 정직하다"라고 표현하고 있습니다. 이 말은 심도 깊은 의미를 담고 있습니다. 이 말은 욥이 전혀 죄를 짓지 않았다는 의미가 아닙니다. 그런 사람은 이 세상에 없습니다. 그런데 왜 그를 "온전하고 정직한 사람"이라고 말하고 있을까요? 이 말의 뜻은 하나님을 높이고 사랑하는 그의 마음가짐이 시종일관 순수했다는 말입니다. 그의 마음이 끝까지 오염되지 않았고 변함이 없었다는 말입니다. 마음을 꿰뚫어 보시는 하나님께서 욥의 그런 점을 보시고 "온전하고 정직한 사람"이라고 말씀하시는 것입니다. 욥은 항상 하나님을 제일로 여기는 마음 자세를 가지고 있었습니다. 그렇기 때문에 시종일관 하나님을 경외하면서 악한 것을 가까이하지 않는 경건한 생활을 할 수 있었던 것입니다. 그러면 욥이 그처럼 하나님을 높이고 사랑한 사람이라는 것을 어디서 증명할 수 있을까요? 본문은 두 가지 사실을 통해 이 점에 대해 증거하고 있습니다.

첫째로 그의 부(富)와 관련해서 살펴볼 수 있습니다. 욥은 굉장한 갑부였습니다. 본문 3절은 한마디로 그를 이렇게 소개합니다. "이 사람은 동방 사람 중에 가장 훌륭한 자라." 그는 동방에 사는 사람 중에서 첫째로 손꼽는 부자였습니다. 그는 7남 3녀를 둔 다복한 가정의 가장이기도 했지만 재물 또한 아주 많았습니다. "양이 칠천 마리요 낙타가 삼천 마리요 소가 오백 겨리요 암나귀가 오백 마리이며 종도 많이 있었으니"(3절). 이것이 어느 정도의 재산을 뜻하는 것인지 우리는 잘 모릅니다. 고대 사회의 이야기라서 쉽게 감이 잡히지 않습니다. 오늘날 소위 재벌이라는 사람들이 가지고 있는 몇 조 원의 재산 액수를 보면서 우리가 감각을 느끼지 못하는 것과 비슷합니다. 그러나 한 가지 분명한 사실은 여기에 나오는 수치를 글자 그대로 보면 안 된다는 것입니다. 성경에 나오는 3, 7, 100과 같은 숫자는 '풍부하다, 완전하다'라는 의미로 쓰이는 경우가 많습니다. 실제의 숫자로 보기보다는 대단히 많은 것을 묘사하는 상징적인 의미로 볼 수 있는 것입니다. 욥은 굉장히 많은 가축들을 소유하고 있었습니다. 그것은 막대한 부를 가졌다는 말과 같습니다. 욥이 살던 당시는 소유하고 있는 가축의 숫자로 재력을 평가하던 시대였기 때문입니다.

○ ○ ○ ○ ○ ○
의인이 받은 복

욥이 그와 같이 엄청난 갑부가 될 수 있었던 이유가 어디에 있었을까요? 본문에서 그 이유를 금방 찾아내기는 쉽지 않습니다. 그러나 눈을 감고 본문 내용을 깊이 생각해 보면 분명한 이유를 발견할 수 있습니다. 1절 말씀을 주목해 보십시오. 욥이 의로운 사람이라는 것을 먼저 소개하고, 이어서 그가 큰 부자라는 사실을 말하고 있습니다.

하나님이 욥의 신앙 인격과 삶을 먼저 소개한 다음에 부자라는 것을 말씀하시는 이유가 무엇일까요? 여기에 중요한 의미가 있습니다. 성경학자들은 욥이 갑부가 될 수 있었던 이유가 그의 의로운 생활 때문이라고 해석합니다. 그가 얻은 부는 의로운 자에게 약속하신 하나님의 복이라는 것입니다.

욥이 부자가 되기를 소원했기 때문에 갑부가 된 것이 아닙니다. 하나님을 사랑하고 하나님을 높이며 하나님의 뜻대로 살고자 노력했기 때문에 하나님께서 그에게 물질의 복을 넘치도록 부어 주신 것입니다. 의로운 자는 부자가 되는 것을 생의 목적으로 삼지 않습니다. 의롭게 살다 보면 저절로 물질의 복이 따라옵니다. 하나님이 물질의 복을 주시니까 받을 뿐입니다. 성경에는 이런 예가 많이 나옵니다. 욥의 경우도 바로 그 가운데 하나라고 할 수 있습니다.

하나님은 의인에게 재물의 복을 약속하셨습니다. 시편 112편 1-3절을 보십시오. "할렐루야, 여호와를 경외하며 그의 계명을 크게 즐거워하는 자는 복이 있도다 그의 후손이 땅에서 강성함이여 정직한 자들의 후손에게 복이 있으리로다 부와 재물이 그의 집에 있음이여 그의 공의가 영구히 서 있으리로다." 하나님께서는 우리에게 재물의 복을 약속해 주셨습니다. 이런 의미에서 볼 때, 부와 형통은 본질상 선한 것이라는 것을 알 수 있습니다. 부와 형통은 순종하는 자에게 주시는 하나님의 선물입니다. 그것은 하나님이 사랑하는 자들에게 안겨 주시는 복입니다.

가난을 미화시켜 낭만적으로 말하는 성경 말씀은 없습니다. 하나님이 가난을 적극 장려하시는 성경 구절도 없습니다. 어떤 면에서는 가난을 저주의 하나로, 심지어 죄로 보는 경우도 있습니다. 소말리아의 끔찍한 상황을 자주 보지 않습니까? 우리는 그 나라를 복받은 나라라고 말하지 않습니다. 방글라데시의 그 빈곤한 생활을 복으로 여기는 사람도 없습니다. 달동네에서 찌들도록 가난하게 살아가는 사람들을 보고 "복받은 자여"라고 말하지 않습니다. 이것이 사실입니다. 하나님도 가난을 좋아하지 않으십니다. 그러나 우리가 꼭 알아 두어야 할 사실이 있습니다. 성경에는 재물을 복으로 보지 않고 저주로 보는 말씀도 있다는 것입니다.

아모스와 이사야 시대의 이스라엘 사람들은 대단히 부유한 생활을 했습니다. 그때는 이스라엘이 경제면에서 대국을 이루고 있었습니다. 그러니까 백성들의 교만이 극에 달할 지경이었습니다. 그들은 하나님을 섬기지 않았고 하나님께 복종하지도 않았습니다. 하나같이 하나님께 순종하지 않는 악인들이었습니다. 그러면서도 그들이 부유한 생활을 했던 이유는 약자의 것을 빼앗고 착취했기 때문입니다. 그 당시의 사회 구조는 빈익빈 부익부의 모순을 안고 있었습니다. 그래서 부유한 자들이 마음만 먹으면 얼마든지 돈을 끌어모을 수 있었던 것 같습니다. 아모스 2장 6-7절을 보십시오. "여호와께서 이와 같이 말씀하시되 이스라엘의 서너 가지 죄로 말미암아 내가 그 벌을 돌이키지 아니하리니 이는 그들이 은을 받고 의인을 팔며 신 한 켤레를 받고 가난한 자를 팔며 힘없는 자의 머리를 티끌 먼지 속에 발로 밟고." 이와 같은 구조적인 악이 도사리고 있는 가운데서는 의로운 자가 부를 누리기 어렵습니다. 그런 환경 속에서 잘살고 있다는 것은 죄를 많이 범했다는 말과 같습니다. 그런 부는 하나님 앞에 복이 아니고 오히려 저주입니다. 이스라엘이 망한 이유는 그들이 가난해서가 아니라 그들이 가진 막대한 재물 때문이었습니다. 악인들이 누린 부가 저주가 되었기 때문에 비참하게 쓰러졌던 것입니다.

예수님은 누가복음 6장 20절에서 가난이 복이 된다고 말씀하십니다. 이것은 심령의 가난만을 이야기하는 것이 아닙니다. 물질적인 가난까지 복이라고 말씀하시는 것입니다. 마치 주님이 가난을 적극 장려하시는 것처럼 보입니다. 그러나 아닙니다. 우리는 이 말씀을 당시의 형편을 이해하면서 새겨들어야 합니다. 그 당시에는 바리새인과 같이 로마 정부와 결탁해서 자기 나라 백성을 착취하는 사람들이 잘살 수 있었습니다. 삭개오와 같이 로마 정부의 앞잡이가 되어서 양심은 제쳐 놓고 무슨 짓이라도 할 수 있는 사람들이 돈을 끌어모았던 것입니다. 반면에 하나님을 두려워하고 하나님의 말씀대로 살려고 하는 사람들은 모두 가난했습니다. 메시아가 오기만을 소망하며 사는 그 사람들은 돈을 모을 재간이 없었습니다. 양심대로 의롭게 사는 것은 곧 가난을 자청하는 일로 통했던 시절에 그들이 부자가 된다는 것은 정말 약대가 바늘귀로 들어가는 것처럼 불가능한 일이었습니다. 따라서 그와 같은 상황 속에서는 가난이 복이 됩니다. 오히려 재물을 많이 가지고 있다는 것이 저주가 됩니다. 이런 의미에서 가난한 자가 복이 있다고 말씀하시는 것입니다.

우리는 성경이 가르치고 있는 가난과 부의 개념을 정확하게 알아야 합니다. 의로운 자에게 하나님이 주시는 부는 복이요, 악한 자가 누리는 부는 저주입니다. 의롭게 살고자 하는 사람이 도무지 재물을 가질 수 없는 상황에서는 가난이 복이 됩니다. 그러면 욥의 경우는 어디에 해당됩니까?

욥이 살던 고대 사회에 오늘과 같은 구조적인 악이 있었을까요? 그렇게 볼 수는 없습니다. 하나님을 경외하고 하나님의 뜻대로 살려고만 하면 얼마든지 복을 받을 수 있는 여건이었다고 할 수 있습니다. 욥은 자기의 온전하고 정직한 삶을 통해서 하나님으로부터 물질의 복을 받았습니다. 그의 부요는 의로운 생활에 대한 하나님의 보상이었던 것입니다.

욥의 위대함은 재물의 복을 받았다는 데만 머물지 않습니다. 그는 어떠한 경우라도 믿음이 변하지 않았습니다. 아무리 재산이 많아도 그것이 하나님을 사랑하는 그의 마음을 추호도 변질시키지 못했습니다. 막대한 재산이 있었지만 그것이 하나님을 향한 자기 마음을 오염시키지 못하도록 욥은 끝까지 자신을 지켰습니다. 이것이 그의 믿음을 더욱 돋보이게 하는 것입니다. 우리는 이 사실을 욥기 23장 12절을 통해 증명할 수 있습니다. "내가 그의 입술의 명령을 어기지 아니하고 정한 음식보다 그의 입의 말씀을 귀히 여겼도다." 욥이 얼마나 하나님을 높이고 사랑한 사람이었습니까? 그는 하나님의 입에서 떨어지는 말씀을 매일 먹는 음식보다, 매일 먹고 즐기는 것보다 더 앞세웠다고 했습니다.

욥기 31장 24-25절을 보면 더 기가 막힌 말씀이 나옵니다. "내가 내 소망을 금에다 두고 순금에게 너는 내 의뢰하는 바라 하였다면 만일 재물의 풍부함과 손으로 얻은 것이 많음으로 기뻐하였다면"이라고 고백합니다. 그의 심정을 한번 헤아려 보십시오. 그는 자기가 모아 놓은 금덩어리를 앞에 놓고 '너만 있으면 내가 살 수 있어'라고 생각한 적이 한 번도 없었다는 것입니다. 그는 창고에 가득 쌓아 놓은 재물을 보면서, 또 들판을 가득 덮고 있는 양 떼들을 바라보면서 '저것이 있는 이상 나는 안전해'라고 생각하며 한 번도 기뻐한 적이 없었다는 것입니다. 아무리 재물이 많아도 그의 마음을 사로잡고 있는 것은 하나님 한 분밖에 없었습니다. 그의 관심은 오직 하나님 한 분께로만 쏠려 있었습니다. 그가 얼마나 온전하고 정직한 사람이었나 하는 것을 잘 알 수 있습니다.

욥은 부를 관리하는 면에 있어서도 온전하고 정직함이 그대로 드러났습니다. 돈은 벌기보다는 잘 쓰기가 어려운 법입니다. 돈 버는 데는 지혜롭지만 쓰는 데는 바보 같은 사람이 우리 사회에 너무 많습니다. 그러나 욥은 버는 데도 지혜자요, 쓰는 데도 의로운 사람이었습니다. 욥기 31장을 보면 기가 막힌 말씀이 또 하나 나옵니다.

"내가 언제 가난한 자의 소원을 막았거나 과부의 눈으로 하여금 실망하게 하였던가 나만 혼자 내 떡덩이를 먹고 고아에게 그 조각을 먹이지 아니하였던가 실상은 내가 젊었을 때부터 고아 기르기를 그의 아비처럼 하였으며 내가 어렸을 때부터 과부를 인도하였노라 만일 내가 사람이 의복이 없이 죽어 가는 것이나 가난한 자가 덮을 것이 없는 것을 못 본 체했다면 만일 나의 양털로 그의 몸을 따뜻하게 입혀서 그의 허리가 나를 위하여 복을 빌게 하지 아니하였다면"(16-20절).

하나님이 그에게 막대한 재물을 주신 이유는 욥 혼자서 호의호식하며 즐기라고 주신 것이 아닙니다. 욥은 자기의 도리를 분명히 아는 사람이었습니다. 욥은 하나님이 재물을 주신 이유는 하나님이 기뻐하시는 일을 하도록 하기 위함임을 믿었습니다. 그래서 많은 재물을 흩어서 가난한 자들을 위해 쓰고 그들을 돌보며 살았던 것입니다. 이것을 보면 욥이 얼마나 온전하고 정직한 사람이며 악에서 떠난 사람이었는가를 잘 알 수 있습니다.

그뿐만이 아닙니다. 욥의 온전함은 재산을 다 잃어버린 다음에도 변함이 없었습니다. 욥은 한순간에 모든 것이 다 날아가 버리는 비극을 당한 적이 있습니다. 그때에도 그는 흔들리지 않았습니다. "이르되 내가 모태에서 알몸으로 나왔사온즉 또한 알몸이 그리로 돌아가올지라 주신 이도 여호와시요 거두신 이도 여호와시오니 여호와의 이름이 찬송을 받으실지니이다 하고 이 모든 일에 욥이 범죄하지 아니하고 하나님을 향하여 원망하지 아니하니라"(욥 1:21-22).

그의 온전하고 정직함은 여러 가지 면에서 입증되어 습니다. 부를 얻는 데서도, 부를 누리는 데에서도, 심지어 부를 잃어버리는 데서도 입증되었습니다. 잃어버린 재물이 욥의 신앙에 조금도 나쁜 영향을 주지 못했습니다. 그는 어떤 경우라도 하나님을 경외하고 악을 멀리하는 경건생활을 할 수 있었습니다. 그런 욥을 일컬어서 "온전하고 정직한 사람"이라고 말하는 것입니다.

요즈음 우리 사회는 구조적으로 잘못되어 있어서 정직한 사람이 돈을 벌기 어려운 것이 사실입니다. 어떤 면에서는 악한 부자가 많다고 할 수 있습니다. 많은 사람들의 부가 복이 아니라 오히려 저주로 보이는 것을 부인할 수 없는 실정입니다. 그러나 분명히 확신을 가지고 말할 수 있는 것은, 하나님 앞에서 의롭게 살려고 노력하는 자에게는 아직도 설 땅이 남아 있다는 것입니다. 우리도 욥처럼 하나님을 경외하고 악에서 떠난 생활에 힘쓰면 물질의 복을 받을 수 있습니다. 성실하게 부지런히 일하기만 하면 하나님이 우리에게 수고의 대가로 물질의 복을 안겨 주신다고 저는 믿습니다. 이런 의미에서 의로운 부자들이 많이 나왔으면 좋겠습니다. 오늘날 아까운 재물이 너무나 좋지 못한 사람들의 손에 들려 있는 것 같습니다. 욥처럼 바로 쓰고 하나님께 영광을 돌릴 수 있는 사람들이 많이 나왔으면 좋겠습니다.

우리는 어떤 환경에서도 물질 때문에 신앙이 변질되고 마음이 흔들리는 사람이 되어서는 안 됩니다. 그래야 하나님이 복을 주십니다. 웨슬리(John Wesley, 1703-1791)는 "할 수 있는 대로 벌어라. 할 수 있는 대로 아껴라. 할 수 있는 대로 남에게 주라"고 말했습니다. 그렇게 하려면 우리 모두가 욥을 본받아 의롭게 살아야 할 것입니다.

○ ○ ○ ○ ○ ○ ○
특별한 자녀 교육

욥은 참으로 온전하고 정직한 신앙 인격의 소유자였습니다. 그가 하나님을 높이고 사랑한 사람이라는 두 번째 증거는 그의 가정생활에서 엿볼 수 있습니다.

"그의 아들들이 자기 생일에 각각 자기의 집에서 잔치를 베풀고 그의 누이 세 명도 청하여 함께 먹고 마시더라 그들이 차례대로 잔치를 끝내면 욥이 그들을 불러다가 성결하게 하되 아침에 일어나서 그들의 명수대로 번제를 드렸으니 이는 욥이 말하기를 혹시 내 아들들이 죄를 범하여 마음으로 하나님을 욕되게 하였을까 함이라 욥의 행위가 항상 이러하였더라"(4-5절).

그에게는 7남 3녀의 자녀가 있었습니다. 그 아들딸들이 장성해서 각자 생일이 되면 형제들을 자기 집에 초청했나 봅니다. 부유한 생활을 했으니까 그 잔치가 얼마나 풍성했겠습니까? 밤새도록 먹고 마시고 춤추고 좋아했겠지요? 자녀가 10남매였으니 아마 한 달에 한 번 꼴로 잔치가 열렸을 것이라고 생각됩니다. 그리고 그 외에 특별한 행사 때에도 많은 잔치를 열었으리라고 봅니다. 그렇게 자녀들이 풍요로운 생활을 누렸는데 아버지 되는 욥이 그때마다 어떤 행동을 했느냐 하는 것이 중요합니다. 욥은 잔치가 끝나면 그 다음날 10남매를 불러 놓고 자녀의 수만큼 열 번의 제사를 드렸습니다.

그는 자녀 한 사람, 한 사람을 위해서 재물을 준비했습니다. 그리고 자기가 제사장이 되어서 자녀들을 위해 차례로 번제를 드렸습니다. 번제는 하나님께 자기 죄를 고백하고 용서받는 제사요, 자기 자신을 하나님께 드리는 제사입니다. 그리고 가장 오래된 제사 형태입니다. 욥은 가정의 제사장이었습니다. 아들들이 장성했지만 그들에게 제사를 맡기지 않고 손수 제사를 지냈습니다. 그것도 한 번이 아니라 때마다 그렇게 했다고 합니다. 5절 마지막 부분에 "욥의 행위가 항상 이러하였더라"고 기록하고 있습니다.

욥은 자기 혼자 의로운 자가 되기를 원하지 않았습니다. 전 가족이 다 함께 하나님을 높이고 사랑하기를 원했습니다. 욥의 이러한 행동은 하나의 차원 높은 교육 방법이라고 할 수 있습니다. 그는 자녀들에게 "너 잔치하면서 죄짓지 않았니?" 하고 따지지 않았던 것 같습니다. 잔치하는 그 자리에서 자녀들이 무슨 나쁜 짓을 하는지 감시하지도 않았습니다. 욥은 자녀들에게 이래라저래라 하고 무조건 명령하면서 성장한 자녀들을 자기 기분대로 다루는 아량 없는 아버지가 아니었던 것 같습니다. 그는 재미없는 금욕주의자도 아니었고 융통성 없는 경건파도 아니었습니다. 만약 그랬다면 자녀들이 수시로 잔치를 벌이도록 내버려 두지 않았을 것입니다. 그러나 잔치가 끝난 다음에 욥은 반드시 자녀들을 불러 모아 제사를 드렸습니다. 자녀의 수가 많았으므로 제사를 다 지내려면 아마 많은 시간이 소요되었을 것입니다. 그런 과정에서 자녀들이 마음속으로 무엇을 배우고 무엇을 느끼고 무엇을 생각했을까요. 이것이 중요합니다. '너희는 행동으로 하나님 앞에 무슨 죄를 범하지 않았을지 모르지만 잔치하면서 즐기다 보면 마음으로 하나님을 무시하고 잘못된 생각을 할 수 있는 법이다. 하나님은 그렇게 마음속에 숨겨져 있는 죄까지도 좋아하시지 않으니까 내가 너희들을 대신하여 제사를 지내는 것이다. 아무리 먹고 마시며 즐기는 일이 아름답다 할지라도 우리의 생에 있어서 가장 중요한 분은 하나님이시란다. 하나님을 높이고 하나님을 사랑해야 한다'라는 웅변적인 교훈을 욥은 행동으로 보여 주었던 것입니다. '우리 아버지는 정말 하나님을 두려워하는 분이시구나. 우리 아버지는 마음으로 죄짓는 것까지도 하나님 앞에서는 악이라고 보시는 분이야. 잔치할 때 자칫하면 마음으로 범죄하기 쉽다는 것을 가르쳐 주시는 것이야.' 욥의 자녀들은 아버지로부터 그렇게 배웠던 것입니다.

욥은 자기가 어떤 심정으로 하나님을 섬기면서 살고 있는 사람인가를 자녀들에게 무언 중에 행동으로 보여 주었습니다. 그는 무엇을 하든지 항상 하나님을 경외하고 그분을 기쁘게 해야 한다는 교훈을 자녀들의 가슴속에 깊이 심어 주었습니다. 그리고 그것을 한두 번 실천하고 끝내지 않았습니다. 시종일관 규칙적으로 했습니다. 자녀들의 눈에 비치는 아버지의 신앙과 삶이 끝까지 변함이 없었습니다.

욥은 위대한 신앙의 인물이고, 위대한 가정의 제사장이었습니다. 우리는 이것을 배워야 합니다. 오늘날, 돈은 많이 벌어서 부자가 되었지만 불행하게도 자식을 희생시킨 부모가 많습니다. 자녀들을 풍요병의 희생자로 만든 것입니다. 더 기가 막힌 사실은 돈을 벌자 부모의 신앙이 병들기 시작했고, 자녀들은 하나님보다도 돈을 더 앞세우는 세상적인 가치관에 빠져들었다는 것입니다. 정신없이 돈 버느라 자녀를 돌보지 못하고, 돈을 많이 번 다음에는 그것을 즐기는 데 바빠서 자녀를 돌보지 못하는 부모가 적지 않습니다.

1930년대만 해도 미국 사회에서는 아버지가 자녀들과 함께 대화를 나누는 시간이 하루에 적어도 3시간 내지 4시간 정도는 되었다고 합니다. 그러나 1980년대는 아버지가 자녀들과 함께할 수 있는 시간이 하루에 겨우 14분 30초 정도라고 합니다. 게다가 14분 중에 12분은 자녀들에게 일방적으로 잔소리를 하거나 훈계하는 것으로 보내 버리는 예가 많다고 합니다. 자녀들에게 무언가 감동을 줄 만한 아버지의 모습과는 거리가 먼 것입니다.

오늘 우리는 어떻습니까? 당신은 욥처럼 자신의 신앙과 경건한 삶을 자녀들에게 모범으로 보여 주고 있습니까? 그렇지 못하다는 것이 우리 모두의 고민이 아닌가 합니다. 당신은 혹시 자녀들의 탈선을 돈으로 해결하려고 드는 못된 부모가 된 적은 없습니까? 우리 모두 자신을 돌아보는 시간을 가져야 하겠습니다.

당신의 자녀 교육은?

저는 본문 말씀을 읽으면서 가책을 많이 받았습니다. '나는 과연 이렇게 실천하고 있는가?' 하는 물음 앞에서 고개를 들 수가 없었습니다. 역설적으로 들릴지 모르지만 예수님을 믿는 사람 가운데 자녀 교육하기가 가장 힘든 사람이 아마 목사가 아닌가 생각합니다. 아무리 경건하고 좋은 일이더라도 그것이 직업으로 느껴질 때는 메마르기 쉽습니다. 아버지의 직업상 당연히 그렇게 해야 된다고 생각하면 자녀들의 마음에 뭉클하게 감동적으로 와닿기가 어렵습니다. 그래서 목사 집안의 아이들이 잘못되기 쉽다고 말하는 것입니다.

그러나 욥의 가정을 보십시오. 그는 때마다 10남매를 위해 차례로 제사를 지냈습니다. 그것은 보통 힘든 일이 아닙니다. 가령 닭 한 마리를 잡는다고 생각해 보십시오. 얼마나 힘이 듭니까. 손수 양을 끌고 오고 양을 잡아서 제사를 지내는 욥의 모습을 상상해 보십시오. 얼마나 자녀들을 소중히 여기는 아버지의 모습입니까? 자녀들이 하나님 앞에 바로 사는 것을 우선순위에 두고 생각하는 아버지입니다. 행동으로 교훈하고 있습니다. 시종여일하게 자녀들 앞에 경건한 모습으로 감화를 줍니다. 이런 면에서 볼 때 가정 예배는 정말 중요합니다. 가정 예배가 바로 번제입니다. 자녀들이 마음으로 혹시나 죄를 짓지 않았을까 두려워하면서 부모가 자녀들을 대신해서 하나님 앞에 회개하는 자리입니다.

우리는 욥처럼 자식들을 위해 무언가 행동으로 보여 주는 부모가 되어야 합니다. 온전하고 정직한 신앙 인격과 하나님을 두려워하고 악에서 떠난 경건한 삶을 자녀들에게 가르치는 부모가 되어야 합니다. 시종여일한 삶의 태도를 자녀들에게 조용히 심어 줄 수 있는 부모가 되어야 합니다.

자녀들에게 인간의 행복이 돈에 있지 않다는 것을 무엇으로 보여 줄 수 있습니까? 우리에게 중요한 것은 재물이 아니라 하나님을 기쁘시게 하는 것이라는 사실을 무엇으로 보여 줄 수 있습니까?

욥의 자녀들이 훗날에 자기 부모를 회상할 때 어떤 모습이 떠올랐을까요? '우리 아버지는 잔치만 하고 나면 찾아오셔서 말없이 제물을 제단에 올려놓고 나를 위해 제사를 지내셨어. 그것은 나에게 대단히 중요한 교훈이었어. 우리 아버지는 정말 하나님을 경외하는 분이셨어.' 아마 이런 생각이 그들의 마음을 사로잡았을 것입니다.

먼 훗날 당신의 자녀들이 자기 부모를 회상할 때 어떤 인상이 마음에 남을 것인가 생각해 보십시오. 하나님을 제일 사랑하던 사람으로 남을까요? 아니면 하나님을 끔찍이 미워하고 싫어하던 사람으로 남을까요? 재물이 아무리 많아도 거기에 눈 돌리지 않고 평생 하나님 때문에 기뻐하고 만족하던 아버지로 인상이 남는다면 얼마나 좋겠습니까? 만약 그렇게만 된다면 그 사람의 자녀 교육은 성공한 것입니다. 그러나 항상 "돈! 돈! 돈!" 하던 사람이라고 기억된다면 이것이야말로 비극 중의 비극입니다.

우리는 욥을 통해서 특별한 교훈을 받았습니다. 우리도 욥처럼 온전하고 정직하여 하나님을 경외하며 악에서 떠난 사람이 되어야 합니다. 욥처럼 말없이 행동으로 자녀들의 가슴에 깊은 인상을 심어 주는 부모가 되어야 합니다.

2

사탄의 존재를
의식하는
신앙생활

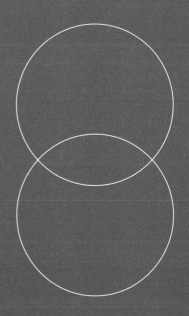

우리를 못살게 구는 마귀가 있는데도, 잠자듯이 힘없는 신앙생활을 할 수는 없습니다.
사탄을 의식하며 신앙생활을 하는 사람은 절대로 형식적인 신앙생활을 할 수 없습니다.

욥기 1:6-12

6 하루는 하나님의 아들들이 와서 여호와 앞에 섰고 사탄도 그들 가운데에 온지라 7 여호와께서 사탄에게 이르시되 네가 어디서 왔느냐 사탄이 여호와께 대답하여 이르되 땅을 두루 돌아 여기저기 다녀왔나이다 8 여호와께서 사탄에게 이르시되 네가 내 종 욥을 주의하여 보았느냐 그와 같이 온전하고 정직하여 하나님을 경외하며 악에서 떠난 자는 세상에 없느니라 9 사탄이 여호와께 대답하여 이르되 욥이 어찌 까닭 없이 하나님을 경외하리이까 10 주께서 그와 그의 집과 그의 모든 소유물을 울타리로 두르심 때문이 아니니이까 주께서 그의 손으로 하는 바를 복되게 하사 그의 소유물이 땅에 넘치게 하셨음이니이다 11 이제 주의 손을 펴서 그의 모든 소유물을 치소서 그리하시면 틀림없이 주를 향하여 욕하지 않겠나이까 12 여호와께서 사탄에게 이르시되 내가 그의 소유물을 다 네 손에 맡기노라 다만 그의 몸에는 네 손을 대지 말지니라 사탄이 곧 여호와 앞에서 물러가니라

사탄의 존재를
의식하는 신앙생활

예수님을 믿는 사람은 평생 신앙생활을 해야 합니다. 그래서 우리는 '어떻게 하면 신앙생활을 좀 더 기쁘게, 또 흔들림 없이 할 수 있을까'에 관해 자주 생각을 하게 됩니다. 능력과 패기 있는 신앙생활을 하기 위해서는 반드시 알아야 할 것이 하나 있습니다. 사탄의 존재와 그 활동에 관한 것을 아는 것입니다. 우리 주변에는 사탄의 존재를 지나치게 과대 포장하여 신앙생활을 마치 귀신을 쫓는 푸닥거리처럼 생각하는 사람이 더러 있습니다. 또 한편에는 예수 그리스도가 이미 사탄을 정복했으니 신경 쓸 것이 없다는 식의 지나친 낙관주의에 빠져 있는 사람도 있습니다. 둘 다 잘못된 태도입니다. 서로가 양극단으로 치우쳐 버린 것을 알 수 있습니다.

마틴 로이드 존스(Martyn Lloyd Jones, 1899- 1981)라고 하는 유명한 설교가가 이런 말을 했습니다. "사탄의 간교한 궤계(詭計) 가운데 하나는 성도들이 자신을 존재하지 않는다고 믿도록 하는 것이다." 그가 옳은 지적을 했다고 생각합니다. 우리는 사탄을 지나치게 무서워해도 안 되고, 그렇다고 아주 무시해서도 안 됩니다. 눈만 뜨면 "귀신아 물러

가라"고 하는 사람들이 있습니다. 그러나 그것은 절대 옳은 태도가 아닙니다. 반면에 사탄에 대해 너무 무신경한 사람도 많습니다. 이런 사람은 쉽게 사탄의 함정에 빠질 수 있습니다. 자기도 모르게 마귀의 궤계에 빠질 수 있습니다. 사탄은 우리에게 마치 자기가 존재하지 않는 것처럼 얼마든지 궤계를 부릴 수 있습니다. 다시 말씀드리지만 사탄을 너무 과대평가해서도 안 되고 너무 과소평가해서도 안 됩니다. 우리는 사탄에 대해 바로 알아야 합니다. 성경 말씀이 가르쳐 주는 대로 정확하게 알고 대처해야 합니다. 또한 사탄의 모든 궤계를 꿰뚫어 보고 미리 대적할 줄 아는 능력을 키워야 합니다. 이것이 우리가 신앙생활을 바로 할 수 있는 길입니다.

○ ○ ○ ○ ○ ○
난해한 말씀

욥기 본문은 매우 이해하기 어려운 내용입니다. 마치 하늘나라에서 공연되고 있는 신비스러운 드라마를 보는 것 같은 느낌을 줍니다. 하늘 보좌에서 하나님이 사탄하고 인터뷰를 하고 계시는 것 같은 장면을 보고 있으니 말입니다. 하나님이 어떻게 사탄을 대면하여 말씀하실 수 있을까? 이 모두가 우리의 궁금증을 증폭시킬 만한 소지를 안고 있습니다. 의문을 제기하면 할수록 끝없이 빠져들 것만 같은 이야기입니다. 이와 같이 난해한 본문에서는 만족할 만한 설명을 기대하지 않는 것이 좋습니다. 시원한 대답을 요구하는 것은 금물입니다. 초자연적인 세계에서 일어나고 있는 일에 대해서는 부분적으로 아는 것으로 만족해야 합니다. 이 본문은 우리가 이해하기 쉽도록 인간적인 표현으로 바꾸어서 묘사하고 있는 것이 틀림없습니다. 그러므로 지나친 호기심을 가지고 접근하면 위험합니다. 하나님이 보여 주시는 그 정도에서 만족하는 편이 옳습니다.

성경에는 이와 비슷한 이야기가 몇 군데 나옵니다. 그중에서 스가랴 3장 1절을 들 수 있습니다. "대제사장 여호수아는 여호와의 천사 앞에 섰고 사탄은 그의 오른쪽에 서서 그를 대적하는 것을 여호와께서 내게 보이시니라." 대제사장 여호수아가 하나님의 천사 앞에 서 있는데 사탄이 와서 그를 계속 공격하고 대적하는 장면입니다. 이것은 욥기에 나오는 장면과 비슷합니다. 그리고 누가복음 22장 31절을 들 수 있습니다. "시몬아, 시몬아, 보라 사탄이 너희를 밀 까부르듯 하려고 요구하였으나." 예수님이 십자가에 못 박히시기 전에 제자들에게 중요한 사실을 실토하신 적이 있습니다. 사탄이 가룟 유다를 자기 것으로 만드는 데 성공하자 의기양양해서 주님을 찾아와 나머지 제자들도 다 내놓으라고 공갈을 친 것입니다. 이때 주님은 거절하시고 제자들을 위해 기도했다고 말씀하신 것입니다. 이 모든 이야기들이 모두 우리가 정확하게 설명하기 어려운 것들입니다.

사탄이 누구입니까? 우리는 성경이 가르쳐 주는 범위 안에서 알면 됩니다. 그는 하나님이 만드신 피조물이요, 자기 지위를 지키지 않고 자기 처소를 떠난 천사입니다. 또 그는 범죄한 천사입니다. "하나님이 범죄한 천사들을 용서하지 아니하시고 지옥에 던져 어두운 구덩이에 두어 심판 때까지 지키게 하셨으며"(벧후 2:4).

사탄은 처음부터 살인자요 거짓말쟁이입니다. 예수님이 요한복음 8장 44절에서 그렇게 가르쳐 주셨습니다. "너희는 너희 아비 마귀에게서 났으니 너희 아비의 욕심대로 너희도 행하고자 하느니라 그는 처음부터 살인한 자요 진리가 그 속에 없으므로 진리에 서지 못하고 거짓을 말할 때마다 제 것으로 말하나니 이는 그가 거짓말쟁이요 거짓의 아비가 되었음이라."

사탄이라는 말은 히브리어로 '대적하는 자'라는 뜻입니다. 신약성
경에서는 사탄의 이름이 다양하게 쓰이고 있습니다. '시험하는 자, 바
알세불, 원수, 악한 자, 벨리알, 대적, 마귀, 큰 용, 거짓의 아비, 살인
자, 귀신, 모든 악령의 두목'입니다. 이렇게 갖가지 이름을 가진 것이
사탄입니다. 그 이름만 보아도 사탄이 어떤 존재라는 것을 가히 짐작
할 수 있습니다. 그만큼 그 이름이 담고 있는 뜻은 간교하고 악랄한 것
입니다.

하나님을 대적하는 사탄

사탄이 생명을 걸고 하는 일은 하나님을 대적하는 것입니다. 하나님
을 대적하기 때문에 하나님을 공경하는 성도를 대적합니다. 사탄은
하나님의 나라를 이루지 못하도록 간교하게 방해합니다. 이것이 사탄
이 밤낮없이 하는 일입니다. 이를 위해 사탄은 예수님을 시험했고 유
대인들을 선동했으며 가룟 유다를 끌어들여 종국에는 예수 그리스도
를 십자가에 못 박았습니다. 그리고 예수님을 믿는 사람들을 무참하
게 핍박했습니다. 사탄은 거짓으로 하나님의 진리를 거역했고 흑암
으로 빛을 가리웠으며 인간의 마음을 혼미하게 만들어 논쟁과 싸움을
하도록 선동했습니다. 사탄은 이 모든 일을 통해서 하나님 나라를 방
해하고 인류를 자기와 함께 영원한 멸망으로 끌고 가려고 했습니다.
하나님은 세상을 구원하시려고 하는데 사탄은 끝까지 세상을 멸망시
키려고 온갖 수단과 방법을 가리지 않았습니다. 지금도 달라진 것은
하나도 없습니다. 하나님이 하고자 하시는 일을 끝까지 방해하는 것
이 그의 계략이요, 최대 목표입니다. 이 사실을 우리가 명심해야 합니
다. 그러므로 능력 있는 신앙생활을 하려면 사탄의 정체를 바로 알아

야 합니다. 너무 순진하면 당할 수밖에 없습니다.

우리는 본문에서 사탄에 대해 대단히 중요한 사실을 추리해 낼 수 있습니다. 그것을 대략 다섯 가지로 나누어 정리해 볼 수 있습니다.

첫째로, '사탄이 주기적으로 하나님 앞에 불려 들어가는 것이 아닌가' 하는 추측을 할 수 있습니다. "하루는 하나님의 아들들이 와서 여호와 앞에 섰고 사탄도 그들 가운데에 온지라"(6절). 이 내용을 보면 사탄이 주기적으로, 혹은 가끔씩 하나님 앞에 불려 들어가는 것 같습니다. 이 말은 사탄이 하나님 앞에 설 수 있는 특권이 있다는 의미가 아닙니다. 그 영광스러운 빛 앞에 어두움의 권세인 사탄이 감히 선다는 것은 상상할 수가 없습니다. 이 세상에서 빛과 어두움은 공존하지 못합니다. 빛이 오면 어두움은 물러가게 되어 있습니다. 의의 왕이신 하나님 앞에 감히 사탄이 설 수는 없습니다. 사탄은 나오라는 하나님의 명령 때문에 할 수 없이 대령한 것입니다. 사탄이 스스로 주님의 존전에 드나들 수는 없습니다. 만약 그것이 사실이라면 사탄의 입장에서는 틀림없이 굉장한 고역이 되었을 것입니다. 죽기보다도 더 싫은 지옥의 고문이 되었을지도 모릅니다. 하나님 앞에 꼼짝 못하고 서 있는 사탄의 모습을 한번 상상해 보십시오. 이것이 우리에게 교훈하는 것은 무엇입니까? 사탄 역시 하나님의 지배 아래에 있다는 사실입니다. 사탄의 역할 역시 하나님의 선하신 뜻을 이루는 수단으로 사용되고 있다는 것입니다. 사탄은 하나님의 명령 앞에서는 꼼짝 못하는 존재입니다. 하나님이 명령하시는 대로 따라야 하는 자입니다. 이런 사실을 분명히 아는 사람은 사탄 앞에서 떨지 않습니다. 용기백배하고 담대할 수 있습니다.

둘째로, 사탄은 하나님이 사랑하고 기뻐하시는 자를 질시하여 악의에 찬 모함을 한다는 것을 알 수 있습니다. 하나님이 욥을 칭찬하셨습니다. "여호와께서 사탄에게 이르시되 네가 내 종 욥을 주의하여 보았느냐"(8절). 욥을 지나가면서 슬쩍 보지 않고 찬찬히 지켜보았느냐고 물으십니다. 얼마나 하나님께서 욥을 기뻐하시며 대견하게 여기셨는가를 이 말씀 속에서 읽을 수 있습니다. 반면 사탄은 하나님이 욥을 너무 감싸 주시니까 참지 합니다. 그래서 사탄은 "하나님, 그게 아닙니다. 하나님이 생각하신 것은 잘못된 거예요. 욥이 그만큼 순진한 것이 절대 아니에요. 입에 맞는 뭐가 있기 때문이에요. 무조건 하나님을 잘 섬긴다고 생각하세요? 그렇지 않아요. 하나님이 잘못 보신 거예요"라며 악의에 찬 모함을 했습니다.

우리가 신앙생활을 흐리멍덩하게 하면 사탄은 별로 신경을 쓰지 않습니다. 만약 교회에 다닌다고 하는 사람이 몇 주가 지나도록 성경을 한 번도 읽지 않고 기도도 하지 않는다면 마귀는 좋아서 춤을 춥니다. 마귀는 그런 사람에게는 손을 대지 않습니다. 그 사람이 하는 대로 내버려 둡니다. 그러나 성경을 열심히 읽기 시작하고 기도하는 것을 보면 마귀는 어쩔 줄 몰라 합니다. 어떻게 하면 그 일을 하지 못하게 할까 하며 온갖 계략을 다 꾸밉니다. 우리 마음속에 하나님을 사랑하는 마음이 뜨거워지면 마귀는 온갖 술책을 동원해 훼방을 놓습니다.

마귀는 하나님 앞에서 밤낮 우리를 참소(譖訴)하는 자입니다. "이제 우리 하나님의 구원과 능력과 나라와 또 그의 그리스도의 권세가 나타났으니 우리 형제들을 참소하던 자 곧 우리 하나님 앞에서 밤낮 참소하던 자가 쫓겨났고"(계 12:10). 여기에 나오는 "참소"는 남을 헐뜯어서 없는 죄를 있는 죄처럼 꾸민 후 고해 바치는 것을 말합니다. 이것이 참소입니다. 다른 말로는 중상모략, 혹은 비방이라고 할 수 있습니다. 마귀는 우리를 향해 참소를 한두 번 하는 것으로 끝나지 않습니다. 밤낮없이 하나님 앞에서 거짓말을 합니다. 이렇게 우리를 못살게 구는 마귀가 있는데도, 잠자듯이 힘없는 신앙생활을 할 수는 없습니다. 사탄을 의식하며 신앙생활을 하는 사람은 절대로 형식적인 신앙생활을 할 수 없습니다.

우는 사자같이 삼킬 자를 찾나니

사탄은 하나님의 자녀들을 매우 어려운 궁지에 빠뜨릴 수 있습니다. 이것이 본문 말씀을 통해 찾을 수 있는 사탄의 세 번째 특성입니다.

욥이 갑자기 당한 재난의 배후에는 사탄이 있었습니다. 사탄이 욥을 자꾸 헐뜯으니까 하나님이 그에게 몇 가지를 허용했습니다. "이제 주의 손을 펴서 그의 모든 소유물을 치소서 그리하시면 틀림없이 주를 향하여 욕하지 않겠나이까 여호와께서 사탄에게 이르시되 내가 그의 소유물을 다 네 손에 맡기노라 다만 그의 몸에는 네 손을 대지 말지니라"(11-12절). 하나님이 허락하신 범위 안에서 사탄은 욥이 가지고 있던 모든 재산을 송두리째 날려 버렸습니다. 나중에는 몸에 병이 들어 죽음을 기다리는 처참한 상황까지 끌고 들어갔습니다. 사탄은 힘이 있습니다. 능력이 있습니다. 그 손에 한번 잡히면 무서울 정도로 비참해질 수 있습니다. 에덴동산의 비극이 일어난 배후에도 사탄이 있었습니다.

"여호와께서 사탄에게 이르시되 네가 어디서 왔느냐 사탄이 여호와께 대답하여 이르되 땅을 두루 돌아 여기저기 다녀왔나이다"(7절). 사탄이 무엇 때문에 쉴 사이 없이 싸돌아다닙니까? 베드로전서 5장 8절에 그 대답이 나옵니다. "너희 대적 마귀가 우는 사자같이 두루 다니며 삼킬 자를 찾나니." 사탄은 돌아다니면서 삼킬 자를 찾고 있습니다. 어떻게 하면 그리스도인을 몰락의 궁지로 밀어 넣을까 하고 호시

탐탐 기회를 노리는 것입니다.

이 세상에서 신앙생활을 하는 사람은 유흥가를 한밤중에 걸어가는 젊은 여성과 흡사하다고 할 수 있습니다. 밤중에 여자가 난잡한 유흥가를 지나가려면 대단한 담력이 필요합니다. 군데군데 유혹의 덫이 숨어 있습니다. 잠시라도 방심하면 무슨 일을 당할지 모릅니다. 한시도 마음을 놓을 수 없습니다. 유흥가를 젊은 여성이 지나간다는 것은 대단히 위험합니다. 한밤중이라면 더 말할 나위가 없습니다. 언제 불량배가 행패를 부릴지, 희롱을 걸어 올지 모릅니다. 정숙한 여인이라면 당연히 조심할 수밖에 없습니다. 앞만 보고 빨리 지나가야 합니다. 누가 말을 붙여 와도 응수를 하면 안 됩니다. 우리의 신앙생활도 이렇게 해야 합니다.

우리 주변에는 마귀가 파 놓은 함정이 대단히 많습니다. 조금만 틈을 보이면 사정없이 우리를 빠뜨릴 수 있습니다. 그리고 무서운 결과를 우리에게 안겨 줄 수 있습니다. 에베소서 4장 26-27절을 보십시오. "분을 내어도 죄를 짓지 말며 해가 지도록 분을 품지 말고 마귀에게 틈을 주지 말라." 이 말씀은 분을 내고 하루 종일 그 분을 풀지 못하면 마귀가 틈탈 수 있다고 가르쳐 줍니다. 그러므로 마귀로 하여금 틈을 찾지 못하게 하라고 합니다. 그렇다면 우리가 틈을 주지 않으려면 어떻게 해야 할까요? 조그마한 감정까지도 잘 다스려서 약점이 잡히지 않도록 해야 합니다. 주위를 보면 자신의 감정을 다스리지 못해 가정과 사회에서 사탄의 도구가 되어 버린 사람들이 많습니다.

아주 무서운 사건이 있었습니다. 피의자가 경찰에 잡히기는 했지만 정말 끔찍한 사건이었습니다. 이 모라는 사람이 구로구 시흥동에 셋방을 얻으러 아내와 함께 갔습니다. 아무리 찾아다녀도 그들이 가지고 있는 돈으로는 셋방을 구할 수 없었습니다. 허탈한 심정으로 돌아오는데 부인이 짜증을 냈나 봅니다. 얼마나 마음이 심란하겠습니까? 먹고살기도 힘든데 일 년이 멀다 하고 전셋값은 올려 주어야 하니 그 심정이 오죽 답답했을까요? 우리는 그의 마음을 충분히 짐작할 수 있습니다. 부인은 임신 9개월의 몸이었습니다. 얼마나 그 몸과 마음이 무거웠겠습니까? 그래서 남편을 따라가면서 "당신은 천만 원짜리 전세방 얻을 능력도 없어요?" 하고 투덜댔나 봅니다. 그것이 그만 남편의 자존심을 건드린 것입니다. 그렇지 않아도 열등감에 사로잡혀 있는 그에게 벌집을 쑤신 꼴이 되고 말았습니다. 남편은 격분했습니다. 자기 감정을 다스릴 수 있는 한계를 넘어 버렸습니다. 이성을 잃은 것입니다. 순식간에 그는 아내와 두 살배기 딸을 목 졸라 죽였습니다. 너무나 우발적인 행동이었습니다. 이것은 사람의 탈을 쓰고 할 수 있는 일이 아닙니다. 마귀가 하는 짓입니다. 마귀의 도구가 되면 그와 똑같은 짓을 거침없이 할 수 있습니다. 우리는 사탄을 바로 알아야 합니다. 사탄에게 기회를 주면 안 됩니다. 마귀는 세상 사람들만 좌지우지하는 것이 아닙니다. 우리에게도 틈만 있으면 달려듭니다. 그러므로 우리는 한시도 이 사실을 잊어서는 안 될 것입니다.

사도행전 5장에는 '아나니아와 삽비라' 부부가 나옵니다. 그들은 예수님을 믿는 사람들이었습니다. 그러나 그들은 자기의 소유물을 판 다음에 마음이 흔들리기 시작했습니다. 마귀가 접근해 온 것입니다. '이것을 다 내놓지 않으면 안 될까? 정말 너무 아까워…' 하고 이리저리 재는 통에 마귀가 그 마음속에 들어왔습니다. 결국 하나님을 속이고 땅값 얼마를 감추었습니다. 그러자 베드로가 그들에게 "어찌하여 사탄이 네 마음에 가득하여 네가 성령을 속이고"(행 5:3)라고 말했습니다. 왜 사탄이 마음에 가득하도록 문을 열어 주었느냐는 말입니다. 성령을 속이고 사탄에게 문을 열어 준 결과, 그들은 그 자리에서 급사했습니다. 너무나 비극적으로 일생을 마친 것입니다. 예수님을 믿는 사람도 마귀의 유혹에 넘어가면 이처럼 무서운 결과를 초래할 수 있습니다.

넷째로, 사탄은 무소부재(無所不在)하고 전지전능(全知全能)한 영물이 못 된다는 사실을 배울 수 있습니다. '무소부재하다'는 말은 어느 곳에나 있다는 말입니다. 우리는 하나님을 가리켜 "무소부재하신 분"이라고 말합니다. 어디를 가나 하나님은 계십니다. 하나님은 온 우주에 충만하십니다. 사탄이 영물이기는 하지만 하나님과는 차원이 다릅니다. 사탄이 온 땅에 가득할 것같이 생각되지만 실상은 그렇지 않습니다. 사탄이 하나님 앞에서 '여기저기 돌아다닌다'고 했습니다. 온 세상에 충만하다면 이러저리 돌아다닐 필요가 없습니다. 이것이 사탄이 무소부재한 존재가 아니라는 것을 말해 주는 것입니다.

세계 여행을 해 보면 이 말이 진리라는 것을 알 수 있습니다. 아프리카는 아메리카에 비해서 사탄의 역사가 훨씬 더 강한 것으로 보입니다. 귀신이나 악령, 갖가지 미신이 얼마나 많은지 사탄이 그 지역을 좋아하여 진을 치고 있다는 것을 금방 알 수 있습니다. 한마디로 사탄의 소굴인 셈입니다. 일본에 가면 그곳이 사탄이 좋아하는 곳이라는 것을 금방 느낄 수 있었습니다. 사탄이 특히 심하게 역사하는 지역이 있습니다. 사찰이 많은 지역이나 점술가들이 많이 모여 있는 곳은 벌써 공기가 다른 것을 느낄 수 있습니다. 그러나 사탄이 잘 가지 않는 곳이 있습니다. 하나님의 자녀들이 모여서 예배하는 곳입니다. 사탄이 우리의 마음에 와서 한 번 초인종을 눌러 볼 수는 있습니다. 그렇게 해 놓고는 어떻게 하나 하고 눈치를 살핍니다. 하나님을 찬양하는 거룩한 가정에 사탄이 함부로 쉽게 드나들지 못합니다. 그러므로 우리는 이 사실을 보고 힘을 얻어야 합니다. 사탄이 아무 데나 있는 것이 아닙니다. 하나님의 영광을 위해서 살고자 노력하는 사람에게는 사탄이 함부로 접근할 수 없습니다. 감히 그렇게 할 수 없는 것입니다. 사탄은 절대 무소부재한 존재가 아닙니다.

그뿐 아니라 사탄은 전지전능한 영물이 못 됩니다. '전지전능'은 무엇이든지 알고 무엇이든 다 할 수 있다는 말입니다. 하나님 외에는 전지전능한 존재가 없습니다. 사탄은 전지전능한 영물이 못 되기 때문에 욥의 진심을 알아차리지 못했습니다. 욥은 하나님을 너무나 사랑했습니다. 하나님도 그것을 인정하시고 욥을 칭찬하셨습니다. 그러나 사탄은 욥의 중심을 바로 파악하지 못했습니다. 사탄에게는 사람의 마음을 꿰뚫어 볼 수 있는 능력이 부족합니다. 그래서 욥을 잘못 본 것입니다. 사탄은 욥이 조건적으로 하나님을 사랑하는 것으로 생각했습니다. 욥의 중심을 몰랐기 때문에 욥이 하나님께로부터 좋은 것만 받고 누리기에 하나님을 사랑한다고 생각한 것입니다. 사탄은 모든 것을 다 알지 못합니다. 사탄은 우리가 느끼는 신령한 은혜의 맛을 알지 못합니다. 우리가 하나님을 사랑하는 그 순수한 마음을 사탄이 어떻게 다 꿰뚫어 볼 수 있겠습니까? 우리가 영원한 하나님 나라를 소망하며 용기를 잃지 않고 사는 것을 사탄이 어떻게 다 감지할 수 있겠습니까? 사탄은 신령한 일을 전부 다 꿰뚫어 볼 수 있는 능력이 없습니다. "오직 성령께서 가르치신 것으로 하니 영적인 일은 영적인 것으로 분별하느니라"(고전 2:13). 그러므로 우리는 사탄이 깔보는 신앙생활을 해서는 안 됩니다. 사탄이 깔보는 사람은 조건부 신앙생활을 하는 사람입니다. 마귀는 조건적으로 하나님을 사랑하는 사람을 경멸합니다. 마귀는 주님을 사랑하고 헌신하는 동기를 육적으로, 조건적으로만 해석합니다. "네가 예수님을 믿고 손해 본 것이 없으니까 그렇게 하나님, 하나님 하는 것 아니냐? 만약 잘되는 일이 별로 없다면 그렇지 못할 거야." 사탄은 예수님을 믿는 사람들을 이런 식으로 바라봅니다. 그런데 만약 우리가 바로 그런 사람이라면, 마귀는 우리를 짓밟을 정도로 멸시할 것입니다.

저는 병중에서 오랫동안 고통스러워하며 괴로워하는 가운데서도 주님을 사랑하지 않은 적이 한 번도 없었습니다. 여러분도 마찬가지라고 생각합니다. 주변에 중병을 앓고 있는 형제·자매들이 몇 분 계십니다. 언제 세상을 떠날지 모를 만큼 급박한 형편입니다. 그러나 그들은 하나님께 자신의 모든 것을 맡기며 기도하고 있습니다. 하나님께서 절대로 나쁜 것을 주시지 않는다는 것을 믿으면서 감사하고 있는 것입니다. 곁에서 그런 모습을 지켜보는 사람들이 은혜를 많이 받습니다. 마귀가 그들에게 이제는 하나님을 사랑하고 섬기는 것은 그만하라고 할지 모릅니다. 그러나 그들의 중심은 하나님께 있습니다. 우리는 영원히 죽을 수밖에 없는 나를 대신하여 돌아가신 그 놀라운 주님의 사랑을 잊지 못합니다. 그러나 사탄은 우리의 마음을 정확히 읽지 못합니다. 욥의 중심을 하나님이 아셨던 것처럼 주님이 우리의 마음을 알아주십니다. 우리는 사탄이 꿰뚫어 보지 못하는 영적 자산을 가지고 있습니다. 이것으로 인하여 우리는 믿음과 소망과 사랑을 가슴에 안고 살아갑니다. 사탄이 우리 마음을 잘 읽지 못한다는 것이 우리를 얼마나 기분 좋게 만드는지, 감히 넘볼 수 없는 영적 자산이 우리에게 있다는 사실이 얼마나 우리를 우쭐하게 하는지요!

다섯째, 하나님의 허락 없이는 사탄이 아무 일도 할 수 없다는 것을 배울 수 있습니다. 사탄은 하나님의 특별한 허락을 받아서 욥의 재산을 한꺼번에 날렸습니다. 그러나 그것도 어디까지나 하나님이 허락하시는 범위 안에서만 가능했습니다. "여호와께서 사탄에게 이르시되 내가 그의 소유물을 다 네 손에 맡기노라 다만 그의 몸에는 네 손을 대지 말지니라"(12절). 재산은 다 빼앗아 가도 욥의 몸은 다치지 말게 하라는 말씀입니다. 2장 6절에도 비슷한 예가 나옵니다. "여호와께서 사탄에게 이르시되 내가 그를 네 손에 맡기노라 다만 그의 생명은 해하지 말지니라." 하나님은 사탄이 욥의 생명을 해하지 못하게 하셨습니다. 이처럼 사탄이 자기 멋대로 다 할 수 있는 것이 아닙니다. 사탄이할 수 있는 영역은 제한되어 있습니다.

사탄은 하나님의 자녀에 대해서는 자기 마음대로 하지 못합니다. 그것은 하나님의 섭리입니다. 자기 재산을 남이 와서 멋대로 손대도록 내버려 두는 사람은 없습니다. 하나님도 마찬가지입니다. 예수 그리스도의 보배로운 피로 우리를 사셨기 때문에 우리는 그의 소유입니다. 우리는 하나님의 것입니다. 하나님께서 특별한 뜻이 있어서 우리에게 어려움을 주시지 않는 이상 사탄은 우리에게 절대 손대지 못합니다. 요한복음 10장 29절은 이렇게 기록하고 있습니다. "그들을 주신내 아버지는 만물보다 크시매 아무도 아버지 손에서 빼앗을 수 없느니라." 요한일서 5장 18절에는 "하나님께로부터 난 자는 다 범죄하지아니하는 줄을 우리가 아노라 하나님께로부터 나신 자가 그를 지키시매 악한 자가 그를 만지지도 못하느니라"고 기록하고 있습니다. 하나님의 허락 없이는 사탄이 나에게 손가락 하나 대지 못한다는 것을 믿으십시오. 우리는 이와 같이 기가 막힌 특권을 가지고 있습니다. 그러므로 우리는 사탄에 대해 이런 사실들을 바로 알아야 합니다.

○ ○ ○ ○ ○ ○ ○ ○ ○ ○ ○ ○
사탄을 정복하신 예수 그리스도

우리는 사탄의 특성 다섯 가지를 본문을 통해서 배웠습니다. 여기서 결론적으로 꼭 한 가지 감사해야 할 것이 있습니다. 그것은 예수 그리스도가 사탄을 정복하셨다는 사실입니다. 예수 그리스도가 사탄을 이기셨습니다. 예수 그리스도가 사탄을 이기셨으므로 사탄은 하늘에서 번개처럼 떨어졌습니다. "예수께서 이르시되 사탄이 하늘로부터 번개 같이 떨어지는 것을 내가 보았노라"(눅 10:18).

하늘에서 쫓겨난 사탄이 지금 세상에서 활동하고 있습니다. 그러나 그것은 어디까지나 시한부 활동에 지나지 않습니다. 주님이 재림하시는 날, 사탄은 영원한 멸망의 음부로 떨어질 것입니다. 그때까지 사탄은 제한된 활동을 하고 있을 뿐입니다. 우리가 때로는 사탄으로부터 공격을 받을 수도 있고, 유혹을 받을 수도 있습니다. 또한 그의 위협 앞에 떨 수도 있습니다. 그러나 우리 앞에는 승리자 되신 예수 그리스도가 계십니다. 이 사실을 기억하고 믿음으로 예수님을 붙잡으십시오. 날마다 말씀과 기도로 무장하십시오. 마귀가 틈을 타지 못하도록 주의하십시오. 우리는 순간마다 사탄을 대적해야 합니다. 마귀는 우리를 대적하는 원수요, 하나님을 대적하는 원수입니다. 우리를 대적하는 원수가 있기 때문에 우리는 싸워야 합니다. 사탄은 어떻게 해서라도 하나님의 영광을 욕되게 하려고 합니다. 이런 사탄과 싸워 이겨야 합니다. 왜냐하면 우리에게 있어서 가장 중요한 것은 하나님의 영광이기 때문입니다. 우리가 생명을 걸고 해야 할 일은 이 땅에 하나님의 나라를 확장하고 예수 그리스도의 이름이 높임을 받게 하는 것입니다. 그런데 사탄은 수단과 방법을 가리지 않고 이것을 막으려고 안간힘을 쓰고 있습니다. 우리의 궁극적인 관심은 구원입니다. 하나님 나라에 가서 주님과 함께 영원히 사는 것입니다. 그러나 사탄은 우리가 구원받지 못하도록 온갖 수단을 다 동원하여 훼방합니다. 그러므로 우리는 마땅히 사탄과 싸워 이겨야 합니다. 이때 우리의 힘으로 싸우는 것이 아닙니다. 승리자 되신 예수 그리스도의 이름으로 싸우고 이기는 것입니다.

신앙생활을 능력 있게 하기 위해서는 사탄의 존재를 의식해야 합니다. 베드로 사도가 말한 것처럼 근신하고 깨어 있어야 합니다(벧전 5:8 참조). 믿음을 굳게 하고 사탄을 대적해야 합니다. 그러면 반드시 사탄을 물리칠 수 있을 것입니다. 우리는 예수 그리스도와 함께 영원히 살게 될 사람들입니다. 항상 나의 대적이 있다는 것을, 나를 참소하는 자가 있다는 것을 잊어서는 안 됩니다. 그가 아무리 힘 있는 장수인 골리앗처럼 보인다 할지라도 하나님의 지배 아래 있다는 사실을 잊어서는 안 될 것입니다. 우리가 예수님의 이름을 가지고 대적하면 그는 절대로 우리를 이기지 못합니다. 사탄에게 질질 끌려다니는 신앙생활을 하지 맙시다. 우리는 반드시 사탄을 이길 수 있습니다. 다음 말씀을 깊이 명심하십시오.

근신하라 깨어라 너희 대적 마귀가 우는 사자같이 두루 다니며 삼킬 자를 찾나니 너희는 믿음을 굳건하게 하여 그를 대적하라 _벧전 5:8-9

평강의 하나님께서 속히 사탄을 너희 발 아래에서 상하게 하시리라_롬 16:20

3

역경을
대처하는 길

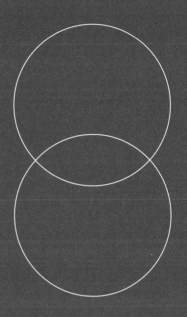

욥이 누리고 즐기던 모든 것이 한순간에 날아갔습니다.
재산도, 자녀도 다 사라졌습니다.
그러나 모든 것이 다 떠나도 하나님은 남아 계셨습니다.
결국 하나님만이 그의 전부가 되었던 것입니다.

욥기 1:13-22

13 하루는 욥의 자녀들이 그 맏아들의 집에서 음식을 먹으며 포도주를 마실 때에 14 사환이 욥에게 와서 아뢰되 소는 밭을 갈고 나귀는 그 곁에서 풀을 먹는데 15 스바 사람이 갑자기 이르러 그것들을 빼앗고 칼로 종들을 죽였나이다 나만 홀로 피하였으므로 주인께 아뢰러 왔나이다 16 그가 아직 말하는 동안에 또 한 사람이 와서 아뢰되 하나님의 불이 하늘에서 떨어져서 양과 종들을 살라 버렸나이다 나만 홀로 피하였으므로 주인께 아뢰러 왔나이다 17 그가 아직 말하는 동안에 또 한 사람이 와서 아뢰되 갈대아 사람이 세 무리를 지어 갑자기 낙타에게 달려들어 그것을 빼앗으며 칼로 종들을 죽였나이다 나만 홀로 피하였으므로 주인께 아뢰러 왔나이다 18 그가 아직 말하는 동안에 또 한 사람이 와서 아뢰되 주인의 자녀들이 그들의 맏아들의 집에서 음식을 먹으며 포도주를 마시는데 19 거친 들에서 큰 바람이 와서 집 네 모퉁이를 치매 그 청년들 위에 무너지므로 그들이 죽었나이다 나만 홀로 피하였으므로 주인께 아뢰러 왔나이다 한지라 20 욥이 일어나 겉옷을 찢고 머리털을 밀고 땅에 엎드려 예배하며 21 이르되 내가 모태에서 알몸으로 나왔사온즉 또한 알몸이 그리로 돌아가올지라 주신 이도 여호와시요 거두신 이도 여호와시오니 여호와의 이름이 찬송을 받으실지니이다 하고 22 이 모든 일에 욥이 범죄하지 아니하고 하나님을 향하여 원망하지 아니하니라

역경을
대처하는 길

18세기에 영국에서 활동했던 위대한 복음의 일꾼 중에 톱레이디(Augustus M. Toplady, 1740-1778)라는 목사님이 있습니다. 〈만세 반석 열리니 내가 들어갑니다〉라는 찬송가의 가사를 지은 분입니다. 불행하게도 그는 폐결핵으로 38세의 젊은 나이에 세상을 떠났습니다. 그러나 그가 남긴 불후의 찬송 시는 우리 믿는 성도들의 가슴을 영원토록 울려 줄 것입니다. 그가 쓴 찬송 시 중에 우리가 즐겨 부르는 〈고요한 바다로〉라는 찬송이 있습니다. 그 찬송 1절 가사는 이렇습니다. "고요한 바다로 저 천국 향할 때 주 내게 순풍 주시니 참 감사합니다." 이어서 2절은 "큰 물결 일어나 나 쉬지 못하나 이 풍랑 인하여 더 빨리 갑니다"라고 노래합니다. 1절에서는 '이 세상을 순풍 만난 듯이 살게 해 주셔서 감사하다'라고 고백합니다. 2절에서는 '큰 풍랑이 일어나서 몹시 힘들지만 그 가운데서도 천국 향해 가는 발걸음을 늦추어지지 않게 하시니 참 감사하다'라고 고백합니다. 톱레이디 목사님의 찬송 시가 말해 주고 있듯이 우리의 인생에는 순풍과 역경이 있기 마련입니다. 기쁨과 즐거움도 있지만 고난과 고통

또한 피할 수 없는 것이 사람의 한생이라고 할 수 있습니다.

이 세상을 한번 진지하게 들여다봅시다. 우리가 살고 있는 이 땅은 행복보다는 불행이, 형통보다는 고난이 더 많은 것 같습니다. 그래서 어느 종교에서는 생로병사를 기본으로 해서 8고, 16고, 32고, 64고, 128고 등의 여러 가지 고난을 풀어 나가는 고(苦)의 철학을 가르칩니다. 사람의 한생을 수많은 고난의 연속으로 보는 것은 분명히 일리가 있습니다. 너무 비관적인 태도가 아니냐며 이의를 제기할 수도 있을 것입니다. 그러나 그렇지 않습니다. 그 누가 이 세상을 고통 없이 살 수 있습니까? 그 누가 이 세상을 사는 것이 어렵지 않다고 말할 수 있을까요? 그런 사람은 없습니다. 아무도 이 사실을 부인하지 못합니다. 이 땅에서 고통을 면제받고 살 수 있는 사람은 하나도 없습니다.

◦ ◦ ◦ ◦ ◦ ◦ ◦ ◦ ◦ ◦
예측을 불허하는 고난

우리는 고난을 예측하지 못합니다. 이것이 우리를 당혹스럽게 만듭니다. 언제, 어디서 그 흉한 모습을 드러낼지 모르는 것이 고난입니다. 고난이 갖는 이 예측불허성을 우리는 욥의 사건을 통해서 생생하게 실감할 수 있습니다. 본문 말씀 13절을 보면 제일 앞에 "하루는"이라는 말이 나옵니다. 여기에는 굉장한 의미가 내포되어 있습니다. "하루는"이라고 한 그 어느 날에 정말 무서운 사건이 일어났습니다. 욥의 운명이 하루아침에 바뀌는 날벼락이 떨어진 것입니다.

그날에 그처럼 기막힌 일이 생길 것이라고 욥이 꿈엔들 알았겠습니까? 그날은 그의 자녀들이 맏형의 집에 모여 잔치하며 먹고 마시는 날이었습니다. 얼마나 흐뭇하고 화기애애한 시간들이 흐르고 있었을까요? 그러나 불행은 노크도 없이 문을 박차고 들어왔습니다. 그 순간부터 무서운 일들은 설상가상으로 줄을 이었습니다. 갑자기 스바 사람이 나타나서 나귀와 소를 빼앗고 종들을 죽였습니다. 하늘에서 불이 내려와 양 떼와 종을 살라 버렸습니다. 갈대아 사람이 세 무리를 지어 갑자기 낙타에게 달려들어 모두를 빼앗고 칼로 종을 죽였습니다. 욥의 자녀들이 모여 잔치하던 집에 거친 들에서 큰 바람이 몰려와 네 모퉁이 기둥을 치므로 집이 무너져서 다 깔려 죽고 말았습니다.

"하루는" 다음에 "갑자기"라는 말이 나옵니다(15절). 짤막한 이 한마디에는 모든 불행과 재난이 불시에 찾아온다는 것을 교훈하고 있습니다. 욥의 식구들 중 아무도 예상할 수 없었던 사건들이 욥에게 찾아왔던 것입니다. 2장 8절은 욥의 몸에 병까지 났다고 말하고 있습니다. 멀쩡하던 그의 몸에 갑자기 심상치 않아 보이는 이상 증세들이 나타나기 시작했던 것입니다. 이 모든 사건이 한순간에 복병이 덮치듯 갑자기 일어났습니다. 욥이 당한 비극이야말로 글자 그대로 엎친 데 덮친 격으로, 설상가상으로 찾아왔던 것입니다.

이와 같은 욥의 사건을 보면서 "무슨 이야기가 이래? 너무 지나치게 꾸민 것 같아. 세상에 이런 일이 어떻게 있을 수 있어?"라고 말하는 사람이 있을지 모릅니다. 그러나 그렇지 않습니다. 이것은 진리입니다. 재난은 어느 날 갑자기 찾아오는 것입니다. 그리고 한 번 어려운 일을 당하면 연속적으로 어려운 일을 당하는 예가 많습니다. 이것은 우리 주변에서 흔히 볼 수 있는 일입니다. 욥은 꿈에도 자기에게 그와 같은 불행이 찾아오리라고는 예측하지 못했습니다. 욥기 29장 18절을 보면 욥은 이렇게 말합니다. "내가 스스로 말하기를 나는 내 보금자리에서 숨을 거두며 나의 날은 모래알같이 많으리라 하였느니라." 그는 자신에게 다가올 미래를 낙관적으로 내다보았던 것 같습니다. 개역한글 성경에는 "내 보금자리에서 선종하리라"로 기록되어 있습니다. 여기서 "선종한다"는 말은 '착하게 살다가 복되게 죽을 것'이라는 뜻입니다. 곧 욥은 "나는 착하게 살다가 복되게 임종을 맞이하게 될 거야. 나는 모래알처럼 많은 날들을 누리면서 살거야"라고 장담했던 것 같습니다. 그러나 욥기 30장 26절에서 그는 "내가 복을 바랐더니 화가 왔고 광명을 기다렸더니 흑암이 왔구나"라고 말하고 있습니다. 전혀 예측하지 못한 일이 일어난 것에 대한 당혹감을 감추지 못하고 있는 모습을 볼 수 있습니다. 우리 주변에서 갑자기 사고를 당한 사람들의 경우도 마찬가지입니다. 그들의 경우를 유심히 살펴보십시오. 욥이 갑자기 고난을 당했던 것처럼 그들도 불시에 재난을 당했다는 것을 알 수 있을 것입니다.

이유를 알 수 없는 고난

고난에는 대략 몇 가지 유형이 있습니다. 먼저 이유를 알 수 없는 고난이 있습니다. 욥이 당한 고난이 바로 여기에 해당합니다. 욥은 온전하고 정직하여 하나님을 경외하며 악에서 떠난 사람이었습니다. 그러한 욥에게는 절대로 일어나지 않을 것 같은 사건들이 갑자기 찾아온 것입니다. 우리는 욥기 1장과 2장을 통해 그가 왜 그런 어려움을 치러야 했는지, 그 배경을 어느 정도 알고 있습니다. 그러나 욥의 입장에서는 아무것도 아는 바가 없었습니다. 욥에게 왜 그와 같은 일들이 일어나는지 하나님이 설명을 하지 않으셨기 때문입니다. "하나님은 모든 행하시는 것을 스스로 진술치 아니하시나니"(욥 33:13, 개역한글).

욥의 경우와 마찬가지로 우리에게도 이유를 모르는 어려움이 찾아올 때가 있습니다. 착하고 선한 사람일수록 이유를 모르는 고난으로 시련을 겪는 것을 흔하게 봅니다. 이것이 바로 의인이 당하는 고난의 수수께끼입니다. 또한 천벌을 받아야 마땅할 것 같은 악인이 떵떵거리며 온갖 부귀영화를 누리며 살고 있는 것 역시 수수께끼입니다. 의인이 이유를 모르는 고난을 당해서 고통하는 수수께끼나, 악인이 평생 형통하면서 장수를 누리는 수수께끼나 다 불가사의한 것이라고 할 수 있습니다.

욥에게도 이런 문제로 고민한 흔적이 있습니다. 욥기 21장에서 그는 이렇게 말합니다. "어찌하여 악인이 생존하고 장수하며 세력이 강하냐 그들의 후손이 앞에서 그들과 함께 굳게 서고 자손이 그들의 목전에서 그러하구나 그들의 집이 평안하여 두려움이 없고 하나님의 매가 그들 위에 임하지 아니하며 그들의 수소는 새끼를 배고 그들의 암소는 낙태하는 일이 없이 새끼를 낳는구나 그들은 아이들을 양 떼같이 내보내고 그들의 자녀들은 춤추는구나 그들은 소고와 수금으로 노래하고 피리 불어 즐기며 그들의 날을 행복하게 지내다가 잠깐 사이에 스올에 내려가느니라"(7-13절). 욥이 얼마나 답답했으면 이렇게 긴 탄식을 늘어놓았겠습니까? 이와 같이 우리에게도 이유를 모르는 고난이 있을 수 있습니다.

그 반대로 이유를 분명히 알 수 있는 고난이 있습니다. 죄를 범하여 스스로 끌어들이는, 자업자득이라고 할 수 있는 고난이 바로 그것입니다. 또 자기 스스로 선택한 고난이 있습니다. 이것은 독특한 유형의 고난입니다. 일제 시대나 6 · 25를 경험했던 믿음의 선배들 중에 이런 고난을 겪은 분들이 많습니다. 그들은 믿음을 지키기 위해 자진해서 십자가를 졌습니다. 이것은 의인들이 스스로 선택한 고통이라고 할 수 있습니다. 이처럼 고난의 유형이 어떤 것이든 한 가지 분명한 사실은 세상에서 고난을 면제받는 사람은 아무도 없다는 것입니다. 그러므로 우리는 욥의 사건을 통해서 고난을 극복할 수 있는 지혜를 배워야 합니다.

첫째로, 우리는 항상 고난을 대비하는 마음가짐을 가지고 있어야 합니다. 그러나 이 사실을 이야기하기 전에 우리가 먼저 주의해야 할 것이 있습니다. 그것은 잘못된 가르침을 경계해야 한다는 것입니다. 예수님을 믿기만 하면 평생 부와 건강이 보장된다는 것처럼 가르치는 사람들이 있습니다. 그것은 대단히 위험한 교훈입니다. 하나님께서 우리에게 부와 건강을 주시지 않는다는 말이 아닙니다. 예수님을 믿으면 병에도 걸리지 않고 무슨 일을 하든 만사형통할 수 있다고 가르치는 사람들의 말이 잘못되었다는 것입니다. '예수 행복, 믿음 건강'이라는 이런 단순한 논리로 비약시키면 나중에는 아주 위험한 지경까지 이를 수 있습니다. 예를 들어 "예수님을 믿는다고 하면서 왜 병에 걸리나요? 무슨 죄를 지었든 크게 잘못되었으니 병이 들지, 믿음생활 잘하는 사람을 주님이 병들게 하는 법은 없어요"라고 하는 식으로 정죄해 버립니다. 이와 같이 가르치는 사람들의 말에 현혹되지 마십시오. 만사형통하기 위해서 예수님을 잘 믿어야 한다는 것은 사탄의 속삭임이라는 것을 알아야 합니다.

제가 몸이 좀 좋지 않았을 때 외국에 나가서 몇 달 기거한 적이 있습니다. 제가 그곳에 와 있다는 소식을 그 지역의 교회에서 사역하는 어느 여전도사님이 들었나 봅니다. 그런데 그분이 저를 두고 "주의 종이 아프다니 웬일이에요? 그 목사님이 말 못할 죄를 지은 것이 틀림없어요" 하고 어떤 분에게 단정지어 말했답니다. 그 이야기가 간접적으로 제 귀에 들려왔습니다. "그럴지도 모르지요. 이 세상에서 죄를 짓지 않고 사는 사람이 어디 있습니까?"라고 대꾸했지만 얼마나 마음이 무거웠는지 모릅니다. 그분의 말은 하나님의 말씀과 거리가 먼 이야기라고 할 수 있습니다. 우리는 그렇게 잘못 판단하면 안 됩니다.

어떤 실패한 형제에게 찾아가서 "당신이 이렇게 실패한 데에는 분명 이유가 있어요. 무슨 잘못을 범했는지 생각해 보십시오. 지은 죄를 솔직하게 고백해야 문제가 풀립니다"라고 말했다고 가정해 봅시다. 어떤 결과가 나오겠습니까? 세상에 죄를 짓지 않고 사는 사람은 없습니다. 털면 다 먼지 나게 되어 있는 것이 인간입니다. 아마도 이런 소리를 들은 그 사람은 영적으로 돌이킬 수 없는 곤경에 빠질 것입니다. 우리는 이런 잘못된 교훈을 경계해야 합니다. 예수님을 믿는 사람도 욥처럼 어려움을 당할 수 있습니다. 예수님을 잘 믿어도 병들 수 있고 재산이 날아갈 수 있으며 고통을 당할 수도 있고, 모함을 당할 수도 있습니다. 그러므로 우리는 고난에 대비해야 합니다. 그래야 어떤 어려움을 당할 때 믿음까지 팔아먹는 어리석은 행동을 하지 않을 수 있습니다.

비행기를 타고 가는 사람처럼

가령 여기에 어떤 유능한 기장이 있다고 합시다. 그가 자신의 비행 경력과 탁월한 조종술을 내세우며 "내가 조종하는 비행기는 절대로 사고가 일어나지 않아" 하고 큰소리를 친다면, 그의 말에 수긍할 수 있겠습니까? 아무도 그의 말을 믿으려고 하지 않을 것입니다. 아무리 뛰어난 비행 교육을 받고, 아무리 자랑할 만한 비행 경력을 가졌다 해도 사고가 나지 않는다는 법은 없습니다. 비행기를 몰고 창공을 나는 한, 언제 어떤 일이 생길지 아무도 예측하지 못합니다. 조종사는 항상 사고가 일어날지도 모른다는 개연성을 인정해야 합니다. 조종사가 많은 시간을 들여서 비행 교육을 받고 훈련을 하는 이유가 무엇이겠습니까. 만약의 사태에 대비하고 안전 운항을 하기 위해서입니다. 여객기에 몸을 실으면 원하지 않아도 반드시 들어야 하는 말이 있습니다. 여승무원이 나와서 몇 가지 안전 수칙을 가르쳐 줍니다. 그런데 그 행동 지침을 귀담아 듣는 사람은 별로 없습니다. '설마 그런 일이 일어날까' 하는 식으로 받아넘깁니다.

'나는 기도를 많이 했으니 사고가 나지 않아. 괜찮아'라고 생각하며 승무원의 말을 무시하는 사람이 있을 수 있습니다. 그런 믿음을 전적으로 잘못되었다고 말할 수는 없습니다. 그러나 그런 행동을 모두 옳다고 할 수도 없습니다. 세상을 살아가는 방법도 마찬가지입니다. 비행기를 타고 가는 사람처럼 살아야 합니다. 다시 말해 만일의 사태에 대비하며 살아야 한다는 것입니다.

전도서 3장에는 하나님께서 우리 개개인을 위해 정해 놓으신 때와 목적이 있다고 했습니다.

"범사에 기한이 있고 천하 만사가 다 때가 있나니 날 때가 있고 죽을 때가 있으며 심을 때가 있고 심은 것을 뽑을 때가 있으며 죽일 때가 있고 치료할 때가 있으며 헐 때가 있고 세울 때가 있으며 울 때가 있고 웃을 때가 있으며 슬퍼할 때가 있고 춤출 때가 있으며 돌을 던져 버릴 때가 있고 돌을 거둘 때가 있으며 안을 때가 있고 안는 일을 멀리할 때가 있으며 찾을 때가 있고 잃을 때가 있으며 지킬 때가 있고 버릴 때가 있으며 찢을 때가 있고 꿰맬 때가 있으며 잠잠할 때가 있고 말할 때가 있으며 사랑할 때가 있고 미워할 때가 있으며 전쟁할 때가 있고 평화할 때가 있느니라"(1-8절).

이 모든 것을 하나님이 때를 따라 만드셨다고 했습니다. 하나님께서 하시는 시종을 사람들이 예측하지 못하도록 좋은 때가 있는가 하면 나쁜 때도 있고, 바람이 부는 날이 있는가 하면 바람이 잔잔한 때가 있다고 합니다. 하나님이 이 모든 것을 만들고 경영하십니다. 그렇기 때문에 우리가 세상을 사는 이상, 좋은 일만 기대하는 어리석음을 버려야 합니다. 나쁜 일도 있을 수 있다는 것을 알아야 합니다. 그러므로 항상 고난에 대비하는 것이 생을 사는 지혜라고 할 수 있습니다.

저희 집 막내가 대학 입시를 치렀던 해에 있었던 일입니다. 시험을 보고 난 후, 아이가 한 사흘 동안 방 안에서 나오지 않았습니다. 이불을 뒤집어쓰고 누워 있는 것을 보면 만족하게 시험을 보지 못한 것이 분명했습니다. 그런 꼴을 보는 부모의 심정은 괴롭기 그지없습니다. 너무 답답한 나머지 하루는 그 아이를 불러냈습니다. 그리고 전도서 7장 14절을 펴 놓고 함께 읽었습니다. "형통한 날에는 기뻐하고 곤고한 날에는 되돌아보아라 이 두 가지를 하나님이 병행하게 하사 사람이 그의 장래 일을 능히 헤아려 알지 못하게 하셨느니라." 지금이야말로 이 말씀의 의미를 깊이 깨달을 수 있는 좋은 기회라고 충고를 해 주었습니다. 그러나 그 후에도 아이의 태도는 별로 달라지지 않았습니다. 집안 분위기는 무겁게 가라앉았습니다. 보다 못해 어느 날 그 아이를 데리고 가까운 산을 찾았습니다. 산을 오르며 그의 마음을 달래보려고 했습니다. 정상에 올라가 둘이 마주 앉았을 때 저는 이런 이야기를 했습니다.

"엄마와 아빠는 너희 삼형제를 놓고 감사하는 것이 많단다. 잘 먹이지도 못했는데 건강하게 자라 준 것이 얼마나 감사한지! 그리고 잘 돌보지도 못했는데 신앙생활을 잘하는 것을 보면 얼마나 감사한지! 그리고 과외 한 번 안 시켰지만 원하는 학교에 소신껏 지원할 수 있었다는 것이 얼마나 감사한지! 네가 이번 시험에 낙방한다 할지라도 아빠는 감사하게 생각한단다. 네가 인생 공부를 그만큼 하는 셈이니 그것 또한 감사한 것이 아니겠니?" 아이는 아비의 말을 잠자코 들어주었습니다. 그리고 무슨 생각을 했는지 싱긋 웃어 보였습니다.

자녀가 대학 입시에 낙방해서 먹구름이 낀 가정이 적지 않습니다. 그러나 낙심하지 마십시오. 실패는 자녀에게 인생의 어두운 면을 가르칠 수 있는 좋은 기회가 됩니다. 우리 자녀들의 장래에 언제, 어떤 어려움이 닥쳐올지 모릅니다. 그때를 대비하여 고난을 극복할 수 있는 능력을 키우는 절호의 기회로 삼는 것이 중요합니다. 이런 고난을 통해서 자녀들이 더 강하고, 더 지혜로운 사람으로 성숙할 수 있습니다.

종종 유복한 가정에서 태어나서 평생 동안 고생이라는 것을 모르고 산 사람에게 고난이 닥쳐왔을 때 형편없이 무너지는 것을 봅니다. 전혀 실패를 모르고 살아온 사람이 4, 50대에 들어 어느 날 갑자기 몰아닥친 광풍을 만나면 맥을 못 추고 쓰러지는 것을 적지 않게 봅니다. 대비를 안 하고 살았기 때문입니다. 항상 만 가지가 다 형통하리라고 믿었기 때문에 그런 것입니다. 그렇게 안일한 생각을 가진 사람이 갑자기 고난을 당하면 쓰러지고 맙니다. 그에게는 역경을 헤칠 만한 힘이 없는 것입니다.

지금까지 머리가 좋아서 한 번도 실패하지 않은 것이 복이라고 할 수 있습니까? 평생 동안 고생은 모르고 자란 유복한 환경을 하나님이 주신 복이었다고 말할 수 있습니까? 아닙니다. 오히려 실패를 경험해 본 사람이 더 낫습니다. 어려움을 극복할 수 있는 힘을 키워 놓았기 때문에 그렇게 비참하게 꺾이지 않았습니다.

욥은 의로웠지만 고난을 당했습니다. 예수님도 이 세상에서는 고난을 당하셨습니다. 경건하게 살고자 하는 자는 핍박을 받는다고 했습니다. 예수님을 바르게 믿어도 우리에게 어려움이 닥칠 수 있습니다. 이유를 알건, 모르건 간에 고난이 올 수 있습니다. 그러므로 우리는 대비해야 합니다. 비행기를 몰고 가는 기장처럼 불의의 재난에 대비해야 합니다. 비행기를 타고 가는 승객처럼 마음에 단단히 각오를 하고 인생을 살아야 합니다. 우리는 강한 자가 되어야 합니다.

○ ○ ○ ○
불행 예방

욥의 사건을 통해서 배울 수 있는 고난을 극복하는 지혜, 두 번째는 '고난을 예방할 수 있어야 한다'입니다. 우리는 스스로 화를 끌어들이는 사람이 되어서는 안 됩니다. 이 세상에는 이유를 모르는 고난도 있지만 이유를 분명히 알 수 있는 고난도 있습니다. 이유를 알 수 있는 고난은 미리 예방할 수 있습니다. 하나님께서는 이 세상 도처에 험한 계곡이 많다는 것을 말씀을 통해서 가르쳐 주고 계십니다. 하나님은 자기의 사랑하는 자녀들이 세상을 살면서 온갖 고생을 다 하다가 만신창이가 되어서 생을 끝마치는 것을 원하지 않으십니다.

예레미야 29장 11절을 보십시오. "여호와의 말씀이니라 너희를 향한 나의 생각을 내가 아나니 평안이요 재앙이 아니니라 너희에게 미래와 희망을 주는 것이니라." 하나님은 우리가 형통함을 누리면서 살기를 원하십니다. 세상 사람들이 보기에 민망할 정도로 고생하며 사는 것을 원하지 않으십니다. 하나님이 우리에게 성경을 주신 이유는 세상이 너무나 험하고 어둡기 때문입니다. 이 세상을 밝히는 등불로 사용하라고 성경을 주신 것입니다. 시편 119편 105절을 보십시오. "주의 말씀은 내 발에 등이요 내 길에 빛이니이다." 등불로, 빛으로 사용하라고 성경을 주신 것입니다. 우리가 살고 있는 이 세상은 너무나 어둡습니다. 그래서 자칫 잘못하면 길을 잃고 헤매기 쉽습니다. 그렇게 되면 우리는 불행해질 수밖에 없습니다. 그런 어두움에서 벗어나라고 주님께서 우리에게 성경을 주신 것입니다.

성경을 펴 보십시오. 거기에는 숱한 사람들의 이야기가 나옵니다.

그들의 삶을 통해서 하나님은 우리에게 가르치십니다. 어떻게 해서 불행을 겪게 되었는가를 적나라하게 설명하고 계십니다. 그리고 그 사람들을 통해서 세상을 이길 수 있는 지혜를 배우라고 말씀하십니다. 이를테면 '롯'이라고 하는 인물을 통해 성경은 '하나님의 영광보다 자기의 영광을 더 앞세웠을 때의 불행한 결과'에 관해 가르쳐 주십니다. 아울러 성경이 야곱에 대해 그렇게 많은 지면을 할애하며 우리에게 설명하는 것은 무엇일까요? 야곱처럼 임기응변으로 신실하지 못한 생활을 하면 불행해질 수 있다는 것입니다. 삼손의 이야기를 들려주는 까닭은 주색잡기에 빠지면 불행한 최후를 맞게 된다는 것을 가르쳐 주기 위함입니다. 그러므로 성경을 자세히 보십시오. 똑같은 교훈을 수십 번 반복해서 가르치고 있습니다. 교만하지 말라는 말이 수없이 반복됩니다. 게으르지 말라고 자주 교훈합니다. 불의와 타협하여 재산을 모으지 말라고 강조합니다. 그것으로 인해 우리가 불행해질 수 있기 때문에 하나님이 그렇게 반복해서 가르치시는 것입니다. 불행을 예방하는 비결, 그것은 하나님의 말씀 앞으로 나가는 것입니다.

잠언 1장 33절 말씀을 주목하십시오. "오직 내 말을 듣는 자는 평안히 살며 재앙의 두려움이 없이 안전하리라." 불행을 예방하고 싶다면 하나님의 말씀 앞에 겸손히 무릎을 꿇으십시오. 하나님의 말씀에 귀를 기울일 때 당신의 불행은 예방될 수 있습니다.

○ ○ ○ ○ ○ ○ ○ ○ ○

예수님만 바라보는 사람

고난을 극복할 수 있는 지혜, 세 번째는 '예수님만 바라보는 것'입니다. 고난을 이기려면 예수님만 바라보는 사람이 되어야 합니다. 하늘의 시인이라고 불리는 송명희 자매는 뇌성마비의 몸으로 태어났습니다. 약하디 약한 몸을 가진 가냘픈 여성입니다. 정상적인 몸을 가지고도 살기 어려운 세상에서 얼마나 고된 삶을 살았겠습니까? 그런데 그가 예수님을 알고 나서 그분께 드리는 편지를 쓴 적이 있습니다. 그 편지의 서두는 "고난의 선생님께 드리는 편지"라는 말로 시작됩니다. 그는 예수님을 고난의 선생님으로 보았습니다. 옳은 말입니다. 예수님은 고난을 가장 많이 당하신 분입니다. 예수님이야말로 고난 당하는 자의 심정을 가장 잘 이해하시는 분입니다. 예수님이야말로 고난 당하는 자의 친구가 되십니다. 그녀가 고통을 안고 얼마나 몸부림쳤으면 예수님을 "고난의 선생님"이라고 불렀겠습니까? 그의 심정이 우리 가슴에 깊이 와서 닿는 것 같습니다. 그가 쓴 편지 중에 한 대목을 소개합니다.

"선생님을 좇은 후에도 고난은 저를 떠나 주지 않았고 오히려 고난이 많아져 고통스러움은 더해만 갔었는데, 선생님이 제 옆에 계셔서 육신은 고달픔이 있으나 마음은 편안했고 감사함으로 고난의 코스를 잘 밟을 수 있었지요. 의심과 두려움이 있을 때는 '두려워 말고 믿기만 하라.' 슬프고 괴로울 때는 '얘야, 나는 너를 그래도 사랑한단다.' 선생님은 그렇게 수없이 말씀하시며 그 부드러운 손으로 안아 주셨지요. 선생님의 사랑 속에서 저도 선생님을 사모하게 되었고 그 누구보다 선생님을 좋아하게 되었습니다. 제가 선생님을 만난 후, 건강이 없어도 지식이 없어도 많은 재물이 없어도 모든 일이 잘 되든지 안 되든지 선생님이 계시기에 감사할 수 있었지요. 선생님, 고난은 고난으로 끝나는 것이 아닌가 봐요. 그 어려움 때문에 선생님을 만나게 되었고 또한 고난이 가져다준 성숙이라는 작은 선물도 있으니 말입니다. 감사의 성숙과 이해의 성숙은 고난이 아니면 얻어지는 게 아닌가 봅니다. 그리고 고난은 영광을 가져다주지요."

진한 감동을 주는 편지입니다. 고난을 이기려면 예수님만 바라보아야 합니다. 예수님은 고난에 대해서 다섯 가지 분명한 약속을 하십니다.

첫째로, 고난에서 우리를 보호해 주신다는 약속입니다. 시편 121편 말씀이 그 좋은 예입니다. "여호와께서 너를 실족하지 아니하게 하시며 너를 지키시는 이가 졸지 아니하시리로다"(3절), "여호와께서 너를 지켜 모든 환난을 면하게 하시며 또 네 영혼을 지키시리로다"(7절). 이처럼 주님은 우리가 당하는 모든 환난을 면하게 해 주시는 분입니다.

둘째로, 고난을 당하게 되면 책임지고 보호하고 인도해 주시겠다는 약속입니다. 이사야 43장 2절이 말씀이 이를 증언합니다. "네가 물 가운데로 지날 때에 내가 너와 함께할 것이라 강을 건널 때에 물이 너를 침몰하지 못할 것이며 네가 불 가운데로 지날 때에 타지도 아니할 것이요 불꽃이 너를 사르지도 못하리니." 여기에서 강을 건넌다, 물이 침몰한다, 불 가운데로 지나간다는 말은 모두 고난을 뜻하는 말입니다. 주님은 우리가 고난을 당할 때에 우리와 함께하시고 우리를 보호해 주시며 인도해 주십니다.

셋째로, 고난 중에 감당할 힘을 주시고 피할 길도 열어 주시겠다는 약속입니다. "사람이 감당할 시험밖에는 너희가 당한 것이 없나니 오직 하나님은 미쁘사 너희가 감당하지 못할 시험당함을 허락하지 아니하시고 시험당할 즈음에 또한 피할 길을 내사 너희로 능히 감당하게 하시느니라"(고전 10:13). 하나님은 우리가 당하는 고난에 피할 길을 열어 주십니다. 또 고난 속에서도 능히 그 무거운 십자가를 지고 갈 힘을 주신다고 약속하셨습니다.

넷째로, 슬픔이 변하여 기쁨이 되게 하시겠다는 약속입니다. "주께서 나의 슬픔이 변하여 내게 춤이 되게 하시며 나의 베옷을 벗기고 기쁨으로 띠 띠우셨나이다"(시 30:11). 하나님께서 욥의 슬픔이 변하여 기쁨이 되게 하셨습니다. 그의 슬픔을 거두어 가시고 다시 기쁨을 회복시켜 주셨습니다. 하나님은 자비로우신 분입니다. 어떤 고난 가운데서도 우리를 내버려 두지 않고 돌보아 주십니다.

다섯째로, 현재의 고난에 대한 충분한 보상을 하신다는 약속입니다. 로마서 8장 18절에서 "생각하건대 현재의 고난은 장차 우리에게 나타날 영광과 비교할 수 없도다"라고 말씀하십니다. 세상에서 당하는 고난에 대해 나중에는 넘치도록 위로하시고, 넘치도록 보상하시고, 넘치도록 복을 주시겠다고 하는 말씀입니다. 이와 같은 약속을 주신 우리 주님을 바라보아야 합니다. 이 약속을 믿음으로 굳게 붙드는 사람은 어떤 어려운 상황을 만나도 이길 수 있습니다. 그 믿음은 병들지 않습니다. 그에게는 분명히 세상 사람이 모르는 능력이 나타나게 됩니다. 욥이 바로 그런 사람이었습니다.

본문 20절을 보면, 욥은 기막힌 비극의 소식을 전해 듣자마자 겉옷을 찢고 머리털을 밀고 땅에 엎드려 하나님을 예배했습니다. 그리고 이렇게 고백했습니다. "내가 모태에서 알몸으로 나왔사온즉 또한 알몸이 그리로 돌아가올지라 주신 이도 여호와시요 거두신 이도 여호와시오니 여호와의 이름이 찬송을 받으실지니이다"(21절). 이 말씀의 깊은 뜻이 무엇입니까? '하나님은 나에게 모든 것을 주셨습니다. 그러므로 그것을 빼앗아 가실 수도 있습니다. 무엇을 주시든지, 빼앗아 가시든지 상관없습니다. 오직 하나님만 영광 받으시기를 바랍니다'입니다. 욥은 이런 마음 자세를 가지고 범죄하지 않고 하나님을 향하여 원망하지 않았습니다. 그럼에도 불구하고 갑자기 그의 몸에 병이 찾아왔습니다. 그의 아내가 얼마나 답답했으면 남편에게 하나님을 욕하고 죽으라고 했겠습니까? 그러나 욥은 이렇게 말했습니다. "그대의 말이 한 어리석은 여자의 말 같도다 우리가 하나님께 복을 받았은즉 화도 받지 아니하겠느냐"(욥 2:10). 그는 어떤 경우에라도 하나님을 원망하지 않았습니다. 욥이 이런 사람이 될 수 있었던 것은 주님만 바라보았기 때문입니다. 그에게 한순간에 고난이 밀어닥쳤습니다. 자기가 누리고 즐기던 모든 것이 한순간에 날아갔습니다. 재산도, 자녀도 다 사라졌습니다. 그러나 모든 것이 다 떠나도 하나님은 남아 계셨습니다. 결국 하나님만이 그의 전부가 되었던 것입니다.

하나님은 자비로우신 분이요, 능력이 많은 분이십니다. 욥은 오직 하나님 한 분만 믿음으로 바라보았습니다. 이런 욥의 모습을 보면서 다음과 같은 시조가 생각났습니다. "백설이 만건곤할 제 독야청청하리라." 무슨 일을 만나도 절개를 지키겠다는 지조 있는 신하의 정신이 잘 나타나 있는 시구입니다. 욥하고는 전혀 상관없는 시조이지만 이것을 인용하는 까닭은 그의 형편과 마음가짐을 빗대어 표현하고 싶어서입니다. 욥은 고난이 만건곤했지만 독야청청했습니다. 그럴 수 있었던 것은 그가 하나님만 바라보았기 때문입니다.

"눈물과 탄식이 나를 억누를지라도 나는 오직 믿음으로 주님만 바라보겠습니다." 이것이 욥과 같은 신앙인의 자세입니다. 이런 사람을 하나님이 도우십니다. 그에게 복을 주십니다. 슬픔이 변하여 기쁨이 되게 하십니다.

4

남편의 불행,
아내의 슬픔

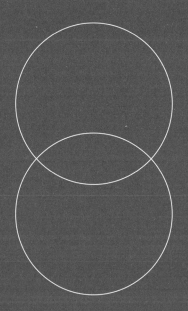

당신은 예수님을 믿어 손해 볼 것이 없으니 열심히 믿는
현실주의자, 공리주의자, 실리주의자가 아닙니까?
욥의 아내처럼 믿으면 안 됩니다.
신앙에 있어서만은 욥처럼 이상주의자가 되어야 합니다.

욥기 2:1-10

1 또 하루는 하나님의 아들들이 와서 여호와 앞에 서고 사탄도 그들 가운데에 와서 여호와 앞에 서니 2 여호와께서 사탄에게 이르시되 네가 어디서 왔느냐 사탄이 여호와께 대답하여 이르되 땅을 두루 돌아 여기저기 다녀왔나이다 3 여호와께서 사탄에게 이르시되 네가 내 종 욥을 주의하여 보았느냐 그와 같이 온전하고 정직하여 하나님을 경외하며 악에서 떠난 자가 세상에 없느니라 네가 나를 충동하여 까닭 없이 그를 치게 하였어도 그가 여전히 자기의 온전함을 굳게 지켰느니라 4 사탄이 여호와께 대답하여 이르되 가죽으로 가죽을 바꾸오니 사람이 그의 모든 소유물로 자기의 생명을 바꾸올지라 5 이제 주의 손을 펴서 그의 뼈와 살을 치소서 그리하시면 틀림없이 주를 향하여 욕하지 않겠나이까 6 여호와께서 사탄에게 이르시되 내가 그를 네 손에 맡기노라 다만 그의 생명은 해하지 말지니라 7 사탄이 이에 여호와 앞에서 물러가서 욥을 쳐서 그의 발바닥에서 정수리까지 종기가 나게 한지라 8 욥이 재 가운데 앉아서 질그릇 조각을 가져다가 몸을 긁고 있더니 9 그의 아내가 그에게 이르되 당신이 그래도 자기의 온전함을 굳게 지키느냐 하나님을 욕하고 죽으라 10 그가 이르되 그대의 말이 한 어리석은 여자의 말 같도다 우리가 하나님께 복을 받았은즉 화도 받지 아니하겠느냐 하고 이 모든 일에 욥이 입술로 범죄하지 아니하니라

남편의 불행,
아내의 슬픔

세상을 어지간히 살아 본 사람이라면 쉽게 하는 말이 있습니다. "재물을 잃는 것은 적게 잃는 것이고 명예를 잃는 것은 많이 잃는 것이다. 더욱이 건강을 잃는 것은 전부를 잃어버리는 것이다." 인생에는 무엇보다도 건강이 가장 중요하다는 말입니다. 본문을 보면 재산과 자식과 명예를 하루아침에 잃어버린 욥이 마지막으로 남아 있던 건강마저 잃게 된 끔찍한 장면이 나옵니다. 건강마저 빼앗겼으니 얼마나 비참합니까? 극도로 비참한 자리에 앉아서 탄식하고 있는 욥의 모습을 한번 상상해 보십시오. 하나님은 지금 욥의 온전함, 즉 그의 믿음의 순수성을 놓고 사탄과 제2 라운드의 줄다리기를 하고 계십니다. "욥의 믿음은 무조건적이다." 하나님은 이렇게 주장하십니다. 그러나 사탄은 여기에 대해서 맞섭니다. "아니요, 그렇지 않습니다. 욥의 신앙은 조건적입니다. 아직도 건강하니까 하나님을 찾는 것이지 그렇지 않다면 욥도 별수 없이 하나님을 믿지 아니할 것입니다."

하나님이 왜 사악한 사탄을 상대로 '누구 말이 옳은가' 하고 시험을 하셔야 했는지 우리는 그 까닭을 잘 모릅니다. 하나님께서 밝히지 않고 계시니까 모를 수밖에 없습니다. 그러나 한 가지 분명한 사실이 있습니다. 하나님의 판단은 선하고 완전했으나 사탄의 주장은 악의에 가득 찬 거짓말이었다는 점입니다. 하나님은 이와 같은 사탄의 사악함을 온 천하에 폭로함으로써 자신이 영광 받으시려는 숨은 뜻을 가지고 계셨던 것 같습니다. 동시에 욥을 통해 자신의 완전하심을 모든 영계에 나타내 보이려고 하신 것 같습니다. 이런 이유 때문인지 하나님께서는 사탄의 요구를 일단 받아들여서 욥에게 남아 있던 건강마저도 그가 원하는 대로 내어 주신 것을 보게 됩니다. 본문 말씀 5절을 보면 사탄이 하나님께 요청을 합니다. "이제 주의 손을 펴서 그의 뼈와 살을 치소서." 하나님이 그 요구를 받아들이셨습니다. "여호와께서 사탄에게 이르시되 내가 그를 네 손에 맡기노라 다만 그의 생명은 해하지 말지니라"(6절). 하나님께서는 단서를 붙여서 허락하셨습니다. 하나님의 허락을 받은 사탄이 욥을 쳤습니다. "사탄이 이에 여호와 앞에서 물러가서 욥을 쳐서 그의 발바닥에서 정수리까지 종기가 나게 한지라"(7절). 이로써 하루아침에 욥은 비참한 중환자가 되고 말았습니다.

모든 병은 사탄, 마귀, 귀신이 일으키는 것이라고 주장하는 사람이 있습니다. 그러나 그것은 하나님의 자녀가 아닌 세상 사람들에게나 통할 수 있는 이야기입니다. 사탄이 병을 가지고 사람들을 무참하게 괴롭힐 수 있다는 것은 사실입니다. 그러나 하나님의 소유가 된 성도들의 입장을 가지고 보면 상황이 달라집니다. 성도에게 있어서 병은 반드시 귀신이 주는 것이 아닙니다. 반드시 죗값으로 오는 것도 아닙니다. 성도의 병에는 하나님의 특별하신 뜻이 숨어 있습니다. 하나님이 허락하지 않으시면 아무리 사탄이나 귀신이 병을 일으키고 싶어도 하나님의 자녀에게는 손을 대지 못합니다. 우리는 이 사실을 꼭 믿

어야 합니다. 이 믿음이 없으면 하나님의 자녀가 아니라고 해도 과언
이 아닙니다. 이 믿음이 없으면 어떻게 하나님의 자녀라는 긍지를 가
질 수 있겠습니까.

끝없는 고통과 탄식

욥의 몸에 생긴 병이 무슨 병인지 의학적으로 정확하게 규명하기는
어렵습니다. 어느 날 갑자기 그의 피부에 심상치 않은 증세가 나타나
더니 삽시간에 온몸으로 퍼져 버렸습니다. 개역한글 성경에는 그 피
부병을 '악창'(惡瘡)이라는 단어로 설명하고 있습니다(7절). '악창'은 구
약성경에서 매우 광범위하게 사용되는 말입니다. 문둥병으로부터 작
은 종기에 이르기까지 악창이라는 단어가 사용된 것을 볼 수 있습니
다. 이처럼 욥이 괴로움을 당한 피부병이 무엇인지 정확하게 알 수는
없지만 얼마나 무서운 것이었는지는 욥기 전체를 읽어 보면 금방 알
수 있습니다. 본문 7절은 "그의 발바닥에서 정수리까지" 한 곳도 성한
곳 없이 피부병이 발병했다고 말하고 있습니다. 욥이 가려움을 견디
다 못해서 질그릇 조각을 가지고 부득부득 피가 나도록 긁고 있는 장
면이 8절에 나옵니다. 욥기 3장 24절을 보면 너무너무 고통스러워서
자기가 앓는 소리가 마치 "물이 쏟아지는 소리" 같다고 표현하고 있을
정도입니다.

욥기 7장 4절에서는 욥이 밤새도록 잠을 자지 못하고 불면증에 시달
리고 있는 것을 봅니다. 7장 5절을 보면 살에 구더기가 우글거리고 살갗
이 쉴 사이 없이 곪아 터지고 있다는 것을 알 수 있습니다. 욥기 19장 20
절에는 "피부와 살이 뼈에 붙었다"고 말하고 있습니다. 이뿐만이 아닙
니다. 욥기 30장 17절에서는 뼈를 쑤시는 듯한 통증이 한시도 멈추지

않는다고 호소합니다. 그리고 욥기 7장 3절을 보면 여러 달이 지났는데도 그 증세가 전혀 호전되지 않고 있다고 하소연합니다. 욥이 이와 같은 어려움을 당하는 것을 보고 그의 아내마저도 등을 돌렸습니다. 욥기 19장 17절에서는 아내가 그의 숨결조차 싫어했다고 말하고 있습니다. 아마 욥이 숨을 쉴 때마다 고약한 냄새가 났나 봅니다. 평생을 함께 살던 아내도, 피를 나눈 형제들도 욥의 근처에 오는 것을 꺼렸습니다. 욥이 얼마나 무서운 병으로 인해 고통스러워하고 있었는지 충분히 짐작할 수 있습니다. 결국 그는 동네 바깥에 있는 잿더미 위에 앉아서 빨리 죽기만을 바라는 신세가 되고 말았습니다.

욥이 "재 가운데 앉아" 있다는 말이 본문 8절에 나옵니다. '재'는 우리가 잘 아는 대로 불을 때고 남은 찌꺼기입니다. 그 당시에는 집집마다 불을 때고 남은 재를 동네 바깥에 있는 쓰레기장에 버렸습니다. 거기에 모아 두었다가 한 달에 한 번 정도 다른 쓰레기와 함께 불로 태웠습니다. 그러고 나면 재가 쌓이고 쌓여서 큰 무더기를 이루었습니다. 지금 욥이 동네 바깥에 있는 그 재 무더기 위에 앉아 있는 것입니다. 그곳은 그야말로 비참한 장소입니다. 전염병에 걸린 사람이 쫓겨 나와서 기거하는 곳이기도 하고, 의지할 데 없는 불쌍한 사람이 와서 잠을 자는 곳이기도 합니다. 어떤 때는 개들이 돌아다니며 시체를 뜯어 먹기도 했으니 그 처참함은 말로 할 수 없을 정도였습니다. 따라서 재 위에 앉아 있다는 말은 '슬프다, 버림받았다'라는 것을 상징적으로 말해 주는 것이라고 할 수 있습니다. 동방에서 가장 훌륭했던 욥이 이렇게 쓰레기 더미 위에 앉아 있는 신세가 되었습니다. 마지막 남은 건강마저 잃어버리고 인간 쓰레기가 되어 있는 욥을 상상해 보십시오. 이 정도만 해도 우리는 그가 당한 비참한 처지를 쉽게 이해할 수 있습니다.

건강이 우리 손에 있는 것은 사실이지만 우리 마음대로 쥐었다 놓았다 할 수 있는 것은 아닙니다. 이런 사실을 모르는 사람은 없을 것입니다. 욥도 평소에는 건강했습니다. 그러나 그것은 한순간에 무너졌습니다. 우리도 언제 건강을 잃게 될지 모릅니다. 물론 몸을 잘 관리하면 건강을 유지할 수 있습니다. 그러나 그것이 전부는 아닙니다. 요즘 세상에, 건강에 신경 쓰지 않는 사람이 어디 있습니까? 특별히 한국 사람은 말할 필요가 없습니다. 어떻게든 건강하게 살아 보겠다고 몸부림치는 사람이 우리나라보다 더 많은 데도 없을 것입니다. 그만큼 극성스럽게 건강을 위하는 국민이 많은데 왜 발병률과 사망률은 세계에서 상위 그룹에 속하는지 알 수가 없습니다.

건강은 하나님이 주시는 것

우리는 건강에 대한 주인 의식을 버려야 합니다. 예수님을 믿는 사람은 더더욱 그렇습니다. 건강이나 생명은, 우리가 조심하고 관리는 할 수 있습니다. 그러나 내 것은 아닙니다. 주님의 것입니다. 언제까지 건강할 수 있는가는 하나님의 손에 달린 것이지 내 손에 달린 것이 아닙니다. 우리는 언제라도 건강을 잃어버릴 수 있다는 가능성을 겸손하게 인정해야 합니다. 건강은 하나님이 지켜 주실 때 보장되는 것입니다. 내가 내 몸을 하나님처럼 떠받든다고 해서 건강해지는 것이 아닙니다.

하나님께서 사탄의 공격을 막아 주실 때 우리는 건강할 수 있습니다. 하나님께서 우리가 먹고 마시는 것에 복을 주실 때, 그 먹고 마시는 것이 건강으로 이어질 수 있습니다. 막대한 돈을 들여서 몸에 좋다는 것을 자꾸 먹는다고 해서 건강해지는 것이 아닙니다. 그런 데에 지나치게 신경 쓰지 마십시오. 우리가 정말 관심을 쏟아야 할 것은 '어떻게 하면 하나님을 기쁘게 할까? 어떻게 하면 하나님의 명령대로 살까? 어떻게 하면 욥처럼 하나님의 마음에 드는 사람이 될까? 어떻게 하면 온전하고 정직하여 하나님을 경외하고 악에서 떠난 생활을 할까?'입니다. 우리는 이런 것에 초점을 맞추고 살아야 합니다. 이것이 신앙인의 바른 자세입니다. 이것이 우리가 건강하게 살 수 있는 비결입니다.

욥의 아내가 잿더미 위에 앉아서 질그릇 조각을 가지고 몸을 긁고 있는 남편의 모습을 보다 못해 뭐라고 합니까? "그의 아내가 그에게 이르되 당신이 그래도 자기의 온전함을 굳게 지키느냐 하나님을 욕하고 죽으라"(9절). 현대어 번역은 아내의 이 말을 더 실감나게 표현하고 있습니다. "그래 이 지경이 되었는데도 아직도 믿음을 지키고 있단 말이에요? 참 속 터지는 양반 다 보겠네. 차라리 하나님한테 욕이나 퍼붓고 죽는 편이 더 낫지 않겠소?" 성경학자들은 욥의 아내를 놓고 좋지 않게 말합니다. 그래서 성경의 인물 가운데 욥의 아내는 욕을 많이 먹는 축에 속합니다. 유대 랍비들은 그녀에게 '디나'라는 이름을 붙였습니다. 야곱의 딸인 디나처럼 어리석은 여자라는 말입니다. 어거스틴(Augustine, 354-430)은 이 여인을 놓고 '사탄의 시녀'라고 했고, 칼뱅(Jean Calvin, 1509-1564)은 '사탄의 도구'라고 칭했습니다. 심지어 어떤 사람은 '제2의 하와'라고 별명을 붙였습니다. 그런데 욥의 아내를 무작정 정죄하는 것은 옳지 않다고 봅니다. 하나님께서는 욥의 아내를 잘못했다고 나무라신 적이 없습니다. 나중에 다시 행복한 가정을 이루어 남편과 슬하에 10남매를 두고 평생 해로하게 되는 것을 보면 알 수 있습니다. 그러므로 욥의 아내를 놓고 무슨 큰 죄를 범한 사람처럼 다루는 것은 지나치지 않나 생각됩니다.

욥의 아내가 가시 돋친 말을 하는 데는 이유가 있습니다. 하늘처럼 믿었던 남편이 하루아침에 산송장이 되고 인간 쓰레기가 되면서 가장 피해를 당한 사람은 바로 그녀였습니다. 지금이나 그 당시나 별로 달라진 것이 없습니다. 당시에도 남편의 능력에 따라 아내를 대하는 사람들의 대우가 달라졌습니다. 욥이 동방에서 존경받는 왕이었다면 그의 아내도 자동적으로 왕비의 대우를 받았을 것이 틀림없습니다. 그러나 남편이 한순간에 몰락하자 부인도 별수 없이 같은 신세가 되어 버린 것입니다.

이상하게도 세상 인심은 망하는 사람에게 더 냉정한 것 같습니다. 고난에 빠진 사람을 동정하고 도와주어야 할 것 같은데 오히려 그렇지 않은 경우가 더 많습니다. 욥이 얼마나 천덕꾸러기가 되어 있는지를 보면 잘 알 수 있습니다. 부인도 똑같은 사람으로 취급을 받았습니다. "내 집에 머물러 사는 자와 내 여종들은 나를 낯선 사람으로 여기니 내가 그들 앞에서 타국 사람이 되었구나 내가 내 종을 불러도 대답하지 아니하니 내 입으로 그에게 간청하여야 하겠구나"(욥 19:15-16). "어린아이들까지도 나를 업신여기고 내가 일어나면 나를 조롱하는구나 나의 가까운 친구들이 나를 미워하며 내가 사랑하는 사람들이 돌이켜 나의 원수가 되었구나"(욥 19:18-19).

남편이 이처럼 천덕꾸러기가 되었는데 아내가 평안할 리 없습니다. 더욱이 욥의 아내는 10남매를 한꺼번에 잃어버린 비극의 주인공이었습니다. 여러 번 미칠 수 있는 기막힌 비극을 당한 사람이지요. 이런 마당에 누구를 붙들고 그 심정을 하소연할 수 있겠습니까? 남편이 아닌 그 누구에게 그 속에 있는 한과 슬픔을 다 쏟아 놓을 수 있을까요? 그래서 그런지 70인역 성경에는 이런 말이 삽입되어 있습니다. 부인이 욥에게 하는 말입니다.

"여보, 언제까지 참고만 있어야 해요? 잠시는 참을 수 있지만 언제까지 이래야 할까요? 당신이 세상에서 기억할 만한 것들은 깡그리 없어졌어요. 자식도, 재산도, 명예도, 집도. 당신은 구더기가 기어 다니는 몸을 가지고 잿더미 위에 앉아 있고 나는 이집 저집, 이곳저곳을 돌아다니며 천대를 당하고, 하루의 수고를 쉬고 쥐어짜는 듯한 고통에서 놓이려고 해가 지기를 기다리는 이 신세가 무슨 꼴이에요? 여보, 차라리 하나님을 욕하고 죽어요. 무슨 소용이 있어요?"

이와 같은 욥의 아내의 행동을 잘한 것이라고 말하기는 어렵습니다. 그러나 그가 하나님을 버리고 타락한 여자가 되었다고 주장하는 것은 지나치다고 생각합니다. 사람은 누구나 주체할 수 없는 일을 당하면 본심에 없는 말을 쏟아 놓을 수 있습니다. 여자들은 더욱 그럴 수 있습니다. 불행한 사건 앞에서는 남자든 여자든 다 약해지기 마련입니다. 여자는 남자보다 더 약한 그릇입니다. 이런 의미에서 여자 쪽이 받은 고통이 더 크다고 할 수 있을 것입니다.

자신을 지탱할 수 없을 만큼 큰 슬픔을 당하면 사람은 종종 자기의 신앙에 대한 확신을 잃어버리기 쉽습니다. '내 신앙이 현실과 너무 거리가 멀구나' 하는 자책도 하게 됩니다. 슬픔에 빠진 사람은 자기와 하나님의 거리가 굉장히 멀다는 것을 느낍니다.

C. S. 루이스(Clive Staples Lewis, 1898-1963)는 "행복할 때는 감사와 찬송으로 하나님께 나아가면 하나님이 두 팔을 벌려 환영할 것이라고 느낀다. 그러나 당신이 절망적인 상태에 있을 때 그분께 나아가 보라. 무엇을 발견하는가? 당신의 코앞에는 차갑게 닫힌 문이 가로막을 것이고 그 안에서 빗장 거는 소리가 거듭거듭 들려올 것이다"라는 의미 있는 말을 했습니다. 불행한 일을 당한 사람은 하나님께 버림을 받은 것 같은 거리감을 느끼게 된다는 말입니다. 저는 욥의 아내가 이런 거

리감, 허탈감에 빠져 허우적거리면서 견디다 못해 남편에게 본심에도 없는 말을 쏟아 놓은 것이라고 생각합니다.

현실주의자의 믿음

욥은 이상주의자였습니다. 그러나 그의 아내는 현실주의자였던 것 같습니다. 욥의 아내는 이렇게 생각했을 것입니다. '믿음이 좋으면 복을 받는다. 열심히 하나님을 믿는 이상, 재앙은 절대 우리 가정에 임하지 않는다. 자식도 잘될 것이요, 남편도 형통할 것이다.' 이런 현실주의자들은 예수님을 믿어서 만 가지가 잘된다 싶을 때는 누구보다도 더 열심으로 하나님을 섬길 수 있습니다. 욥의 아내도 아마 형통할 때는 욥보다 더 열심히 하나님을 섬겼을지도 모릅니다. 그러나 막상 잘 믿는 것이 아무 소용이 없어 보이자 이 현실주의자의 믿음은 사정없이 흔들리고 말았습니다. 아이들이 떼죽음을 당한 꼴을 보았을 때 그의 심정이 어떠했겠습니까? 아마 잔치를 할 때마다 번제를 드리던 남편의 행동이 청승맞게 떠올랐을 것입니다. 현실주의자는 일이 잘 안될 때 신앙이 견고하게 남아 있을 수 없습니다. 욥의 아내가 바로 이런 사람이 아니었나 생각됩니다. 그의 가슴에 갈등과 한을 묻어 두기에는 그 도가 넘어 버렸습니다. 그래서 본의 아니게 "날마다 하나님, 하나님 하더니 기껏 이 정도요?" 하고 남편을 쏘아붙였던 것 같습니다. 욥의 아내는 불행하게도 사탄의 시녀가 된 것처럼 시험에 걸려든 것입니다. 사탄은 그것을 노렸습니다. "건강하니까 하나님, 하나님 하는 것이지 병들어 봐라. 하나님이 무슨 소용이 있냐"라는 사탄의 주장에 동조하는 꼴이 되고 말았습니다. 욥의 아내가 그와 같은 사탄의 판단을 적중시키는 사람이 된 셈입니다. 현실주의자는 그렇게 되기가 쉽습니다.

목회를 하면서 여자가 남자보다 더 현실주의자가 되기 쉽다는 것을 가끔 느낍니다. 부인들은 좀 불쾌하겠지만 사실인 것 같습니다. 부인보다 남편의 믿음이 훨씬 더 좋은 경우가 있습니다. 부인보다 그 믿음이 더 열심이고 더 순수하고 더 적극적인 남편이 있습니다. 남편이 그렇게 별나게 신앙생활을 하면 부인은 은근히 불안해합니다.

차 집사님은 구청에서 일하는 공무원입니다. 그는 은혜를 많이 받고 너무 좋아서 박봉을 털어서 주의 일에 씁니다. 전도하는 데 쓰고 주일학교 학생들을 가르치면서 그들에게 줄 선물을 사는 데 적지 않게 씁니다. 기본적인 헌금도 물론 합니다. 이래서는 집안 살림을 어떻게 잘 꾸릴 수 있겠습니까? 그렇다고 부수입이 있는 것도 아닙니다. 이런 그가 딱했던지 하루는 믿지 않는 과장이 그를 부르더니 "당신, 도대체 어떻게 살아요?" 하고 묻더랍니다. 그때 차 집사님은 이렇게 대답했다고 합니다. "넉넉합니다. 5백만 원 받으면 5백만 원에 맞춰 살고, 50만 원 받으면 50만 원에 맞춰 사니까 넉넉해요." 그러나 정작 그의 아내는 처음에 매우 힘들었다고 합니다. 지금은 아내가 남편보다 더 열심을 낼 정도가 되어 있습니다만 남편이 너무 열심을 낼 때는 솔직히 불안했다고 실토했습니다. 공감이 가는 말입니다. 아내가 남편보다 믿음이 약한 경우, 자기 남편이 예수에 미치는 것을 좋아할 여자는 없습니다. 저러다가 잘못되지 않을까 하는 불안감이 생기는 것은 어쩌면 당연합니다. 욥의 아내에게 이런 기미가 있었다는 것을 우리는 인정해야 합니다. 현실주의자에게는 이런 약점이 있습니다. 남편의 믿음이 좋아서 만 가지 복을 받으면 괜찮습니다. 그러나 예수님을 믿어도 별 볼일 없다고 생각될 때나 저렇게 극성스럽게 믿다가 세상에서 낙오자가 되지 않을까 하는 불안감에 사로잡히면 욥의 아내처럼 시험에 빠질 수 있는 것입니다.

요즈음은 현실주의자가 판을 치는 세상입니다. 권위 있는 위기 상담자가 기록해 놓은 통계자료에서 특기할 만한 사실 하나를 보았습니다. 강남에 사는 부부 가운데 60%가 문제에 봉착해 있다는 것입니다. 사실은 이혼 상태나 다름없는 상태 말입니다. 한 지붕 아래에서 한솥 밥을 먹고, 한 이불을 덮고 자지만 부부의 마음은 구만리 떨어져 있다는 것입니다. 열 중에 여섯이 그렇다고 하니까 보통 문제가 아닙니다. 자식들 생각에 남의 눈이 무서워서 이러지도 못하고 저러지도 못해 함께 사는 것이지 실상은 동거 이혼자가 되어 있다는 것입니다. 그리고 강남의 중산층으로 자부하고 사는 주부 가운데 68.5%가 다시 태어난다면 지금의 남편과 결혼하고 싶지 않다고 응답했다고 합니다.

순진했던 옛날에는 결혼서약을 할 때 "기쁠 때나 슬플 때나 건강할 때나 병들 때나 죽음이 우리를 갈라놓을 때까지 서로 사랑하면서 부부의 도리를 다하겠습니다" 하고 서약했습니다. 그러나 요즈음엔 그렇지 않다고 합니다. "죽음이 우리를 갈라놓을 때까지"라는 서약을 하지 않는다고 합니다. 대신 "우리들의 사랑이 지속되는 날까지 부부의 도리를 다하겠습니다"라는 말로 서약한다고 합니다. 얼마나 현실적이고 조건적입니까? 이처럼 야박한 세상에서 남편이 욥처럼 되면 그의 아내처럼 말하지 않을 것이라고 장담할 수 있는 부인이 몇 명이나 될까요? 부부는 동고동락하기 위해 만난 사람들입니다. 그것도 한두 해가 아니라 평생을 함께하기 위해 만난 사람들입니다. 특히 남자를 돕기 위해 창조된 여자는 어느 가요의 가사처럼 "좋은 일도 궂은 일도 함께하면서 당신의 그림자로 행복합니다"라는 자세를 가지고 살아야 합니다. 교회를 다녀도 잘못하면 욥의 아내처럼 될 수 있습니다. 잘 믿어서 손해를 보지 않으니까 잘 믿는 사람이 될 수 있습니다. "잘 믿는 거 다 이유 있다"라는 사탄의 말에 딱 맞아떨어지는 사람이 되어서는 안 됩니다.

○ ○ ○ ○ ○
절망과 위로

절망에 빠진 욥에게는 아내가 마지막 남은 위로요 소망이었을 것입니다. 남자들은 누구나 위기를 당하면 본능적으로 모성을 찾습니다. 남편들에게는 어려울 때 아내에게 기대려는 본능이 있습니다. 이럴 때 아내의 말 한마디가 남편을 살릴 수도 있고 죽일 수도 있습니다. 빈털터리가 되어 희망이 없거나 병들어 죽을 지경이 되어도 아내의 진정한 위로만 있다면 남편은 절망하지 않습니다. 재기의 꿈을 가질 수 있습니다. 고통을 나누면 반으로 줄고, 기쁨을 나누면 배가 됩니다. 부부 사이에서 이 말은 절대적인 진리라고 생각합니다. 따라서 부인이 비록 홧김에 남편에게 퍼붓기는 했지만 그것이 욥에게는 상당히 큰 충격이 되었을 것입니다. 어떤 면에서는 욥의 온전한 믿음이 휘청거렸을지도 모릅니다.

진정한 아내라면 남편이 가진 믿음의 온전함을 공유할 수 있어야 합니다. 남편과 아내가 똑같이 잘 믿어야 한다는 말입니다. 남편의 믿음이 좋다면 아내의 믿음도 그와 같은 수준이 되어야 합니다. 그래야만 남편이 어려울 때 고난을 함께 감당하는 사람이 될 수 있습니다. 남편이 예수님을 바로 믿으려다가 사회에서 바보가 되면 아내도 함께 바보가 될 수 있어야 합니다. 남편이 의롭게 처신하려다가 손해를 보게 되면 그 고통을 함께 짊어지려고 하는 아내가 되어야 합니다. 예수님을 잘 믿어서 돌아올 게 무엇이냐는 식의 현실주의자가 되면 안 됩니다. 부부는 서로의 영혼을 해치는 사람이 되면 안 됩니다. 욥의 아내처럼 믿음의 순수성이 시험당하는 시험거리로 마귀에게 악용되면 안 됩니다.

부인의 독설도 욥의 단호한 신앙 자세를 흐트러뜨리지 못했습니다. "그가 이르되 그대의 말이 한 어리석은 여자의 말 같도다 우리가 하나님께 복을 받았은즉 화도 받지 아니하겠느냐 하고 이 모든 일에 욥이 입술로 범죄하지 아니하니라"(10절). 여기서 "어리석은 여자의 말 같다"는 말은 자기 아내가 어리석은 여자라고 욕하는 것이 아닙니다. 동네의 아낙네처럼 말을 한다는 것입니다. 어떤 면에서는 실망했다는 감정의 표현이라고 볼 수 있습니다. 우리는 하나님께 대한 욥의 순수한 신앙 자세에 감탄을 금할 수가 없습니다. 좋은 것이든 나쁜 것이든 하나님이 주신 것은 다 감사하고 받아야 한다는 그의 믿음은 시종일관 변함이 없습니다. '인간이 한평생 복만 받겠다는 것은 철없는 생각이다. 하나님이 원하시면 복도 받을 수 있고 화도 받을 수 있다. 천하가 무너져도 하나님을 원망해서는 안 된다. 아내가 등을 돌리고 뭐라 하든 하나님을 배반할 수는 없다.' 참으로 아름다운 신앙의 자세입니다. 이것이 욥이 가진 신앙의 순수성입니다. 과연 하나님이 자랑하신 온전하고 정직한 그의 신앙이었습니다. 참으로 무조건적인 믿음입니다.

극심한 고통을 당하면 만사가 다 불확실하게 보이고 혼돈 속에 빠지게 됩니다. 잘 풀릴 것 같은 조짐이 나타나지 않을 때일수록 믿음이 중요합니다. 욥과 같은 처지에 있는 사람일수록 믿음이 더 중요하다는 것을 알아야 합니다.

"의심의 여지가 전혀 없는 곳에서는 믿을 기회도 더 이상 없다." 폴

투르니에(Paul Tournier, 1898-1986)가 한 이 말은 진리입니다. 믿음은 전부가 의심스러워 보일 때 필요하다는 말입니다. 혼돈 속에 빠질 때일수록 순수한 믿음이 더 필요합니다. 욥이 순수한 믿음을 끝까지 유지하고 있었기 때문에 하나님은 그를 실망시키지 않았습니다. 자기가 아니면 아무도 붙들어 줄 자가 없는 사람은 하나님이 그냥 내버려 두시지 않습니다. 하나님의 손길을 보십시오. "하나님은 아프게 하시다가 싸매시며 상하게 하시다가 그의 손으로 고치시나니 여섯 가지 환난에서 너를 구원하시며 일곱 가지 환난이라도 그 재앙이 네게 미치지 않게 하시며"(욥 5:18-19). 이 말씀 그대로 하나님은 욥에게 보상을 해 주셨습니다.

당신은 어떤 사람이 되고 싶습니까? 당신은 하나님께서 사탄 앞에 장담할 수 있을 만큼 순수한 믿음을 소유하고 있습니까? 당신은 예수님을 믿어도 손해 볼 것이 없으니 열심히 믿는 현실주의자, 공리주의자, 실리주의자가 아닙니까? 자신을 돌아보십시오. 욥의 아내처럼 믿으면 안 됩니다. 신앙에 있어서만은 욥처럼 이상주의자가 되어야 합니다. 복이 와도, 화가 와도, 어떤 경우에라도 오직 하나님만 바라보아야 합니다. 예수님 한 분만이 나의 자랑이요, 기쁨이요, 복이 되는, 순수한 믿음의 소유자가 되어야 합니다. 하나님께서 우리 모두에게 이런 순수한 믿음을 요구하고 계십니다.

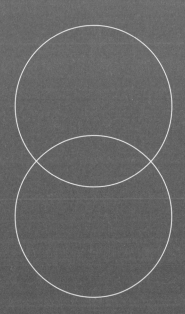

5

좋은 위로자가
되려면

슬픈 일을 당할 때 위로받기 원한다면 슬픔을 당하기 전에
먼저 고통 중에 있는 사람을 찾아가서 위로할 줄 아는 사람이 되어야 합니다.

욥기 2:11-13

11 그때에 욥의 친구 세 사람이 이 모든 재앙이 그에게 내렸다 함을 듣고 각각 자기 지역에서부터 이르렀으니 곧 데만 사람 엘리바스와 수아 사람 빌닷과 나아마 사람 소발이라 그들이 욥을 위문하고 위로하려 하여 서로 약속하고 오더니 12 눈을 들어 멀리 보매 그가 욥인 줄 알기 어렵게 되었으므로 그들이 일제히 소리 질러 울며 각각 자기의 겉옷을 찢고 하늘을 향하여 티끌을 날려 자기 머리에 뿌리고 13 밤낮 칠일 동안 그와 함께 땅에 앉았으나 욥의 고통이 심함을 보므로 그에게 한마디 말하는 자가 없었더라

좋은 위로자가
되려면

이 세상에서 제일 빠른 것이 무엇이
라고 생각합니까? 저는 소문이라고 말하고 싶습니다. 소문은 좋은 것
이든 나쁜 것이든 아주 빠른 속도로 퍼집니다. 특별히 나쁜 소식은 좋
은 소식보다 더 긴 다리를 가지고 있어서 더 빨리, 더 멀리 퍼져 나가
는 것 같습니다. 당대의 위인이요 스타라고 할 수 있었던 욥이 갑자기
기가 막힌 재난을 만나 몰락했다는 소식은 그야말로 세기적이고 국제
적인 특종기사감이었습니다. 교통과 정보 수단이 발달하지 않았던 원
시 사회였지만 욥의 집안이 패가망신했다는 소식은 삽시간에 사방으
로 퍼져 나갔을 것입니다. 입에서 입으로 전해지는 과정에서 소문은
눈덩이처럼 부풀려져서 온갖 희한한 말이 떠돌아다녔을 것이라고 짐
작할 수 있습니다.

욥에게는 자랑스러운 친구 세 사람이 있었습니다. 그 이름은 엘리
바스, 빌닷, 소발입니다. 욥이 재기 불가능한 끔찍한 불행을 당했다는
소식을 듣고 그들은 함께 약속을 하고 먼 거리에서 찾아왔습니다. 각
자 찾아오지 않고 함께 온 것에 대해 어떤 학자는 욥이 나쁜 짓을 하

다가 천벌을 받았다는 소문이 들리는 마당에 혼자서 그를 대면한다는 것이 어쩌면 위험할 것 같아 서로 짜고 왔다는 말을 합니다. 이것은 지나친 견해라고 할 수 있습니다. 욥의 친구들은 그렇게 형편없는 사람들이 아니었습니다. 물론 욥에 대한 별의별 소문을 다 들었기에 반신반의하면서 찾아왔을 것입니다. 그러나 욥을 경계해야 할 인물로 여기고 찾아온 것은 아니었습니다. 그들이 욥을 찾게 된 동기는 어디까지나 순수하고 선한 것이었다고 할 수 있습니다.

본문 말씀 11절은 그들이 욥을 찾아온 목적을 다음과 같이 분명하게 밝히고 있습니다. "그때에 욥의 친구 세 사람이 이 모든 재앙이 그에게 내렸다 함을 듣고 각각 자기 지역에서부터 이르렀으니 곧 데만 사람 엘리바스와 수아 사람 빌닷과 나아마 사람 소발이라 그들이 욥을 위문하고 위로하려 하여 서로 약속하고 오더니." 불행을 당한 욥을 위문하고 위로하기 위해 서로 약속을 하고 찾아왔다고 합니다. 졸지에 10남매나 되는 자녀를 잃어버렸으니 위문을 해야 했고, 그 많던 재산을 다 잃어버리고 이제 병까지 들어 죽게 되었으니 위로해 주어야겠다고 생각했던 것입니다. 그들은 선한 동기를 가지고 친구를 찾아왔습니다. 그러나 막상 도착해 보니 도무지 알아보지 못할 만큼 욥의 꼴이 말이 아니었습니다. 이런 욥을 보자마자 세 친구들은 기가 막혔습니다. 그래서 크게 소리 지르며 통곡하고 옷을 찢고 티끌을 머리 위로 날리며 땅바닥에 주저앉았습니다. 그들은 욥이 앉아 있던 잿더미에 함께 주저앉아 일어나지를 못했습니다. 욥이 살던 고대 사회에서는 걷잡을 수 없는 슬픔과 고통을 당하면 그것이 얼마나 기막힌 일인가를 표현하고자 옷을 찢고 티끌을 날리며 땅바닥에 주저앉는 관습이 있었습니다. 그들은 욥처럼 삭발은 하지 않았지만 옷을 찢고 티끌을 머리 위로 날리며 땅바닥에 주저앉아 대성통곡을 했습니다. 그뿐만이 아닙니다. 욥의 고통이 너무나 큰 것을 보고 그들은 입을 다문 채 말한마디 하지 않고 "밤낮 칠일 동안" 잿더미 위에 함께 앉아 있었습니다. 조금 과장되게 표현되었는지 모르지만 그 정도의 친구라고 한다면 보통 사이가 아니라는 것쯤은 짐작하기 어렵지 않을 것 같습니다. 좀처럼 찾아보기 어려운, 너무나도 아름다운 친구 관계라고 할 수 있습니다.

우리 주변에는 정도의 차이는 있지만 욥처럼 자기 힘으로 감당하기 어려운 역경을 만나 고통 중에 있는 이웃이 적지 않습니다. 앞으로는 이런 사람이 점점 더 늘어날 것으로 생각됩니다. 세상이 악해지면 악해질수록 피해를 당하는 사람은 점점 더 늘어나게 되어 있기 때문입니다.

요즈음은 국내 경기가 별로 좋지 않은 편입니다. 경제가 침체되면 침체될수록 살기는 더 힘들어집니다. 수많은 사람들이 직장을 잃고 생활고에 허덕일 위험 부담을 안고 있습니다. 또 날이 갈수록 괴상한 병은 자꾸 생겨납니다. 현대 의학으로도 도저히 치료가 불가능한 난치병이 언제, 누구한테 기승을 부릴지 모릅니다. 우리 사회는 지금 가치관이 몹시 흔들리는 혼미한 상태에 빠져 있습니다. 그래서 비행 청소년이 많습니다. 방자하게 행동하는 자식들로 인해 남에게 말 못 할 고민을 안고 고통하는 부모들이 날이 갈수록 많아지고 있습니다. 부부 문제도 심각합니다. 이혼하는 부부가 늘고 있습니다. 부부 사이도 서로 찌르고 찔리는 살벌한 관계로 언제 돌변할지 모르는 위험을 안고 있습니다. 노인 문제도 여간 심각하지 않습니다. 노쇠한 노인들이 점점 뒷방으로 내몰리고 있습니다. 평생 겪어 보지 못한 마음고생을 하느라 밤잠을 이루지 못하는 노인이 날이 갈수록 늘어갈 것 같습니다. 욥이 당한 고통과 같은 것이 옛날에만 있었던 것이 아닙니다. 현재에도 있습니다. 앞으로는 더욱 눈에 띄게 많이 발생할 것이라고 추측할 수 있습니다. 그런데 욥에게는 참 좋은 친구들이 있었습니다. 그것이 그에게 큰 위로가 되었을 것입니다. 친구들이 찾아와서 욥을 위로했듯이 우리도 주변에서 고통과 슬픔을 당하는 형제들을 찾아가서 위로해야 합니다. 슬픈 일을 당할 때 위로받기 원한다면 슬픔을 당하기 전에 먼저 고통 중에 있는 사람을 찾아가서 위로할 줄 아는 사람이 되어야 합니다.

○ ○ ○ ○ ○ ○ ○
나의 고통, 나의 슬픔

어떻게 하면 좋은 위로자가 될 수 있을까요? 욥의 친구들을 통해 '좋은 위로자'에 관한 값진 교훈 두 가지를 배울 수 있습니다.

첫째로, 자기 자신을 슬픔당한 사람과 동일시(同一視)하는 태도를 가질 수 있어야 합니다. 좋은 위로자가 되려면 슬픔당한 사람이 다른 사람이 아니라 바로 자기 자신이라는 마음 자세가 필요합니다.

욥의 세 친구는 고통당하는 친구를 찾아왔습니다. 욥이 망했다는 소식을 듣고 나 몰라라 하지 않았습니다. 그리고 욥의 처지를 보자마자 함께 울었습니다. 자기들도 욥처럼 옷을 찢었습니다. 머리에 티끌을 날리고 땅바닥에 주저앉아 그의 곁을 떠나지 않았습니다. 이것은 할 수 있는 대로 고통당하는 사람의 처지와 비슷한 자리에 자기 자신을 두려고 애쓴 것입니다. 그들은 가급적이면 욥의 처지에 가까이 다가가려고 애를 썼습니다. 이것이 소위 '동일시하는 태도'입니다. 구름 위에 앉아 있는 사람이 땅에 있는 사람을 위로할 수 없습니다. 사치스러운 옷을 입고 와서 누더기를 걸치고 있는 사람을 위로할 수 없습니다. 그것은 진정한 위로가 되지 못합니다. 진짜 위로하기를 원한다면 슬픔을 당한 사람 곁에 가급적 가까이 다가가서 그와 같은 처지에 함께 앉아야 합니다.

요즘 세상에서 욥의 친구들처럼 진실한 위로를 해 줄 수 있는 사람은 극히 드뭅니다. 더욱이 욥과 같이 이미 끝장난 것처럼 보이는 사람을 위해 함께 앉아 울어 주고 슬픔을 나누어 가지려는 사람이 몇이나 될까 궁금합니다. 뭔가 돌아올 것을 기대하며 잘해 주는 사람이라면 또 모릅니다. 현대인들은 매우 약삭빨라서 실속을 차릴 수 있는 일이면 울기도 하고 밤샘도 할 수 있을 것입니다. 그러나 아무 이득을 기대할 수 없는 상황에서 욥의 친구들처럼 위로해 줄 수 있는 사람을 찾기란 여간 힘들지 않습니다. '나는 형제가 고통당할 때 욥의 친구와 같은 진정한 위로자가 될 수 있을까?' 각자 이 문제를 놓고 스스로 자신에게 물어보는 겸허함이 필요하다고 생각합니다.

이 시대는 진정한 위로자가 필요합니다. 우리는 슬픔을 당한 자와 같은 처지에서 함께 있어 주고 울어 주며 관심을 보여 줄 수 있는 위로자가 절실하게 요구되는 세상에서 살고 있습니다. 얄팍한 동정을 보이는 사람은 많습니다. 그러나 자기 자신을 고통당하는 자의 처지에다 앉혀 놓고 위로하려는 사람은 점점 사라져 가고 있는 것 같습니다. 이기주의와 향락주의가 판을 치는 세상입니다. 가급적이면 고통당하는 사람을 기피하려고 하는 사람이 늘고 있습니다. 고통 중에 있는 사람을 보면 마음이 부담스럽고 괴로우니까 가급적이면 보지 않으려고 합니다. 우리는 우리도 모르게 어느덧 이런 사람으로 변해 가고 있습니다. '나만 괜찮으면 돼. 조금이라도 편하게 살자. 조금이라도 기분 좋게 살자.' 이런 실리주의를 앞세우다 보니까 고통당하는 사람 곁에 가는 것이 부담스러워지는 것입니다. 그 사람의 문제를 놓고 생각하고 기도해 주는 것이 너무 힘드니까 가급적이면 피하려고 하는 것입니다. 우리 모두에게 그런 마음이 있습니다. 만나고 나면 너무 우울해지고 슬퍼지니까 가급적이면 멀리하고 싶은 생각이 듭니다.

현대 사회에서 절실히 요구되는 인간성 회복은 고통당하는 자, 슬퍼하는 자를 향한 관심의 회복에서부터 시작되어야 합니다. 그들을 찾아가고 함께 울어 주고 땅바닥에 앉아 함께 있어 주는 운동이 일어나야 합니다. 우리 모두는 '당신의 고통이 바로 나의 고통이요 당신의 슬픔이 바로 나의 슬픔입니다'라는 마음가짐을 가져야 합니다. 그래야 비로소 인간성 회복이 가능하게 됩니다. 이런 위로자들이 많이 일어나야 이 사회가 치료될 수 있고 교회가 교회다울 수 있는 것입니다.

○ ○ ○ ○ ○ ○ ○ ○ ○ ○ ○
완전한 위로자, 예수 그리스도

동일시는 예수님이 직접 본을 보여 주신 위로의 방법입니다. 하나님께서 이사야를 통해서 이렇게 말씀하셨습니다. "너희를 위로하는 자는 나 곧 나이니라 너는 어떠한 자이기에 죽을 사람을 두려워하며 풀같이 될 사람의 아들을 두려워하느냐"(사 51:12). 우리를 위로할 수 있는 분은 하나님 한 분밖에 없다는 말씀입니다. 약속하신 대로 예수 그리스도는 죄와 사망의 쇠사슬에 매여 고통하는 우리를 위로하려고 찾아오셨습니다. 영광의 옷을 벗고 우리와 똑같은 모습으로 우리의 처지로 내려오셨습니다. 우리가 고통하고 슬퍼하는 자리에 친히 내려오신 것입니다. 그리고 우리의 슬픔을 지고 우리의 질고를 몸소 당하셨습니다. 주님은 이렇게 우리를 위로하고자 고통을 대신 짊어지셨습니다. 예수님의 제자 된 우리들은 예수님처럼 완전한 위로자는 될 수 없습니다. 그러나 우리는 그분의 흉내라도 내려고 힘써야 합니다. 그래야만 세상 사람들로부터 "예수 믿는 사람답다"는 소리를 들을 수 있습니다. 우리는 고통당하는 사람을 위로하기 위해 그들의 처지로 내려가서 함께 울고 옷을 찢고 땅에 앉는 태도를 가져야 합니다. 세계적으로 유명한 어느 상담학자가 쓴 책에서 읽은 이야기를 소개합니다.

그는 고통당하는 사람들을 상대로 이런 질문을 했다고 합니다. "당신이 고통을 당하고 있을 때 어떤 사람이 가장 도움이 되었습니까?" 이 질문에 응답한 사람들의 대답을 종합해 본 결과, 다음과 같은 결론을 얻었다고 합니다. 언제 들어도 지당한 말씀을 몇 마디 하고 돌아가는 목사는 별로 도움이 되지 못했다고 합니다. 선물을 한아름 안고 찾아오는 사람도 별로 도움이 되지 못했다고 합니다. 꽃다발을 들고 오거나 유익한 책을 사 들고 와서 놓고 가는 사람도 별로 도움이 되지 못했다고 합니다. 겸허한 모습으로 찾아와서 자기 곁에 조용히 있어 주는 사람, 자기가 하는 말은 무슨 말이든 들어주고, 어떤 때는 함께 울어 주기도 하고, 시간이 많이 흘렀지만 손목시계를 들여다보지 않는 사람이 가장 큰 위로자였다고 합니다. 두말할 것도 없이 욥의 세 친구들 같은 사람이 슬픔당하는 자에게 꼭 필요하다는 말입니다. 이것은 동서고금을 막론하고 변함없이 통하는 진리인 것 같습니다.

호스피스는 임종을 앞두고 있는 말기 환자들을 특별히 돌보아 주는 사역입니다. 세상을 떠나기 직전의 말기 환자는 그 모습을 보기만 해도 괴롭습니다. 지병을 안고 오래 고생하고 있는 환자들은 정말 보기조차 딱할 때가 많습니다. 해골처럼 마른 사람, 곁에 가면 악취가 나는 사람, 대화를 해도 통하지 않는 사람, 통증 때문에 신음하는 사람…. 그렇게 전혀 소생할 가망이 없는 사람 곁에 함께 있어 준다는 것은 보통 일이 아닙니다. 그것은 아무나 할 수 있는 일이 아닙니다. 그런데 이 일을 위해서 일부러 시간을 내고 돈을 써 가면서 뛰어다니는 사람들이 있습니다. 얼마나 감사한 일인지 모릅니다. 환자 중에는 몇 달째 몸을 씻지 못한 채 병상에 누워 있는 사람도 있습니다. 얼마나 냄새가 나겠습니까? 심지어 몸이 썩어 들어가서 악취 때문에 도저히 들어갈 수 없는 병실도 있습니다. 그럼에도 호스피스 사역을 하는 분들은 환자 옆에 가만히 다가가서 조용히 이야기를 들어주며 함께 있어 줍니다. 이것이 진정한 위로자의 태도입니다. 욥의 친구들이 그렇게 했습니다.

당신은 진정 슬퍼하는 자, 고통 중에 있는 자의 곁에 있어 주기를 원합니까? 그렇다면 시간을 충분히 내십시오. 그리고 마음을 활짝 열고 어떤 이야기라도 들어줄 수 있는 마음의 자세를 가지십시오. 상대방이 마음껏 자신을 털어놓을 수 있게 편안한 마음을 갖도록 하십시오. 욥의 친구들처럼 옷을 찢고 머리에 티끌을 날리면서 잿더미 위에 앉는 그런 행동은 못한다 할지라도 상대방의 마음을 포근히 안아 주는 위로자가 되어야 합니다. "당신과 나는 다를 바가 없어요. 당신의 슬픔이 곧 나의 슬픔입니다"라고 말할 수 있는 위로자가 되십시오. 고통당하는 사람에게 이런 감정이 전달될 수만 있다면 당신은 진정한 위로자라고 할 수 있을 것입니다.

○ ○ ○ ○ ○ ○
침묵의 잠재력

욥의 친구들을 통해 배울 수 있는 '좋은 위로자'에 관한 두 번째 교훈은 '침묵의 잠재력'입니다. 침묵의 잠재력을 알고 있어야 좋은 위로자가 된다는 것이죠.

욥의 세 친구는 매우 지혜로운 사람들이었습니다. 욥을 찾아와서 그 모습을 보았을 때 말이 필요 없다는 사실을 금방 알아차렸습니다. 7일 주야를 함께 앉아 있으면서 욥이 먼저 입을 열기 전까지는 아무도 입을 열지 않았습니다. 그 고통하는 마음에 쓸데없는 말 몇 마디 하는 것이 아무 의미가 없다는 것을 그들은 너무나 잘 알고 있었던 것입니다. 그런데 이것에 대해 사람들은 이런저런 추측을 합니다. 어떤 사람은 그들이 욥을 보았을 때 말해 봐야 쓸데없다는 판단이 섰기 때문에 일부러 입을 다물고 말았다고 하는 견해를 폅니다. 혹자는 친구들이 무슨 말을 해서 욥을 회개하게 할까 하고 궁리하느라 일주일 동안 말을 하지 않고 있었다고 합니다. 그러나 이런 견해들은 너무 지나친 비약인 것 같습니다. 얼마 후 세 친구가 입을 열면서 본의 아니게 욥을 괴롭히는 처지가 되고 말았지만 그들의 본심은 순수했다는 사실을 부인하면 안 될 것 같습니다. 그들은 욥의 몰골을 보고 억장이 무너져서 입을 다물었을 것입니다. 한두 마디 말을 하는 것이 그를 더 괴롭게 하는 것임을 알았던 것입니다. 그래서 그들은 침묵했습니다. 사실 중병을 앓고 있는 사람이나 기막힌 재난을 당한 사람에게는 말이 필요 없습니다. 그것은 당해 본 사람만이 압니다. 안 당해 본 사람이 그 기막힌 심정을 알 수 없습니다.

중동 지역에는 베두인이라고 불리는 부족이 살고 있습니다. 베두인 부족에는 옛날부터 내려오는 관습이 하나 있는데, 어떤 사람이 병이 들어서 누워 있다는 소식을 들으면 가까운 형제들이나 친지들이 함께 찾아간다고 합니다. 그리고 병자가 누워 있는 침실 주변에 빙 둘러앉아서 오랜 시간을 함께 있어 준다고 합니다. 그때 말은 하지 않고, 다만 환자가 슬퍼하면 함께 슬퍼하고 그가 고통스러워하면 함께 고통하는 표정을 지으며 함께 있어 준다고 합니다. 그리고 환자가 무언가 질문을 할 때만 간단하게 대답을 해 준다고 합니다.

욥의 세 친구들이 살던 지역이 바로 중동 지역입니다. 그래서 그런지 옛날이나 지금이나 이런 아름다운 위로의 관습이 남아 있는 것 같습니다. 물론 고통당하는 사람에게 말이 필요할 때도 있습니다. 말을 하지 말라는 이야기가 아닙니다. 말이라는 것은 참 중요합니다. 슬픔을 당한 자에게 던지는 사랑의 말 한 마디는 아픈 상처 위에 떨어뜨리는 한 방울의 기름과 같은 효과가 있습니다.

○ ○ ○ ○ ○
때에 맞는 말

잠언에 이런 말씀이 있습니다. "사람은 그 입의 대답으로 말미암아 기쁨을 얻나니 때에 맞는 말이 얼마나 아름다운고"(잠 15:23). "선한 말은 꿀송이 같아서 마음에 달고 뼈에 양약이 되느니라"(잠 16:24). 이처럼 말이라는 것은 중요합니다. 그러나 극심한 고통 속에 빠져 있는 형제 앞에서 때에 맞는 말을 찾기란 여간 어렵지 않습니다. 며칠 입원하면 완쾌될 환자를 찾아가면 어려움을 느끼는 일이 없습니다. 만나서 기도해 주고 말씀으로 권면을 주고 함께 시간을 보내면 됩니다. 그러나 중병을 앓고 있는 분을 찾아갈 때는 얼마나 고심이 되는지 모릅니다. 목사는 환자에게 하나님의 말씀을 들려주어야 합니다. 성경 말씀을 읽어 주고 기도하고 권면하는 것은 목사의 책임입니다. 그런데 아무 말씀이나 환자한테 하나님의 음성이 되는 것이 아닙니다. 때에 맞는 말, 그 사람을 위해서 가장 선한 말을 들려주어야 합니다. 어떤 때에는 아무리 성경을 뒤적여도 꼭 맞는 말씀을 발견하지 못합니다. 그때는 얼마나 괴로운지 모릅니다. 때에 맞는 말, 꼭 필요한 말을 찾는다는 것은 쉬운 일이 아닙니다. 성경 말씀이라고 해서 다 때에 맞는 말이라고 착각하지 마십시오.

유학 중에 있었던 일입니다. 뇌수술을 받으러 들어가는 어떤 대학 교수에게 말을 함부로 했다가 훗날 얼마나 홍역을 치렀는지 모릅니다. 그때는 제가 30대였으니까 세상을 잘 몰랐다고 해도 과언이 아닙니다. 한창때니까 모두가 자기처럼 힘이 넘치는 것으로 착각하며 살기 마련입니다. 그러니까 중병을 앓는 자를 보아도 그것이 무엇인지 잘 모르는 것입니다. 그 교수는 뇌수술을 받으러 들어가는 중환자였습니다. 의사는 살 수 있는 확률이 50% 정도라고 했습니다. 그런 사람에게 무슨 말이 필요하겠습니까? 가서 조용히 기도해 주고 함께 있어 주는 것만으로 족합니다. 그런데 그분께 이렇게 말했습니다. "교수님, 예수 그리스도를 믿으십니까? 수술이 잘되기를 바랍니다만 혹시 잘못될 수도 있을 것입니다. 그렇게 되었을 때 교수님은 천국에 갈 확신이 있습니까? 지금 이 시간에 그 확신을 가지고 수술실에 들어가기를 원하지 않습니까?" 이 말이 수술실에 들어가는 환자에게 합당한 말인지 잘 모르겠습니다. 하나님이 특별하게 역사를 하신다면 그 말이 한 영혼을 살리는 계기가 될 수도 있겠지만 죽을지 살지 모르는 불안 때문에 극한 상황을 헤매고 있는 사람에게 그렇게 심각한 말을 단도직입적으로 던지는 것은 잘한 일이 아니었습니다. 다행히 그분은 수술이 성공하여 살아났습니다. 그래서 다시 교단 위에 서게 되었습니다. 그런데 이 사람이 제 흉을 보고 다니는 겁니다. "세상에, 수술실에 들어가는 사람한테 그렇게 살벌한 소리를 하더라고요. 그 사람 참 이상한 사람이에요." 이런 소리가 간접적으로 제 귀에 들려왔습니다. 설령 진리를 전한다 할지라도 때에 맞는 말을 찾는 것은 정말 어려운 일입니다.

슬픔이란 단순한 서러움이 아니다

슬픔이란 단순한 서러움이 아닙니다. 그것은 누군가를, 아니면 무엇을 잃어버리는 데서 오는 상실감에 대한 반응입니다. 그래서 슬퍼하는 사람의 내면에는 극심한 갈등이 교차되어 있는 것을 볼 수 있습니다. 사랑하는 사람이 영원히 자기 곁을 떠나 버렸다고 하는 현실과 그 사람을 떠나 보내지 않았으면 하는 현실 불가능한 기대감 사이에서 갈등하고 있는 것입니다. 그러므로 슬퍼하는 사람을 붙들고 쓸데없이 말을 많이 하거나 단번에 무언가를 이해시키려고 강요하면 그에게 도움이 되지 않습니다. 오히려 고통당한 사람이 마음껏 북받치는 대로 감정을 표현할 수 있도록 배려해 주는 것이 더 좋습니다. 울고 싶으면 실컷 울도록 하는 것이 좋습니다. 마음에 담고 있는 말을 하고 싶어 하면 실컷 하게 하고 그 말을 들어주는 것이 좋습니다. 이것이 위로자의 진실한 태도입니다.

구약에서 '위로하다'라는 말의 원뜻은 몸을 흔들며 고개를 끄덕이면서 같은 슬픔을 가지고 있다는 것을 표정과 행동으로 표현하면서 그 고통을 함께 나누고 있다는 것을 보여 주는 것입니다.

가끔 믿음 좋다는 사람들이 왠지 살벌하다는 느낌을 줄 때가 있습니다. 남편이 죽어서 통곡하는 부인을 붙들고 "울긴 왜 자꾸 울어? 믿음이 그렇게 없어?" 하는 분들이 있습니다. 그리고 한술 더 떠서 "나도 남편을 잃었지만 당신처럼 그렇게 울진 않았어"라고 말하는 사람도 보았습니다. 정말 무서운 사람들입니다. 하나님의 말씀이라고 해서 다 위로가 되는 것은 아닙니다. 잘못하면 찌르는 칼이 될 수도 있습니다. 말이 필요 없을 때는 말을 안 하는 것이 좋습니다. 그것이 지혜입니다.

슬픔을 당한 미망인이 여기 있다고 가정해 봅시다. "자매님, 참 슬프겠지만 남편은 지금 천국에 계시지 않아요? 그러니까 슬퍼하지 마세요. 그분은 아주 좋은 곳에서 쉬고 계신답니다." 우리는 흔히 이렇게 위로를 합니다. 그러나 사실 그것은 위로가 되지 않습니다. 누가 천국에 간 줄 모릅니까? 그 부인이 슬퍼하는 이유는 다른 데 있습니다. 남편이 자기 곁에서 완전히 떠났다는 것 때문에 슬퍼하는 것입니다. 남편이 천국에 갔느냐, 안 갔느냐 하는 것 때문에 슬퍼하는 것이 아닙니다. "천국에 갔으니 위로를 받으시오"라는 말은 "당신 남편이 지금 제주도에 가서 잘 쉬고 있으니 슬퍼하지 마세요"라는 말과 다를 바가 없습니다. 제주도에 간 남편은 언젠가 다시 돌아올 수 있으니까 부인이 슬퍼할 이유가 없습니다. 그러니까 그런 위로는 앞뒤가 맞지 않는 것입니다.

한편, 천국에 갔으니 위로받으라는 말도 인간적인 입장에서는 위로가 되지 않습니다. 미망인이 슬퍼하는 이유는 이 땅에서 남편을 다시 볼 수 없다는 데 있습니다. 슬픔의 진의가 어디에 있는가를 알지 못하고 함부로 말하는 것은 아무리 그 위로의 말이 진리라고 할지라도 위로가 되지 못합니다.

슬픔이나 고통을 성경 구절 한두 개나 그럴듯한 말 몇 마디로 쫓아 버리거나 녹여 버릴 수 있다고 착각해서는 안 됩니다. 슬픔은 피해야 할 무엇이 아닙니다. 고통을 당하면 슬픔은 피할 수 없습니다. 슬픔은 터널과 같습니다. 일단 슬픔이라는 터널 속에 들어가면 반드시 그 터널을 통과해야 합니다. 통과해야 할 고통의 터널 속에 있는 사람들에게는 위로가 필요합니다. 그러나 우리가 아무리 위로를 잘한다고 해도 완전한 위로는 되지 못합니다. 그저 고통의 터널을 무사히 통과할 수 있도록 도와주는 것에 불과합니다. 하나님만이 고통당하는 사람을 완전히 위로할 수 있습니다. 하나님만이 고통당하는 사람을 치료할 수 있습니다. 우리는 그들을 치료할 수 없습니다. 우리가 무슨 재주로 그들의 고통을 치료할 수 있습니까? 우리는 단지 그들이 고통의 터널을 지나갈 동안 잠시 도와주는 정도밖에는 할 수 없습니다. 그러므로 우리가 명심할 것은 마치 자기가 치료자가 된 것처럼 함부로 말하는 것을 삼가야 합니다. 침묵이 때로는 더 지혜로운 말이 될 수 있습니다. 침묵이 때로는 말로 할 수 없는 위로를 상처받은 가슴에 전해 줄 수 있습니다. 말이 필요할 때도 있지만 말이 필요 없을 때가 더 많다는 것을 기억해 두십시오.

○ ○ ○ ○ ○ ○
침묵은 기도다

욥의 친구들이 입을 열지 않았을 때는 참 놀라운 위로자였습니다. 그러나 그들이 입을 열기 시작하면서부터 그들은 사나운 학대자로 바뀌고 말았습니다. 욥기 19장 21-22절에서 욥은 너무나 기가 막혀서 이렇게 하소연합니다.

"나의 친구야 너희는 나를 불쌍히 여겨다오 나를 불쌍히 여겨다오 하나님의 손이 나를 치셨구나 너희가 어찌하여 하나님처럼 나를 박해하느냐 내 살로도 부족하냐."

우리 역시 함부로 입을 열면 위로자가 아니라 도리어 박해자가 되기 쉽습니다. 침묵은 기도를 의미합니다. 고통당하는 자를 위해서 기도한다는 것을 의미합니다. 마음으로 '주여 이 형제를 도와주옵소서' 하고 기도하는 것입니다. 입을 다물고 기도해 주는 편이 쓸데없는 말을 하는 것보다 훨씬 더 낫습니다. 우리는 침묵의 잠재력을 배워야 합니다. 이것이 좋은 위로자가 될 수 있는 첩경이라는 것을 알아야 합니다.

우리 중에는 지금 위로가 필요한 사람들이 너무나 많습니다. 요즈음 경제 사정이 좋지 않아서 회사마다 감원을 많이 한다고 합니다. 자녀들이 한창 공부할 시기에 가장이 실직을 하면 그 가정은 여간 힘들지 않습니다. 또 자녀가 재수, 삼수를 했는데도 합격하지 못해 실의에 빠진 가정도 있습니다. 교회 안에는 중병을 앓고 있는 사람도 많습니다. 우리가 어떻게 그들을 위로할 수 있습니까? 당신은 그들에게 좋은 위로자가 되고 싶습니까? 그들의 딱한 처지를 나의 처지처럼 여기고 함께 있으면서 위로해 주는 자가 되고 싶습니까? 찾아가 주고 함께 울어 주고 땅바닥에 앉아 함께 있어 주는 위로자가 되고 싶습니까? 그들은 말이나 지식이 필요한 사람들이 아닙니다. 마음에 있는 사랑을 표정과 행동으로 보여 주는 진정한 위로가 필요합니다. 그러나 우리가 그들의 슬픔을 치료할 수는 없습니다. 단지 우리가 좋은 위로자가 될 때 주님이 우리를 통해서 그들을 치료해 주시는 것입니다.

우리는 작은 예수가 되어 고통당하고 슬퍼하는 자들을 위로해야 합니다. 그럴 때에 그들에게 예수 그리스도의 위로가 넘치게 됩니다. 아무리 고통이 심하고 슬픔의 골이 깊다고 할지라도 예수님은 우리를 통해 그들을 일으켜 세우시고, 힘을 주시고, 능력을 주시고, 싸매어 주십니다. '나만 편하면 된다'는 이기적인 생각을 가지고 형제를 보지 마십시오. '저 형제의 슬픔이 곧 나의 슬픔이다'라는 심정을 가져야 합니다. 우리 모두가 이렇게 진정으로 형제를 위로해 주는 하나님의 자녀가 되어야 합니다. 오늘 우리는 이와 같은 위로자가 절실히 요구되는 시대에 살고 있습니다. 바로 우리가 이런 위로자가 되어 주님 앞에 쓰임 받을 때 하나님의 나라에 큰 역사가 일어날 것이라고 믿습니다.

6

아무리
절망이 커도

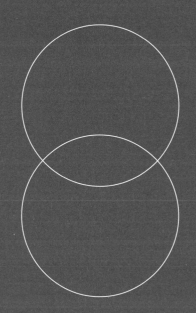

이 세상에서는 고통당하는 이유를 잘 몰라도 좋습니다.
이 세상에서 내가 고통당하는 모든 보상을 받지 못해도 좋습니다.
그러나 그 나라에 가면 주님께서 모든 의문점에 대해서 대답해 주실 것입니다.

욥기 3:1

그 후에 욥이 입을 열어 자기의 생일을 저주하니라

욥기 3:11–19

11 어찌하여 내가 태에서 죽어 나오지 아니하였던가 어찌하여 내 어머니가 해산할 때에 내가 숨지지 아니하였던가 12 어찌하여 무릎이 나를 받았던가 어찌하여 내가 젖을 빨았던가 13 그렇지 아니하였던들 이제는 내가 평안히 누워서 자고 쉬었을 것이니 14 자기를 위하여 폐허를 일으킨 세상 임금들과 모사들과 함께 있었을 것이요 15 혹시 금을 가지며 은으로 집을 채운 고관들과 함께 있었을 것이며 16 또는 낙태되어 땅에 묻힌 아이처럼 나는 존재하지 않았겠고 빛을 보지 못한 아이들 같았을 것이라 17 거기서는 악한 자가 소요를 그치며 거기서는 피곤한 자가 쉼을 얻으며 18 거기서는 갇힌 자가 다 함께 평안히 있어 감독자의 호통 소리를 듣지 아니하며 19 거기서는 작은 자와 큰 자가 함께 있고 종이 상전에게서 놓이느니라

아무리
절망이 커도

'믿음이 좋은 사람도 절망에 빠지는 가?' 이 질문에 욥은 이렇게 대답을 합니다. "아무리 투철한 믿음을 가진 사람이라도 자기 힘으로 이길 수 없는 불행을 만나면 어쩔 수 없이 절망하며 한동안 캄캄한 골짜기를 방황하게 된다."

욥기에서 발견할 수 있는 강점은 한마디로 '솔직함'이라고 할 수 있습니다. 욥기의 저자는 서두에서 욥이 "온전하고 정직하여 하나님을 경외하며 악에서 떠난 사람"이라고 극찬합니다(욥 1:1 참조). 그럼에도 불구하고 욥기 전체를 볼 때 그의 믿음을 돋보이게 하기 위해서 이것저것을 과장하거나 그의 좋은 점만 나열하지는 않았습니다. 오히려 그가 얼마나 나약한 인간인가를 숨김 없이 내보이고 있습니다. 그의 상처 입은 감정을 감추려 하지도 않습니다. 욥이 입은 상처가 그를 얼마나 힘없이 흔들리게 하는지를 조금도 미화하지 않고 있는 그대로 적나라하게 기록하고 있습니다. 이것이 욥기의 매력으로, 욥기가 가지고 있는 강점이요 은혜라고 할 수 있습니다.

하나님을 잘 믿는 사람이 뜻하지 않은 고난을 당하면 정신적으로 어떤 위기를 겪게 됩니까? 그 감정은 어떤 단계를 거치면서 변하게 됩니까? 그리고 그 고통을 견디어 나가는 데 가장 어려운 문제는 무엇입니까? 성경에서 이런 문제들을 배우는 데 있어 욥만큼 훌륭한 스승은 없다고 생각합니다.

그는 자기 체험을 자상하고 솔직하게 가르쳐 주는 지혜로운 인생의 길잡이가 됩니다. 그러므로 우리는 어려운 역경을 만난 형제를 바로 이해하기 위해서, 또 자신이 역풍에 휘말리게 되는 때를 대비하기 위해서 욥에게서 지혜를 배워야 합니다. 우리는 잿더미 위에 앉아서 절망하고 있는 욥의 가슴속을 한번 들여다볼 필요가 있습니다. 욥기를 통해 '아무리 믿음 좋은 사람도 이럴 수 있구나' 하고 공감하며 깨달을 수 있다면, 우리 모두의 신앙생활에 큰 격려가 될 것입니다.

1960년대에 시카고대학교에서 일하던 엘리자베스 퀴블러 로스 (Elizabeth Kubler Ross, 1926–2004)라는 심리학자가 《죽음과 죽어감》이라는 책을 출간한 적이 있습니다. 환자가 의사로부터 시한부 인생을 선고받았을 때 일어나는 여러 가지 심리 변화를 연구·분석하여 기록해 놓은 책입니다. 평소에 건강을 자신하던 사람이 뭔가 좀 이상해서 병원에 가서 진찰을 받습니다. 그런데 의사로부터 몇 달 남지 않았다는 청천벽력과 같은 선고를 받는 경우가 종종 있습니다. 그때 사람들이 보이는 반응을 심리적인 측면에서 연구한 것입니다. 그의 연구 결론은 이렇습니다.

처음에는 환자가 의사의 말을 부정한다고 합니다. "아니야, 아니야. 나는 그런 사람이 아니야. 의사가 오진했어. 나에게는 절대 그런 일이 일어날 수 없어"라면서 말이죠. 그다음에는 분노를 터뜨린다고 합니다. "왜 내가 이런 일을 당해야 돼? 나보다 더 악한 사람도 멀쩡한데 왜 내가 이런 일을 당해?" 하고 화를 낸다는 것입니다. 그리고 좀 지나고 나면 협상을 한다고 합니다. "하나님, 저를 고쳐 주시면 주님을 위해서 살겠습니다. 목사가 되겠습니다. 선교사가 되겠습니다. 목숨만 살려 주십시오." 그러다가 좀 지나면 깊은 영적 침체에 빠진다고 합니다. 일종의 우울증입니다. 그러다가 마지막 단계에 가서는 모든 것을 포기하고 자기에게 주어진 운명을 그대로 수용하는 자세로 바뀐다고 합니다.

욥의 절망, 분노, 고독, 영적 침체, 하소연

욥기를 읽으면 욥이 입을 열고 쏟아 놓은 말들이 참 많다는 것을 알게 됩니다. 무려 20장이나 됩니다. 그 형식은 자기를 비판하고 훈계하는 세 친구에게 각각 대답해 주는 것으로 되어 있습니다. 그런데 그의 말을 전부 종합해 보면 마치 병원에서 사형선고를 받은 환자와 비슷한 심리적인 반응이 나타나고 있음을 볼 수 있습니다. 욥에게 구체적으로 어떤 반응이 일어나고 있습니까? 먼저 절망합니다. 그다음에는 분노를 터뜨립니다. 고독을 외칩니다. 또 깊은 우울증, 영적 침체에 빠집니다. 그러다가 나중에는 기러기처럼 외마디로 자기의 고통을 하소연합니다. 이런 과정들이 꼭 순서적으로 진행되고 있지는 않습니다. 기복이 대단히 심한 것 같습니다. 그리고 매우 복잡한 양상을 띠고 나타나는 것을 발견할 수 있습니다. 절망으로 깊이 빠지는가 하면 하나님께 부르짖고 있습니다. 체념하는 듯하다가 갑자기 걷잡을 수 없는 분노를 표출하기도 합니다. 욥이 걸어갔던 이 고통의 순례 과정을 따라가면서 고난 중에 우리가 경험할 수 있는 정신적 갈등 몇 가지를 살펴보고자 합니다.

첫째로, '절망'을 들 수 있습니다. 욥은 절망했습니다. 그가 얼마나 무서운 충격을 받았는가는 한동안 말문을 닫고 있었다는 것을 보면 짐작할 수 있습니다. 그는 8일만에 입을 열었습니다. 그가 입을 열자 자기의 생일을 저주하는 말을 하기 시작합니다. 이것은 그가 어두운 절망 속에 깊이 빠져 있다는 것을 의미합니다. 그의 절망은 '이제 살고 싶지 않다. 죽고 싶다'는 정도를 넘어선 것이었습니다. 자기 존재의 시작을 저주하는 것만큼 기가 막힌 절망은 없을 것입니다. 세상에 이보다 더 큰 절망이 어디 있겠습니까? 욥이 당한 절망은 그 밑바닥을 찾아보기가 어려울 정도입니다.

"그 후에 욥이 입을 열어 자기의 생일을 저주하니라 욥이 입을 열어 이르되 내가 난 날이 멸망하였더라면, 사내아이를 배었다 하던 그 밤도 그러하였더라면"(욥 3:1-3). 그리고 본문 말씀 11절부터 유명한 '어찌하여'의 독백이 나옵니다. "어찌하여 내가 태에서 죽어 나오지 아니하였던가 어찌하여 내 어머니가 해산할 때에 내가 숨지지 아니하였던가 어찌하여 무릎이 나를 받았던가 어찌하여 내가 젖을 빨았던가"(11-12절). 이 말들을 통해 그가 얼마나 깊은 절망의 수렁 속에 빠져 있는가를 쉽게 알 수 있습니다.

본문 말씀 17절부터는 '거기서는'의 독백이 나옵니다. "거기서는 악한 자가 소요를 그치며 거기서는 피곤한 자가 쉼을 얻으며 거기서는 갇힌 자가 다 함께 평안히 있어 감독자의 호통 소리를 듣지 아니하며 거기서는 작은 자와 큰 자가 함께 있고 종이 상전에게서 놓이느니라"(17-19절). 이와 같은 '거기서는' 독백에서는 태어난 것을 불행으로 여기는 욥의 심정을 엿볼 수 있습니다. '세상에 태어나 빛을 보지 못한 채 죽어 버린 사생아들이 모여 있다고 생각되는 그곳은 자기가 당하는 고통을 알지 못하는 지극히 평화로운 곳인데 왜 자기는 불행하게도 태어나서 이 모양이 되고 이 고통 속에서 울부짖는가' 하는 극심한 절망을 표현하고 있기 때문입니다.

그러나 욥은 하나님을 부인하거나 저주하는 불신앙의 절망을 하지 않습니다. 우리는 이것을 주목해야 합니다. 욥의 절망은 신앙이 없어서 생긴 절망이 아니라 자기가 당하는 고통과 슬픔을 견딜 수 없어서 빠져드는 인간적인 절망입니다. 하나님은 선한 분이라는 믿음을 버린 것이 아닙니다. 그렇지만 하나님이 선하시다고 하는 그 믿음 자체도 이제는 한계점에 도달한 것 같은 위기에 빠져들고 있습니다. 우리는 한 사람도 예외 없이 신앙의 사람이기 전에 가냘픈 풀잎과 같은 인간이라는 사실을 인정해야 합니다.

믿음이 좋으면 덜 인간적일 수 있다는 생각을 가끔 하는데, 이것만큼 위험한 발상은 없습니다. 믿음 좋은 사람은 무슨 일을 당해도 절망하지 않는다고 큰소리를 치는 자들이 있습니다. 저는 거기에 동의하지 않습니다. 절망하는 시간의 길고 짧음에 차이가 있을 뿐입니다. 끔찍한 일을 당하고도 절망하지 않는 사람은 없습니다.

만약 애지중지 키운 자녀를 갑자기 잃었다면 땅을 치며 통곡하지 않을 부모가 어디 있겠습니까? 기도로 시작한 사업이 엉뚱한 사람에게 넘어가는 것을 보고 휘청거리지 않을 사람이 어디 있겠습니까? 끔찍한 일을 당하면 누구나 절망감을 느낍니다.

뜰에 등잔불을 걸어 놓았다고 한번 상상해 보십시오. 바람이 거세게 불어오고 있습니다. 불은 꺼지지 않지만 등잔불은 금방 날아갈 듯이 흔들립니다. 마찬가지로 믿음 좋은 사람도 인생고의 거센 바람 앞에서는 절망으로 한동안 흔들릴 수 있습니다. 이것이 정상입니다. 우리는 이 사실을 욥을 통해서 배울 수 있습니다. 그러므로 우리는 먼저 인간적인 연약함을 이해할 줄 알아야 합니다. 믿음이 큰 것은 좋은 일이지만 자기가 마치 하나님이 된 것처럼 거드름을 피우면서, 고통을 안고 절망하는 형제를 보고 "왜 절망합니까? 그렇게 믿음이 없습니까?" 하는 식으로 말하면 안 됩니다. 우리는 그런 강퍅한 사람, 무서운 사람이 되어서는 안 됩니다.

아무리 믿음 좋은 사람이라도

고난 중에 우리가 경험할 수 있는 정신적인 갈등 두 번째는 '분노'입니다. 욥은 분노했습니다. 이것은 자신에게 일어난 일을 받아들이기를 거부하는 일종의 반항이요 갈등이라고 볼 수 있습니다. 믿음이 좋은 사람일수록 분노하는 증세가 더 뚜렷하게 나타나는 것을 봅니다. 욥처럼 의롭게 산 사람일수록 분노의 격정은 더 거세지는 것 같습니다. '내가 무엇을 잘못했다고 그래? 더 나쁜 사람도 다 건재하지 않아? 잘 믿으려고 지금까지 애쓴 보람이 이거야? 주님이 정말 살아 계시다면 이럴 수 있어?' 이와 같이 하늘을 향해서 주먹을 휘두르는 분노. 이것을 지금 욥이 그대로 보여 주고 있습니다. 생각하면 할수록 억울한 감정이 분노로 이어지는데, 이 지경이 되면 누구나 입을 다물고 있을 수 없습니다. 입을 한 번 열었다 하면 자기도 주체하지 못할 말들이 막 쏟아져 나옵니다.

23장 2절에서 욥은 이렇게 말합니다. "오늘도 내게 반항하는 마음과 근심이 있나니 내가 받는 재앙이 탄식보다 무거움이라." 욥은 자기가 왜 끔찍한 일을 당해야 하는지 아무리 궁리를 해도 그 이유를 찾아낼 수가 없었습니다. 이유를 모르니 더 억울하고, 더 원망스럽고, 화가 나는 것입니다. 무슨 어려운 일을 당해도 그 이유를 알면 견딜 수도 있고 어떤 면에서는 묵묵히 짊어지고 나갈 수도 있습니다. 그러나 이유를 모를 때는 그 까닭을 모르기 때문에 더 안달이 납니다. 더 답답합니다. 더 울분이 생깁니다. 아마 욥의 심정이 그랬을 것이라고 봅니다.

우리는 성경을 읽으니까 욥이 왜 그런 일을 당하는지 처음부터 마지막까지 다 꿰뚫어 보고 있습니다. 하나님의 어떤 계획이 있다는 것도 우리는 알고 있습니다. 그러나 욥은 마치 구름 덮인 하늘을 쳐다보듯이 저쪽의 일을 전혀 알 수가 없었습니다. 왜 그와 같은 끔찍한 일들이 찾아왔는지 아무리 생각해도 대답을 찾을 수가 없었던 것입니다. 자식이 죽고, 재산이 날아가고, 건강 잃어버리고, 아내가 도망치는 끔찍한 일들에 하나님에 대한 자신의 믿음을 조화시켜 보려고 무척 애를 써 보았지만 다 헛일이었습니다. 자기의 불행을 신앙적으로 해석해 보려고 했으나 대답이 나오지 않았다는 말입니다. 그래서 그는 치밀어 오르는 분노를 참을 수가 없었습니다.

욥이 알고 있는 하나님은 선하신 분이었습니다. 그가 지금까지 믿은 하나님은 의로운 자를 복 주시는 분이요, 끝까지 보호해 주시는 참 신실한 분이었습니다. 그러나 막상 자기에게 일어난 일을 보니 그런 하나님이 아니었다는 말입니다. 어딘가 속은 듯한 감정을 진정시킬 수가 없었습니다. 그래서 마음에 분이 일어난 것입니다. 그의 마음에 원망이 치솟아 올랐습니다. 욥은 자기가 죄가 아주 없는 사람은 아니지만 패가망신을 당하는 천벌을 받아야 할 만큼 끔찍한 죄를 지었다고는 생각하지 않았습니다. 그러니까 그의 마음에 분노가 사라지지 않았습니다.

욥기 9장 17-18절에서 그는 하나님을 향해서 이렇게 말합니다. "그가 폭풍으로 나를 치시고 까닭 없이 내 상처를 깊게 하시며 나를 숨 쉬지 못하게 하시며 괴로움을 내게 채우시는구나." 얼마나 한이 맺힌 소리입니까? "하나님, 당신이 왜 내게 이렇게 합니까?" 하는 말입니다. 일반적인 경우, 고통을 당하는 성도들의 가슴속에 이와 비슷한 분노가 있는 것을 보게 됩니다. 누구보다도 예수님을 잘 믿으려고 남달리 노력한 사람일수록 곤경을 당하면 이와 같은 분노의 감정이 더 뜨겁게 타오르는 것을 볼 수 있습니다.

어떤 믿음 좋은 여집사가 갑자기 남편을 잃고 나서 저를 붙들고 한 말이 아직도 기억납니다. 조용하고 부드럽게 하는 말이지만 그 말속에는 가시가 있었습니다. "목사님, 제 남편처럼 그렇게 예수 잘 믿으려고 한 사람도 드문데 왜 그 사람이 젊은 나이에 죽어야 합니까?" 이 말의 배후에는 '나는 도무지 받아들일 수가 없어요. 나는 도무지 화가 나서 견딜 수가 없어요' 하는 감정이 숨어 있는 것입니다.

제가 존경하는 어느 목사님이 40대 후반에 세상을 떠났습니다. 그 목사님이 세상을 떠나자 자녀들이 얼마나 정신적으로 고통을 당했는지 모릅니다. 그때 고등학생이던 둘째 아들이 하나님을 향해서 분노를 터뜨렸습니다. "우리 아버지가 뭘 잘못했나요? 지금까지 고생만 했어요. 굶주리고 헐벗으면서 농촌 교회를 돌아다니며 복음을 전하려고 온갖 고생을 다 했어요. 하나님을 사랑하고 하나님을 섬기는 일에는 누구보다도 앞장섰던 우리 아버지가 왜 이렇게 당해야 합니까? 당신이 살아 있다면 정말 이런 일이 일어날 수 있겠습니까?" 하고 하나님을 향해 대들었습니다. 그리고 교회를 떠났습니다. 그 후로 14년의 세월이 흘렀습니다. 아직도 그는 교회로 돌아오지 않고 있습니다. 얼마나 화가 났으면…. 그러나 저는 하나님께서 그 형제를 이해하고 계신다고 생각합니다. 분노하는 것을 비정상적으로 보지 마십시오. 신앙이 없어서 그렇다고 판단하지 마십시오. 그것을 수준 이하의 반응으로 보지 마십시오. 욥처럼 그렇게 위대한 사람도 하나님을 향해서 분노를 터뜨렸습니다. 하나님의 뜻을 다 알 수 없는 인간이기에 분노하는 것입니다. 우리가 하나님의 뜻을 분명히 알 수만 있다면 얼마나 좋을까요? 그러면 잠잠히 수긍할 수도 있고 얼마든지 인내할 수도 있을지 모릅니다.

셋째로, '영적 침체'를 들 수 있습니다. 욥은 하나님이 계시지 않은 것 같은 불안과 공포를 느끼고 있었습니다. 이제는 아무것도 할 수 없다는 무력감을 느끼고 있었습니다. 이런 감정들은 합병증을 일으킵니다. 이 감정의 합병증 증세가 바로 영적 침체입니다. 마음은 가라앉을 대로 가라앉아 버립니다. 기도할 의욕이 나지 않습니다. 기도를 해도 아무 소용이 없다고 체념하게 됩니다. 자기처럼 불행하고 불쌍하고 무가치한 사람은 이제 살 가치조차 없다고 하는 자학 증세를 보입니다. 옛날이 그리워지면서 그때와 지금이 너무 다른 데서 오는 고통을 주체하지 못합니다. 그래서 밤이면 불면증에 시달리고 식욕을 잃고 제대로 먹지도 못합니다. 아무리 절제하려고 해도 절제가 되지 않아 눈물은 자꾸 나오고, 죽고 싶은 충동이 간간이 괴롭히는, 그야말로 아주 무서운 정신적인 고통을 겪습니다. 이것을 심리학적으로 '우울증'이라고 하고 '침체'라고도 합니다.

욥은 이렇게 말합니다. "나의 희망이 어디 있으며 나의 희망을 누가 보겠느냐"(욥 17:15). 이 말은 "나에게 이제 희망이 없어. 끝장이야" 하는 말이나 다름없습니다. "나는 지난 세월과 하나님이 나를 보호하시던 때가 다시 오기를 원하노라 그때에는 그의 등불이 내 머리에 비치었고 내가 그의 빛을 힘입어 암흑에서도 걸어 다녔느니라"(욥 29:2-3). 즉, 다시 옛날로 돌아가서 행복하게 살아 보았으면 한다는 말입니다. 또 그는 "내가 주께 부르짖으나 주께서 대답하지 아니하시오며 내가 섰사오나 주께서 나를 돌아보지 아니하시나이다"(욥 30:20)라고 고백합니다. 하나님으로부터 버림받은 것 같은 공허함과 고독한 심정을 견디다 못해 토로하고 있는 것입니다. 바로 영적 우울증에 빠져 버린 상태를 말합니다. 역경이 금방 가시지 않고 오래 지속되면 믿음과 관계없이 이런 침체에 빠질 수 있습니다. 가장 어려운 시기이고 누구나 다 겪을 수 있는 고통의 고비라고 말할 수 있습니다. 믿음 좋은 사람도 그렇게 됩니까? 그렇습니다. 믿음 좋은 사람도 영적으로 침체에 빠질 수 있습니다. 이것이 욥을 통해서 얻을 수 있는 대답입니다.

지금까지 우리는 욥이 고난 중에 겪었던 정신적인 갈등 몇 가지를 살펴보았습니다. 이것을 통해서 우리는 욥이 지닌 인간적인 일면을 적나라하게 엿볼 수 있었습니다. 그러나 이것은 욥만의 경험일 수 없습니다. 믿음이 좋고 나쁘고의 여부를 떠나서 누구든지 당할 수 있는 인간적인 진통이라고 할 수 있습니다.

C. S. 루이스 교수는 뛰어난 믿음을 가진 사람이었습니다. 그는 탁월한 저술가요 탁월한 기독교 변증가였습니다. 20세기가 낳은 가장 위대한 변증가라 해도 과언이 아닐 것입니다. 그러나 그는 50대에 들어서 아내를 잃었습니다. 이때 그가 겪었던 정신적인 고통은 바로 욥이 겪었던 정신적인 고통과 별로 다를 바가 없었다고 합니다. 그는 자기의 심정을 이렇게 기록했습니다. 그의 책 중에 나오는 내용입니다.

"오늘 밤도 엄청난 슬픔이 다시 터졌다. 실성한 말들, 격렬한 분노, 원망스러움, 위의 불규칙한 울렁거림, 악몽 같은 비현실성, 범벅이 된 눈물, 슬픔 때문에 모든 것이 안정을 잃어버리고 있다. 하나의 슬픔을 떨치면 또 다른 슬픔이 계속 나타나고 그것은 언제나 반복적으로 일어난다. 끝도 없이 일어난다. 내가 끝없는 원을 따라 빙빙 돌고 있는가? 아니면 내가 종점이 있는 나선 위에 있기를 감히 바랄 수나 있을는지? 만일 내가 나선 위에 있다면 내가 위로 올라가는 것일까? 아니면 내려가는 것일까?"

이런 고통은 C. S. 루이스만의 경험이 아닙니다. 우리 모두의 경험이 될 수도 있습니다.

믿음의 밧줄에 매달려 절망한 욥

욥이 고통을 헤치고 나가는 과정에서 참으로 놀랍고 감탄할 수밖에 없는 두 가지 사실을 발견할 수 있습니다. 그 하나는, 그가 처음부터 마지막까지 믿음의 밧줄에 매달려 있었다는 사실입니다. 화를 내고 반항도 해 보지만 믿음의 밧줄에 매달린 채 절망하는 욥을 볼 수 있습니다.

"내가 생명을 싫어하고 영원히 살기를 원하지 아니하오니 나를 놓으소서 내 날은 헛것이니이다 사람이 무엇이기에 주께서 그를 크게 만드사 그에게 마음을 두시고 아침마다 권징하시며 순간마다 단련하시나이까"(욥 7:16-18)라고 묻고 있습니다. 절망을 하면서도 하나님이 순간마다 자기를 지키고 간섭하신다는 믿음을 잃어버리지 않고 있는 것입니다. 조금도 틈을 주지 않고 하나님이 자기를 지키고 계신다는 믿음을 내버리지 못하는 것을 여기서 엿볼 수 있습니다. "내가 바다이니까 바다 괴물이니이까 주께서 어찌하여 나를 지키시나이까"(욥 7:12). 화가 나서 못 견뎌도 하나님이 자기를 꼭 지켜보고 있다는 믿음은 잃지 않고 있습니다. 참으로 놀라운 일입니다.

욥기를 고난의 성경이라기보다는 믿음의 성경이라고 이름을 붙인 사람이 있는데 일리가 있는 이야기입니다. 욥은 하나님을 믿을 수 있는 아무런 증거를 가지고 있지 않음에도 불구하고 하나님을 믿는 믿음을 끝까지 붙들었습니다. 하나님을 믿을 수 없는 많은 시련들을 겪으면서도 끝까지 믿음을 저버리지 않았습니다.

또 하나, 놀라운 사실이 있습니다. 결국 욥이 오르게 될 정상은 오직 하나님만 바라보는 소망의 자리였다는 사실입니다. 욥기 16장과 17장에서 소망의 불꽃이 보이기 시작하여 19장에 가서는 그 소망의 불꽃이 환하게 타오르는 것을 보게 됩니다.

"지금 나의 증인이 하늘에 계시고 나의 중보자가 높은 데 계시니라 나의 친구는 나를 조롱하고 내 눈은 하나님을 향하여 눈물을 흘리니 사람과 하나님 사이에와 인자와 그 이웃 사이에 중재하시기를 원하노니"(욥 16:19-21). 여기서 "중보자"라는 말은 보호자, 변호자라는 뜻입니다. 이 말씀은 무엇을 말하고 있습니까? 욥이 하나님만 바라는 사람으로 바뀌어 가고 있다는 것을 보여 줍니다. 소망의 자리로 한 걸음 다가가고 있는 욥을 볼 수 있습니다.

19장 25-26절은 욥기서 중에서 가장 중요한 본문이라고 할 수 있습니다. "내가 알기에는 나의 대속자가 살아 계시니 마침내 그가 땅 위에 서실 것이라 내 가죽이 벗김을 당한 뒤에도 내가 육체 밖에서 하나님을 보리라." 여기서 "대속자"라는 말은 '가족의 권리 이행자'라는 뜻입니다. 즉 '억울함을 풀어 주는 자'라는 뜻입니다. 가족 중에 한 사람이 살해당했다고 할 때 그를 죽인 원수를 찾아가서 복수해 주는 사람을 일컬어서 '대속자'라고 하는 것입니다. 욥기 19장 25-26절을 쉽게 풀어보면 다음과 같습니다. "내가 지금은 몹시 억울하게 느껴지지만 나의 이 억울함을 풀어 주실 자가 살아 계신다. 그분이 누구냐? 하늘에 계신 하나님 아버지시다. 지금은 모르지만 그가 이 땅 위에 서시는 그날, 내가 이 가죽을 벗고 이 세상을 떠나는 그날, 나의 억울함을 풀어 주시는 하나님을 내가 만나게 되리라." 욥은 이 대속자 되신 하나님을 만나고 싶어서 얼마나 몸부림쳤는지 모릅니다.

"내가 어찌하면 하나님 발견하고 그의 처소에 나아가랴 어찌하면 그 앞에서 내가 호소하며 변론할 말을 내 입에 채우고 내게 대답하시는 말씀을 내가 알며 내게 이르시는 것을 내가 깨달으랴"(욥 23:3-5). 이 말인 즉, "세상에서 속시원하게 대답을 못 들어도 좋다. 그 나라에 가면 하나님이 반드시 답을 주실 것이다. 사람들이 욕하고 멸시해도 좋다. 그 나라에 가면 하나님은 나를 위로하실 것이고 내가 풀지 못해 몸부림치던 어려운 문제들에 대해서 해답을 주실 것이다. 사람은 소용없다. 이제는 하나님만 바라보자. 하나님을 만날 때까지 아무리 어려움이 심해도 참고 견디자. 끝까지 감수하자. 이제 마음을 다 비우고 세상의 미련을 다 끊어 버리고 하나님만 바라보리라"라는 고백입니다. 희망의 사람으로, 하나님만 바라보는 사람으로 바뀌어 가는 욥의 모습을 보게 됩니다.

욥은 괴롭고 슬플 때마다 하나님이 자기를 대적한다고 생각했지만 실은 하나님이 그를 돕고 계셨습니다. 절망의 자리에서 희망의 자리로 발걸음을 옮길 수 있도록, 보이지 않는 손으로 뒤에서 밀어 주고 계셨습니다. 그래서 욥은 23장 10절에서 이렇게 고백합니다. "내가 가는 길을 그가 아시나니 그가 나를 단련하신 후에는 내가 순금같이 되어 나오리라." 순금같이 단련된 마음을 가지고 하나님만 바라볼 수 있도록 주님이 그를 인도하셨던 것입니다.

우리는 욥을 통해서 배워야 합니다. 하나님의 자녀는 아무리 이해가 안 되는 고통을 당해도 믿음에서 떠날 수 없습니다. 그 이유는 고통 중에 있는 사람에게는 믿음이 그의 사활을 좌우하는 중요한 문제이기에 하나님께서 그 믿음을 잃지 않도록 특별히 은혜를 주시기 때문입니다. 하나님이 다른 것은 다 잃어버리는 한이 있더라도 믿음만은 버리지 않도록 고통 중에서도 우리를 돕고 계시기 때문입니다. 하나님의 자녀는 슬픔을 못 이겨서 절망할 수도 있습니다. 분노할 수도 있습니다. 침체의 늪에 빠져 허우적거릴 수도 있습니다. 외기러기처럼 울부짖는 캄캄한 밤을 보낼 수도 있습니다. 그러나 하나님은 그 가운데서도 우리를 떠나지 않으시고 우리로 하여금 소망을 갖도록 우리 눈을 씻어 주시고 점점 더 높고 넓은 곳으로 인도하고 계십니다. "여호와 앞에 잠잠하고 참고 기다리라"(시 37:7). "주여 이제 내가 무엇을 바라리요 나의 소망은 주께 있나이다"(시 39:7). 결국은 우리가 이런 고백을 할 수 있도록 하나님께서 우리를 인도하고 계십니다.

교회 안에는 여러 가지 고통을 안고 있는 형제 · 자매들이 많습니다. 그래서 '선하신 하나님이시라면 왜 저렇게 어려움을 당하게 내버려 두실까?' 하는 의문이 저에게도 종종 찾아오는 것이 사실입니다. 어떤 사람은 절망하고 있습니다. 어떤 사람은 분노를 삭이지 못하고 원망하고 있습니다. 어떤 사람은 힘을 잃고 일어나지 못합니다. 절망하기도 하고 분노하기도 하며 어떤 때는 우울증에 빠져 헤매기도 합니다. 그러나 그러한 자신의 나약함을 탓하지 마십시오. 욥과 같이 위대한 사람도 고난의 과정을 경험했는데 우리 같은 사람이 어려운 일을 당할 때 그런 고통을 겪지 않는다고 어떻게 장담할 수 있겠습니까? 그러므로 자신의 약한 점을 탓해서는 안 됩니다. 그 대신 우리가 견디기 어려운 고통 중에 빠져 있을 때 하나님께서 믿음을 잃지 않도록 우리를 특별한 방법으로 돕고 계신다는 것을 꼭 믿어야 합니다. 아무리 어려움을 당해도 하나님은 우리를 믿음의 밧줄에 꼭 매달아 놓고 계신다는 사실을 기억하십시오. 우리가 아무리 절망의 자리에 빠졌다고 할지라도 하나님은 우리가 소망의 자리로 발걸음을 옮겨 놓을 수 있도록 등을 밀고 계십니다. 그래서 결국은 저 높은 정상에 우리를 우뚝 세워 주십니다. 우리 발을 사슴같이 만들어 높은 곳을 다니게 하십니다(합 3:19 참조). 아무리 그 고통이 극심해도 그 고통 앞에 무릎 꿇는 패배자가 되지 않도록 하나님은 끝까지 우리를 돕고 계십니다.

그 나라에 가면 하나님이 대답하신다

어떤 부부의 이야기입니다. 그 부부는 1988년에 사랑의교회에 등록을 하고 함께 세례를 받았습니다. 그 부부가 얼마나 믿음이 좋았던지 교회 안에 있는 성경공부 프로그램에 할 수만 있다면 다 참석을 했습니다. 그리고 봉사 활동도 열심히 했습니다. 정말 꿈 같은 신앙생활을 하고 있었습니다. 집도 교회 근처로 옮겼습니다. 그런데 2년 전부터 남편의 신앙이 병들기 시작했습니다. 교회 가기를 싫어하더니 나중에는 세상으로 점점 빠져들어 갔습니다. 그렇게 믿음 좋던 사람이 하루아침에 돌변한 것입니다. 급기야 그는 부인에게 이혼을 요구했습니다. 부인은 거부했습니다. 그 결과, 부부가 한 지붕 아래 있으면서도 별거를 하는 기막힌 생활을 하기 시작했습니다. 부인의 고통은 극에 달했습니다. 남편이 자동차 키도 빼앗아 갔습니다. 생활비도 주지 않습니다. 더 나아가서 새벽 기도에 나가는 것도 방해하고 신앙생활 하는 것을 핍박하기 시작했습니다. 부인은 자기에게 닥쳐온 역경을 헤쳐 나갈 힘이 없었습니다. 그러나 그가 보내온 편지 중에 이런 구절이 있었습니다.

"지난 일 년 동안 저의 고통은 너무나 커서 주님께 감당하지 못하겠다고 부르짖기도 했지만 주님은 은혜를 주셔서 그 고난 속에서 견딜 수 있게 하시고 주님의 평강을 맛보게 하셨어요. 욥이 당한 모든 일이 하나님의 주권 속에서 일어난 것임을 보면서 하나님의 눈으로 저의 고난을 보게 하심도 감사해요. 그러나 지금도 이런 일이 왜 일어났는지 이해가 되지 않아요. 그렇지만 하나님은 저를 이해시켜 놓고 일하시는 분이라고 생각하지 않습니다. 하나님은 모든 행하시는 것을 스스로 진술하지 아니하신다고 하셨으니까 그 주님께 맡겨 드릴 수밖에 없습니다. 제 남편이 잘못된 길을 떠나서 다시 주님의 품으로 돌아올 날이 반드시 올 것입니다. 그날이 속히 와서 주님께 찬송하기 바랄 뿐입니다. 오늘도 주님만 바라보며 주님이 걸어가라고 하는 대로 이 고난을 견디며 이 가정을 지키며 살겠습니다."

이 편지 가운데서 우리가 발견할 수 있는 놀라운 은혜가 있습니다. 바로 욥기를 읽으며 발견할 수 있는 은혜입니다. 그렇게 힘든 고통을 겪으면서도 하나님을 의지하는 믿음이 살아 있습니다. 또한 반드시 하나님께서 자기의 가정에 평화를 주실 것이라는 소망을 갖고 있다는 것입니다. 욥에게서 우리가 믿음과 소망을 발견하듯이 이 자매에게도 그 믿음과 소망을 발견합니다. 이것이 하나님의 은혜입니다.

우리는 아무도 고통을 당하는 것을 원하지 않습니다. 그러나 생각하지도 않은 고통, 이유를 알 수 없는 고통을 당할 때가 있습니다. 그럴 때 우리는 고통의 바람이 아무리 거세도 우리 하나님은 이럴수록 나에게 믿음과 소망을 주신다는 사실을 믿어야 합니다. 나로 하여금 하나님을 떠나지 않고 하나님만 바라보도록 나를 밀어 주신다는 것을 확신하기만 하면 이길 수 있습니다. 그래서 우리는 결국 순금같이 단련된 사람으로 하나님 앞에 서게 될 것입니다. 이 세상에서는 고통당하는 이유를 잘 몰라도 좋습니다. 이 세상에서 내가 고통당하는 모든 보상을 받지 못해도 좋습니다. 그러나 욥이 말한 것처럼 그 나라에 가면 주님께서 모든 의문점에 대해서 대답해 주실 것입니다. 그 나라에 가면 하나님께서 "네가 왜 세상에서 그렇게 눈물을 흘리면서 살아야 했는지 내가 대답해 주마. 네가 왜 그렇게 남편을 잃었는지 내가 대답해 주마. 네 자녀들이 왜 그렇게 고통을 겪어야 했는지 내가 대답해 주

마. 네가 하고자 하는 일이 잘 안되었지? 그것도 다 이유가 있어서 그렇게 된 것이다. 내가 이제 대답해 주마. 나의 대답을 들으면 네 마음에 기쁨이 넘쳐날 것이다"라고 말씀해 주실 것입니다. 우리도 욥처럼 그날을 소망하며 기다려야 합니다.

혹시나 남이 모르는 고통을 안고 신음하는 분이 계십니까? 믿음을 잃지 마십시오. 소망을 잃지 마십시오. 욥은 그 어려운 고통 속에서도 끝까지 믿음과 소망을 잃지 않았습니다. 끝까지 믿음의 밧줄에 매달려 하나님만 바라보는 소망의 자리로 발을 옮겼습니다. 그러므로 하나님이 복 주신 것입니다. 이것을 욥에게서 배워야 합니다. 아무리 절망이 커도 우리는 이길 수 있습니다.

7

죄짓고
벌받았다는
소리

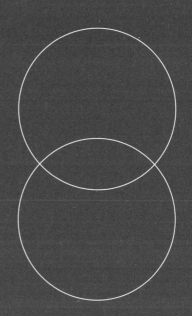

예수님은 어떤 종류의 고통에 대해서도
그 고통을 죗값으로 오는 저주나 천벌로 여기지 않으셨습니다.
설령 죗값으로 고통을 당한다고 해도
주님은 오히려 고통을 은총의 기회로 보셨습니다.

욥기 4:1–11

1 데만 사람 엘리바스가 대답하여 이르되 2 누가 네게 말하면 네가 싫증을 내겠느냐, 누가 참고 말하지 아니하겠느냐 3 보라 전에 네가 여러 사람을 훈계하였고 손이 늘어진 자를 강하게 하였고 4 넘어지는 자를 말로 붙들어 주었고 무릎이 약한 자를 강하게 하였거늘 5 이제 이 일이 네게 이르매 네가 힘들어하고 이 일이 네게 닥치매 네가 놀라는구나 6 네 경외함이 네 자랑이 아니냐 네 소망이 네 온전한 길이 아니냐 7 생각하여 보라 죄 없이 망한 자가 누구인가 정직한 자의 끊어짐이 어디 있는가 8 내가 보건대 악을 밭 갈고 독을 뿌리는 자는 그대로 거두나니 9 다 하나님의 입 기운에 멸망하고 그의 콧김에 사라지느니라 10 사자의 우는 소리와 젊은 사자의 소리가 그치고 어린 사자의 이가 부러지며 11 사자는 사냥한 것이 없어 죽어 가고 암사자의 새끼는 흩어지느니라

죄짓고
벌받았다는 소리

고통이라는 불청객은 사람을 가리지 않고 찾아옵니다. 세상 사람 누구도 고통을 피해갈 수 없습니다. 이것은 우리가 성경 말씀을 통해서, 세상 경험을 통해서 잘 알고 있는 사실입니다.

고통을 당하면 사람들은 너 나 할 것 없이 그 이유를 알고 싶어하는 충동을 받습니다. 고통을 당하는 당사자뿐 아니라 곁에서 그를 지켜보는 사람까지도 '저 사람이 왜 저런 일을 당하게 됐을까?'라는 궁금증을 가집니다. 이런 관심이 지나치면 사람들은 함부로 남의 문제를 놓고 이러쿵저러쿵 떠들다가 결국은 고통당하는 사람의 상처에다가 식초를 가져다 붓는 것과 같은 잔인한 짓을 저지르곤 합니다. 욥의 친구들이 본의 아니게 그렇게 되고 말았습니다. 처음에 세 친구들은 '어떻게 하면 욥을 위로할 수 있을까?'라는 동정하는 마음으로 욥을 찾아왔습니다. 처음 동기는 너무나 아름다웠습니다. 그러나 욥이 겪는 고통을 가까이에서 자세히 주목하는 중에 그들의 마음에는 좋지 못한 호기심이 일기 시작했습니다.

우리가 고통 중에 있는 어떤 형제를 찾아갔을 때 그가 당하는 고통이 하찮은 것이면 "세상을 살다 보면 이럴 때도 있지요. 조금만 고생하면 곧 좋아질 것입니다" 하고 쉽게 위로를 할 수 있습니다. 그러나 절대로 그런 일이 일어나지 않을 것처럼 생각되던 사람이 엄청난 재난을 당한 것을 보면 그만 마음이 달라집니다. 은연중에 '왜 저런 일을 당하게 됐을까?'라는 생각을 하며 그 이유를 알고 싶어하는 이상한 호기심이 일어납니다. 욥의 친구들도 마찬가지였습니다. 상상을 초월할 만큼 엄청난 재난을 당한 욥을 보면서 '무슨 죄를 지었길래 저렇게 천벌을 받았을까?' 하는 의구심이 그들의 마음을 사로잡았던 것입니다. 우리는 세상에서 악한 짓을 해서 손가락질을 받는 사람이 무슨 일을 당하면 별로 놀라지 않습니다. 오히려 그것을 당연한 듯 받아들이기도 합니다. 그러나 법 없이도 살 수 있는 호인이라고 생각했던 사람이 무슨 끔찍한 일을 당한 것을 보면 '그 사람, 참 안됐어. 왜 그럴까? 무언가 잘못한 게 있는 거 아냐?' 하는 식으로 생각을 돌려 버립니다. 이것이 인지상정인 것 같습니다.

우리는 욥의 세 친구를 통해서 다른 사람의 고통을 보는 우리의 눈이 얼마나 잘못되기 쉬운가를 배워야 할 것입니다. 그리고 고통당하는 이유에 대해서는 사람이 절대로 옳은 대답이나 만족할 만한 해답을 줄 수 없다는 사실도 깨달아야 합니다.

욥기 4장부터 31장까지의 내용은 일종의 토론 형식으로 전개되고 있습니다. 욥의 친구들이 한 사람씩 욥의 문제를 가지고 자기 나름대로 생각을 폅니다. 가장 연장자인 엘리바스가 먼저 입을 열기 시작합니다. 그리고 친구 한 사람이 말을 끝내면 욥이 그 말에 대한 자기 변명을 합니다. 욥의 변명이 끝나면 다음 친구가 자기 이야기를 합니다. 이런 식으로 세 바퀴를 돌면서 토론이 벌어지고 있습니다. 엘리바스가 세 번, 빌닷이 세 번, 마지막으로 소발이 두 번 이야기를 하고 끝냅니다. 그러니까 욥은 장장 여덟 번을 대답하는 셈이 됩니다. 이런 토론의 내용이 4장부터 31장까지 기록되어 있습니다.

세 친구는 한결같이 욥이 겉으로는 경건한 체했지만 남모르게 죄를 범한 것이 있어서 천벌을 받았다고 주장하고 있습니다. 그렇지 않고서 어떻게 그런 엄청난 불행을 당했겠느냐 하는 것이 그들의 논리였습니다. 세 친구들은 모두 색깔이 똑같은 안경을 끼고 욥의 문제를 보았습니다. '응보의 법칙'이라는 칼라를 가진 안경입니다. 응보의 법칙이 무엇입니까? 사람이 복을 받거나 벌을 받는 것은 과거에 그가 행한 선과 악에 따라 좌우된다는 논리입니다. 그들은 이런 관점에서 욥의 문제를 풀어 보려고 했습니다. 욥이 그동안 누렸던 모든 부귀영화는 그가 과거에 행한 선행의 대가로 받은 보상이었다는 전제 아래, 그가 당한 패가망신은 하나님이 보시기에 용납할 수 없는 악을 범했기 때문이라는 결론에 도달하게 됩니다. 그들은 무엇인가 죄를 지었기 때문에 욥이 심판을 받은 것이라고 판단한 것입니다.

○ ○ ○ ○ ○ ○ ○ ○
엘리바스라는 친구

세 친구가 똑같이 응보의 법칙이라는 칼을 휘두르면서 욥을 심판했습니다. 그러나 그런 판단을 하게 된 이유는 각자 조금씩 차이가 있었습니다. 그중에서 나이가 가장 많은 엘리바스는 세상을 오래 살면서 보고 들은 것을 가지고 자기 주장을 펴고 있습니다. 다시 말해서 자기의 인생 경험을 바탕으로 이야기를 합니다. 그는 본문 말씀 8절에서 "내가 보건대" 하고 말합니다. '내가 지금까지 경험한 바로는'이라고 말하는 것입니다. 15장 17절에서도 "내가 본 것을 설명하리라" 하며 이야기를 시작합니다. 그러나 엘리바스가 시종일관 자기의 경험만을 가지고 이야기하는 것은 아닙니다. 이상 중에 하나님이 그의 귀에 들려주신 세미한 음성까지 공개하고 있습니다. 자기의 말이 하나님의 말씀이나 다름없다는 점을 강조하기 위해 계시를 받았다는 말을 하고 있는 것입니다. 다시 말하면 그는 자기의 인생 경험과 종교적 체험에서 얻은 지식을 가지고 욥의 재앙은 죗값이라고 단정하고 있는 것입니다.

엘리바스의 논조는 종교적 도덕주의자의 냄새를 강하게 풍깁니다. 그가 하는 말의 핵심을 한번 보십시오. "생각하여 보라 죄 없이 망한 자가 누구인가 정직한 자의 끊어짐이 어디 있는가 내가 보건대 악을 밭 갈고 독을 뿌리는 자는 그대로 거두나니"(7-8절). "어떤 말씀이 내게 가만히 이르고 그 가느다란 소리가 내 귀에 들렸었나니"(욥 4:12). "그때에 내가 조용한 중에 한 목소리를 들으니"(욥 4:16) 하고 말합니다. 자기의 인생 경험과 종교적 체험에서 얻은 지식을 가지고 욥을 정죄하고 있습니다. 그는 이렇게 몇 바퀴를 돌면서 욥과 뜨거운 논쟁을 벌였는데 급기야는 화가 났습니다. 그는 화가 나자 더 잔인한 사람으로 바뀌었습니다. 이는 욥기 22장 5절 이하에 잘 나타나 있습니다. "네 악이 크지 아니하냐 네 죄악이 끝이 없느니라 까닭 없이 형제를 볼모로 잡으며 헐벗은 자의 의복을 벗기며 목마른 자에게 물을 마시게 하지 아니하며 주린 자에게 음식을 주지 아니하였구나"(5-7절)라고 말하고 있습니다. 자기 눈으로 확인한 일도 아닌데 적당히 추리해서 넘겨짚어 정죄하는 잔인함을 보입니다. 벌받아 싸다는 식으로 몰아붙이는 것입니다. 사람이 악해지면 남의 문제를 가지고 이렇게 잔인한 소리를 함부로 하게 됩니다. 엘리바스에게서 우리 안에 도사리고 있는 잔인성을 보는 것 같지 않습니까?

빌닷이라는 친구

빌닷은 대대로 내려오는 전통에 근거해서 욥을 정죄하고 있습니다. "옛날 사람들의 말을 들어 봐. 그 말들이 틀린 것이 없지 않아? 아무 이유 없이 너처럼 그렇게 어려운 일을 당하는 법은 없어. 다 이유가 있어서 고통을 당하는 거야" 하는 식입니다. "청하건대 너는 옛 시대 사람에게 물으며 조상들이 터득한 일을 배울지어다"(욥 8:8). "그 집을 의지할지라도 집이 서지 못하고 굳게 붙잡아 주어도 집이 보존되지 못하리라"(욥 8:15). 그는 아주 자신 있게 자기 논리를 펴고 있습니다. 그리고 이렇게 결론을 내립니다.

"하나님이 어찌 정의를 굽게 하시겠으며 전능하신 이가 어찌 공의를 굽게 하시겠는가 네 자녀들이 주께 죄를 지었으므로 주께서 그들을 그 죄에 버려두셨나니"(욥 8:3-4). 얼마나 무서운 말입니까? 쉽게 말하면 이렇습니다. "네 자식들이 이유 없이 죽은 줄 아니? 한 사람이 죽어도 뭣한데 10남매가 한꺼번에 몰살을 당했으니 그게 보통 일이니? 이것은 그들이 자네 몰래 하나님 앞에서 크게 잘못한 것이 있기 때문이야. 그래서 하나님이 공의대로 심판하신 거야." 빌닷의 이와 같은 논리는 냉엄한 종교적 율법주의자의 입장이라고 할 수 있습니다. 이는 이로, 눈은 눈으로, 피는 피로 갚으시는 하나님의 보상에 의해서 욥이 고통을 당하게 되었다는 이야기입니다. 욥의 자녀들이 실제로 죄를 범하는 것을 빌닷이 본 일이 없습니다. 그런데 그는 이미 유명을 달리한 그들에게 함부로 죄를 뒤집어씌우고 있습니다. 사람이 악해지면 이렇게 됩니다.

소발이라는 친구

소발은 지적으로나 영적으로 수준이 좀 낮은 사람처럼 보입니다. 그리고 좀 경솔한 데가 있는 것 같습니다. 그는 자기의 막연한 추측으로 욥을 때려잡는 식으로 나옵니다. 엘리바스처럼 경험을 통해 배운 것을 말하는 것도 아니요, 빌닷처럼 전통적인 도덕률을 가지고 정죄하는 것도 아닙니다. "너는 알아야 돼" 하며 무조건 치고 들어갑니다. 이런 사람은 정말 무섭습니다. 욥기 11장 6절을 보면 소발은 단도직입적으로 '너는 알아야 돼' 하고 나옵니다. "너는 알라 하나님의 벌하심이 네 죄보다 경하니라"(개역한글). 즉 "하나님이 너에게 벌한 것을 보니까 네가 지은 죄에 비해서 굉장히 가벼운 거야. 네 죄대로 다 받는다면 이 정도 가지고는 안 돼"라고 말하고 있는 것입니다. 이 얼마나 잔인하게 사람을 잡는 소리입니까? 이런 사람은 정말 무섭습니다. 그는 근거도 없는 막연한 추측으로 이런 말을 하고 있습니다. 그는 전형적인 독선자라고 할 수 있습니다. 그야말로 눈 하나 깜짝하지 않고도 다른 사람을 때려잡을 수 있는 무서운 사람입니다.

지금까지 우리는 욥의 세 친구가 한 말을 검토해 보았습니다. 역시 '인간은 별수 없는 존재구나' 하는 것을 실감하게 됩니다. 친구 사이라고 해도, 형제간이라 해도 별수 없나 봅니다. 우리가 사는 이 세상에는 말이 참 많습니다. 제멋대로 남의 일을 가지고 떠들어 대는 사람들이 많습니다. 심지어는 불행을 당한 이웃을 놓고 함부로 떠들어 대면서 은근히 쾌감을 느끼는 사람들도 있습니다. 어떤 사람은 엘리바스처럼 자기 경험을 가지고 이렇게 말합니다. "저런 일을 당하는 것은 다 이유가 있는 거야." 자기 딴에는 대단한 해답을 주는 것처럼 떠듭니다. 또 어떤 사람은 고대로부터 내려오는 고담을 들어가면서 자기 말이 굉장한 무게를 가진 것처럼 허풍을 칩니다. 또 어떤 사람은 소발처럼 아무 근거도 없는 억측을 가지고 고통당하고 있는 사람의 마음에 비수를 꽂습니다.

욥의 친구들이 한 말을 검토하면서 한 가지 놀라운 사실을 발견하게 됩니다. 그들의 말을 액면 그대로 보면 하나도 틀린 말이 아니라는 사실입니다. 제가 어려서 욥기를 읽을 때는 욥의 세 친구에 대한 선입견이 좋지 않아서 그 사람들의 이야기는 잘 읽지 않았습니다. 색연필을 가지고 빨간 줄을 긋는 구절은 전부 다 욥이 한 말뿐이었습니다. 친구들은 다 틀린 소리만 하는 것으로 알았기 때문입니다. 그러나 제가 성경을 깊이 연구하면서 그것이 아니라는 것을 알게 되었습니다. 그들의 말에도 진리가 있다는 것을 깨닫게 되었습니다. 지금은 나도 모르게 그들의 말에 빨간 줄을 긋게 됩니다. 어쩌면 틀린 말이 한마디도 없을지도 모릅니다.

우리가 알고 있듯이 인생의 사려 깊은 지혜의 말씀들이 주옥같이 이어지는 성경이 바로 욥기입니다. 그래서 욥기를 지혜서라고 말합니다. 인생의 지혜를 통틀어 한데 모아 놓은 책이라고 할 수 있습니다. 그러니 욥의 세 친구가 전부 다 틀린 말을 했다고 할 수 없을 것입니다. 델리취(Franz Delitzsch, 1813-1890)라는 구약성경 학자는 "욥의 세 친구들이 한 말들을 검토해 볼 때 그들에게서 틀린 점을 찾아낼 수 없다"라고 실토했습니다. 그럼에도 불구하고 왜 그들의 말이 잘못되었다고 합니까? 왜 그들이 한 말을 놓고 하나님은 화를 내셨습니까?

"데만 사람 엘리바스에게 이르시되 내가 너와 네 두 친구에게 노하나니 이는 너희가 나를 가리켜 말한 것이 내 종 욥의 말같이 옳지 못함이니라"(욥 42:7). 왜 하나님이 그들의 말을 옳지 못한 것으로 평가하셨습니까? 그들의 말을 액면 그대로 볼 때는 하나도 거짓말이 아니요,

틀린 말이 아닙니다. 그런데 왜 옳지 못한 소리가 되고 말았습니까? 이것이 우리가 풀어야 할 중요한 과제입니다.

적용이 잘못되면

옳은 말이라고 해서 다 선한 말이라고 할 수는 없습니다. 진리라고 해서 누구에게나 다 유익한 것은 아닙니다. 하나님의 말씀이라고 해서 언제나 은혜가 되는 것은 아닙니다. 말하는 동기가 잘못되면 천상에서 들리는 하나님의 음성을 가지고 말해도 아무 유익을 주지 못합니다. 상대를 잘못 알고 진리를 이야기하면 그 진리는 아무 열매를 거두지 못하고 떨어집니다. 적용이 잘못되면 비록 진리라고 할지라도 선한 덕을 세우지 못합니다. 이것이 세 친구로부터 얻을 수 있는 교훈입니다. 그러면 그들의 어떤 점이 잘못되었는지 검토해 보겠습니다.

응보의 법칙은 성경에서 가르치는 진리입니다. 그러나 그것을 하나님의 섭리와 고통의 문제를 푸는 마스터키처럼 생각한 것이 그들이 범한 첫 번째 큰 실수였습니다. 하나님의 섭리는 한 가지 공식으로 설명되지 않을 만큼 심오합니다. 인생이 당하는 고통의 원인은 그 뿌리가 너무 복잡해서 한두 가지 이유로는 설명할 수 없습니다. 죄를 범하면 벌이 따르고 고통이 온다는 것은 하나님이 가르쳐 주신 진리입니다. 그러나 모든 고통이 죗값은 아닙니다. 악한 자는 반드시 망하고, 뿌린 대로 거둔다는 것은 하나님이 가르쳐 주신 진리입니다. 그러나 이 세상이 돌아가는 형편을 보십시오. 악한 것을 뿌렸지만 그대로 거두지 않고 형통하게 사는 사람도 많습니다. 선한 자라고 해서 무조건 형통한 일만 있는 것도 아닙니다. 본문 말씀 7절에서 엘리바스가 이렇게 말합니다. "생각하여 보라 죄 없이 망한 자가 누구인가 정직한 자의 끊어짐이 어디 있는가." 그가 주장하는 말은 진리입니다. 그러나 세상은 반드시 이런 공식대로 돌아가지 않습니다. 그럼에도 불구하고 세 친구들은 자기 말이 틀림없다고 장담합니다. 그들은 욥의 손발을 응보의 법칙이라는 공식으로 묶어 놓으려고 했습니다. 이것이 문제입니다. 욥이 참다 못해 이렇게 쏘아붙입니다.

"어찌하여 악인이 생존하고 장수하며 세력이 강하냐"(욥 21:7). 다시 말하면 "악인들이 어떻게 저다지 세력이 강하게 한생을 보낼 수 있느냐? 그런 사람을 놓고 어떻게 설명할 거야?"라는 것입니다. 또 그는 이렇게 말합니다. "악인의 등불이 꺼짐과 재앙이 그들에게 닥침과 하나님이 진노하사 그들을 곤고하게 하심이 몇 번이가 그들이 바람 앞에 검불같이, 폭풍에 날려 가는 겨같이 되었도다"(욥 21:17-18). 이와 같은 욥의 현실론은 친구들이 만든 공식으로는 절대로 설명할 수 없는 문제를 가지고 있었습니다.

오늘날에도 욥의 세 친구가 범했던 것과 같은 오류들을 범하는 사람들이 많습니다. 자기가 좋아하는 성구 하나를 들고 나와서 마치 자기가 하나님에 대해서 다 아는 것처럼 말하는 사람들이 있습니다. 그리고 세상 문제에 대해서도 도통한 것처럼 떠벌리는 사람들이 있습니다. 예를 들면 이런 것입니다. "너희를 향한 나의 생각을 내가 아나니 평안이요 재앙이 아니니라"(렘 29:11). 이 말씀 하나가 마치 모든 진리를 대변해 주는 것처럼 들고 나와서 "하나님은 평안을 주시려고 하는데 너는 왜 불행을 당하고 있니? 거기에는 분명히 이유가 있지 않겠니?" 하는 식으로 내몰아 치는 사람이 있다는 말씀입니다. 하나님은 출애굽기 23장 25절에서 "네 하나님 여호와를 섬기라 그리하면 여호와가 너희의 양식과 물에 복을 내리고 너희 중에서 병을 제하리니"라고 말씀하십니다. 그런데 이 말씀 하나가 성경 말씀 전체를 대변하는 것처럼 생각하고 병으로 고생하는 사람을 찾아와서 기를 죽이는 못된 사람이 있습니다. "하나님이 뭐라고 그랬어. 잘 믿으면 절대 아프지 않다고 그랬지? 그런데 너는 어떻게 된 일이냐?" 하는 식입니다. 욥의 친구들이 그랬던 것처럼 말입니다. 그러나 그 친구들은 동기와 적용이 잘못되었습니다.

욥의 친구들이 두 번째로 실수한 것은 욥에게 전혀 해당되지 않는 이야기만 했다는 것입니다. 욥의 고통은 우리가 잘 아는 것처럼 배후에 하나님의 특별한 뜻이 숨어 있었습니다. 그는 자기의 죗값으로 고통을 당하는 것이 절대 아니었습니다. 그렇지만 세 친구는 뿌린 대로 거둔다는 공식을 가지고 욥의 문제를 설명하려고 했습니다. "너는 악을 뿌린 것이 틀림없어. 어찌 그 열매를 거두지 않겠는가? 당연히 받을 고통인데 왜 그렇게 못 견디고 불평하는가?" 하는 식입니다. 욥은 하나님이 인정하신 의인이었습니다. 그는 세 친구와 비교도 안 될 만큼 경건한 생활을 했습니다. 그가 경건한 사람이라는 것을 친구들이 모를 리가 없었습니다. 그러나 친구들은 욥의 의로운 삶을 인정하려 하지 않고 오히려 없는 티를 잡아서 자기주장만 세우려고 했습니다. 그들은 욥에게 회개하라고 다그쳤습니다. 하나님께 용서를 받으면 옛날처럼 다시 행복한 날이 돌아올 것이라고 그를 달랬습니다. 그러나 이 말이 욥에게 해당됩니까? 회개할 것이 없는데 무엇을 회개합니까? 회개하면 하나님이 용서하시고 은혜를 주신다는 것은 성경이 가르치는 만고불변의 진리입니다. 그러나 적용을 잘못하면 그 진리는 하찮은 겨와 같이 바람에 날리고 맙니다. 아무리 거룩하고 기쁜 소식이라도 형편에 맞지 않게 전하면 가치가 없어지고 맙니다. 아무 소용이 없는 이야기가 되는 것입니다. 욥은 친구들의 말을 듣고 너무 어처구니가 없어서 이제 그만 하라고 역정을 냅니다. 그는 그들의 말을 더 이상

들으려고 하지 않습니다. 심지어 "내가 어찌하면 하나님을 발견하고 그의 처소에 나아가랴"(욥 23:3)라고 말합니다. 다시 말하면 "나는 이제 하나님만 찾겠어. 너희들 다 소용이 없어. 나에게 말하지 마"라고 하는 것입니다. 욥의 처지에서는 친구들을 상대해서 얻은 것이 하나도 없었던 것입니다.

세 번째로 욥의 친구들이 실수한 것은 고통의 이유를 따지기만 했을 뿐 욥의 고통을 나누고자 하는 마음이 없었다는 것입니다. 그들은 겉으로 보기에는 욥을 위하는 것처럼 행동했습니다. 형식적으로 욥과 함께 잿더미 위에 앉아 있었습니다. 그러나 그들의 마음은 달랐습니다. 마치 푹신한 안락의자에 앉아서 친구가 당하고 있는 고통의 이야기를 소설 읽듯이 즐기고 있었던 것입니다. 그들은 욥의 짐을 함께 나누려 하지 않았습니다. 친구의 고통에 동참하려고 하는 사랑이 없었습니다. 욥에게 무슨 잘못이 있는가 하고 독수리 같은 눈을 가지고 살피기만 했습니다. 설령 욥에게 어떤 잘못이 있었다고 가정해 봅시다. 그들이 진정한 친구였다면 하나님 앞에 나가서 욥을 위해 중보 기도를 했어야 마땅할 것입니다. 그런데 욥의 친구들은 그렇게 하지 않았습니다.

욥과 같이 어려움을 당하고 있는 사람에게는 설명이 필요 없습니다. 말이 중요한 것이 아니라 그를 불쌍히 여기는 마음이 중요한 것입니다. 친구들이 나열하는 계시, 속담, 명언, 비유, 은유로 가득 찬 화려한 설교가 상한 마음을 안고 몸부림치는 욥에게는 아무 소용이 없었습니다. 친구들이 말을 잘하면 잘할수록 욥의 마음에는 상처가 더 깊고 커졌습니다. 합당하지 않은 말을 늘어놓고 있었기 때문입니다. 결국 욥은 그 친구들을 향해서 성실하지 못하다고 내뱉었고(욥 6:15, 개역한글), 막연한 추측이라고 비난했고(욥 6:24), 책망을 그만하라고 소리

첫고(욥 6:26, 개역한글), 낙담을 주는 말이요(욥 6:26), 번뇌를 일으키는 말이요(욥 16:2, 개역한글), 자기를 조롱하는 말이라고 비난했습니다(욥 16:20). 그리고 쓸모없는 의원이라고 했습니다(욥 13:4). 자기의 병을 고쳐 주는 사람이 아니라 잔인하게 상처만 안겨 주는 돌팔이 의사라고 말입니다.

욥의 세 친구가 벌이는 어리석은 언동을 보면서 우리 또한 그것을 남의 이야기로만 돌릴 수 없다는 것을 깨닫게 됩니다. 우리도 욥의 친구들처럼 잘못을 저지를 때가 많습니다. 하나님의 말씀을 잘못 적용하여 남에게 상처를 줄 때도 있습니다. 그것 때문에 오히려 상대방으로 하여금 더 낙심하게 만드는 경우도 있습니다.

어떤 분이 쓴 글을 읽으며 깊은 생각에 잠긴 적이 있습니다. 그 글을 쓴 사람은 어린 시절에 집에서 강아지를 키웠다고 합니다. 그는 강아지를 무척 귀여워했습니다. 그런데 어느 날 그만 그 강아지가 차에 깔려 죽고 말았습니다. 그 아이의 심정이 어떠했겠습니까? 죽은 강아지를 품에 안고 엉엉 울고 있는 그에게 어떤 신앙 좋은 어른이 다가왔습니다. 그는 아이의 어깨를 두드리며 "얘야, 너무 슬퍼하지 말아라" 하며 달랬습니다. 참새 한 마리가 땅에 떨어지는 것도 하나님의 뜻이 아니면 떨어지는 법이 없다고 했습니다. 그러니 참새보다 몇 갑절 더 큰 강아지가 죽었으니 틀림없이 하나님이 하신 일이지요. 말이야 틀린 데가 없습니다. 그러나 그 노신사의 말이 강아지를 잃고 슬퍼하는 아이에게 무슨 위로가 됩니까? 무슨 의미가 있습니까? 그 아이에게는 강아지가 죽었다는 사실이 중요했습니다. 강아지가 죽은 이유를 아는 것이 중요한 것이 아니었습니다. 그는 그때 그 노신사의 말이 너무 잔인하게 들렸다고 합니다. 그리고 화가 더 났다고 했습니다. 왜냐하면 다른 사람이면 몰라도 하나님이 자기의 사랑하는 강아지를 빼앗아 갔다는 것은 도무지 받아들일 수 없었기 때문입니다.

고통을 함께 나누겠다는 사랑의 마음 없이 던지는 말은 그 말이 아무리 만고불변의 진리라 해도 듣는 자의 마음을 아프게 할 수 있습니다. 슬픔을 나누고자 하는 마음 없이 던지는 말은 서러운 마음을 더 슬프게 만들 수 있습니다. 그것은 상대방을 향해 간접적으로 정죄하는 것과 다를 바 없는 것입니다.

왜 고통의 이유를 설명하는가?

우리는 간혹 병상을 찾거나 고통을 당하는 사람을 방문할 때가 있습니다. 그럴 때에 특히 말을 조심해서 해야 합니다. 생각 없이 던지는 말에 자칫 상처를 받을지도 모르기 때문입니다. 뭔가 위로를 하려다가 "집사님, 그렇게 아프실 때 가끔 마음에 가책되는 일이 없습니까?" 또 병으로 신음하고 있는 환자에게, "형제님, 병이 들었다는 그것 때문에 하나님 앞에 원망하고 분노를 터뜨리는 일이 없는지 한번 생각해 보세요. 그것부터 회개하셔야 하나님이 고쳐 주실 거예요. 건강하실 때 하나님을 찬송하고 하나님을 기쁘게 하셨나요?" 하는 투의 말을 할 때가 있습니다. 또 "목사님이 그렇게 아프신 것은 주변의 고통당하는 수많은 사람들을 위로할 수 있는 자격을 주시려고 하나님이 그렇게 하신 거예요"라고 말하는 사람도 있습니다. 말이야 다 옳은 말입니다. 틀린 말이 하나도 없어요. 그러나 그것이 실제로 고통당하는 사람에게 무슨 위로가 됩니까? 은근히 죄책감만 자극하는, 바람직하지 못한 말이 될 수 있습니다. 고통이란 참고 견디어 나가는 것이지, 왈가왈부 떠들 일이 아닙니다. 짊어져야 할 것이지, '왜 고통을 당하는가' 하고 이유를 따져야 할 것이 아닙니다. 고통스러울 때는 그 이유를 설명하는 유능한 설교자, 해박한 친구가 다 귀찮은 법입니다. 고통에 대한 그들의 고견이 고통을 당하는 자에게 무슨 유익이 되겠습니까? 고통당하는 자에게는 그 고통을 함께 나누고자 하는 마음이 필요합니다. 그를 불쌍히 여기는 사랑이 필요합니다. "자네가 어떻게 해서 이렇게 되었는지 모르겠네. 정말 가슴이 아프다네. 답답하지만 참아야지 어떻게 하겠나? 언제나 내 마음은 자네와 함께 있다네. 참고 견디세." 이런 말 한마디가 고통을 당하는 자에게는 두세 시간의 설교보다도 더 힘 있는 메시지가 되어 가슴에 전달되는 것입니다.

우리는 욥의 친구들을 통해서 두 가지를 배웠습니다. 하나는 고통의 이유를 함부로 설명하려고 들어서는 안 된다는 것입니다. 두 번째로 사람이 당하는 고통에 대해서 사람이 만족할 만한 해답을 줄 수 없다는 것을 알았습니다. 그러므로 우리는 언제나 예수 그리스도를 생각하고 그분만 바라보아야 합니다. 예수님은 고통당하는 자들에게 어떻게 하셨습니까? 우리는 예수님이 하신 대로 해야 합니다. 예수님이 세상에 계시는 동안 그 주변에 모인 사람들은 거의 무거운 고통의 짐을 지고 힘겹게 세상을 살아가고 있던 자들이었습니다. 멀리서만 보아도 무슨 죄를 지었기에 저렇게 천벌을 받나 하는 생각이 들 정도로 천덕꾸러기요, 인간 취급을 받지 못하는 사람들이었습니다. 창녀요, 세리요, 각종 병든 자들이요, 귀신 들린 자들이 대부분이었습니다. 예수님이 그들 앞에서 욥의 친구들처럼 "네가 왜 그런 고통을 당하는지 내가 설명해 주마" 하며 이유를 말씀한 적이 한 번도 없습니다. 사복음서를 하루 종일 뒤져 보아도 그런 말씀은 한 군데도 찾아볼 수 없습니다.

요한복음 9장에 보면 나면서부터 소경인 불쌍한 사람의 이야기가 나옵니다. 그가 터벅터벅 지팡이를 짚고 지나갈 때 예수님의 제자들의 머릿속에 떠오르는 생각이 있었습니다. 누가 죄를 범했기에 저렇게 불행한 운명을 타고 났을까 하는 의문이었습니다. 부모의 죄일까, 아니면 당사자의 죄일까 하는 궁금증이 생겼습니다. 유대인들 사이에는 고통과 죄를 연관시켜서 생각하는 잘못된 사상이 있었습니다. 그래서 예수님께 물었습니다. "이 사람이 맹인으로 난 것이 누구의 죄로 인함이니이까 자기니이까 그의 부모니이까"(2절). 자기들도 욥의 친구들처럼 한번 따져 보고 싶었던 것입니다. 그러나 예수님은 이유를 따지지 않으셨습니다. "이 사람이나 그 부모의 죄로 인한 것이 아니라 그에게서 하나님이 하시는 일을 나타내고자 하심이니라"(3절). 예수님은 이렇게 대답하셨습니다.

요한복음 5장을 보면 38년 된 병자 이야기가 나옵니다. 그는 베데스다라고 하는 못에서 자신의 병을 고치려고 물이 동하기를 밤낮없이 기다리고 있던 가련한 사람입니다. 주님이 그를 보셨을 때 자신의 죗값으로 고통당하고 있다는 것을 아셨습니다. 그러나 주님이 그 사람 앞에 가서 "왜 네가 그런 불행한 사람이 되었는지 내가 설명해 주마"라고 말씀하시지 않았습니다. "네가 낫고자 하느냐"(6절) 하시고 그의 병을 고쳐 주신 다음, 나중에 성전에서 만나 "더 심한 것이 생기지 않게 다시는 죄를 범하지 말라"(14절)고 타이르시는 것을 볼 수 있습니다. 예수님은 고통의 이유를 설명하는 대신, 그 고통을 함께 짊어지려고 하셨습니다. 고통당하는 사람들과 함께 있어 주려고 하셨습니다. 그들을 위해 자신의 생명까지 내어놓는 무궁한 사랑을 베푸셨습니다. 그리고 이와 같은 말씀을 하셨습니다. "수고하고 무거운 짐 진 자들아 다 내게로 오라 내가 너희를 쉬게 하리라"(마 11:28). "너희는 마음에 근심하지 말라 하나님을 믿으니 또 나를 믿으라"(요 14:1). 이처럼 주님은 우리의 고통, 눈물, 슬픔, 탄식을 대신 짊어지시는 분입니다.

예수님은 어떤 종류의 고통에 대해서도 그 고통을 죗값으로 오는 저주나 천벌로 여기지 않으셨습니다. 설령 죗값으로 고통을 당한다고 해도 주님은 의심의 눈으로 보지 않으셨습니다. 오히려 그들의 고통을 은총의 기회로 보셨습니다. 고통을 영원한 나라의 축복으로 이어지는 지름길로 보셨습니다. 이것이 주님께서 고통당하는 자를 보는 시각입니다. 친구인 나사로라고 해서 죄가 없었겠습니까? 죄가 없어서가 아니라 '누구의 죄 때문에 고통을 당하는가'라는 시각으로 인생의 고통을 보지 않으셨던 것입니다. 그래서 주님은 "하나님의 아들이 이로 말미암아 영광을 받게 하려 함이라"(요 11:4)고 말씀하셨습니다. 주님은 어떤 고통이나 불행도 부정적으로 보지 않으셨습니다. 긍정적으로 보셨습니다. 우리도 예수님의 시선으로 다른 사람의 고통을 보아야 합니다. 십자가의 보혈로 구속받은 사람에게는 어떤 고통도 절대 손해가 될 수 없습니다. 오히려 그것을 통해서 하나님의 영광을 나타낼 수 있습니다. 우리는 이런 믿음을 가져야 합니다.

사랑의교회 회지에서 가슴 뭉클한 기사 하나를 읽었습니다. 저희 교회 안에는 호스피스 사역팀이 있습니다. 그분들이 털어놓은 이야기입니다. 어느 날 호스피스팀에게 한 형제의 신상 카드가 넘어왔습니다.

'이름 이승재. 나이 29세. 병명 육종암. 암세포가 폐, 오른쪽 다리, 뇌, 위장까지 전이되어서 이제 가망이 없음. 아직 예수님을 알지 못함. 결혼한 지 1년 되었음.'

호스피스팀이 그 형제가 있는 병원을 찾아갔습니다. 대강 짐작을 하고 갔지만 그를 보았을 때 너무 충격을 받았다고 합니다. 그의 얼굴은 밀랍인형처럼 창백했고 머리카락은 한 올도 남아 있지 않았습니다. 그는 힘없이, 아무 표정도 없이, 휑한 눈으로 자신을 찾아온 사람들을 계속 바라볼 뿐이었습니다. 그 후로 매주마다 호스피스팀의 심방은 계속되었습니다. 그들의 수고로 드디어 그는 하나님 말씀을 부여잡았습니다. 말씀을 외우기 시작했습니다. 그러나 그의 육신적인 고통은 날이 갈수록 심해져 갔습니다. 다리가 심하게 부어올랐습니다. 나중에는 다리 무게 때문에 속뼈가 저절로 부러졌습니다. 그러나 그는 운신할 수 없는 고통 속에서도 찬송하는 믿음을 보여 주었습니다. 몸은 썩어 들어갔습니다. 고름이 풍기는 악취 속에서 그는 자신의 죄를 회개했고 드디어 병상에서 세례를 받았습니다. 어느 날이었습니다. 심방을 끝내고 목사님과 권사님, 집사님들이 일어서는데 그가 이런 말을 했습니다. "목사님, 내일은 우리 부부에게 아주 중요한 날이에요." 그래서 무슨 날이냐고 물었더니 결혼 2주년 기념일이라고 했습니다. 마지막이 될지도 모를 결혼기념일입니다. 호스피스팀은 케이크와 꽃바구니를 준비했습니다. 병실에 꽃바구니를 들고 들어갈 수 없으므로 몰래 옷자락 밑에 숨겨서 갔습니다. 그리하여 그 부부를 위해 축하 파티를 열었습니다. 같은 병실에 있는 환자들도 눈물을 흘리며 그 부부를 축하해 주었다고 합니다. 이렇게 결혼 2주년을 멋있게 보냈습니다. 그리고 12월 1일 저녁 7시, 그는 하나님의 부르심을 받았습니다. 선물로 받은 성경을 혼수상태가 될 때까지 손에서 놓지 않은 채 하나님 앞으로 갔습니다. 임종 시에 그는 다음과 같은 유언을 남겼습니다. "나의 죽음이 아직도 예수님을 믿지 않는 온 가족을 위해서 한 알의 썩은 밀알이 되기를 원합니다." 그다음 주일에 그의 가족들이 교회를 찾아 나왔습니다. 아홉 명의 가족들이 뜨거운 가슴으로 악수를 나누고 신앙생활을 시작했습니다.

이 형제의 죽음이 저주받은 죽음입니까? 죗값입니까? 주님은 그렇게 보지 않으셨습니다. 그는 하나님 품에서 영원히 행복할 것입니다. 그는 썩은 밀알이 되어서 식구들을 구원하고 하나님이 오늘도 살아 계시다는 것을 보여 주었습니다. 세상에서 천년만년 살 것같이 으시대는 사람들에게 하나님이 주시는 준엄한 교훈이 있다는 것을 보여 준 것입니다. 우리는 불행을 볼 때마다 주님의 눈으로 보아야 합니다. 욥의 친구들처럼 현재의 불행을 보고 함부로 해석하면 안 됩니다. 예수님처럼 보아야 합니다. 소망을 가지고 보아야 합니다. 하나님이 의미를 부여하신 고통은 우리에게 절대 손해가 되지 않습니다. 작은 일이든, 큰일이든, 어려움을 당할 때마다 우리는 이 사실을 잊지 말아야 합니다. 우리는 형제의 고통을 함께 짊어지고 함께 씨름하는 사람이 되어야 합니다. 그럴 때에 우리 모두는 예수님을 닮아 가는 작은 예수가 될 수 있을 것입니다. 그리고 이 세상의 고통당하는 자들에게 꼭 필요한 위로자가 될 수 있을 것입니다.

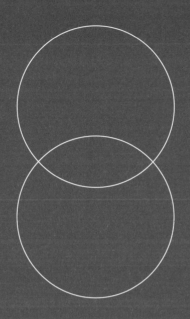

8

함부로 자신을
정죄하지 말라

예수 그리스도의 십자가 공로로 의인이 된 우리가
욥처럼 믿음과 긍지를 갖지 못할 이유가 어디에 있습니까?
우리는 죄와 사망의 법에서 자유함을 얻었습니다.

욥기 27:5-6

5 나는 결코 너희를 옳다 하지 아니하겠고 내가 죽기 전에는 나의 온전함을 버리지 아니할 것이라 6 내가 내 공의를 굳게 잡고 놓지 아니하리니 내 마음이 나의 생애를 비웃지 아니하리라

함부로 자신을
정죄하지 말라

인간의 말로 표현할 수 없는 끔찍한 불행을 당한 욥이 자기 친구들과 함께 '그 불행이 어디로부터 왔는가' 하는 문제를 놓고 장시간 논쟁하고 있는 모습을 본문을 통해 보았습니다. 그런데 이런 논쟁을 하는 욥에게서 놀라운 사실 하나를 발견할 수 있습니다. 그것은 욥이 끝까지 자기가 잘못한 것이 없다는 확신을 조금도 굽히지 않고 있다는 것입니다. 남이 보기에는 저주받은 사람처럼 보일지 모르지만 자신이 되돌아볼 때 자기에게는 조금도 가책을 받을 것이 없다는 태도를 시종일관 지키고 있는 것을 볼 수 있습니다. 다시 말하면 본인이 당한 불행은 죄와 상관없다는 것입니다. 이런 자기 결백에 대한 확신은 욥기 전체를 통해서 열 번 이상 발견되고 있습니다.

그 가운데서 특별히 본문 말씀인 욥기 27장 5-6절은 그의 이런 심정을 웅변적으로 잘 나타내고 있는 말씀입니다. 친구들이 자기를 향해 죄를 지었기 때문에 벌을 받는다고 나무라는 것에 대해서 욥은 다음과 같이 반박하고 있습니다. "나는 결코 너희를 옳다 하지 아니하겠고 내가 죽기 전에는 나의 온전함을 버리지 아니할 것이라 내가 내 공의를 굳게 잡고 놓지 아니하리니 내 마음이 나의 생애를 비웃지 아니하리라." 욥은 친구들이 옳지 않다는 것을 분명히 말하고 있습니다. 자기가 죽기 전에는 절대로 자기 확신을 버리지 않을 것이라고 다짐하고 있습니다. 더 나아가 욥은 아무것도 잘못한 것이 없으며, 지금까지의 삶을 후회한 적도 없다고 힘주어 말하고 있습니다. 욥은 자신을 자책하지 않았습니다.

잘못한 것이 없으면서 자신을 책망하고 정죄하는 사람만큼 비참한 사람은 없습니다. 작은 고통 앞에서도 '이것은 나 때문에 생긴 일이야. 내 죗값으로 온 불행이야' 하고 자기를 정죄하는 사람은 이 세상에서 가장 불행한 사람이라고 할 수 있습니다. 욥은 자신을 그들처럼 불행한 사람으로 짓밟지 않았습니다. 본문 6절에서 그는 "내가 내 공의를 굳게 잡고 놓지 아니하리니 내 마음이 나의 생애를 비웃지 아니하리라"고 말합니다.

욥은 이처럼 자신의 의로움을 주장하고 있습니다. 그러나 우리가 오해하지 말아야 할 것이 한 가지 있습니다. 욥이 끝까지 자기주장을 굽히지 않았다고 해서 "나는 죄인이 아니야"라고 주장한 것은 아니라는 사실입니다. 또한 자기가 의인이라고 말하는 것도 아닙니다. 그가 태어나서부터 한 번도 죄를 짓지 않고 천사처럼 살았다는 말도 아닙니다. 하나님은 그를 온전하고 정직한 사람이라고 칭찬했습니다. 그렇지만 그 역시 인간입니다. 인간은 누구나 태어날 때부터 부패한 인간의 본성을 가지고 나옵니다. 따라서 욥 또한 죄인임에 틀림없습니다. 욥은 이 사실을 잘 알고 있습니다. 욥기 9장 2절에서 그는 "인생이 어찌 하나님 앞에 의로우랴"라고 고백하며 하나님 앞에 의로운 인간이 없다는 것을 스스로 인정하고 있습니다. 또 9장 20절에서는 "가령 내가 의로울지라도 내 입이 나를 정죄하리니 가령 내가 온전할지라도 나를 정죄하시리라"고 말합니다. 즉 내가 의롭다고 해도 내 입이 나를 죄인으로 단정할 것이며 내가 온전하다고 할지라도 하나님이 나의 악한 것을 드러내 보이실 것이라고 욥은 말합니다.

그는 어려서부터 지은 죄가 많다는 것도 인정합니다. "주께서 나를 대적하사 괴로운 일들을 기록하시며 내가 젊었을 때에 지은 죄를 내가 받게 하시오며"(욥 13:26). 욥이 이런 고백을 하는 것을 보면 그가 재난을 당한 후 자주 자기의 어린 시절을 회상하며 과거의 잘못을 반성해 보는 시간을 가졌다는 것을 알 수 있습니다. 그럼에도 불구하고 그는 끝까지 자신의 결백을 주장했습니다. 비록 자기가 인간으로서 전혀 허물이 없는 것은 아니지만 하나님의 심판을 받을 그런 사람은 아니라고 믿었던 것입니다. 우리는 이 사실을 주목해야 합니다.

사실 욥처럼 자신의 결백을 자꾸 주장하는 사람을 보면 좀 얄미운 생각이 들기도 합니다. 만사가 형통한 사람이라고 할지라도 자기에게 잘못이 없다는 소리를 자꾸 하면 듣기 싫어지는 법입니다. 하물며 기둥뿌리가 다 뽑힌 것같이 몰락한 꼴을 하고 앉아 있는 주제에 "나는 잘못한 것이 없어" 하고 고개를 쳐들면 도저히 좋게 봐 주기가 어렵습니다. 믿는 사람의 입장에서는 집안에 불상사가 생겼을 때 되돌아보면서 회개하는 자세를 가지는 것이 도리입니다. 하나님을 진심으로 경외하는 사람이라면 가정에 무슨 일이 생겼을 때 잘못한 것이 없다고 하는 것보다 겸손한 태도를 보이는 것이 좋습니다. 뭔가 하나님 앞에 잘못한 것이 없나 하고 자신을 살피면서 기도하는 것이 믿는 사람의 바른 자세입니다. 욥처럼 고개를 빳빳하게 쳐들고 '내가 잘못한 것이 뭐가 있느냐'라고 하는 경우에는 아무래도 이해하기가 쉽지 않습니다.

고통을 죗값으로 보지 말라

욥의 이러한 태도에도 불구하고 욥에게서 배워야 할 것이 있습니다. 그것은 하나님을 믿는 사람이 어떤 고통을 당할 때 그것을 무조건 죗값으로 돌려서 자기를 정죄하는 것은 절대로 바람직하지 않다는 사실입니다. 아무리 이해할 수 없는 고통을 당해도 하나님 앞에서 잘한 것에 대해서는 시종일관 자기의 결백을 붙들 수 있는 확신이 있어야 한다는 말입니다. 남이 보기에는 죄를 많이 지어서 불행해진 것처럼 보일지 모르지만 하나님 앞에서 잘못한 것이 없다고 생각되면 자신감을 가지고 자신의 결백을 지키는 믿음의 확신이 필요하다는 것입니다. 경험을 통해서 잘 알고 있습니다만 고통이라는 것은 좀 고약한 데가 있습니다. 고통은 상습적으로 죄책감을 일으키는 독소를 가지고 있습니다. 고통은 잃어버렸던 죄를 생각나게 합니다. 심지어 하나님께서 완전히 용서하고 덮어 주셨다고 확신했던 것들마저 흔들리게 하는 아주 고약한 독소를 가지고 있습니다. 이것 때문에 인생의 음지가 그들을 가리울 때마다 많은 신앙인들이 영적으로, 정신적으로 억눌리고 심각한 피해를 당하고 있는 것입니다.

저에게는 고모님이 두 분 계십니다. 두 분 다 처녀 시절부터 믿음이 좋았습니다. 그러나 결혼 생활은 순탄하지 못했습니다. 믿음 좋은 남편을 얻은 큰 고모님도 결혼하고 일 년이 조금 지나서 사별을 했고, 믿음이 좋지 않은 남편을 만난 작은 고모님도 결혼한 지 얼마 되지 않아 남편이 일본으로 가서는 영영 소식이 끊겨져 버렸습니다. 큰 고모님은 얼마 후 재혼을 했습니다. 그러나 그 재혼으로 말미암아 일생 동안 눈물과 한숨이 떠나지 않는 고달픈 생을 살게 될 줄 누가 알았겠습니까? 너무나 어려운 생을 사신 큰 고모님이 가끔 이런 말씀을 했습니다. "나와 내 동생이 이렇게 불행하게 된 것은 우리 아버지가 한때 우상숭배를 했기 때문이다. 그 죗값을 지금 우리가 받고 있는 것이다." 제가 어렸을 때에는 그 이야기를 들을 때마다 '참 그렇구나. 우리 할아버지가 하나님 앞에 바로 서지 못하고 죄를 지었기 때문에 그 죗값을 후손들이 받는구나' 하고 생각했습니다.

그러나 제가 성경 말씀을 깨닫기 시작하면서 고모님이 잘못 생각하고 있다는 것을 알았습니다. 우리 할아버지가 설령 중도에 타락해서 우상숭배를 했다고 하더라도 그 죗값을 왜 딸들에게만 묻느냐 하는 의문이 생겼습니다. 아들들도 있었는데 굳이 남의 집안에 출가한 딸들에게 보응하실 이유가 무엇입니까? 우리 조부모님은 신앙이 좀 약하셨지만 증조부모님은 믿음이 아주 투철하셨습니다. 선교사로부터 복음을 전해 듣고 예수님을 믿게 되셨는데 그 동네에 교회를 세우고 일생 동안 신앙생활을 잘하셨다고 합니다. 성경 말씀을 보면 하나님을 잘 섬기고 사랑하면 그 후손은 천 대까지 복을 받는다고 합니다. 한 세대를 30년으로 잡는다면 3만 년 동안이나 그 자손들이 복을 받을 수 있다는 이야기입니다. 우리 조부모님이 조금 잘못했다고 해서 그 딸들에게 죗값을 물으시고 우리 증조부님이 잘한 것은 다 잊어버리시는 하나님입니까? 절대 그런 하나님이 아닙니다. 저의 고모님들은 크게 오해하고 있었습니다. 지금은 모두 다 하나님 나라로 가셨습니다. '아, 내가 잘못 생각했구나. 나의 불행은 누구의 죗값이 아니라 하나님의 선하신 섭리에 의해 주어진 십자가였는데…'라며 부끄러워하고 있을 것입니다.

이처럼 고통이라는 것은 자기 죄는 물론, 몇 대 손위의 조상 죄까지 들먹이면서 사람을 주눅 들게 만드는 고약한 성질이 있습니다. 그래서 믿음이 좋은 사람이라도 죗값이니 천벌이니 하면서 스스로 자신을 정죄해 버리는 경우를 적지 않게 볼 수 있습니다.

회개한 자에게 어떻게 보응이?

여기서 오해를 막기 위해 분명히 알아야 할 것이 있습니다. 그것은 범죄와 보응, 범죄와 징계, 범죄와 열매가 각각 어떻게 다른지 구별할 줄 알아야 한다는 것입니다.

'보응'은 하나님이 용서하신 죄라도 그 대가를 치르도록 세상에서 벌을 내리시는 것을 말합니다. '예수님을 믿으면 어떤 죄라도 하나님이 용서하고 잊어버리신다. 그러나 지은 죄에 대한 대가는 세상에서 반드시 치러야 한다'는 것이 보응론입니다. 욥의 친구들이 지금 욥에게 집요하게 강조하고 있는 것이 바로 이것입니다. "네가 아무리 하나님을 잘 섬기고 모셨다고 해도 너는 분명히 죄 지은 것이 있어. 너는 하나님 앞에 회개했는지 모르지만 이미 저질러 놓은 죄에 대해서는 그 값을 치러야 한다는 것을 알아야 돼."

그러면 '징계'는 무엇입니까? 말을 듣지 않는 자녀를 바로잡아 주기 위해 고통을 통해 교정하는 것을 징계라고 합니다. 자식의 잘못을 고쳐 주기 위해서 잠깐 때리는 것을 말합니다. 잘못을 하다가도 '하나님 앞에서 내가 이래서는 안 되겠구나' 하고 얼른 깨닫는 사람에게는 징계라는 것이 오지 않습니다. 징계는 끝까지 회개하지 않고 고집을 부리는 사람에게 찾아옵니다. 그러므로 징계는 보응이 아닙니다.

그러면 '열매'는 무엇입니까? 이것은 자연법칙에 따라서 순리대로 거두는 것을 말합니다. 혹시 우리 중에 머리가 둔해서 출세를 못한 사람이 있습니까? 그것은 보응이 아닙니다. 또 자녀들을 잘못 키워서 고통을 받고 있습니까? 그것도 보응이 아닙니다. 요즘 이런 부모가 얼마나 많습니까? 자녀가 하는 대로 내버려 둔 결과, 탈선하여 결국 비참한 꼴이 되고 말았다면 그것은 부모가 자녀 교육을 소홀히 했기 때문에 그런 것이지 보응이 아닙니다. 예수님을 믿는 사람에게나 믿지 않는 사람에게나 따라올 수 있는 자연법칙의 결과입니다. 불법 운전자의 핸들을 하나님이 대신 잡아 주시지는 않습니다. 구원받은 하나님의 자녀도 심은 대로 거두는 자연법칙은 피할 수 없습니다. 보응, 징계, 열매, 이것은 엄연히 다릅니다. 이것을 구별할 줄 알아야 합니다.

욥의 이야기를 들으면서 우리는 마음 한편으로 이런 생각을 하게 됩니다. '욥은 참 거룩하게 살지 않았나? 욥과 나는 비교가 안 돼. 욥은 그처럼 하나님 앞에 정직하고 거룩한 생활을 했기 때문에 불행을 당해도 가책을 받지 않고 끝까지 자기가 의롭다고 주장할 수 있었어. 그런데 나는 욥처럼 경건하게 살지 못했어. 그런데도 어떤 불행을 당했을 때 나는 결백하다고 말할 수 있을까?' 우리 마음속에 당연히 이런 의문이 생길 수 있습니다. 욥의 경건생활은 우리가 따라가기 어려운 수준이었습니다.

욥기 31장에서는 욥이 하나님 앞에 얼마나 거룩하게 살았는가를 아름다운 시에 담아서 묘사하고 있습니다. 1절을 보십시오. "내가 내 눈과 약속하였나니 어찌 처녀에게 주목하랴." 욥은 자기의 눈과 약속을 했다고 합니다. 눈이 가는 대로 함부로 마음을 주지 않기로 결심했다는 것입니다. 아무리 아름다운 처녀를 보아도 정욕의 눈으로 보지 않았다는 말입니다. 우리 중에 욥만큼 경건하게 살고 있다고 자신할 수 있는 남자 분이 몇이나 됩니까? 결혼하고 나서 아름다운 여자가 지나가는데 한 번도 안 쳐다본 사람이 있습니까? 우리는 욥의 수준과 다릅니다. 그만큼 욥의 수준이 높았던 것입니다.

욥기 31장 7절에서는 "만일 내 걸음이 길에서 떠났거나 내 마음이 내 눈을 따랐거나 내 손에 더러운 것이 묻었다면"이라고 말합니다. 욥은 손에 더러운 것을 묻히지 않았고 죄짓는 일에 손을 대지 않았다고 말합니다. 우리 손이 욥처럼 그렇게 깨끗하다고 말할 수 있습니까?

계속해서 31장 18절에서는 "실상은 내가 젊었을 때부터 고아 기르기를 그의 아비처럼 하였으며 내가 어렸을 때부터 과부를 인도하였노라"고 말합니다. 욥은 젊었을 때부터 고아들을 친자식처럼 돌봐 주고 불쌍한 과부들을 보살펴 주었다고 합니다. 우리 중에 이와 같은 선행을 베풀고 사는 사람이 몇이나 됩니까?

31장 24절을 보면 "내가 내 소망을 금에다 두고 순금에게 너는 내 의뢰하는 바라 하였다면"이라고 합니다. 많은 재산을 가지고 있었지만 돈을 신뢰하거나 재산이 많은 것을 기뻐한 적이 없다고 말하는 것이죠. 하나님과 재물을 겸하여 사랑하는 어리석은 짓을 하지 않았던 것입니다. 우리도 욥과 같이 고백할 수 있습니까? 아무도 욥처럼 당당하게 말할 처지는 못된다고 생각합니다.

○ ○ ○ ○ ○ ○
의의 옷을 입고

욥과 우리는 분명히 수준이 다릅니다. 욥의 성결은 우리와 비교가 되지 않을 만큼 철저했습니다. 이처럼 개인의 경건을 비교했을 때는 우리가 욥에게 뒤떨어질지 모르지만 우리는 욥이 알지 못했던 은총을 받았습니다. 그것은 예수 그리스도가 우리에게 입혀 주신 의의 옷입니다. 욥은 자신의 의를 가지고 하나님 앞에 가책을 받을 것이 없다고 했지만 우리는 예수 그리스도의 의를 가지고 하나님 앞에 가책받지 않는다는 믿음을 갖습니다. 욥이나 우리나 똑같은 인간입니다. 욥이 아무리 선행을 많이 하고 아무리 자신의 마음을 잘 다스렸다고 하더라도 거룩하신 하나님 앞에서는 우리와 똑같은 죄인입니다. 그럼에도 그는 자신의 경건생활에 대한 긍지를 가지고 있었습니다.

그런데 오늘의 우리는 어떻습니까? 예수 그리스도의 십자가 공로로 의인이 된 우리가 욥처럼 믿음과 긍지를 갖지 못할 이유가 어디에 있습니까? 우리는 죄와 사망의 법에서 자유함을 얻었습니다. 따라서 우리는 더 이상 죄인이 아닙니다. "예수는 우리가 범죄한 것 때문에 내줌이 되고 또한 우리를 의롭다 하시기 위하여 살아나셨느니라"(롬 4:25). 예수님이 살아나신 그 사실을 누가 부인할 수 있습니까? 하나님 우편에 계시는 그분을 하나님이 날마다 보고 계시는데 그 예수 안에 들어와 있는 우리를 보고 죄인이라고 할 자가 어디 있습니까? 그러므로 욥이 가졌던 자기 경건에 대한 확신, 이것을 우리도 가져야 합니다. "그러므로 이제 그리스도 예수 안에 있는 자에게는 결코 정죄함이 없나니 이는 그리스도 예수 안에 있는 생명의 성령의 법이 죄와 사망의 법에서 너를 해방하였음이라"(롬 8:1-2). 하나님은 해방된 우리를 보시지 죄와 사망에 묶여 있는 우리를 보시지 않습니다. 설령 어떤 흠이 있더라도 예수 그리스도 안에서 거룩하게 살고자 노력한 것에 대해서는 자신감을 가져야 한다는 말입니다.

예수님의 의는 우리를 조상의 죄로부터 단절시켰습니다. 예수님의 의는 우리를 과거의 모든 죗값으로부터 단절시켰습니다. 이미 용서받은 죄에 대해서는 자유함을 누려야 합니다. 우리의 죗값은 주님이 십자가에서 남김 없이 다 치르셨습니다. 그러므로 이미 용서받은 죄에 대해서는 하나님이 보응하지 않으십니다. 그리스도의 의의 옷을 입고 사는 우리에게 하나님이 왜 옛날 죄를 생각해서 병을 주시겠습니까? 그런데도 "내 병은 옛날에 지은 죄 때문이야"라고 말할 수 있습니까? 하나님은 이미 우리 죄를 다 용서하시고 동이 서에서 먼 것같이 멀리

옮기고 잊어버리셨다고 합니다. 잊어버린 죄를 하나님이 새삼스럽게 들고 나와서 "너 용서받았지만 죗값을 좀 받아야 돼"라고 하실까요? 하나님께서 이런 식으로 우리에게 어떤 고통을 주신다면 진정한 평안과 자유를 누릴 수 있을까요? 말이 안 되는 것입니다. 우리는 고통을 당할 때 그 뜻과 의미를 몰라서 방황을 할 때가 많습니다. 그러나 낙심하거나 좌절하지 마세요. 우리가 당하는 고통에는 무엇인가 우리에게 좋은 것을 주시기 위한 하나님의 뜻이 숨어 있습니다. 이것을 분명히 믿고 확신하십시오. 이 믿음을 갖기 위해서 다음 세 가지 사실을 꼭 기억해 둘 필요가 있습니다.

첫째로, 남이 하는 소리에 흔들리지 말아야 합니다. 욥에게 있어서 돋보이는 점이 무엇입니까? 누가 무슨 소리를 해도 시종일관 그 믿음이 흔들리지 않았다는 것입니다. 어려운 고통을 당한 사람을 두고 세상에서는 이러니저러니 하며 욥의 친구들처럼 말을 많이 합니다. 우리는 욥에게서 배워야 합니다. 자기가 분명히 믿고 확신하는 일에 대해서는 누가 무슨 소리를 해도 흔들리지 말아야 합니다. 흔들리는 것은 믿음이 아닙니다.

욥의 친구 중에서 빌닷이라는 사람은 욥의 아픈 상처에 비수를 찌르듯이 아주 사나운 말을 했습니다. "네 자녀들이 주께 죄를 지었으므로 주께서 그들을 그 죄에 버려두셨나니"(욥 8:4). 다시 말하면 빌닷은 "네 자식들이 왜 몰살당했는지 아니? 하나님 앞에 죄를 범했기 때문이야. 하나님께서 그 죗값으로 네 자식들을 그렇게 처리한 것이야"라고 말하고 있는 것입니다. 만약에 욥이 그 말을 듣고 마음이 흔들렸다면 번뇌를 거듭하다가 정신병이 들어 죽었을 것입니다. 그러나 그는 태산처럼 요지부동했습니다.

욥의 자녀들이라고 해서 죄가 없었겠습니까? 10남매가 30살이 넘도록 장성하여 장가가고 시집가고 해서 가정을 이루고 살았는데 어떻게 자녀들이 한 번도 죄를 짓지 않고 살 수 있었겠습니까? 죄를 찾으면 수없이 나올 수 있겠지요. 털면 얼마든지 먼지가 날 수 있습니다. 그러나 욥은 자기 자식들의 죽음을 죗값으로 보지 않았습니다. 비록 자녀들에게 죄가 많았다고 할지라도 하나님이 죗값으로 그들을 친 것이 아니라는 믿음은 흔들리지 않았습니다. 그 이유가 어디에 있는지 아십니까? 자녀들을 위해서 수시로 번제를 드렸기 때문입니다. 욥은 하나님 앞에 자녀들의 모든 죄를 용서받기 위해서 번제를 드렸던 것입니다. 그리고 제사를 드린 후에는 자녀들의 죄가 다 사함을 받았다는 것을 확신했습니다. '내 자녀들에게 설령 잘못이 있었더라도 나는 자녀들을 위해 기도했노라. 자녀들을 위해서 번제를 드렸노라. 하나님이 어떻게 내 자녀들을 용서하지 않으시겠는가? 용서한 죄를 가지고 어떻게 내 자녀들에게 그 죗값을 물으시겠는가? 친구들은 죗값 때문이라고 단정하지만 나는 그 말에 절대 동의할 수 없어.' 욥에게는 이와 같은 믿음이 있었습니다.

우리가 자녀들을 위해서 얼마나 많이 기도합니까? 그 애들이 나가서 마음으로 무슨 생각을 하며 행동으로 무슨 짓을 하는지 우리는 일일이 모릅니다. 그러나 우리는 하나님 앞에 엎드려서 그들의 죄를 용서해 달라고 기도합니다. 부모의 죄를 그들에게 돌리지 말라고 기도합니다. 그들이 진정 하나님을 사랑하는 귀한 자녀들이 되게 해 달라고 기도합니다. 하나님은 우리의 이와 같은 중보 기도를 들으시고 우리 자녀들의 죄를 용서하십니다. 이 믿음이 있는 사람은 설령 자기 자녀에게 어떤 어려운 일이 일어난다 할지라도 그것을 죗값으로 여기지 않습니다. 우리는 남이 무슨 소리를 한다고 이리저리 흔들리면 안 됩니다. 자기가 확신한 일에는 요동하지 않는 믿음을 가져야 합니다.

함부로 자신을 정죄하지 말라

•

151

둘째로, 마음에 떠오르는 어떤 깨달음을 너무 절대시하지 말아야 합니다. 우리가 경험적으로 잘 알고 있지 않습니까? 예상치 않게 어떤 일을 당하면 우리는 무언가 마음에 짚이는 것을 끄집어내는 버릇이 있습니다. 가령 운전 중에 갑자기 추돌 사고를 당해 목을 다쳤다면 이런 생각을 합니다. '왜 이런 일이 일어났지? 나에게 어떤 잘못이 있을까?' 이런 고심을 하다가 무언가 마음에 짚이는 것이 있으면 '아, 이것 때문이구나!' 하고 그것을 가지고 자신을 질책합니다.

제가 중학교에 다닐 때 겪었던 이야기입니다. 시장 바닥에 노름판이 벌어졌는데 그것을 구경하다가 그만 야바위꾼에게 속아 시계를 빼앗긴 적이 있습니다. 6·25 전쟁이 끝난 지 얼마 안 되는 때라 얼마나 살기가 어려웠는지 모릅니다. 제 처지에 손목시계라는 것은 상상조차 할 수 없는 사치품이었습니다. 어느 날 소 먹이러 나갔다가 개울에서 세수한 사람이 놓고 간 것을 주워 차고 다니던 것이었습니다. 그런데 그것을 도박판에 잡히고 만 것입니다. 얼마나 황당했는지 모릅니다. '나에게 왜 이런 일이 생기지?' 하고 생각해 봤습니다. 그러자 마음에 짚이는 것이 있었습니다. 바로 전날인 주일에 뭔가를 시장에서 사 먹은 것이 생각났던 것입니다. 그래서 주일 성수를 못한 죗값으로 시계를 잃었다고 생각했습니다. 그러나 옳은 판단이 아니었습니다. 왜 시계를 잃었습니까? 쓸데없이 노름판에 앉아 남이 돈을 따는 것을 보고 욕심을 냈기 때문입니다. 돈 따는 그들이 다 같은 패거리 사기꾼인 줄 모르고 손을 댔기 때문입니다. 그러므로 그것은 죗값이 아니라 어리석은 행동이 가져다준 열매입니다.

이와 같이 무엇인가 잘못되면 마음에 짚이는 대로 '그래서 그랬구나' 하는 식의 결론을 내리는 버릇은 누구에게나 다 있습니다. 이는 썩 좋은 생각이 아닙니다. 그러나 그것이 전부 틀렸다고도 할 수 없습니다. 하나님의 자녀들이 어떤 어려움을 당할 때 조용히 말씀을 읽고 기도하면 문득 어떤 깨달음이 올 때가 있습니다. 그 순간에 '아, 이것 때문이구나!' 하고 떠오르는 생각은 아주 중요합니다. 그것이 가끔은 성령의 음성일 수도 있고 하나님께서 말씀을 통해서 그 사람에게 들려주시는 해답일 수도 있습니다. 그것은 부인하면 안 됩니다. 그러나 마음에 짚이는 대로 무엇이나 절대시해 버리면 독선이 되기 쉽다는 것을 알아야 합니다. 그것은 하나님의 음성이 아니라 마귀의 소리가 될 수도 있고 하나님의 뜻이 아니라 자기 뜻이 될 수도 있습니다.

말씀을 바로 배우지 못하면

천상의 시인이라고 부르는 송명희 자매를 잘 아실 것입니다. '한국의 크로스비'라는 별명을 붙여도 손색이 없을 만큼 너무나 아름다운 자매입니다. 그는 뇌성마비 장애를 안고 지금까지 너무나 힘들게 살아왔습니다. 그 모습이 너무 애처로워서 보는 사람의 마음을 아프게 합니다. 그러나 그가 쓴 시를 읽으면 얼마나 가슴 찡한 감동을 받는지 모릅니다. 그 자매가 쓴 글에 자기 어머니에 대한 이야기가 나옵니다. 그 어머니는 최정임 전도사라는 분입니다. 그는 열두 살 때 예수님을 영접했습니다. 그런데 그가 다니는 교회 안에 평생 독신으로 살면서 가난한 사람을 도와주고 지체가 부자유한 사람들을 사랑으로 보살피는 일을 하는 부인이 있었습니다. 송 양의 어머니는 그 부인을 볼 때마다 마음에 큰 감동을 받았던 것 같습니다. 그래서 자기도 모르게 "주여, 나도 나중에 어른이 되면 저 부인처럼 살게 하옵소서. 눈이 없는 자에게 눈이 되고, 귀가 없는 자에게 귀가 되고, 다리가 없는 자에게 다리가 되어 불행한 사람을 그리스도의 사랑으로 돌보아 주면서 평생 독신으로 살며 헌신하게 하옵소서" 하고 일종의 서원 기도를 했나 봅니다.

훗날에 그 어머니가 서울로 이사를 와서 어느 교회에서 일하고 있었습니다. 그때 그 교회에서 사역하던 어떤 나이 많은 여전도사가 그를 탐내어 며느리로 맞아들이려고 했습니다. 자꾸만 아들하고 결혼을 해 달라고 재촉했습니다. 송 양의 어머니는 평생 독신을 지키며 주님을 위해 살겠다고 약속한 것이 있기 때문에 안 된다고 거절했습니다. 그러나 열 번 찍어 안 넘어가는 나무가 없다고 결국에는 결혼을 하고 말았습니다. 결혼을 하고 보니 신랑이 형편없는 사람이었습니다. 몸이 약한 데다 성격은 괴팍하고 하는 일 없이 놀고먹는 사람이었습니다. 마음에도 없는 그런 사람과 가정을 이루었으니 얼마나 마음의 짐이 되었겠어요? 그러다가 애를 하나 낳았는데 그가 송명희였습니다. 얼마 지나지 않아서 그 딸에게 뇌성마비라는 청천벽력 같은 선고가 떨어졌습니다. 그 후에 그 어머니는 자주 이렇게 탄식했다고 합니다. "하나님 앞에 독신으로 살겠다고 서원을 했는데 그렇게 못했기 때문에 내가 이런 죗값을 받는 거야." 이와 같은 송 양 어머니의 생각이 옳습니까? 하나님이 독신 서원을 어겼다고 해서 나쁜 남편을 주시고 뇌성마비 자녀를 주시는 분입니까? 우리가 믿는 하나님은 그런 분이 아닙니다. 서원 기도라는 것이 구약시대에는 어떤 의미를 가졌습니다. 그러나 신약시대에는 다릅니다. 시집을 안 가고 하든, 가서 하든 주님 앞에 헌신하면 그것으로 우리의 삶은 거룩한 제사가 되는 것입니다. 송 양의 어머니는 잘못 생각하고 있는 것입니다. 그의 고통은 하나님의 심오한 뜻을 가진 거룩한 무엇을 내포하고 있는 고통이라고 해야 할 것입니다. 지금은 그 의미를 밝히 몰라도 저 나라에 가면 알게 될 것입니다. 우리 마음에 짚이는 생각은 물론 중요합니다. 그러나 그것은 그 사람이 무엇을 어떻게 배웠느냐에 따라 좌우되는 경우가 많습니다. 그런 만큼 말씀을 잘못 배운 사람은 그 마음에서 일어나는 생각이 잘못되기 쉽습니다. 심지어 깨닫는 것도 바른 것이 아닐 수 있다는 사실을 알아야 합니다.

오늘의 한국 교회를 보면 잘못 배워서 영적으로, 정신적으로 무거운 짐을 지고 사는 사람들이 너무 많습니다. 우리 중에 만약 그런 분이 계시면 주님께서 그의 마음의 짐을 전부 거두어 주시고 그의 심령에 자유함을 주시기 바랍니다. 마음속에 떠오르는 어떤 생각을 너무 절대시하지 마십시오. 그것이 과연 옳은 것인가를 말씀을 보면서 더 신중히 생각하는 자세를 가져야 합니다.

○ ○ ○ ○ ○ ○ ○ ○ ○
예수 안에 정죄는 없다

고통에 관한 바른 믿음을 갖기 위해서 우리가 기억해야 할 세 번째 지침은 '습관성 죄책감에서 벗어나는 것'입니다. 우리는 무슨 일을 당하면 그것을 자꾸 죗값으로 돌리는 버릇이 있습니다. 이미 용서받은 죄를 다시금 떠올려 괴로워하기도 합니다. 그것은 옳지 않습니다.

바울은 아주 나쁜 사람이었습니다. 나중에는 사도가 되었지만 그의 과거를 보면 매우 질이 나쁜 사람이었다는 것을 알 수 있습니다. "내가 전에는 비방자요 박해자요 폭행자였으나 도리어 긍휼을 입은 것은 내가 믿지 아니할 때에 알지 못하고 행하였음이라"(딤전 1:13).

바울은 자신의 이력서에 스스로를 '비방자, 박해자, 폭행자'였다고 밝히고 있습니다. 우리 중에 자신의 이력서를 이런 식으로 쓰는 사람이 어디 있겠습니까? 사실 바울은 유대교에 너무 열심을 내다가 크게 잘못된 사람이었습니다.

그는 몸에 병을 가지고 다녔습니다. 하나님이 고쳐 주시지 않는 병이었습니다. 그런데 그가 평생 동안 그 죄책감에서 벗어나지 못하고 있었다면 그 병을 놓고 어떻게 생각했겠습니까? '이것은 내 죗값이구나. 스데반을 죽였기 때문에 찾아온 불행이구나'라고 생각했을 것입니다. 그래서 하나님 앞에 이렇게 기도했을 것입니다. "주여, 제가 스데반을 죽였더니 결국 이런 병이 왔군요. 제가 교회를 핍박했더니 결국 제 몸에 이런 병이 생겼군요. 주여, 어떻게 하면 좋겠습니까?" 그의 이러한 탄식을 들으시고 주님이 뭐라고 말씀하셨을까요? "네 말이 옳다. 스데반을 죽인 죗값으로 네 몸에 병이 생겼느니라. 그러므로 고침을 받겠다는 생각은 하지 말라. 내가 용서를 했지만 너의 죄를 잊을 수가 없어. 그러니까 네가 평생 병을 짊어지고 사는 것이 좋을 것이니라"고 하셨을까요? 바울이 쓴 서신서를 다 훑어보세요. 이런 이야기는 한마디도 찾아볼 수 없습니다.

주님은 바울에게 이렇게 말씀하셨습니다. "나에게 이르시기를 내 은혜가 네게 족하도다 이는 내 능력이 약한 데서 온전하여짐이라 하신지라 그러므로 도리어 크게 기뻐함으로 나의 여러 약한 것들에 대하여 자랑하리니 이는 그리스도의 능력이 내게 머물게 하려 함이라"(고후 12:9). 다시 말하면 이런 의미라고 할 수 있습니다. "바울아, 내 은혜가 너에게 충분하다. 네가 왜 병을 가지고 있는지 아느냐? 내 능력이 너의 약한 데서 강해지고 완전해지는 것을 너로 하여금 체험하도록 하기 위해서 그런 것이다." 주님은 바울이 범한 과거의 살인죄를 가지고 따지지 않으셨습니다. 바울은 그런 주님에 대해서 너무나 잘 알고 있었습니다. 그러므로 바울은 이렇게 생각할 수 있었습니다. '내 몸에 있는 병은 내 죗값이 아니다. 내가 교만해질 수 있는 것을 사전에 막으시려고 나를 약하게 만드신 것이다. 그 약함은 하나님의 놀라운 능력을 체험하도록 하기 위해서 주신 것이다.' 바울은 놀랍게도 이런 믿음을 가지고 있었습니다. 얼마나 놀라운 깨달음입니까?

제가 언젠가 이야기를 한 적이 있지요? 제가 아프다고 하니까 어떤 여전도사는 "옥 목사가 무슨 죄를 범한 것이 틀림없어. 죗값이야" 하고 단정을 내렸습니다. 그런데 어느 연로하신 목사님은 저에게 이런 말씀을 하셨습니다. "나는 40년 동안 목회를 해 오면서 사람 때문에 괴로움을 당한 때도 있었고 특별히 어려운 문제를 안고 고민한 적도 많았어. 이것은 주님께서 내가 교만하지 못하도록 바울에게 준 것처럼 내게 가시를 주신 것 같아." 그 말씀을 듣고 저는 이런 답변을 했습니다. "그런데 저는 건강이 좋지 않을 뿐이지 목사님처럼 밖으로부터 생긴 무슨 가시가 있어서 고민한 적은 별로 없습니다." 그랬더니 그 목사님이 저에게 "그러니까 옥 목사에게는 몸 안에 가시를 주셨지"라고 하시더군요. 하나님이 제 몸 안에 가시를 주셨다는 것입니다. 일리가 있는 말입니다. 제가 아픈 것은 죗값이 아니라 하나님께서 제 자신의 유익을 위해 몸에 가시를 주신 것이라고 생각합니다.

우리가 믿는 사람이라면 고통을 보는 눈이 좀 바뀌어야 합니다. 우리 모두는 크고 작은 고통을 짊어지고 있습니다. 그중에는 이해할 수 없고 억울하고 화가 치미는 고통도 있습니다. 그러나 그 고통의 원인을 조상의 죗값으로 돌려서는 안 됩니다. 우리 중에 혹시나 '내가 무슨 죄가 많아서 이런 고생을 하지?' 하고 생각하는 분이 있습니까? 예수님 안에서 정죄와 보응은 사라졌습니다. 이것을 꼭 믿으시기 바랍니다.

로마서 14장 22절에는 이런 말씀이 나옵니다. "네게 있는 믿음을 하나님 앞에서 스스로 가지고 있으라 자기가 옳다 하는 바로 자기를 정죄하지 아니하는 자는 복이 있도다." 하나님 앞에서 자기의 믿음을 지키고, 자기가 옳다고 생각하는 일을 가지고 죄책감을 느끼지 않는 사람이 행복한 사람이라고 말씀하고 있습니다. 자기가 옳다고 믿는 것을 꼭 붙들어야 한다는 말입니다. 자기가 옳다고 믿는 것을 가지고 왜 자기를 책망합니까? 그것은 옳은 태도가 아닙니다. 이번에 외워야 할 욥기 말씀이 바로 이런 내용입니다. "내가 내 공의를 굳게 잡고 놓지 아니하리니 내 마음이 나의 생애를 비웃지 아니하리라"(욥 27:6). 여기에 나오는 "내 공의"는 무엇을 말합니까? 그것은 예수 그리스도의 의입니다. '나는 예수 그리스도의 공의를 굳게 잡고 깨끗한 양심으로 일생 동안 나를 비웃지 않고 살겠노라.' 우리에게 이런 긍지와 결단이 있어야 합니다. 우리는 이런 자세를 가지고 모든 문제를 보아야 합니다. 예수님은 우리에게 자유함을 주셨습니다. "그리스도께서 우리를 자유롭게 하려고 자유를 주셨으니 그러므로 굳건하게 서서 다시는 종의 멍에를 메지 말라"(갈 5:1). 얼마나 감사합니까?

당신은 예수님을 믿는다고 하면서도 자유함을 누리지 못하고 억눌리면서 살고 있습니까? 그것은 비극 중의 비극입니다. 우리는 조상의 모든 죄로부터 자유함을 얻었습니다. 우리는 과거의 모든 죄로부터 자유함을 얻었습니다. 하나님은 우리에게 어떤 죗값도 묻지 않으십니다. 이 놀라운 복음 앞에서 우리 마음에 있는 모든 고통을 다 던져 버리고 자유함을 누립시다. 우리는 하나님의 자녀들입니다. 설령 우리 앞에 커다란 고통이 다가온다고 할지라도 두려워하지 맙시다. 그것을 죗값이라고 하면서 스스로 정죄하는 바보 같은 사람이 되어서는 안 됩니다. 하나님께서 그 고통을 통해서 나를 약한 데서 강하게 하시는 능력을 체험하게 만드신다는 것을 믿어야 합니다. 하나님이 우리에게 주시는 고통은 우리를 순금같이 단련하기 위한 과정으로 주시는 것입니다. 이것을 볼 줄 아는 눈, 이것이 우리에게 있어야 합니다.

고통을 보는 믿음의 시각은 참으로 중요합니다. 어떻게 보느냐에 따라서 그 사람의 고통이 치유될 수도 있고 그렇지 않을 수도 있습니다. 당신은 자신의 고통을 억눌린 자의 심정으로 보고 있지 않습니까? 자유함을 가지십시오. 욥처럼, 바울처럼 자신의 고통을 볼 줄 알아야 합니다. 다윗은 이렇게 찬양했습니다. "저녁에는 울음이 깃들일지라도 아침에는 기쁨이 오리로다"(시 30:5). 우리와는 다른 시각으로 고통을 바라보고 있는 다윗을 발견할 수 있습니다. '주님은 나에게 죗값으로 고통을 주시지 않았어. 선한 뜻을 가지고 주신 것이야. 그러므로 나의 슬픔이 변하여 춤이 되게 하실 거야.' 다윗은 그런 믿음을 가지고 살았습니다. 다윗이 그렇게 살았는데, 오늘날 예수 안에서 사는 우리가 그렇게 못할 까닭이 어디 있습니까? 고통을 보는 눈을 바꾸십시오. 믿음의 눈으로, 긍정적인 눈으로, 하나님의 선하신 뜻을 신뢰하는 눈으로 자신의 고통을 보아야 합니다. 믿는 우리들이 고통을 의미 있게 받아들이며 아름답게 사는 것을 보면 세상 사람들이 하나님의 선하심을 찬양하게 될 것입니다.

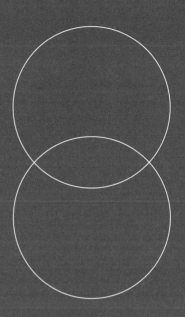

9

고통을 다루시는
하나님의손길

하나님은 우리가 당하는 고통을 다 알고 계십니다.
하나님은 절대 우리를 섭섭하게 하시는 분이 아닙니다.
우리가 당하는 모든 고통은 하나님의 손에 있습니다.

욥기 33:8-18

8 그대는 실로 내가 듣는 데서 말하였고 나는 그대의 말소리를 들었느니라 9 이르기를 나는 깨끗하여 악인이 아니며 순전하고 불의도 없거늘 10 참으로 하나님이 나에게서 잘못을 찾으시며 나를 자기의 원수로 여기사 11 내 발을 차꼬에 채우시고 나의 모든 길을 감시하신다 하였느니라 12 내가 그대에게 대답하리라 이 말에 그대가 의롭지 못하니 하나님은 사람보다 크심이니라 13 하나님께서 사람의 말에 대답하지 않으신다 하여 어찌 하나님과 논쟁하겠느냐 14 하나님은 한 번 말씀하시고 다시 말씀하시되 사람은 관심이 없도다 15 사람이 침상에서 졸며 깊이 잠들 때에나 꿈에나 밤에 환상을 볼 때에 16 그가 사람의 귀를 여시고 경고로써 두렵게 하시니 17 이는 사람에게 그의 행실을 버리게 하려 하심이며 사람의 교만을 막으려 하심이라 18 그는 사람의 혼을 구덩이에 빠지지 않게 하시며 그 생명을 칼에 맞아 멸망하지 않게 하시느니라

고통을 다루시는
하나님의 손길

　　　　　　　　　　지금까지 우리는 '욥이 왜 고통을 당하는가' 하는 문제를 가지고 욥과 세 친구가 논쟁을 벌였던 내용을 몇 가지 살펴보았습니다. 세 친구들은 장시간 동안 욥이 당한 고난에 대해 그 이유를 설명하려고 애썼지만 급기야는 말이 막혀 입을 다물고 말았습니다. 그들은 욥을 정죄하려 했을 뿐 그가 하는 말에 대해 변변한 대답은 하지 못했습니다. 결국 자기들의 주장만 내세우다가 할 말을 잃은 채 입을 다물어 버렸습니다.

　　이때에 엘리후라는 젊은이가 뛰어듭니다. 엘리후가 어떤 경로로 그 자리에 앉아 있게 되었는지 우리는 알 수 없습니다. 그리고 그가 욥을 이전부터 잘 알고 있는 사람이었는지도 확실하게 알 수 없습니다. 그렇지만 그가 하는 말을 들어보면 욥과 세 친구들이 논쟁을 벌이는 자리에 처음부터 끝까지 함께 있었다는 것을 알 수 있습니다. 그는 논쟁에 끼어들고 싶은 충동을 자주 느꼈지만 나이가 어리다는 이유로 끝까지 입을 다물고 있었습니다. 나이는 어리지만 겸손하고 동정심이 많은 사람이었던 것 같습니다.

세 친구들은 마치 재판장의 자리에 앉아서 피고를 내려다보듯이 욥을 다루었지만 엘리후는 달랐습니다. 그는 고압적인 자세로 욥을 대하지 않았습니다. "나와 그대가 하나님 앞에서 동일하니 나도 흙으로 지으심을 입었은즉"(욥 33:6). 엘리후는 이와 같이 '나와 당신은 다른 것이 하나도 없다'라는 겸허한 자세로 욥을 대하고 있습니다. 친구들도 욥의 과거를 가지고 그가 당하는 고통을 해석하려 들었지만 엘리후는 그렇게 하지 않았습니다. 그는 욥을 이해하려고 했고 의로운 사람으로 인정하려고 했습니다. 그는 욥이 죄를 지었기 때문에 고통을 당한다고 생각하지 않았습니다. 욥의 처지를 보면서 자기 나름대로 판단한 것이 있었습니다. 그는 고통에 대하여 반응하는 욥의 태도에 문제가 있다고 보았습니다. 욥이 죄 때문에 고통당하고 있는 것이 아니라 고통 때문에 죄를 짓고 있는 것이라고 판단했습니다. 엘리후는 먼저 이 점을 예리하게 지적하고 있습니다.

그러면 엘리후가 욥의 태도 중에서 어떤 면을 나무라고 있는지 보겠습니다. "그대는 실로 내가 듣는 데서 말하였고 나는 그대의 말소리를 들었느니라 이르기를 나는 깨끗하여 악인이 아니며 순전하고 불의도 없거늘 참으로 하나님이 나에게서 잘못을 찾으시며 나를 자기의 원수로 여기사 내 발을 차꼬에 채우시고 나의 모든 길을 감시하신다 하였느니라"(8-11절). 좀 쉽게 이야기하면 욥이 이런 말을 했다는 것입니다. "나에게 무슨 잘못이 있어? 나는 허물이 없어. 결백해. 그런데도 하나님은 내게서 흠잡을 것을 찾으시고 죄인 다루듯이 나를 다루고 있지 않는가?" 이렇게 욥이 불평하는 것을 엘리후가 들었다는 말입니다. 사실 그렇습니다. 욥기를 읽어 보면 욥이 그런 식으로 불평하는 것을 많이 볼 수 있습니다. 욥은 자기의 결백을 내세우려고 하다가 하나님을 불의한 자로 몰아붙인 셈이 되고 말았습니다. 엘리후는 욥의 이런 태도를 옳지 않다고 보았습니다. 자신의 결백을 증명하기 위해서 하나님을 불의한 분으로 비치게 하는 것은 분명히 죄가 된다고 판단했던 것입니다.

광대하고 전능하신 하나님

엘리후는 본문 말씀 12-13절에서 이렇게 말합니다. "내가 그대에게 대답하리라 이 말에 그대가 의롭지 못하니 하나님은 사람보다 크심이니라 하나님께서 사람의 말에 대답하지 않으신다 하여 어찌 하나님과 논쟁하겠느냐." 하나님은 우리보다 위대하고 광대하신 분이라서 무슨 일을 하든 인간에게 일일이 설명하는 분이 아닙니다. 인간이 보기에는 무언가 잘못하는 것 같아도 하나님은 그런 분이 아닙니다. 그렇기 때문에 욥이 설령 원통한 일을 당했더라도 그것으로 인하여 하나님이 잘못했다고 말하면 안 됩니다. 하나님이 우리에게 알아듣도록 설명해 주시지 않는다고 해서 어떻게 하나님이 틀렸다고 말할 수 있습니까? 인간에게는 그런 권리가 없습니다. 그러므로 엘리후가 지적한 말은 진리입니다.

어떤 분이 하나님을 비유하면서 이런 표현을 했습니다. '하나님은 사람의 손에 길들여지지 아니한 사자와 같다.' 표현이 약간 이상한 것 같지만 옳은 말입니다. 하나님은 광대하고 크신 분이요, 자기가 하고 싶은 대로 하시는 분입니다. 그분은 우리가 하라는 대로 움직이는 분이 아닙니다. 그러므로 자기가 좋은 대로 하나님이 따라 주지 않는다고 해서 하나님을 원망하고 그분께 대항한다면 그는 하나님이 누구신가를 모르는 사람입니다. 하나님은 자기가 하는 일을 일일이 우리에게 설명할 책임이 없는 분입니다. 그러나 한 가지 분명한 사실이 있습니다. 하나님은 절대 악을 행하지 않는 분이라는 것입니다. 이 말씀이 바로 뒷장에 나옵니다. "진실로 하나님은 악을 행하지 아니하시며 전능자는 공의를 굽히지 아니하시느니라"(욥 34:12).

여기서 우리 자신을 한번 돌아보아야 하겠습니다. 우리는 신앙생활을 잘하다가도 이해할 수 없는 어떤 고통이 찾아오면 욥과 같이 하나님을 향해 잘못된 태도를 보일 때가 있습니다. 오랫동안 무거운 십자가를 지고 살면서 은근히 하나님을 원망하거나 자기가 옳고 하나님이 틀렸다는 식으로 생각한 적은 없습니까?

어거스틴은 불후의 명저 《하나님의 도성》(The City of GOD)이라는 책에서 의미 깊은 말을 했습니다. "고통은 동일하나 고통당하는 사람은 동일하지 않습니다. 악한 사람은 똑같은 고통을 당하면서도 하나님을 비방하고 모독하지만 선한 사람은 그 고통 속에서도 하나님을 찾으며 하나님을 찬양합니다. 모든 사람이 무슨 고통을 당하느냐가 문제 되는 것이 아니라 어떻게 당하느냐가 문제입니다. 똑같은 미풍이 불어오지만 오물은 더러운 냄새를 풍기고 거룩한 기름은 향기로운 냄새를 풍깁니다." 옳은 말입니다. 중요한 것은 고통을 대하는 사람의 태도입니다. 똑같은 고통이라도 대하는 사람의 태도에 따라 그것이 추하게도, 아름답게도 보이는 것입니다. 엘리후가 욥에게 지적하고 싶었던 문제가 바로 이런 것이었습니다.

그렇지만 엘리후는 욥의 태도를 나무라는 데서만 끝나지 않습니다. 그는 예리한 영적 통찰력을 동원하여 욥의 고통을 새롭게 보기 시작합니다. 그래서 욥에게 창조적인 안목을 가지고 긍정적인 눈으로 고통을 바라보라고 권면합니다. 욥의 친구들은 그의 과거를 가지고 따졌지만 그는 그렇게 하지 않았습니다. 그는 욥의 고통을 한 단계 높은 수준으로 끌어올려 놓고 있습니다. 비록 고통 그 자체는 견디기 힘들고 가까이하기 싫은 것이지만 그것을 선용하면 다른 데서 얻을 수 없는 큰 유익을 얻을 수 있다고 말하고 있습니다. 그는 욥에게 고통을 창조적으로 다루시는 하나님의 손길을 보라고 말합니다. 불평하지 말고 신앙의 눈으로 하나님의 손길을 주목하라고 합니다. 고통을 통해 만나 주시고 치료해 주시는 하나님께 주목하라고 합니다.

고통을 대화의 통로로

하나님은 우리가 당하는 고통을 대화의 통로로 이용하십니다. 하나님은 고통당하는 자에게 특별히 가까이 찾아오십니다. 특별히 그와 교제를 나누기 원하시고 특별한 대화를 나누고 싶어하십니다. 이것이 우리 주님의 마음입니다. 이 사실을 엘리후는 이렇게 표현합니다. 본문 14절 말씀입니다. "하나님은 한 번 말씀하시고 다시 말씀하시되 사람은 관심이 없도다." 고통을 당하는 사람은 비록 하나님을 찾지 않아도 하나님은 고통을 당하는 사람에게 찾아오셔서 한 번 말씀하신다는 것입니다. 이어서 나오는 15-16절을 봅시다. "사람이 침상에서 졸며 깊이 잠들 때에나 꿈에나 밤에 환상을 볼 때에 그가 사람의 귀를 여시고 경고로써 두렵게 하시니." 주님은 고통 중에 있는 자를 찾아오십니다. 대낮에 찾아와서 말씀하실 때 그 사람이 잘 듣지 못하면 밤에 졸 때도 찾아오십니다. 밤에 졸 때 찾아와서 말씀하시는데도 그 사람이 깨닫지 못하면 꿈속에서까지 나타나셔서 그를 교훈하신다는 말입니다. 하나님은 고통 중에 있는 사람을 특별히 찾으십니다. 특별히 그와 만나 이야기를 하려고 하십니다.

"귀를 여시고 경고로써 두렵게 하시니"(16절)라는 말씀은 귀가 뚫릴 때까지 거듭거듭 말씀하신다는 뜻입니다. 언제 우리 귀가 하나님의 말씀에 쉽게 열립니까? 형통할 때입니까, 아니면 곤고할 때입니까? 이상하게도 만사가 잘되고 자신감이 넘칠 때는 하나님의 말씀이 귀에 잘 들어오지 않습니다. 그러나 고통스러운 일을 당해서 힘이 빠졌을 때, 너무 슬퍼서 몸을 가누지 못할 때는 귀가 열리면서 하나님의 말씀이 잘 들어옵니다. 주님이 고통당하는 자에게 특별히 찾아오셔서 말씀하시기 때문입니다. 하나님이 그 사람의 귀를 열어서 말씀하시기 때문에 고통을 당할 때는 하나님의 음성이 잘 들리게 되어 있습니다. "혹시 그들이 족쇄에 매이거나 환난의 줄에 얽혔으면 그들의 소행과 악행과 자신들의 교만한 행위를 알게 하시고 그들의 귀를 열어 교훈을 듣게 하시며 명하여 죄악에서 돌이키게 하시나니"(욥 36:8-10). 이 말씀들은 모두 하나님께서 특별히 고통당하는 자를 찾아가셔서 말씀하신다는 것을 이야기하고 있습니다. 그래서 C. S. 루이스가 이런 표현을 한 적이 있습니다. "사람에 따라 무서운 일이 일어나기 전에는 하나님께 귀를 기울이지 않는 습성이 남아 있다. 그러므로 고통이라는 것은 귀머거리에게 하나님을 알아듣도록 하는 하나님의 확성기다."

우리 중에 어떤 고통을 안고 아픈 가슴을 억누르면서 살고 있는 형제·자매가 있습니까? 그 고통 때문에 하나님은 남달리 당신과 대화를 나누려고 다가오십니다. 지금까지의 모든 불신앙을 쫓아 버리고 원망을 잠재우십시오. 성경 말씀을 조용히 묵상해 보세요. 무릎을 꿇고 기도하면서 하나님께서 무엇이라고 말씀하시는지 조용히 기다려 보세요. 당신만이 들을 수 있는 기막힌 음성이 있을 것입니다. 그것은 위로의 속삭임일 수도 있습니다. 깨닫게 하는 교훈일 수도 있습니다. 더 나아가서는 축복의 노랫소리일 수도 있습니다. 하나님이 당신의 고통을 대화의 통로로 이용하신다는 것을 분명히 확신하시기 바랍니다.

사도행전 14장을 보면 바울이 선교여행 중에 크게 어려움을 당하는 장면이 나옵니다. 폭도가 바울을 해치는 사건이 생생하게 표현되어 있습니다. 무리가 바울에게 달려들어 그를 돌로 내리쳤습니다. 바울은 의식을 잃고 땅바닥에 쓰러졌습니다. 사람들 눈에는 완전히 죽은 사람처럼 보였습니다. 그래서 사람들은 그를 성 밖으로 끌어 내쳤습니다. 그 순간 바울이 엄청난 경험을 하게 될 줄 누가 알았겠습니까? 놀랍게도 그는 삼층천으로 올라갔던 것입니다. 그 이야기가 고린도후서 12장에 나옵니다. "무익하나마 내가 부득불 자랑하노니 주의 환상과 계시를 말하리라 내가 그리스도 안에 있는 한 사람을 아노니 그는 십사 년 전에 셋째 하늘에 이끌려 간 자라 (그가 몸 안에 있었는지 몸 밖에 있었는지 나는 모르거니와 하나님은 아시느니라) 내가 이런 사람을 아노니 (그가 몸 안에 있었는지 몸 밖에 있었는지 나는 모르거니와 하나님은 아시느니라) 그가 낙원으로 이끌려 가서 말로 표현할 수 없는 말을 들었으니 사람이 가히 이르지 못할 말이로다"(고후 12:1-4). 참으로 놀라운 간증입니다. 학자들은 말하기를 바울이 돌에 맞아 죽어 있던 그 순간에 하나님께서 그를 삼층천에 올려서 기가 막힌 말씀을 듣게 하셨다고 합니다. 놀랍지 않습니까? 고통은 하나님의 음성을 들을 수 있는 통로가 됩니다.

우리가 고통을 몰랐다면 도저히 들을 수 없는 하나님의 음성이 있습니다. 우리가 눈물을 흘린 덕분에 하나님이 들려주신 음성이 있습니다. 우리가 식음을 전폐하고 슬퍼한 덕분에 하나님이 위로해 주신 말씀이 있습니다. 우리가 깊은 밤을 고통으로 지새운 덕분에 듣게 된 하나님의 속삭임이 있습니다. 고통은 우리의 영의 귀를 열어 줍니다. 고통은 사람의 소리와 하나님의 음성을 구별하게 합니다. 지금 남모르는 고통을 안고 신음하고 있다면, 영의 귀를 열고 하나님의 말씀에 귀 기울여 보십시오. 분명히 하나님이 가까이 오셔서 들려주시는 음성이 있을 것입니다.

○ ○ ○ ○ ○ ○ ○ ○ ○ ○
고통을 예방의 수단으로

엘리후가 가르쳐 주는 또 하나의 귀중한 진리가 있습니다. 하나님은 고통을 예방의 수단으로 사용하신다는 것입니다. 하나님은 우리에게 작은 고통을 미리 주심으로 더 큰 화를 막아 주십니다. 작은 고통을 먼저 주셔서 그 사람으로 하여금 정신을 차리게 해서 나중에 당할지도 모르는 큰 위험으로부터 건져 주신다는 것입니다. 우리가 고통을 당할 때 하나님께서 찾아오셔서 "귀를 여시고 경고로써 두렵게 하시는" 이유가 무엇일까요? 그 이유가 본문 말씀 17-18절에 나옵니다. "이는 사람에게 그의 행실을 버리게 하려 하심이며 사람의 교만을 막으려 하심이라 그는 사람의 혼을 구덩이에 빠지지 않게 하시며 그 생명을 칼에 맞아 멸망하지 않게 하시느니라." 이 말씀을 통해 우리는 하나님께서 우리의 교만을 막으시고 우리의 영혼을 멸망하지 않게 하시려고 고통을 예방의 수단으로 사용하신다는 것을 알 수 있습니다. 쉽게 부풀어 오르는 고무풍선처럼 자신도 모르게 교만해지는 연약함이 우리 모두에게 있습니다. 이 교만으로 인해서 고민하는 사람들을 많이 볼 수 있습니다. 아무리 믿음이 좋은 사람도 자신의 교만을 꺾지 못해서 매일 하나님 앞에 회개하고 기도하는 것을 봅니다. 그만큼 교만은 우리에게 무서운 적입니다.

이런 교만한 마음을 내버려 두면 어떤 일이 일어날까요? 잠언 16장 18절에 나오는 말씀 그대로입니다. "교만은 패망의 선봉이요 거만한 마음은 넘어짐의 앞잡이니라." 교만한 사람을 가만히 내버려 두면 결국은 망합니다. 하나님이 그것을 잘 아시고 우리로 하여금 망하지 않도록 고통을 주어 교만을 꺾으신다는 말입니다. 불행을 사전에 예방하시는 것입니다. 우리는 자신을 똑똑하다고 생각하지만 사실은 죽음의 함정이 기다리고 있는지도 모르고 달려가는 습성이 있습니다. 죄의 덫이 놓여 있는지도 모르고 만사가 잘되는 줄 알고 쾌락을 즐기는 일들이 가끔 있습니다. 지나치게 자신만만하게 날뛰다가 건강을 잃어버릴 때도 있고, 그야말로 평생 회복할 수 없는 치명타를 당하는 일들도 가끔 있습니다. 우리는 우리 앞에 놓여 있는 그러한 함정과 위험을 잘 모릅니다. 그러나 하나님은 환하게 내려다보고 계십니다. 우리 앞에 놓인 위험을 보시고 하나님은 어떻게 하실까요? 작은 문제를 통해서 경고하십니다. 그러나 귀가 어두워 잘 듣지 않으면 더 큰 고통을 가지고 경고하십니다. 이로써 하나님은 우리가 죽음의 함정을 향해 달려가지 못하게 하시는 것입니다. 자신 있다고 우쭐대는 자랑을 꺾기 위해서 명예를 앗아갈 때도 있습니다. 자신 있다고 우쭐대는 자랑을 꺾으려고 자기 꾀에 빠져 크게 망신을 당하게 할 때도 있습니다. 영원히 버림당하지 않게 하시려고 밑바닥까지 떨어지게 할 때도 있습니다. 큰 불행을 예방해 주시는 것입니다.

1989년은 사랑의교회가 한창 인기 절정에 있을 때입니다. 소문도 많이 나고 사방에서 집회 요구가 빗발칠 때였습니다. 그러니 목사가 정신이 없었지요. 유럽으로 갔다가, 미국으로 갔다가, 일본 사람을 만났다가, 중국 사람을 만났다가…. 너무나 바쁘게 지냈습니다. 그런데 하나님께서 하루아침에 저를 쓰러뜨리셨습니다. 몸에 이상이 온 것입니다. 제가 그렇게 당하고 보니 욥의 심정이 이해가 되더군요. "주님, 왜 이러세요? 주님의 일을 하느라고 그렇게 정신없이 뛰었는데 왜 이러세요?" 욥이 고통을 당할 때 보여 주었던 잘못된 태도처럼 저도 불평이 나왔습니다. 원망이 터져 나왔습니다. 그러나 조금 지나서 고통

중에 하나님의 음성을 듣기 원했습니다. 그렇다고 해서 하늘로부터 어떤 음성이 들린 것은 아닙니다. 말씀을 읽으면서 제 마음에 들려온 하나님의 음성이 있었습니다. 그것은 '기이한 사랑'이었습니다. 지금은 가사가 좀 고쳐졌지만 옛날 찬송가에 이런 가사가 있습니다. "기이한 사랑이 내게 임했네. 기이한 사랑이 내게 임했네." 제 마음속에 계속 '기이한 사랑'이라는 단어가 떠나지를 않았습니다. "너는 고통스러워 불평하지만 너 이것 하나 알아야 해! 네가 얼마나 기이한 사랑을 받고 있는가를 알아야 해." 하나님이 그렇게 속삭여 주셨습니다. 고통을 통해 하나님이 저를 특별히 만나 주셨던 것입니다.

그뿐만이 아닙니다. 하나님은 제가 고통당하는 이유를 알게 하셨습니다. 그것은 더 큰 위험을 사전에 예방해 주시고자 함이었습니다. 저를 아끼는 친구들도 저에게 그런 말을 여러 번 해 주었습니다. 1989년, 한창 교회가 불붙듯이 자라고 사방에서 "옥 목사, 옥 목사" 하고 떠들 때, 저는 새벽부터 밤중까지 정신이 없었습니다. 얼마나 바빴는지 모릅니다. 하나님이 보실 때 '옥 목사, 저렇게 놔두면 안 되겠구나' 하고 생각하셨나 봅니다. 지도자에게 있어서 가장 무서운 체험은 영적 침체입니다. 너무 바쁘니까 기도도 제대로 못하고 하나님의 말씀을 깊이 묵상하지도 못합니다. 그러니 영적으로 자꾸 메말라 가는 것입니다. 교역자가 영적으로 침체되고 고갈되어 버리면 마귀가 쉽게 그 사람을 꺾을 수 있습니다.

최근 2, 3년 사이에 미국에 있는 큰 교회 목사들이 어처구니없이 꺾이는 것을 보았습니다. 영적으로 침체되어 헤어나지 못하니까 마귀가 잡아 버리는 것입니다. 저는 고통 중에 그것을 깨달았습니다. "하나님 그렇군요. 제가 만약에 1989년에 뛰듯이 계속 뛰었더라면 저도 모르게 벼랑에서 굴러떨어졌을 텐데 병을 가지고 낚아채듯 나를 잡아 주셨군요. 정말 감사합니다." 주님께서는 제가 당할지도 모를 큰 위험을 사전에 예방해 주셨던 것입니다.

하나님은 우리 국가의 고통도 미리 예방해 주십니다. 지금 우리나라가 처해 있는 형편이 어떻습니까? 깨끗한 사람이 별로 없습니다. 부정부패가 판을 치는 세상입니다. 하나님이 왜 우리나라에 이런 시련을 주시는 것일까요? 하나님의 뜻이 있는 것입니다. 더 큰 위험을 예방하기 위해서 지금 고통을 당하게 하신다고 봅니다. 더 큰 시험을 미리 막아 주시는 우리 하나님을 찬양합니다.

고통을 치료의 과정으로

엘리후가 가르쳐 주는 또 하나의 진리가 있습니다. 하나님은 고통을 치료의 과정으로 이용하신다는 것입니다. 사람은 하나님을 찬양하기 위해 지음 받은 존재입니다. 하나님께서 우리를 그리스도의 공로로 구원하신 것은 하나님의 자비와 전능하심과 광대하심을 찬양하고 경배하는 사람이 되도록 하기 위해서입니다. 우리는 어떤 환경에 있든지 하나님을 높이고 찬양해야 합니다. 세상이 어떻게 돌아가든, 무슨 일을 당하든, 심지어 내가 가진 것을 다 날려도 하박국처럼 노래할 수 있는 믿음의 사람이 되어야 합니다. "나는 여호와로 말미암아 즐거워하며 나의 구원의 하나님으로 말미암아 기뻐하리로다"(합 3:18). 하나님은 우리를 하박국처럼 노래할 수 있는 사람으로 만들기 원하십니다. 그러나 우리는 어떻습니까? 그렇게 하지 못하는 나약함과 부패성과 한계를 가지고 있습니다. 그래서 하나님을 찬양해야 할 우리가 하나님을 찬양하지 않습니다. 하나님을 기쁘시게 해야 할 우리가 하나님을 기쁘시게 하지 않습니다. 우리의 믿음이 병든 것입니다.

하나님만을 전적으로 신뢰해야 할 우리의 믿음이 왜 식었습니까? 왜 하찮은 문제를 가지고 하나님께 원망하고 불평합니까? 너무 형통해서, 너무 편해서 생긴 병입니다. 그래서 조그마한 문제를 안고도 감당을 못해서 어린애 짓을 하는 것입니다. 하나님은 우리가 안고 있는 모든 병의 원인을 찾아 치료하기 원하십니다. 우리를 온전한 사람으로 만드시려는 것입니다. 하나님은 우리를 어떤 환경에서도 하나님만을 찬양할 수 있는 수준까지 올려놓으려고 하십니다. 하나님은 그 수준까지 오르는 데에 있어 가끔은 고통이라는 험한 바위를 타고 올라야 한다고 생각하시는 것입니다. "나를 지으신 하나님은 어디 계시냐고 하며 밤에 노래를 주시는 자가 어디 계시냐고 말하는 자가 없구나 땅의 짐승들보다도 우리를 더욱 가르치시고 하늘의 새들보다도 우리를 더욱 지혜롭게 하시는 이가 어디 계시냐고 말하는 이도 없구나" (욥 35:10-11). 밤에 노래한다는 것은 어려운 고통 가운데에서도 하나님을 찬양하는 것을 말합니다. 하나님은 우리가 어떤 환난과 역경 속에서도 하나님을 찬양하기 원하십니다. 그러나 하나님은 그런 사람이 없다고 탄식하십니다. 우리는 이런 말씀을 놓고 부끄러움을 느껴야 합니다.

과연 밤에 노래할 수 있는 사람이 몇 명이나 됩니까? 병든 몸을 가지고도 하나님을 찬양할 수 있는 사람이 몇 명이나 됩니까? 실패하고 가진 재산을 다 날려도 하나님만을 찬양하고 감사할 수 있는 사람이 몇 명이나 됩니까? 나의 지혜와 능력은 다 포기하고 하나님의 말씀만이 나의 생명이요 기쁨이요 소망이라고 말할 수 있는 삶을 사는 사람이 몇 명이나 됩니까? 그러나 놀랍게도 고통을 통해 치료를 받으면 그렇게 할 수 있다고 말씀하십니다. 엘리후가 지적하고 있는 것이 바로 이것입니다. 그래서 욥기 36장 24절을 보면 엘리후가 욥을 향해서 이렇게 말합니다. "그대는 하나님께서 하신 일을 기억하고 높이라 잊지 말지니라 인생이 그의 일을 찬송하였느니라." 엘리후는 하나님이 밤에도 찬송할 수 있는 자리에다가 욥을 세우기 원하신다고 말합니다. 그러므로 누구든지 고통을 가지고 하나님께 감사하며 찬송할 수 없다면 그는 최고 수준의 신앙인이 아닌 것입니다. 믿음이 병든 사람은 인생의 밤인 고통을 만나면 하나님을 찬송하지 못합니다. 만사가 잘되면 하나님의 교훈을 가볍게 여기는 사람이 많습니다. 자기가 똑똑하다고 자신하는 사람은 하나님의 지혜를 구하려고 하지 않습니다. 고통은 예수님을 믿는 사람을 온전한 자리로 끌어올리는 데 없어서는 안 될 필수 요건이라는 것을 알아야 합니다.

슬픔을 기쁨으로 바꾸시는 하나님의 기적

우리나라의 어떤 작가는 "고통만이 인간이 짐승처럼 추해지는 것을 방지할 수 있다"라고 했습니다. 일리 있는 말입니다. 그러나 하나님의 자녀는 그 정도의 수준에 머물지 않습니다. 우리는 고통을 통해 예수님처럼 온전한 사람이 될 수 있습니다. 고통을 끌어안고 몸부림치는 중에 약한 것이 강해질 수 있고, 부족한 것이 채워질 수 있습니다. 어리석은 것이 지혜롭게 될 수 있습니다. 깨끗하지 못한 것이 깨끗해질 수 있습니다. 균형 잡히지 않았던 것들이 균형을 이루게 됩니다. 미련이 없어지고 욕심이 없어지고 천박한 것이 고상해집니다. 미숙한 것이 성숙해지고 좁은 마음이 넓어집니다. 고통을 통해 우리가 하나님의 손에 의해 치료함을 받는 것입니다. 이것이 바로 히브리서 저자가 말하는 하나님의 거룩에 참여하는 것입니다(히 12:10 참조).

당신 주변에서 고통이라는 용광로에 한 번 들어갔다 나온 사람을 유심히 보십시오. 그 사람에게는 어딘가 다른 데가 있을 것입니다. 그는 인내할 줄 압니다. 고통당하는 자를 이해해 줍니다. 범사에 감사할 줄 압니다. 용기가 있습니다. 하나님의 선하심과 도우심을 의심하지 않고 믿는 믿음이 있습니다. 그 인품이 어딘가 모르게 고상하고 깊이가 있다는 것을 발견하게 됩니다. 고통을 무조건 피하려고만 하지 마세요. 고통을 다루시는 하나님의 손길은 이처럼 놀라운 것입니다.

얼마 전에 재미 동포 한 분의 이야기를 들은 적이 있습니다. 안타깝게도 그분은 다 키운 자식을 잃어버리는 사고를 당했다고 합니다. 예수님을 믿으면서도 이런 어려운 일을 당할 때가 가끔 있습니다. 얼마나 비통했겠습니까? 말로 표현할 수가 없을 것입니다. 예순 살이 넘어선 나이에 그런 고통을 당했으니 자연히 사람이 달라지지요. 고통이라는 것이 사람을 완전히 바꾸어 놓습니다. 재산을 모으는 것이 인생의 낙인 줄 알았는데 그것이 다 소용없다는 것을 알게 되었습니다. 그래서 그는 자기의 재산을 하나님을 위해 쓰기 시작했습니다. 어느 선교사님이 돈이 부족하다는 것을 알고 거액을 헌금했습니다. 또 어느 선교단체에서 땅이 필요하다는 것을 알고 선뜻 자기 땅을 내놓았습니다. 자기가 가진 것을 주님을 위해 쓴 것입니다. 고통을 통해 하나님이 그 사람을 치료해 주셨습니다. 한때는 너무나 괴로웠지만 그 고통을 통해 밤에도 하나님을 찬양할 수 있는 사람으로 바뀐 것입니다.

제 경우도 마찬가지입니다. 고통을 통해서 하나님은 저를 치료해 주셨습니다. 저는 예전에는 건강한 편이었습니다. 그래서 다른 사람을 이해하는 면이 약했습니다. 무슨 이유에서든지 해야 할 일을 제대로 하지 못하는 사람을 봐 주지 못하는 성격이었습니다. 어떤 면에서는 잔인했다고 할 수 있습니다. 그러나 고통을 통해서 하나님은 저를 다듬으셨습니다. 고통을 당하는 자를 불쌍히 여기는 긍휼의 마음을 심어 주신 것입니다. 이것 말고도 제가 고통을 통해서 얻은 것이 또 하나 있습니다. 교회가 점점 커 갈수록 부들부들 떠는 사람이 되었다는 것입니다. 교회가 자꾸 커지니까 겁이 납니다. 하나님께서 저를 그렇게 만들고 계십니다. 아마 저에게 고통이 없었다면 이런 식으로 사람이 변하지는 않았겠지요. 하나님이 보시기에 좋아서 하는 일은 무엇이나 아름다운 것입니다. 사람이 보기에는 어떠했든 간에 하나님이 보시기에 좋은 것이면 그것은 반드시 선한 것입니다.

고통을 안고 몸부림치는 분이 있습니까? 엘리후처럼 창조적인 안목을 가지고 고통에서 벗어나도록 노력해 보십시오. 신앙에 뿌리를 둔 긍정적인 눈을 가지고 자신의 고통을 들여다보시기 바랍니다. 당신이 당하는 고통으로 인해 무엇을 잃어버린다고 생각하지 마십시오. 아무리 어려운 일을 당해도 손해 본다고 생각하지 마십시오. 그 고통 때문에 더 많은 것을 얻을 수 있습니다. 당신이 참고 견디면 분명히 다른 사람이 얻지 못하는 것을 얻게 될 것입니다. 우리 하나님은 선하신 분입니다. 우리를 잔인하게 괴롭히는 하나님이 아닙니다. 무슨 분명한 이유가 있기 때문에 고통을 허락하시는 것입니다. 그 이유는 악한 것이 아닙니다. 선한 것입니다. 하나님을 원망하지 마십시오. 고통 속에서도 눈을 열고 광대하신 하나님을 바라보십시오. 그분만 바라보면 밤에 찬송하는 기적을 체험할 수 있습니다. 그분만 바라보면 슬픔이 변하여 춤이 되게 하시는 능력을 체험할 수 있습니다. 우리 하나님은 얼마나 좋으신 분인지요!

교회 안에는 여러 가지 고통을 안고 몸부림치는 형제·자매들이 많습니다. 결혼을 못해서 고민하는 자매들, 사랑하는 가족을 잃고 고통스러워하는 사람들, 사업에 실패해서 앞날이 막막해 어찌할 바를 모르는 형제들, 군대 간 아들이 몇 개월째 행방불명으로 소식이 없어서 잠을 못 자는 가정도 있습니다. 저는 그들을 위해 기도합니다. 그들의 고통을 생각하며 함께 울기도 합니다. 그들에게 일일이 말하지는 않지만 저는 분명한 확신을 가지고 기도하고 있습니다. 저는 마음속으로 그들에게 이렇게 말합니다. "하나님은 우리가 당하는 고통을 다 알고 계십니다. 하나님은 절대 우리를 섭섭하게 하시는 분이 아닙니다. 우리가 당하는 모든 고통은 하나님의 손에 있습니다."

광대하고 전능하신 하나님이 우리의 아버지가 되십니다. 그분은 고통을 통해 우리를 치료해 주십니다. 우리를 넘어지게 하려는 더 무서운 함정을 그 고통을 통해서 예방해 주십니다. 그 고통을 통해 특별히 우리와 대화를 나누어 주십니다. 고통을 선하게 다루시는 하나님의 손길을 바라봅시다. 그러면 매일매일 힘 있게 찬송하며 살아가는 이 세상의 태양이 될 것입니다.

10

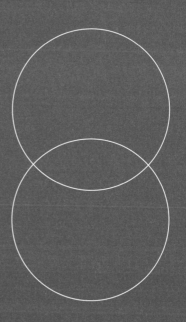

폭풍 가운데
찾아오신 하나님

당신은 어떤 고통 앞에서 그 고통의 이유를 꼭 알아야겠다고
고집하는 사람은 아닙니까?
그렇다면 당신은 하나님의 깊은 속마음을 읽지 못하는
잘못을 범할 수도 있다는 것을 알아야 합니다.

욥기 40:1-9

1 여호와께서 또 욥에게 일러 말씀하시되 2 트집 잡는 자가 전능자와 다투겠느냐 하나님을 탓하는 자는 대답할지니라 3 욥이 여호와께 대답하여 이르되 4 보소서 나는 비천하오니 무엇이라 주께 대답하리이까 손으로 내 입을 가릴 뿐이로소이다 5 내가 한 번 말하였사온즉 다시는 더 대답하지 아니하겠나이다 6 그때에 여호와께서 폭풍우 가운데에서 욥에게 일러 말씀하시되 7 너는 대장부처럼 허리를 묶고 내가 네게 묻겠으니 내게 대답할지니라 8 네가 내 공의를 부인하려느냐 네 의를 세우려고 나를 악하다 하겠느냐 9 네가 하나님처럼 능력이 있느냐 하나님처럼 천둥 소리를 내겠느냐

폭풍 가운데
찾아오신 하나님

엘리후가 욥이 당하는 고통의 문제를 가지고 한참 이야기하고 있을 때였습니다. 갑자기 폭풍 가운데서 하나님이 나타나셨습니다. 욥기 38장 1절에 "그때에" 하고는 하나님이 등장하시는 장면이 나옵니다. 한참 이야기를 하고 있던 엘리후는 갑자기 하나님이 임재하시니까 하던 말을 중단할 수밖에 없었습니다. 다른 사람들도 폭풍 중에 나타나시는 하나님을 주목하지 않을 수 없었습니다. 아마 하나님께서 욥의 소원을 받으셨던 것 같습니다. "내가 어찌하면 하나님 발견하고"(욥 23:3). 하나님을 만나 뵙기를 그렇게 소원하던 그의 심정을 아시고 주님이 폭풍 가운데 나타나신 것을 볼 수 있습니다.

폭풍은 검은 먹구름에다가 번개와 뇌성이 수반되는 자연현상입니다. 구약시대에는 하나님이 이스라엘 백성을 찾아오실 때 폭풍 구름 가운데서 나타나시는 예가 여러 번 있었습니다. 특별히 시내산에서 그 좋은 예를 볼 수 있습니다. 이때 나타나는 구름은 하나님의 임재를 사람들에게 알려 줌과 동시에 사람이 볼 수도 없고 또 보아서도 안 될 하나님의 영광스러운 모습을 가리워 주는 역할도 했습니다.

사람은 하나님을 직접 눈으로 목격할 수 없습니다. 하나님이 만드신 태양도 직접 보지 못하는 주제에 어떻게 하나님의 영광을 직접 볼 수 있겠습니까? 그렇기 때문에 사람의 연약함을 염려하신 하나님께서 구름으로 자기의 영광을 가리우고 그 가운데 임하시는 것입니다. 욥에게 나타나신 하나님은 그를 향해 이렇게 말씀하십니다. "무지한 말로 생각을 어둡게 하는 자가 누구냐 너는 대장부처럼 허리를 묶고 내가 네게 묻는 것을 대답할지니라"(욥 38:2-3). 욥은 자녀와 재산을 잃고, 건강마저 빼앗기고 밤낮없이 슬픔에 젖어 통곡하고 있었습니다. 그때 그는 친구들과 많은 이야기를 나누었는데 그 내용을 하나님이 다 들으셨습니다. 그런데 그가 합당한 말만 했나요? 그렇지 못했습니다. 하나님께서는 욥이 하나님에 대해서, 또 자기가 당하는 고통에 대해서 함부로 말했다는 사실을 지적하셨습니다. 그러면서 "무지한 말로 생각을 어둡게 하는 자가 누구냐"라고 따지시는 것입니다. 이제 하나님은 욥이 얼마나 무지한 사람인가를 보여 주려고 하십니다.

어찌 인간이 전능자와 다투겠느냐?

하나님은 욥의 잘못된 부분을 또 하나 지적하고 계십니다. 본문 말씀 2절을 봅시다. "트집 잡는 자가 전능자와 다투겠느냐." 어떻게 인간이 거룩하신 하나님과 감히 논쟁을 벌일 수 있느냐는 말씀입니다. 하나님께서는 욥을 불러 세워 놓고 "하나님과 변론하는 자는 대답할지니라"(2절, 개역한글)고 말씀하십니다. 이 말은 '내가 설령 잘못한 것이 있다 할지라도 네가 나를 바로잡을 수 있겠느냐? 네가 뭔데 하나님을 바로잡겠다고 떠드느냐?' 하는 투의 말씀입니다. 그리고 본문 8절에서 하나님은 "네가 내 심판을 폐하려느냐"(개역한글)고 말씀하십니다. "내가 판단을 공의롭게 하지 못했다고 해서 네가 내 심판이 무효라고 떠들 수 있겠느냐?"라는 말입니다. 또 하나님은 "네 의를 세우려고 나를 악하다 하겠느냐"(8절)라고 말씀하고 계십니다. 욥은 자기는 결백한데 하나님이 도리어 자기를 못살게 군다는 식으로 말을 한 적이 있습니다. 하나님께서는 그가 하는 말을 다 들으셨던 것입니다. 그래서 "네가 아무리 결백하다 할지라도 어떻게 그럴 수가 있느냐? 네 결백을 나타내기 위해서 나를 악한 자로 몰아붙일 수 있느냐?"고 말씀하십니다. 어떻게 피조물인 인간이 창조자 하나님에 대해서 모욕적인 말을 함부로 할 수 있습니까? 하나님은 욥이라는 인간이 자기와 다툴 만한 존재가 못된다는 것을 분명히 하고 계십니다. 아무리 이해할 수 없는 고통을 당한다 할지라도 그것을 가지고 하나님께 따지는 행위는 상상할 수도 없는 일임을 단호하게 말씀하고 계십니다.

하나님은 욥의 약점들을 지적하면서 동시에 그에게 필요한 은혜를 주기 위해 질문을 던지는 형식으로 대화를 이끌고 계심을 볼 수 있습니다. 욥기 38장부터 41장까지 하나님께서 욥에게 던진 질문은 무려 71개나 됩니다. 하나님이 욥의 기를 죽이기 위해, 아니면 그의 무식을 증명하기 위해 그렇게 많은 질문을 하신 것이 아닙니다. 하나님의 질문 한마디 한마디에는 깊은 의미가 숨어 있습니다. 그 속에는 하나님의 진한 사랑이 담겨 있습니다. 그 속에는 하나님의 은밀한 관심이 들어 있습니다. 이러한 사실을 우리는 쉽게 발견할 수 있습니다. 특별히 하나님께서는 욥에게 이런 말씀을 하십니다. "너는 대장부처럼 허리를 묶고 내가 네게 묻겠으니 내게 대답할지니라"(7절). 이 말은 요즈음 말로 '남자 대 남자로 한 번 이야기해 보자' 하는 뜻입니다. 창조주 하나님이 어떻게 사람에게 그런 제의를 할 수 있습니까? 한 줌의 흙에 지나지 않는 인간에게 어쩌면 그토록 인간적일 수 있습니까? 이것은 하나님께서 자기를 낮추시고 대화의 당사자로 욥에게 지나친 부담을 주지 않으려고 특별히 배려하신 것으로 보아야 할 것입니다. 이것은 욥을 그만큼 사랑하고 계셨다는 증거일 것입니다.

더 놀라운 사실 한 가지를 발견할 수 있습니다. 욥기 1장부터 37장까지는 하나님을 '엘샤다이'라는 히브리어로 부르고 있습니다. 우리말 성경은 모두 '하나님'이라고 번역하고 있지만 이는 엄밀히 구별하면 하나님의 명칭이 다릅니다. '엘샤다이'는 '전능하신 하나님'이라는 의미를 가진 이름입니다. 무엇이나 마음대로 하시는 분, 못할 것이 전혀 없는 하나님이 '엘샤다이'입니다. 어떤 점에서는 유한한 우리 인간의 눈에 너무 무서운 분으로 비칠 수 있는 하나님입니다. 최고의 권세와 능력을 가진 존재는 나약한 인간에게 항상 두려움의 대상이 될 수 있기 때문입니다. 욥기 1장부터 37장을 보면 하나님은 초연히 계시고 먼지 속에 앉은 인간들끼리 논쟁하는 것을 볼 수 있습니다. 그리고 엘샤다이 하나님은 전혀 간섭을 하지 않으시는 것처럼 보입니다.

○ ○ ○ ○ ○
야훼 하나님

폭풍 가운데 욥을 찾아오신 하나님은 그 이름이 다릅니다. 하나님이라고 하지 않고 '여호와'라는 이름으로 나옵니다. 이 '야훼' '여호와'라는 이름은 '언약자로서의 하나님'을 이야기합니다. 하나님이시지만 사람의 모습으로 찾아오셔서 인간과 일 대 일로 말씀하시는 그 하나님의 이름을 '야훼'라고 합니다. 사랑이 많고 자비로우신 하나님입니다. 인간의 연약함을 이해하시고 인간과 함께 대화를 나누시는 하나님으로 표현하는 이름이 '야훼'입니다. 신약으로 말하면 육신을 입고 세상에 오신 예수 그리스도의 이름과 같다고 할 수 있습니다. 그만큼 그 이름은 우리에게 친근감을 줍니다. 왜 하나님께서 폭풍 가운데 찾아오셔서 자신의 이름을 이런 식으로 바꾸어 표현하시는 것일까요? 욥을 향한 자기의 사랑, 관심, 애정을 가득하게 담고 찾아오신 하나님임을 이야기하시는 것입니다. 얼마나 좋은 하나님입니까? 오늘 우리를 찾아와 만나 주시는 하나님은 어떤 분이십니까? 엘샤다이 하나님이요, 동시에 야훼 하나님입니다. 그 좋은 하나님을 우리가 만납니다.

한편 하나님이 욥에게 던진 질문을 보면 쉽게 납득이 되지 않습니다. 어떤 면에서는 실망이 될 수도 있습니다. 왜냐하면 욥의 문제와는 하등 관계가 없는 질문을 하시기 때문입니다. 욥이 그동안 당한 고통에 대해서는 한 말씀도 하지 않으십니다. 그동안 욥은 잿더미 위에 앉아서 하늘을 향해 자주 불평 섞인 질문을 던졌습니다.

"하나님, 제가 죄지은 것이 없는데 왜 이런 고통을 당해야 합니까? 하나님, 제가 당하는 고통의 원인이 무엇입니까? 가르쳐 주세요. 저는 하나님을 만나서 그 이유를 좀 따져야 되겠어요. 왜 죄악을 밥 먹듯이 저지르는 저 사람들은 저렇게 형통합니까? 왜 그런 사람들은 내버려 둡니까? 하나님, 왜 빨리 오시지 않고 이제 오셨습니까? 왜 제가 고통을 당할 때 가만히 침묵하고 계셨습니까?" 그러나 막상 그를 찾으신 하나님은 이런 질문들에 대해 일언반구도 대답을 하지 않고 계십니다. 심지어 "너 그동안 고생 많이 했다. 참 힘들었지?"라는 위로의 말씀조차 하지 않고 계십니다.

반면에 욥의 문제와 상관이 없는 것처럼 보이는 주제들을 가지고 이야기를 이어 가고 계시는 것을 볼 수 있습니다. 하늘과 땅의 이야기, 별과 구름과 달의 이야기, 하마나 악어, 호랑이나 노새, 산양 이야기만 하고 계십니다. 가족과 재산을 잃고, 건강마저 잃은 채 천덕꾸러기가 되어서 잿더미 위에 앉아 있는 사람에게 그런 이야기가 무슨 소용이 있습니까? 별에 관한 이야기가 무슨 소용이 있으며 하마 이야기가 무슨 의미가 있다는 말입니까? 하나님께서 왜 그렇게 무관하게 보이는 이야기를 많이 하셨는지 다음 세 가지 사실에 초점을 맞추어 살펴보겠습니다.

첫째로, 욥이 당한 고통은 그 이유를 밝힐 수 없는 것임을 보여 주시는 것입니다. 욥은 자기가 당한 고통의 원인을 알고 싶어했습니다. 그러나 하나님은 그 고통의 이유를 밝히지 않고 계십니다. 우리 생각에는 욥기 1장과 2장에서 볼 수 있었던 천상의 어전회의와 거기서 일어난 일들을 소상히 알려 주는 것이 순리일 것 같은데 하나님은 끝까지 말씀하지 않으십니다. "욥아, 네가 왜 그렇게 고통을 당했는지 아니? 내가 사탄하고 내기를 했단다. 사탄이 하도 우기기에 그를 꺾어 놓기 위해 부득불 네가 희생양이 되지 않을 수 없었구나." 만약 하나님이 이런 식으로 대답을 하셨다면 욥은 기절초풍을 했을지도 모릅니다. 아무리 자상하게 설명을 해 주어도 욥의 처지에서는 납득할 수 없는 일이었을 것입니다. 그가 당하는 고통에는 하나님이 밝힐 수 없는 심오한 뜻이 숨어 있었습니다. 그런 이유 때문에 하나님이 욥에게 설명을 하지 않으신 것입니다.

이것은 욥에게만 해당되는 이야기가 아닙니다. 우리도 인생을 살면서 수많은 고통을 겪습니다. 도무지 알 수 없고 이해가 되지 않는 고통이 얼마나 많은지 모릅니다. 그럴 때마다 우리는 이렇게 생각해야 합니다. '하나님은 내가 연약한 줄 아시고 그 고통을 설명하지 않으시는 거야. 내가 당하는 고통에는 신비스러운 하나님의 뜻이 숨어 있어. 그것은 하나님만이 아시는 비밀이야. 그러니까 따지지 말아야 해. 때가 되면 하나님이 저 하늘나라에서 그 모든 고통의 의미를 설명해 주실 거야.' 이러한 믿음이 우리에게 있어야 합니다. 우리는 하나님만이 아시고, 하나님께서 자신의 영광을 위해 허락하지 않을 수 없는 독특한 고통이 있다는 것을 인정해야 합니다. 당신은 어떤 고통 앞에서 그 고통의 이유를 꼭 알아야겠다고 고집하는 사람은 아닙니까? 그렇다면 당신은 하나님의 깊은 속마음을 읽지 못하는 잘못을 범할 수도 있습니다.

성경 안에는 하나님이 설명하지 않으시고 덮어 두신 고통이 많습니다. 그중에 마리아의 남편, 요셉을 들 수 있습니다. 그는 형식적으로 보아서는 예수님의 아버지입니다. 하나님께서는 그 숱한 유대의 처녀 · 총각 중에서 특별히 마리아와 요셉을 선택하셨습니다. 그리고 그들을 하나님 자신이 사람이 되어 찾아오시는 통로로 삼으셨습니다. 다시 말해 요셉은 하나님이 특별히 인정하신 사람이었습니다. 그래서 성경에는 요셉을 의로운 사람이라고 말하고 있습니다. 얼마나 그 믿음이 좋았는지 모릅니다. 그는 아내 마리아를 위해서, 아들 예수를 위해서, 6남매나 되는 자녀를 위해서 얼마나 충실하게 가장 노릇을 했는지 모릅니다. 그의 직업이 목수였지 않습니까? 힘 안 들이고 적당히 할 수 있는 생업이 아니었습니다. 그런데 놀랍게도, 성경에 요셉이 죽었다는 말은 없지만, 하나님은 그를 일찍 데려가셨습니다. 그러니까 요셉은 자녀들이 다 자라기 전에 죽은 것 같습니다. 장자인 예수가 아버지가 하던 목수 일을 일찍 이어받아 식구들을 먹여 살리는 고된 일을 수년 동안 한 것을 보면 짐작할 수 있습니다. 하나님이 왜 요셉을 일찍 데리고 가셨을까요? 그만큼 하나님이 위대하게 사용하신 도구라면 나중에 주님이 부활하시는 영광까지 보여 주어야 마땅할 것 같은데 왜 요셉을 젊은 나이에 데리고 가셨는지 모르겠습니다. 성경을 아무리 뒤져 보아도 그 이유는 나오지 않습니다. 그가 죽었다는 이야기조차 하지 않고 있습니다. 이와 같이 하나님은 사람을 데려가시고도 말씀이 없으십니다. 하나님은 사람이 이해하지 못하는 고통에 대해서는 말씀을 안 하시는 분인 것 같습니다. 욥에게도 그렇게 하셨습니다. 이 사실을 우리가 당하는 고통에도 적용해야 합니다.

둘째로, 욥으로 하여금 하나님의 지혜, 전능, 선하심에 관심을 주목하도록 하기 위해 하나님께서 우주 만물에 관한 이야기를 하고 계시는 것입니다. "욥아, 내가 만든 삼라만상 가운데는 네 지혜로 헤아릴 수 없는 것들이 얼마나 많은지 모른단다. 어디 한 번 둘러볼까?" 아마 이런 의미로 그에게 말을 거시는 것 같습니다. "네가 하늘의 궤도를 아느냐 하늘로 하여금 그 법칙을 땅에 베풀게 하겠느냐"(욥 38:33). 이 질문을 달리 표현하면 '너는 하늘을 다스리는 질서가 무엇인지 아느냐? 그 질서를 땅에 적용할 수 있다고 생각하느냐?'라는 뜻입니다. 이 질문에 욥이 무엇이라고 대답할 수 있겠습니까? 유구무언 할 수밖에 없었습니다. 그렇다고 욥을 가볍게 취급해서는 안 됩니다. 그는 당시 사람으로는 우주 만물에 관해 남다른 지식을 가지고 있었습니다. 코페르니쿠스(Nicolaus Copernicus, 1473-1543)가 지동설을 말하기 3천5백 년 전에 그는 이미 지구가 우주 공간에 떠 있는 둥근 공과 같다는 것을 알고 있었습니다. 욥기 26장 7절입니다. "그는 북쪽을 허공에 펴시며 땅을 아무것도 없는 곳에 매다시며." 누가 감히 이런 말을 지금으로부터 4, 5천 년 전에 했다고 상상이나 할 수 있겠습니까? 그는 참으로 비범한 인물이었습니다. 그럼에도 불구하고 하나님의 지혜에 비하면 욥의 지혜는 하늘에 떠도는 수증기 한 방울에 지나지 않았던 것입니다.

하나님은 욥으로 하여금 자신의 무한하신 지혜에 마음을 열도록 유도하고 계십니다. 뿐만 아니라 자신의 능력에 눈을 뜨고 그 능력이 얼마나 큰가를 보게 하십니다. 41장 1절에서 하나님은 악어에 대한 이야기를 하십니다.

"네가 능히 낚시로 악어를 낚을 수 있겠느냐 노끈으로 그 혀를 맬 수 있겠느냐"(개역한글). 이 말은 요즘 총을 가지고 악어를 잡는 사람에게는 우스꽝스러운 이야기입니다. 그러나 총과 같은 기구를 다 던져버리고 맨손으로 악어를 상대한다고 한번 생각해 보십시오. 아무도 악어를 손으로 주무를 수 없고 가지고 놀 수도 없습니다. 그만큼 인간은 무능한 존재입니다. 하나님이 만드신 악어도 손안에 넣어 마음대로 못하는 주제에 어떻게 하나님 앞에서 이렇다 저렇다 떠들 수 있느냐는 의미를 담고 있는 것입니다. 우주 만물의 신비도 다 알지 못하는 한 줌의 흙덩이가 창조주 되신 하나님을 향해 따지고 불평하는 것은 주제넘는 태도가 아니냐는 나무람이 깔려 있다고 할 수 있습니다.

하나님을 한번 상상해 보라

하나님께서 만물에 관한 이야기를 끄집어내신 세 번째 이유는 욥이 당한 문제를 풀어 주기 이전에 하나님이 욥에게 원하는 것이 무엇인가를 보여 주시려는 데 있습니다. 우리가 알다시피 하나님은 얼마 후에 그를 모든 고통과 슬픔에서 해방시켜 주십니다. 하나님에게 문제 해결이란 항상 간단한 일입니다. 그것보다 더 중요한 일이 기다리고 있기 때문에 문제를 조금 오래 연장시키는 것뿐입니다. 욥의 경우도 그러했고 우리에게도 크게 다르지 않습니다. 지금 욥에게 필요한 것은 하나님이 원하시는 바가 무엇인가를 아는 일이었습니다. 욥은 아직 그것을 잘 모르고 있습니다. 자기 고통의 원인은 한시 바삐 알고 싶어했지만 하나님의 소원에 대해서는 관심을 돌리지 못하고 있었습니다. 사실은 그럴 만한 여유도 없었습니다. 그러나 하나님은 아직 그가 잿더미 위에 앉아 있을 동안 자기 소원을 알려 주고 싶어하신 것입니다. 그래서 그는 이렇게 말씀하십니다.

"욥아, 기분 전환도 할 겸 나하고 여행을 떠나 보자. 내가 만든 찬란한 하늘의 궁전에 한번 가 보자. 그리고 아름다운 정원을 거닐어 보자. 저 바다와 산으로 같이 다녀 보자. 그것들을 구경하면서 함께 이야기를 하면 네 기분도 풀릴 거야. 또 내가 너에게 말하지 않은 것에 대해서도 네가 많이 깨달을 수 있을 거야."

폭풍 가운데 나타나신 하나님이 욥의 손을 이끌고 우주 여행을 하는 것 같은 느낌을 우리에게 안겨 줍니다. 욥의 손을 잡고 우주 정원을 거닐면서 삼라만상을 구경시킵니다. 그리고 해와 달에 관한 이야기도 하시고, 새벽이 밝아 오는 신비에 대해서도 이야기하십니다. 염소, 나귀, 하마에 관한 이야기도 하십니다. 이 장면을 한번 상상해 보세요. 얼마나 자상하고 자비로우신 하나님입니까?

욥은 하나님을 만나 대화를 나누는 동안 자신이 달라지고 있다는 것을 느낄 수 있었습니다. 하나님을 보는 눈이 바뀌는 것을 알았습니다. 동시에 자기 자신을 보는 눈도 바뀌고 있었습니다. 그가 어떻게 달라졌습니까? 본문 말씀 4절을 봅시다. "나는 비천하오니 무엇이라 주께 대답하리이까 손으로 내 입을 가릴 뿐이로소이다." 그렇게 잘못한 것이 없다고 떠들던 욥이 갑자기 자신을 비천한 존재, 아무것도 아닌 존재라고 말하고 있습니다. "주여, 나는 비천합니다. 이제 말 안 할래요. 손으로 입을 가리고 말 안 할 테니 혼자서 말씀하시옵소서." 완전히 사람이 달라졌습니다. 그렇게 말이 많던 사람이 입을 꼭 다물고 손으로 입을 가려 버렸습니다. 말할 자격도 없으면서 함부로 떠든 것을 부끄러워하는 사람이 되었습니다. "주께서는 못하실 일이 없사오며 무슨 계획이든지 못 이루실 것이 없는 줄 아오니"(욥 42:2). 그는 하나님을 전지전능하신 분이라고 고백하고 있습니다. "하나님, 그렇습니다. 저는 지금까지 하나님을 잘 몰랐어요. 제가 이제 주님을 만나고 보니 하나님은 무엇이든지 다 하실 수 있는 분입니다"라고 고백하는 것입니다.

욥은 하나님과 우주를 여행하면서 큰 충격을 받은 것이 틀림없습니다. 욥기 42장 3절에서 또 이렇게 고백합니다. "무지한 말로 이치를 가리는 자가 누구니이까." 쉽게 말하면 이런 뜻입니다. '주님, 지금까지 저는 알지 못하면서 떠들었습니다. 스스로 알 수 없는 것, 헤아리기 어려운 것을 말하면서 다 아는 척했습니다. 주님, 용서하옵소서.' 이어서 그는 하나님 앞에 너무나 중요한 고백을 합니다. "내가 말하겠사오니 주는 들으시고 내가 주께 묻겠사오니 주여 내게 알게 하옵소서 내가 주께 대하여 귀로 듣기만 하였사오나 이제는 눈으로 주를 뵈옵나이다 그러므로 내가 스스로 거두어들이고 티끌과 재 가운데에서 회개하나이다"(욥 42:4-6). 무릎을 꿇고 깊이 회개하는 그의 모습을 보게 됩니다. 지금까지 몸은 잿더미에 내려앉았으나 마음은 그렇지 않았던 욥이었는데 이제는 몸과 마음이 모두 다 낮은 데로 내려앉는 사람이 되었습니다. 하나님이 그에게 바라신 것이 바로 이것이었습니다.

욥에게 달라진 것은 겸손하게 자기를 낮추는 태도만이 아니었습니다. 그는 자기를 만나 주신 그 좋으신 하나님을 뵈면서 모든 슬픔에서 벗어날 수 있었습니다. 모든 갈등에서 자기 자신을 끌어낼 수 있었습니다. 그렇게 되자 자기도 모르는 사이에 심령에 큰 평안이 깃들기 시작했습니다. 모든 분함과 원망과 저주와 좌절감이 눈 녹듯이 사라져 버린 것을 느꼈습니다. 그리고 전지전능하신 하나님이 자기 앞에 계시는 이상 문제될 것이 아무것도 없다는 생각을 하게 되었습니다. "하나님만 내 앞에 계시면 몸에 병이 그대로 남아 있어도 좋다. 가난이 남아 있어도 좋다. 잃어버린 것을 다시 찾지 못해도 좋다." 욥은 자신도 모르게 이렇게 중얼거리는 사람이 되었습니다. 이제는 말이 필요 없는 사람이 되었습니다. 이렇게 해서 그는 하나님의 손에서 치료를 받게 된 것입니다.

어려운 일을 가지고 씨름할 때나, 남이 모르는 슬픔을 안고 몸부림칠 때, 문제 해결 그 자체보다 먼저 해야 할 일이 있습니다. 그것은 하나님을 만나는 것입니다. 하나님을 깊이 묵상해 보십시오. 천지 만물을 만드시고 보살펴 주시며 사랑해 주신 것을 생각해 보세요. 그의 지혜, 그의 능력, 그의 선하심에 온통 당신의 마음을 쏟으면 그 무한하신 사랑의 능력이 욥을 치료하시듯 당신을 치료해 주실 것입니다. 그러면 고통이 있어도, 문제가 남아 있어도 전능하신 하나님의 능력 앞에서 모든 고통을 초월할 수 있는 힘을 얻게 될 것입니다. 하나님을 생각하면 어떤 슬픔이 있어도 그 슬픔을 딛고 일어날 수 있는 초자연적인 평안을 얻을 수 있습니다. 그래서 스펄전(Charles Haddon Spurgeon, 1834-1892)이라고 하는 유명한 설교자는 참 기가 막힌 말을 했습니다.

"아, 그리스도를 명상할 때 모든 상처를 위한 진통제가 있습니다. 성부 하나님을 묵상할 때 모든 슬픔이 소멸됩니다. 성령의 감동하심 속에서 모든 쓰라림이 멎습니다. 여러분은 자신의 슬픔을 잊으려 합니까? 여러분의 다른 근심을 헐어 버리려 합니까? 그렇다면 여러분 자신을 하나님의 가장 깊은 바다에 빠뜨리십시오. 그의 무한하심 속에 빠지십시오. 그러면 여러분은 휴식의 침상에서 원기를 되찾고 다시 힘이 넘쳐 일어나게 될 것입니다."

○ ○ ○   ○ ○ ○ ○ ○ ○ ○

아들아, 네 마음을 내게 다오

우리는 하나님의 마음을 바로 읽을 줄 알아야 합니다. 하나님은 욥의 문제를 해결해 주시기 이전에 먼저 그가 문제를 안고도 하나님만 사랑하는 사람이 되기를 원하고 계셨습니다. 하나님 때문에 평안을 누리고 하나님 때문에 위로를 받는 순수한 믿음의 사람이 되기를 원하신 것입니다. 하나님은 우리의 마음을 원하십니다. "내 아들아 네 마음을 내게 달라"고 말씀하고 계십니다(잠 23:26 참조).

하나님께서 잃어버린 재산을 다시 찾게 해 주시고 잃어버린 건강을 다시 회복해 주셔서 우리가 '할렐루야!' 한다면, 이것은 누구나 다 할 수 있는 일입니다. 하나님은 어떤 사람에게나 그의 잃어버린 것을 다시 돌려주실 수 있습니다. 그러나 하나님은 돌려주기 이전에 먼저 우리의 순수한 마음을 원하십니다. "너에게 건강을 다시 돌려주지 않는다고 할지라도 너는 나를 사랑할 수 있겠느냐? 내가 불러간 자식을 너에게 다시 안겨 주지 않는다고 할지라도 너는 나만을 경외할 수 있겠느냐? 네가 겪는 가난이 없어지지 않아도, 네가 이해할 수 없는 고통의 십자가를 일생 동안 지고 살다가 숨을 거두어도 너는 나만 사랑할 수 있겠느냐?" 하나님이 욥에게 요구하신 것은 무엇입니까? 바로 이와 같은 조건 없는 사랑과 믿음이었습니다.

우리는 욥이 왜 고통을 당하게 되었는지 그 배경을 알고 있습니다. 사탄은 욥이 하나님을 경외하고 사랑하는 데는 그만한 이유가 있다고 주장했습니다. 그러나 하나님은 사탄의 주장을 받아들이지 않으셨습니다. 욥이 고난을 당한 것은 사탄의 말이 얼마나 거짓인가를 온 천하에 폭로하고자 하는 데 그 원인이 있었습니다. 그러므로 욥이 자기의 부귀와 건강을 조건으로 하나님을 경외하는 사람이 아니었다면, 그런 것들이 다 사라진 후에도 변함없이 하나님을 경외하고 사랑하는 사람이라는 사실이 입증되어야 했습니다. 이 점에서 드디어 그는 합격점을 땄던 것입니다. 우리가 잘 아는 바와 같이 욥의 병이 아직 낫지 않앉을 뿐 아니라 죽은 자식도 돌아오지 않았고, 잃어버린 재산도 다시 찾지 못하고 있었지만 그는 이렇게 말합니다. "내가 주께 대하여 귀로 듣기만 하였사오나 이제는 눈으로 주를 뵈옵나이다"(욥 42:5). 이 말은 하나님 한 분만으로 족하다는 사랑의 고백이나 다름이 없습니다. 하나님이 원하시는 사람은 바로 이런 사람입니다. 하나님은 욥처럼 주님께 무조건적인 믿음, 무조건적인 사랑을 드리는 사람을 원하십니다. 욥은 비록 문제가 해결되지 않았지만 하나님을 만난 것을 최대의 행복으로 여기고 만족하는 사람이 되었습니다.

욥에 비해 우리는 더 기막힌 방법으로 우리를 찾으신 하나님을 알게 된 자들입니다. 그 하나님은 누구십니까? 육신이 되어 우리 가운데 거하시는 예수님입니다. 우리와 같이 천한 몸을 입고 이 세상에 찾아오신 예수님입니다. 그분은 폭풍 가운데 찾아오셔서 욥을 이끌고 삼라만상을 구경시켜 주며 저 우주 공간을 다니시던 하나님과는 달리 친히 인간의 몸을 입고 오셔서 우리가 눈물 흘리는 자리에 함께 앉아 고통을 나누신 분입니다. 우리가 견디지 못하는 슬픔을 안고 몸부림칠 때 말없이 다가와 그 슬픔을 함께 나누신 분입니다. 우리가 잠을 이루지 못하고 괴로워할 때 조용히 다가와 위로해 주시는 분입니다. 이 예수님을 우리가 만나고 있습니다. 우리가 성경을 펼 때마다 그분을 마주합니다. 그분의 손을 잡고 저 갈릴리 바닷가를 거닙니다. 헐몬산도 올라가고 예루살렘에도 갑니다. 십자가를 지신 골고다 언덕까지, 죄와 사망의 권세를 다 이기고 부활하신 그 영광의 동산까지 올라갑니다. 우리는 성경을 펴 놓고 "내가 원하노니 깨끗함을 받으라"고 하시던 주님의 음성을 듣습니다. 성경을 펴서 읽을 때마다 그 좋으신 예수님을 마음의 눈으로 볼 수 있다는 것이 얼마나 큰 은혜입니까?

비록 당신에게 슬픔이 남아 있어도 그 슬픔을 가지고 싸우지 마십시오. 주님을 보세요. 당신에게 고통이 있습니까? 그 고통과 맞대결하지 말고 전능하신 하나님을 바라보십시오. 육신을 입고 세상에 오신 예수님을 마음에 모시고 그 말씀을 묵상해 보세요. 고통은 금방 떠나지 않을지 모르지만 마음은 자신도 모르게 달라질 것입니다. 슬픔을 이길 수 있는 힘을 얻게 될 것입니다. 밤에 찬송하게 하시는 기적을 체험할 수 있을 것입니다. 당신도 욥처럼 예수님 한 분만이 나의 사랑이요, 마음의 만족이요, 인생의 해답이라고 고백하는 사람이 될 것입니다.

이쯤에서 송명희 시인의 이야기를 하는 것이 도움이 될 것 같습니다. 우리가 잘 알다시피 송명희 시인은 지금도 몸이 불편하여 몹시 고생을 하고 있습니다. 현실적으로 볼 때는 너무나 불행한 사람처럼 보입니다. 그러나 그는 그 힘든 고통 속에서도 주님을 만나 행복하게 살고 있습니다. 주님은 그의 몸을 고쳐 주지 않으셨습니다. 그가 겪는 가난 또한 해결되지 않았습니다. 겉으로 보기에는 달라진 것이 없습니다. 그러나 확실히 달라진 것이 있습니다. 예수님을 보는 눈이 달라졌고 자기를 보는 눈이 달라진 것입니다. 그래서 그는 어떤 건강한 사람도 맛보지 못하는 기막힌 은혜를 매일매일 누리며 살고 있습니다. 그가 쓴 시 가운데 제가 참 감명 깊게 읽은 것이 있습니다. 제목은 〈어두움 가운데 살아도〉입니다.

> 어두움 가운데 살아도 내가 어둡지 아니하네
> 어두움 가운데 살아도 내가 어둡지 아니한 것은
> 내 마음에 빛이 있음이라
> 내 마음에 빛 된 예수 그리스도 그가 내 안에 계심이라

괴로운 가운데 있으나 내가 괴롭지 아니하네
괴로운 가운데 있으나 내가 괴롭지 아니한 것은
내 마음에 기쁨 있음이라
내 마음에 기쁨 예수 그리스도 그가 내 안에 계심이라

사망의 그늘이 있으나 내가 숨기지 아니하네
사망의 그늘이 있으나 내가 숨기지 아니한 것은
내 마음에 생명 있음이라
내 마음의 생명 예수 그리스도 그가 내 안에 계심이라

놀랍지 않습니까? 어떻게 뇌성마비를 가지고 평생 씨름하는 자매의 마음에서 이렇게 기막힌 찬송이 나올 수 있습니까? 이것은 주님을 날마다 만나는 사람만이 체험하는 능력이요 행복입니다.

때가 되면 하나님이 당신의 고통을 덜어 주실 것입니다. 때가 되면 하나님이 당신의 문제를 해결해 주실 것입니다. 때가 되면 하나님이 당신의 병도 고쳐 주실 것입니다. 그러나 이런 조건을 떠나서 예수 그리스도 한 분만으로 만족하는 그런 사람이 되기를 원하십니다. 하나님은 당신에게서 그런 모습을 보기 원하십니다. 우리 앞에 예수님만 계신다면 아무 문제가 없습니다. 비록 슬픔과 고통이 남아 있을지라도 날마다 예수님과 만나는 사람은 최고로 행복한 사람입니다. 우리도 욥처럼 무조건적인 믿음, 무조건적인 사랑을 주님께 드릴 수 있는 사람이 되기를 간절히 소망합니다.

II

곤경을
돌이키시는
하나님

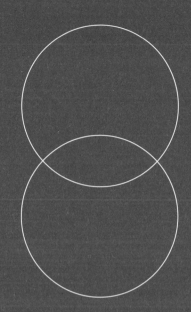

지금 눈앞에 있는 고난에서 눈을 떼어 욥을 찾아오셨던
그 하나님을 바라보도록 합시다.
그것만이 우리를 고통에서 회복시킬 수 있는 유일한 해답입니다.

욥기 42:7-17

7 여호와께서 욥에게 이 말씀을 하신 후에 여호와께서 데만 사람 엘리바스에게 이르시되 내가 너와 네 두 친구에게 노하나니 이는 너희가 나를 가리켜 말한 것이 내 종 욥의 말같이 옳지 못함이니라 8 그런즉 너희는 수소 일곱과 숫양 일곱을 가지고 내 종 욥에게 가서 너희를 위하여 번제를 드리라 내 종 욥이 너희를 위하여 기도할 것인즉 내가 그를 기쁘게 받으리니 너희가 우매한 만큼 너희에게 갚지 아니하리라 이는 너희가 나를 가리켜 말한 것이 내 종 욥의 말같이 옳지 못함이라 9 이에 데만 사람 엘리바스와 수아 사람 빌닷과 나아마 사람 소발이 가서 여호와께서 자기들에게 명령하신 대로 행하니라 여호와께서 욥을 기쁘게 받으셨더라 10 욥이 그의 친구들을 위하여 기도할 때 여호와께서 욥의 곤경을 돌이키시고 여호와께서 욥에게 이전 모든 소유보다 갑절이나 주신지라 11 이에 그의 모든 형제와 자매와 이전에 알던 이들이 다 와서 그의 집에서 그와 함께 음식을 먹고 여호와께서 그에게 내리신 모든 재앙에 관하여 그를 위하여 슬퍼하며 위로하고 각각 케쉬타 하나씩과 금 고리 하나씩을 주었더라 12 여호와께서 욥의 말년에 욥에게 처음보다 더 복을 주시니 그가 양 만 사천과 낙타 육천과 소 천 겨리와 암나귀 천을 두었고 13 또 아들 일곱과 딸 셋을 두었으며 14 그가 첫째 딸은 여미마라 이름하였고 둘째 딸은 굿시아라 이름하였고 셋째 딸은 게렌합북이라 이름하였으니 15 모든 땅에서 욥의 딸들처럼 아리따운 여자가 없었더라 그들의 아버지가 그들에게 그들의 오라비들처럼 기업을 주었더라 16 그 후에 욥이 백사십 년을 살며 아들과 손자 사 대를 보았고 17 욥이 늙어 나이가 차서 죽었더라

곤경을
돌이키시는 하나님

우리는 욥의 친구들이 저지른 결정적인 실수를 이미 여러 차례 살펴본 바 있습니다. 그들이 주장한 것은 거의가 반쪽 진리에 지나지 않았습니다. 반쪽 진리는 부분적으로는 옳을 수 있지만 온전한 것이라고 할 수 없는 모호성과 불완전성을 가지고 있는 주장을 말합니다. 그들이 주장한 하나님은 어떤 분이었습니까? 보응하시는 하나님, 철저하게 선악을 가려서 심판하시는 하나님이었습니다. 그러나 그것은 하나님의 공의로우심을 설명하는 데는 도움이 되었을지 모르나 하나님의 모든 것을 설명하지는 못했습니다. 욥과 같이 하나님을 바로 섬기고 사랑하는 사람이 겪는 고통을 설명하는 데는 완전할 수 없었습니다. 그럼에도 불구하고 바늘구멍으로 들여다본 하나님을 놓고 마치 완전하게 깨달은 것처럼 떠들었으니 어불성설이 아닐 수 없었습니다. 하나님의 공의를 이야기하는 사람은 하나님의 무한하신 사랑도 말할 줄 알아야 합니다. 계시된 진리를 논할 때에는 계시되지 않은 진리의 오묘함도 인정할 줄 알아야 합니다. 그리고 그 오묘한 진리를 자신이 깨닫는 데는 한계가 있다는 것도 겸손히 인정할 줄 알아야 합니다. 그러나 세 친구는 그렇게 하지 못했습니다. 그들은 마치 자기들이 완전한 대답자나 된 것 같은 착각에 빠져 있었던 것입니다. 결과적으로 욥에게 크나큰 상처만 안겨 주고 말았습니다. 하나님이 세 친구를 향해 진노하신 것은 조금도 이상한 일이 아니었습니다.

여기서 한 가지 명심해야 할 것이 있습니다. 하나님은 자기 자신에 대해 정당하게 말하지 않으면 진노하신다는 사실입니다. 우리는 하나님에 대해서 많은 이야기를 합니다. 그러나 우리가 늘 진리만을 이야기한다고 장담할 수 없습니다. 우리는 자칫 하나님에 대해 잘못 이야기할 수 있습니다. 이를테면 하나님의 거룩만을 일방적으로 강조하거나 하나님의 사랑이 모든 문제의 해답인 양 말을 한다면 하나님을 정당하게 소개하지 못하는 것이 될 것입니다. 하나님에 관하여 아무리 많은 말을 했다고 할지라도 하나님이 노여워하실 수 있는 것입니다.

제가 설교자로서 제일 두려워하는 것이 바로 이 점입니다. 제가 사랑의교회 강단에서 10여 년이 넘도록 설교를 하고 있으니까 여러분은 저를 성경에 도통한 사람으로 보실지 모르겠지만 그렇지 않습니다. 제가 성경을 알면 얼마나 알겠습니까? 성경을 아무리 많이 안다고 해도 지극히 작은 부분을 아는 데 지나지 않습니다. 바울이 말한 것처럼 우리는 부분적으로 알고 부분적으로 이야기할 뿐입니다(고전 13:9 참조). 그러므로 아무리 은혜가 넘치는 탁월한 설교자라고 할지라도 욥의 친구들처럼 잘못을 저지를 가능성이 전혀 없다고는 말할 수 없습니다. 하나님에 대해서 어느 한쪽으로 치우쳐서 말하거나 인간적인 자기 생각을 가지고 말하기 쉬운 것입니다.

저는 어린 시절에 어른들 틈에 앉아서 예배를 드린 적이 많았습니다. 그중에는 제가 알아듣는 설교도 있었지만 못 알아듣는 설교가 더 많았습니다. 그 당시 시골 교회에 오셔서 목회하신 분들은 너무나 고생을 많이 하셨습니다. 그분들은 정말 위대한 하나님의 종이라고 할 수 있을 것입니다. 제가 지금 회상해 볼 때 너무나 훌륭한 지도자였다고 생각합니다. 그분들은 대부분 땀을 뻘뻘 흘리면서 힘껏 목청을 돋우어 고성으로 설교하는 스타일을 선호하고 있었습니다. 그들은 청중을 의식하지 않는 사람처럼 보였습니다. 그러나 설교가 끝나면 꼭 이런 기도를 덧붙였습니다. "하나님, 이 부족한 종이 오늘 말씀을 전했습니다. 전한 말씀 가운데서 혹시나 잘못 전한 것이 있다면 용서하옵소서. 잘못 전한 말은 성도들의 마음속에서 뽑아 주시고 오직 생명의 말씀만 남아 있게 하옵소서." 여러분이 알다시피 저는 설교를 마치면서 이런 기도를 하지 않습니다. 그러나 제 마음속으로는 자주 하고 있습니다. 왜 훌륭한 선배들이 설교 때마다 그렇게 부들부들 떨면서 마무리 기도를 하셨을까요? 이유가 있습니다. 하나님에 대해서 정당하게 말하지 않으면 하나님이 노하신다는 것을 잘 알고 있었기 때문입니다. 그리고 듣는 자들에게도 큰 손해를 입힐 수 있다는 사실을 알고 있었기 때문입니다.

하나님의 용서를 받는 방법

욥의 친구들은 불행하게도 하나님으로부터 큰 책망을 받았습니다. 그러나 하나님은 얼마나 자비로우신지 그들이 용서받을 수 있는 방법을 가르쳐 주셨습니다. 책망하시지만 용서도 하시는 참 좋으신 하나님입니다. 하나님이 이렇게 말씀하십니다. 본문 8절입니다. "너희는 수소 일곱과 숫양 일곱을 가지고 내 종 욥에게 가서 너희를 위하여 번제를 드리라 내 종 욥이 너희를 위하여 기도할 것인즉 내가 그를 기쁘게 받으리니 너희가 우매한 만큼 너희에게 갚지 아니하리라". 수소 일곱 마리와 숫양 일곱 마리를 가지고 욥을 찾아가라고 말씀합니다. 욥이 그들을 위하여 번제를 드리고 그들을 위해서 기도하면 하나님이 용서하시겠다는 이야기입니다.

하나님이 왜 욥을 중간에 세우셨을까요? 그것은 그들이 욥에게 큰 상처를 입혔기 때문입니다. 여기에는 상처를 입은 자가 용서를 해야 하나님도 용서하신다는 영적 원리가 숨어 있습니다. 상처 입은 자가 용서하지 못하고 있는데 하나님이 용서하신다면 어떤 면에서는 의미가 없는 것인지도 모릅니다. 욥의 친구들이 말을 잘못함으로써 욥이 얼마나 상처를 입었는지 모릅니다. 얼마나 고통을 당했는지 모릅니다. 그런 까닭으로 세 친구가 욥에게 찾아가서 용서를 비는 것은 당연한 도리입니다. 상처 입힌 자를 찾아 용서를 구하지 않는 사람을 어떻게 하나님이 용서할 수 있겠습니까?

사실 세 친구는 욥을 무척 괴롭힌 자들이었습니다. 욥은 그들로부터 평생 잊을 수 없는 모욕과 고통을 받았습니다. 그러나 세 친구가 번제물을 들고 와서 용서를 구하며 하나님 앞에 대신 기도해 달라고 했을 때 그는 거절하지 않았습니다. 왜 그랬을까요? 그는 하나님을 만나고 나서 형언할 수 없이 많은 은혜를 체험했기 때문입니다. 아마 그때 욥은 이렇게 생각했던 것 같습니다. '내 친구들이 잘못한 말을 가지고 저렇게 노여워하시는 하나님이 왜 나에게는 노여워하지 않으실까? 나 역시 얼마나 무지한 말을 많이 했는데…. 그럼에도 불구하고 하나님은 나를 탓하지 않으셨어. 다 용서해 주셨어. 내가 이 큰 은혜를 입었는데 어떻게 친구들을 용서하지 않을 수 있겠는가?' 욥이 이렇게 생각한 것이 틀림없다고 봅니다.

욥이 공의의 하나님에 대해서만 알고 용서의 하나님에 대해서는 잘 몰랐다면 친구들의 죄를 용서할 수 있었을까요? 아마 그렇게 하기는 어려웠을 것입니다. 욥은 용서의 하나님, 은혜의 하나님을 체험했기 때문에 그들을 받아 줄 수 있었습니다. 욥기 1장을 펴 보십시오. 욥이 처음 소개되는 장면을 보면 그는 가족을 위해 번제를 드리며 기도하는 사람으로 등장합니다. 또 욥기 마지막 장을 펴 보시기 바랍니다. 거기에서도 그는 친구들을 위해 하나님 앞에 무릎 꿇고 기도하는 사람으로 나타납니다. 욥은 처음에도 다른 사람의 잘못을 대신 짊어지고 하나님 앞에 기도하는 사람으로 등장했고, 마지막에도 다른 사람의 죄를 위해 하나님 앞에 중보 기도하는 모습으로 끝을 맺고 있습니다. 얼마나 아름다운 모습입니까? 너무나 은혜롭지 않습니까? 다른 사람의 문제를 가지고 하나님 앞에 나가 무릎 꿇고 기도하는 모습만큼 아름다운 모습이 없다고 생각합니다.

용서와 화해가 주는 놀라운 복

욥기의 대단원은 화해와 회복에서 극치를 이룹니다. 화해는 화목을 뜻하는 말입니다. 화해는 욥기의 대단원을 장엄하게 장식하는 중요한 요소입니다. 욥은 고통 중에 있으면서도 자기를 괴롭혔던 모든 사람들을 용서하고 화해했습니다. 그러한 욥에게 극적인 회복이 뒤따르는 것을 본문을 통해 볼 수 있습니다. 우리는 여기에서 참 중요한 진리를 발견하게 됩니다. 욥이 친구들을 용서하고 화해하자 즉시 하나님이 그의 곤경을 돌이켜 주셨다는 사실입니다. 본문 말씀 10절을 보십시오. "욥이 그의 친구들을 위하여 기도할 때 여호와께서 욥의 곤경을 돌이키시고 여호와께서 욥에게 이전 모든 소유보다 갑절이나 주신지라." 용서와 화해는 욥에게 회복을 가져다준 직접적인 동기가 되었습니다. 욥이 친구들을 용서하고 그들과 화해했기 때문에 그에게 기적적인 회복의 역사가 일어났던 것입니다.

욥은 아직도 잿더미에 앉아 있는 사람입니다. 피부병으로 인해 여기저기서 고름이 터져 나오고 있습니다. 아직도 아내는 돌아오지 않고 있습니다. 그럼에도 불구하고 욥은 하나님을 만나 체험한 은혜에 충만하여 원수 같은 친구들을 용서하고 그들을 위해 번제를 드리며 기도하고 있습니다. 하나님은 이러한 욥의 중심을 보시고 그의 곤경을 돌이켜 갑절의 복을 내려 주셨습니다. 용서가 치료를, 화해가 복을 안겨 주는 극적인 감동을 체험하는 은혜를 주신 것입니다.

아마 당시 상황이 이렇게 전개되지 않았나 생각합니다. 그가 친구들을 용서하면서 기도하자 그의 썩은 몸이 치유되는 초자연적인 역사가 일어났던 것 같습니다. 열두 해 동안 혈루병으로 고생하던 여인이 예수님의 뒤를 따라가서 그의 옷자락을 만지자마자 혈루의 근원이 마르는 것을 느낄 수 있었던 것처럼 욥도 하나님 앞에 기도하는 그 순간에 놀라운 치유를 체험했을 것입니다. 하나님의 능력이 임하는 그 순간에 욥은 벌떡 일어났고 먼지를 툭툭 털며 힘차게 발걸음을 내딛었을 것입니다. 우리는 친구들에게 둘러싸여 활짝 웃는 얼굴로 잿더미를 떠나는 욥의 모습을 상상해 볼 수 있습니다.

뿐만 아니라 욥은 하나님으로부터 그 전보다 갑절이나 많은 재물을 받았습니다. 그 기간이 얼마나 걸렸는지는 모르지만, 야곱이 외삼촌 집에서 수년 사이에 갑부가 된 것처럼 욥도 오래 지나지 않아 그렇게 된 것 같습니다. 욥이 받은 복을 말해 볼까요? 1장과 비교해 본다면 전부 갑절입니다. 본문 12절을 보세요. 양이 만 사천 마리 낙타가 6천 마리, 소가 천 마리, 암나귀가 천 마리라고 했습니다. 이것이 어느 정도의 규모인지 우리는 잘 모릅니다. 그 당시는 화폐나 그밖에 다른 것으로 재산 액수를 계산하지 않았습니다. 소유하고 있는 가축의 숫자로 부의 정도를 가늠했습니다. 짐승을 수만 마리 가지고 있다면 어마어마한 부자입니다. 이것의 반만 가져도 동방 제일의 부자라고 했는데 욥은 갑절로 받았습니다.

하나님이 욥에게 재산만 갑절로 주셨나요? 아닙니다. 자녀도 갑절로 주셨습니다. 욥은 다시 아들 일곱과 딸 셋을 거느리게 되었습니다. 그는 원래 10남매의 아버지였습니다. 자녀를 갑절로 받았다면 스무 명이 있어야 하지 않겠습니까? 아들 일곱, 세 명의 딸을 낳았는데 어떻게 갑절이 됩니까? 천국에 10남매가 살고 있기 때문입니다. 하늘과 땅에 있는 자녀를 합하면 꼭 두 배가 됩니다. 그러면 가축은 왜 글자 그대로 두 배를 주셨을까요? 가축은 천국에 갈 수 없습니다. 그러니까 가축은 두 배를 받아야 갑절이 됩니다. 그리고 욥은 4대손을 볼 정도로 많은 후손을 거느렸습니다. 그것도 큰 복입니다. 또한 그는 얼마나 오래 살았습니까? 140년을 살았습니다. 앞 부분에서 제가 그의 나이를 언급한 적이 있습니다. 욥이 140년을 살았기 때문에 그가 처음 고난을 받을 때 나이가 6, 70살 정도가 되었다고 추측하는 것입니다. 욥은 수명도 곱으로 받았습니다. 얼마나 대단합니까?

누가복음 6장 37-38절을 보면 이런 말씀이 나옵니다. "용서하라 그리하면 너희가 용서를 받을 것이요 주라 그리하면 너희에게 줄 것이니 곧 후히 되어 누르고 흔들어 넘치도록 하여 너희에게 안겨 주리라." 우리가 형제에게 줄 수 있는 가운데 가장 큰 것이 무엇입니까? 그것은 용서입니다. 용서하는 자에게 하나님은 축복하십니다. 후히 되어 흔들어 넘치도록 많이 주신다고 약속하셨습니다. 욥은 친구들을 위하여 번제를 대신 드리고 그들의 모든 허물을 덮어 주었습니다. 그때 하나님께서는 갑절의 축복을 그에게 허락하셨습니다. 이 사건이 우리에게 시사하는 교훈은 매우 크다고 생각합니다.

욥이 갑절로 복을 받아 또다시 동방에서 제일가는 부자가 되자 그의 문전은 성시를 이루기 시작했습니다. 본문 말씀 11절을 보십시오. "이에 그의 모든 형제와 자매와 이전에 알던 이들이 다 와서 그의 집에서 그와 함께 음식을 먹고 여호와께서 그에게 내리신 모든 재앙에 관하여 그를 위하여 슬퍼하며 위로하고 각각 케쉬타 하나씩과 금 고리 하나씩을 주었더라." 여기에 나오는 이 사람들은 누구입니까? 사실 따지고 보면 과거에 욥을 버렸던 사람들입니다. 동네 밖 쓰레기더미로 욥을 쫓아냈던 사람들이 바로 이들이었습니다. 고대 사회에서는 한 동네 안에 사는 사람들의 숫자가 별로 많지 않았습니다. 그 당시는 씨족사회였으므로 대부분 형제자매, 친척, 친지들이 모여서 살았습니다. 그들 모두는 욥과 아주 가까운 사이였지만 욥이 빈털터리가 되자 그를 박대하면서 쫓아냈습니다. 욥에게 씻을 수 없는 상처를 입힌 자들이 바로 그들이었던 것입니다. 그러나 사태가 반전되어 상거지가 제일가는 갑부로 바뀌고 병든 몸이 깨끗하게 되자 다시금 사람들이 그의 문 앞에 줄을 서기 시작했습니다. 묘한 느낌이 들지 않습니까? 옛날이나 지금이나 인간 사회는 다 마찬가지인 것 같습니다. 계산적이고 간사한 구석은 어느 시대, 어느 사람에게나 다 있나 봅니다. 우리나라 옛 속담에 이런 말이 있지요? "정승 집에 개가 죽으면 찾아오는 사람이 많지만 정승이 죽으면 찾아오는 사람이 별로 없다." 그만큼 인간은 계산에 빠른 동물인 것 같습니다. 욥의 주변에 있던 형제자매, 친척, 친구들이 그런 사람들이었습니다. 오늘날에도 부귀영화를 누리다가 한순간에 몰락하는 사람이 가끔 있지요? 그런 궁지에 빠지면 그간 다정하게 지내던 사람들이 등을 돌리는 경우가 많습니다. 어떤 점에서는 가깝게 지내던 친구가 오히려 멀리 있는 사람보다 더 상처를 입히고 떠나기 쉽습니다. 이것이 각박한 세상 인심입니다. 사랑하고 믿었던 자들로부터 받는 고통은 그 아픔이 몇 갑절로 더 심하게 느껴지는 법입니다.

공직에서 물러난 두 대통령이 불화한 것을 화제로 삼아 이야기하는 사람들이 많습니다. 전임 대통령은 가장 가까운 친구를 후임자로 내정하면서 자기의 정치적 입지를 지켜 주고 변호해 줄 것으로 믿었나 봅니다. 그러나 뜻대로 되지 않자 심한 배신감과 모욕감을 느꼈나 봅니다. "친구가 어디 있어? 내가 사람을 잘못 보았어"라고 내뱉을 만큼 깊은 원한을 가지고 있다는 것을 신문지상을 통해 본 적이 있습니다. 그렇습니다. 아주 가까운 사람이 입힌 상처는 쉽게 아물지 않는 법입니다. 욥도 그런 심적 고통을 많이 겪었습니다. 주변에 있던 사람들이 모두 다 욥을 버렸고 그에게 깊은 상처를 안겨 주었습니다. 그러나 그들은 욥이 다시금 큰 축복을 받게 되자 언제 그랬냐는 태도로 그의 주변에 몰려들었습니다. 선물 보따리를 들고 찾아와 안타까운 표정을 지으며 그가 겪은 그간의 고통을 위로하는 척했습니다. 그 모습을 한번 상상해 보십시오. 여간 간사한 사람들이 아니구나 하는 생각이 들지 않습니까?

은혜는 원한을 갖지 않는다

욥은 그를 떠났던 자들을 다 받아들이고 용서했습니다. 그들에게 일말의 원한도 갖지 않았습니다. 그들이 저지른 과거의 어떤 잘못도 탓하지 않았습니다. 욥은 한때 자신을 의롭다고 추켜세우다가 하나님을 불의하신 분처럼 이야기한 적이 있습니다. 그러나 그때도 하나님은 그를 다 받아 주셨습니다. 그는 그런 은혜를 맛보았기 때문에 자기에게 고통을 준 사람을 용서해야 한다고 생각했던 것 같습니다. 욥은 하나님의 은혜로 승리할 수 있었던 것입니다.

또 욥은 딸들에게도 재산을 나누어 주었습니다. 그 당시로 봐서는 파격적인 사건이 아닐 수 없습니다. 고대 사회에서는 딸에게 재산을 나누어 주거나 유산을 주거나, 산업을 잇게 하는 법이 없었습니다. 그런데 욥은 아들이 일곱이나 되면서도 딸 셋에게 골고루 재산을 나누어 주었습니다. 이상하게도 성경은 욥의 딸들의 이름을 다 기록하고 있습니다. 그리고 천하에서 제일 아름다운 여자라고 칭찬하고 있습니다. 성경에 이와 같은 사례가 또 나오는지 모르겠습니다. 그만큼 그의 딸들은 특별 대우를 받았습니다. 욥은 왜 딸들에게 특별하게 베풀었을까요? 여기에서도 욥이 체험한 은혜의 크기를 짐작할 수 있습니다. 아마도 욥은 받을 자격이 없는 사람이 모든 것을 갑절로 받은 마당에 아들, 딸 가릴 필요가 어디 있는가 하고 생각했던 것 같습니다. 그는 관습이나 전통에 매이지 않았고 사람의 눈치를 보며 주저할 필요가 없었던 것입니다. 사실 그렇습니다. 그토록 큰 복을 받은 사람이 굳이 아들, 딸 구별해서 나누어 줄 필요는 없지 않겠습니까? 은혜는 대상을 가리지 않는 법입니다.

어떤 분이 이런 재미있는 말을 했습니다. "은혜가 임하면, 고대 사회에서는 그 은혜가 여자에게까지 미치고, 성인 사회에서는 어린아이에게까지 미치고, 풍요로운 사회에서는 가난한 자에게까지 미치고, 건강한 사회에서는 병약한 자에게까지 미치고, 유대에서는 이방인에게까지 미치고, 기독교 사회에서는 죄인에게까지 미친다." 은혜는 사람을 가리지 않고 골고루 미치는 특징이 있습니다. 욥이 아들과 딸을 가리지 않고 골고루 재산을 나누어 준 것을 볼 때 우리는 다시 한번 하나님의 은혜를 실감할 수 있습니다.

우리는 욥이 실천했던 용서와 화해가 그에게 영혼의 회복, 건강의 회복, 재산과 가정의 회복을 가져다주었다는 사실을 검토해 보았습니다. 이제 몇 가지 사실을 다시금 정리해 보고자 합니다. 하나님은 우리를 회복시키는 자비로운 아버지이십니다. 우리는 이것을 믿어야 합니다. 이사야 9장 1절에 이런 말씀이 있습니다. "전에 고통받던 자들에게는 흑암이 없으리로다." 하나님은 우리를 회복시켜 주시는 분입니다. 예수 그리스도 복음의 핵심은 회복에 있습니다.

이사야 61장 1절부터 3절까지의 말씀입니다. "주 여호와의 영이 내게 내리셨으니 이는 여호와께서 내게 기름을 부으사 가난한 자에게 아름다운 소식을 전하게 하려 하심이라 나를 보내사 마음이 상한 자를 고치며 포로 된 자에게 자유를, 갇힌 자에게 놓임을 선포하며 여호와의 은혜의 해와 우리 하나님의 보복의 날을 선포하여 모든 슬픈 자를 위로하되 무릇 시온에서 슬퍼하는 자에게 화관을 주어 그 재를 대신하며 기쁨의 기름으로 그 슬픔을 대신하며 찬송의 옷으로 그 근심을 대신하시고 그들이 의의 나무 곧 여호와께서 심으신 그 영광을 나타낼 자라 일컬음을 받게 하려 하심이라." 얼마나 놀라운 위로의 말씀입니까?

우리가 이유를 알 수 있는 고통을 당하든지, 이해할 수 없는 고통을 당하든지 간에 하나님은 우리를 그 고통 중에 영원토록 내버려 두시는 분이 아닙니다. 사실 욥은 세상에서 꿈을 다 잃어버린 사람이었다고 해도 과언이 아닙니다. 그가 얼마나 극심한 고통을 겪었습니까? 그는 자신의 몸이 완쾌되리라고는 미처 생각하지 못했을 것입니다. 또 잃어버린 자식을 다시 얻으리라고도 생각하지 못했을 것입니다. 더구나 이미 자기 손에서 날아가 버린 재산을 다시 얻을 수 있을 것이라고도 상상하지 못했을 것입니다. 그는 단지 죽어 저 세상에 가면 하나님이 자신의 슬픔을 다 풀어 주실 것이라 믿고 있었습니다. 세상에서는 볼 장 다 보았지만 저 하나님 나라에 가서는 주의 위로를 받을 것이라는 소망에 모든 것을 걸고 있었습니다. 그러나 우리 하나님은 욥에게 어떻게 하셨습니까? 그가 아직 세상에 살고 있을 때 그에게 필요한 모든 것을 회복시켜 주셨습니다. 이것은 우리에게 참으로 중요한 교훈을 안겨 줍니다.

우리 가운데 세상에서 어떤 위로를 받으리라고는 아예 기대를 하지 않고 사는 분은 없습니까? '나는 실패했어. 나에게는 기울어지는 가세를 세울 능력이 없어. 내일을 기대할 만한 여건도 못 돼. 이제는 세상에 아무 낙이 없어. 천당에나 가야지' 하는 식으로 생각하는 분이 있을지 모르겠습니다. 만약 그런 분이 있다면 그는 아직 하나님이 누구신가를 잘 모르는 사람이라고 할 수 있습니다. 하나님에 대해서 잘 안다면 그런 생각은 하지 않을 것입니다. 하나님이 주시는 회복이 반드시 영적이고, 반드시 내세적인 것만은 아닙니다. 기독교는 영혼의 행복만을 논하고, 내세의 복만을 노래하는 종교가 아닙니다. 하나님께서는 이 세상에서도 상처 입은 자를 싸매시고, 우는 자의 눈물을 씻겨 주시고, 병든 자를 일으키시고, 가난한 자를 부하게 하신다고 분명히 약속하셨습니다.

우리를 회복시키시는 자비로우신 아버지

하나님이 허락하시기만 하면 우리에게 기적적으로 회복되는 날이 찾아올 수 있습니다. 누가 감히 부정할 수 있나요? 하나님이 우리에게 안겨 주실 그 놀라운 복을! 아들이 없어 섭섭해 하는 분이 있나요? 실망하지 마세요. 당신의 딸을 통해 하나님이 열 아들보다 더 놀라운 복을 안겨 주실지 아무도 모르는 겁니다. 젊었을 때에 몹시 고생했나요? 노후에는 하나님이 어떤 복을 내려 주실지 아무도 모르는 것입니다. 지금의 실패가 나중에 하나님의 큰 복을 받는 계기가 될 수 있습니다. 하나님께는 불가능한 일이 없습니다. 욥에게 하신 일을 보세요. 불가능을 가능하게 하시는 하나님입니다. 이 회복의 기적은 욥에게만 일어나는 사건이 아닙니다. 하나님은 변함없으신 분입니다. 어느 때나 자기의 자녀를 다루시는 원리는 같습니다. 구약시대에 욥을 다루시던 하나님이 오늘 우리를 다루실 때도 똑같은 원리를 적용하실 수 있다는 것을 믿어야 합니다. 만약 그렇지 않다면 욥의 이야기가 우리 마음속에 감동적으로 와서 닿지 못할 것입니다.

우리는 욥이 아닙니다. 우리에게는 욥과 닮은 점보다 다른 점이 더 많습니다. 우리는 욥처럼 소문난 부자이거나, 욥처럼 깡그리 망한 사람이거나, 욥처럼 너무나 힘든 병을 안고 씨름하는 사람이 아닐지 모릅니다. 그러나 그와 동일한 점이 있습니다. 그의 하나님이 바로 나의 하나님이시라는 것입니다. 이 점에서 우리 모두가 똑같습니다. 욥이 잿더미에 앉았을 때 그 크신 팔로 안아 주시던 하나님은 오늘 우리에게도 그렇게 찾아오셔서 땅바닥에 있는 우리를 일으켜 세우실 수 있습니다. 이것을 우리가 믿어야 합니다.

본문에 나오는 '곤경'이라는 용어는 매우 폭넓은 의미로 사용되는 말입니다. 그것은 속박, 혹은 포로 생활을 의미합니다. 그러므로 하나님이 그가 처한 곤경을 돌이켜 주셨다고 하는 것은 심신의 속박에서 벗어나 자유함을 누리게 해 주셨다는 말이 됩니다. 영혼의 해방은 우리의 고통이 사라지고 소원이 성취될 때 체험할 수 있습니다. 그러나 경우에 따라서는 짐을 지고도 진하게 체험할 수 있는 은혜입니다. 우리 중에는 가난한 분들이 많습니다. 그러나 가난한 가운데서도 마음의 자유함을 잃지 않고 날마다 찬송하며 사는 분들이 있습니다. 그들은 부자를 부러워하지 않습니다. 자동차가 없어도 걸어 다니면서 하나님을 찬양하며 행복해합니다. 다른 사람들을 구김살 없이 떳떳하게 대합니다. 그런 사람에게는 가난이 곤경이 될 수 없습니다. 곤경은 사람을 가두는 것을 말합니다. 포로처럼 꼭 붙들고 자유를 주지 않는 상태를 말합니다. 아무리 가난해도 그 마음이 가난에 속박당하지 않는다면 그는 곤경에 빠진 사람이 아닙니다. 어떤 사람은 중병을 앓고 있지만 병상에서도 하나님을 찬송하는 은혜를 맛보며 삽니다. 병이 그 사람을 구속하지 못합니다. 오히려 건강한 사람보다 더 환하게 웃으며 병문안 온 사람을 위로하고 격려하는 것을 봅니다. 그 사람에게 있어 병은 더 이상 곤경이 아닌 것입니다.

제가 수년 전에 소록도에 갔을 때의 이야기입니다. 나환자들과 함께 예배를 드리면서 얼마나 은혜를 받았는지 모릅니다. 이 사회는 그들을 버렸습니다. 우리 사회가 그들을 제대로 인간으로서 대우해 줍니까? 그러나 그들은 병에 매인 사람이 아니었습니다. 하나님을 찬송하는 그들의 모습을 볼 때 마치 천사가 찬송하는 것 같았습니다. 그들이 하나님의 말씀을 받으면서 얼마나 기뻐하고 할렐루야를 외치는지 제가 충격을 받고 돌아왔습니다. 나병이 더 이상 그들에게 곤경이 되지 못하는 것을 보았습니다. 하나님이 그들을 곤경에서 돌이켜 주신 것입니다.

이와 같이 하나님께서 욥의 곤경을 돌이키셨다는 것은 욥이 단순히 건강, 재산, 자녀를 다시 돌려받았다는 사실만 의미하는 것이 아닙니다. 그의 영혼을 짓누르고 있던 무거운 짐까지 내려 주셨다는 의미가 들어 있는 것입니다. 우리 하나님은 육신을 치유하실 뿐만 아니라 영혼도 모든 곤경에서 회복시켜 주시는 분입니다. 너무나 자비로우신 하나님입니다. 어떻게 이 은혜가 천국에서만 가능하다고 할 수 있겠습니까?

○ ○ ○ ○ ○ ○ ○ ○ ○ ○ ○ ○ ○ ○ ○ ○ ○ ○ ○
고통 중에 입은 상처로 용서하지 못하는 자가 있는가?

회복을 원한다면 반드시 용서해야 합니다. 우리가 고통을 당할 때는 상처를 입기 쉽습니다. 그때는 마음이 상해 있기 때문에 사소한 일에도 다른 사람을 원망하기 쉽습니다. 고통에서 벗어나고 하나님이 곤경에서 돌이켜 주시기를 원합니까? 그렇다면 다른 사람을 용서해야 합니다. 화해해야 합니다. 용서할 때 치료의 능력이 임합니다. 용서할 때 수고의 대가가 돌아옵니다. 고통 중에 있는 사람이 상처를 준 자들을 용서하지 못한다면 그는 곤경에서 벗어나지 못합니다. 원망하고 미워하는 그 감정에 자기가 속박을 당하고 마는 것입니다. 용서하고 화해해야 하나님이 그에게 모든 것을 다 회복시켜 주십니다.

욥은 예수 그리스도를 보여 주는 작은 모형이라고 흔히 말합니다. 욥의 인격은 예수님의 인격을 닮았습니다. 욥이 사탄에게 시험을 받은 것도 예수님이 시험받은 것과 흡사합니다. 욥이 애매한 고난을 받은 것도 예수님이 고난을 받은 것과 흡사합니다. 욥이 친구들로부터 정죄를 당하는 것도 예수님이 세상에서 정죄를 받은 것과 비슷합니다. 나중에 친구를 용서하고 이웃을 용서한 것을 보면 예수님이 자기를 십자가에 내어 준 원수들을 용서하신 것과 흡사합니다. 확실히 욥은 예수 그리스도와 닮은 점을 많이 가진 인물입니다.

우리는 작은 예수로 부름 받은 사람들입니다. 그래서 예수님처럼 애매한 고난을 받을 수 있고, 사탄의 시험에 시달릴 수도 있습니다. 그러나 우리가 욥처럼 작은 예수가 되기를 바란다면 형제를 용서해야 합니다. 용서할 때 치료의 능력이 임합니다. 용서할 때 잃었던 것을 다시 찾게 됩니다. 용서할 때 하나님은 우리를 잿더미에서 영광의 자리로 옮겨 주십니다. 우리는 영원한 그 나라에서 누릴 영광뿐만 아니라 이 세상에서도 하나님이 주시는 복이 있다는 것을 믿어야 합니다. 욥은 우리를 향해 마치 이렇게 말하고 있는 것 같습니다.

"고통이란 견디기가 여간 어려운 것이 아닙니다. 그러나 잘만 활용하면 하나님을 만나는 기막힌 은혜를 얻을 수 있습니다. 잃은 것을 갑절로 받을 수 있는 기회가 됩니다. 그러니 당신이 역경을 만나더라도 낙심하지 마세요. 나를 보세요. 하나님이 모든 것을 회복해 주시지 않았습니까? 겨울이 지나면 반드시 새봄은 돌아온답니다."

끝으로 한마디를 덧붙이고 싶습니다. 본문 10절을 암송하시기 바랍니다. 그리고 욥이 실천했던 용서와 화해의 마음으로 이 말씀을 묵상하며 삶에 적용하시기 바랍니다. 그러면 당신도 욥처럼 놀라운 은혜와 복을 체험할 수 있을 것입니다. "욥이 그의 친구들을 위하여 기도할 때 여호와께서 욥의 곤경을 돌이키시고 여호와께서 욥에게 이전 모든 소유보다 갑절이나 주신지라." 하나님은 우리의 곤경을 돌이키시는 분입니다. 욥처럼 은혜를 받으면 세상에서도 하나님의 크신 복을 누리며 살 수 있습니다. 그리고 이 땅에서 못다 얻은 것은 영원한 그 나라에서 갑절로 받을 수 있을 것입니다. 지금 눈앞에 있는 고난에서 눈을 떼어 욥을 찾아오셨던 그 하나님을 바라보도록 합시다. 그것만이 우리를 고통에서 회복시킬 수 있는 유일한 해답입니다.

| 일러두기 |

본문의 성경은 《성경전서 개역개정판》을 주로 사용하였습니다.
이 책은 고(故) 옥한흠 목사의 설교를 바탕으로 구성한 것입니다.
설교 영상/오디오 자료는 QR코드를 참고하십시오.

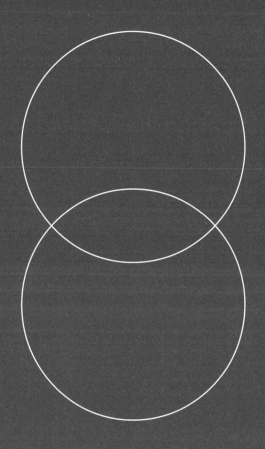

안아 주심

옥한흠 지음

국제제자훈련원

들어가며

하나님이 우리를 안고 걸어가신다는 사실을 믿는 것은 광야와 같은 세상을 살아가는 우리에게 얼마나 큰 능력인지 모릅니다. 우리는 혼자 감당하기 어려운 일들이 계속해서 일어날 때나 마음에 난 상처들이 곪아 들어갈 때, 이 모든 일에 하나님이 해결자가 되신다는 것을 잘 알고 있습니다. 하지만 막상 어려운 현실에 처하게 되면 이 사실이 마음에 쉽게 다가오지 않는 것이 사실입니다.

힘든 상황에서 우리는 너무나 익숙하게 "하나님은 능력이십니다, 하나님이 다 알고 계시니까 괜찮아요"라고 고백합니다. 그러나 한 걸음 더 나아가, "하나님이 아픈 너에게 정말로 위로가 되니? 이 상황 속에서 기뻐할 수 있니?"라고 묻는다면, 선뜻 "네, 하나님은 실제로 내게 그런 분이세요"라고 대답할 수 있는 사람이 몇이나 될까 하는 의문을 가져 봅니다.

우리가 믿는 전능자 되신 하나님이 우리의 아버지이십니다. 그 아버지 하나님을 믿기에 우리는 어려운 환경이나 낙심이 되는 상황 가운데서도 우울한 감정의 지배를 받지 않을 수 있습니다. 하지만 기독교인이라고 자처하는 공인들의 자살 소식을 듣게 되고, 우울증에 시달리는 그리스도인들을 보면서 '왜 그들에게 하나님의 능력이 나타나지 않을까? 왜 예수 그리스도의 평안이 저들에게 아무 힘이 없을까?' 하는 생각을 하게 됩니다.

광야와 같은 세상을 살아가는 이들에게, 암담한 현실에 지친 이들에게, 상한 마음으로 아파하고 있을 이들에게 정말 필요한 것이 무엇일까 고민했습니다. 그래서 저의 설교들 가운데, 우리의 능력이 되시는 하나님, 상한 마음의 위로자가 되시는 하나님에 관하여 이야기한 것들을 정선하여 묶었습니다.

우리는 힘든 그때에 하나님이 알려 주시는 방법으로 삶을 경영해야 합니다. 인내하며 그 방법대로 꾸준히 달려야 합니다. 하루하루가 그다지 나아지지 않는 것처럼 보일 수 있습니다. 말씀을 읽고, 기도하고, 식사하고, 일하고, 사람들을 만나고, 잠자리에 드는 일들이 매일 똑같아 보일 수 있습니다. 사람이 만들어 놓은 24시간, 365일과 같은 크로노스(chronos)의 시간으로 보면 매일 같은 삶을 반복하는 것같이 보입니다. 그러나 하나님의 방법대로 꾸준히 살아가는 것은 하나님의 시간인 카이로스(kairos)의 시간에서 굉장히 의미 있는 것입니다. 매 순간 성장하고, 발전해 감으로 하나님이 창조하신 아름다운 형상에 가까워지기 때문입니다.

여러분 모두 《안아 주심》을 통해 하나님의 품에서 광야의 고통을 지혜롭게 헤쳐 나가시기를 기도합니다. 현실이 우리를 짓누를지라도 눈에 보이는 현실에 좌절하지 말고, 눈을 들어 우리를 품에 안고 걸어가시는 하나님을 바라보는 우리 모두가 되길 축복합니다.

2007. 4
옥한흠

차례

Part
01

삶에 지친 당신에게

하나님은 오늘도 변함없이 우리의 모든 것에 관심을 가지고 계십니다. 나의 작은 신음에도 반응하시며 나와 함께 걷기를 원하십니다. '세상의 어떤 것도 빼앗을 수 없는 예수님의 평안'을 받아 누리십시오. 그래서 세상이 알 수 없는 예수님의 평안을 세상과 이웃에게 선물할 수 있는 그리스도인이 되십시오.

프롤로그

세상을 살아가면서 불안을 느끼지 않는 사람이 있을까요? 그런 사람은 아무도 없다고 생각합니다. 겉으로는 모두들 잘 살아가는 것처럼 보여도, 이런저런 이유들로 사람들은 그 마음마다 불안을 안고 살아갑니다. 살아가면서 생기는 문제들은 당신이 갖고 있는 능력. 그 이상의 것을 요구합니다. 내 자녀가 어떻게 될지, 내가 앞으로 어떤 인생을 살아갈지, 내 남편의 회사는 어떻게 될지 짐작하기 어려운 내일을 걷고 있습니다. 이렇듯 미지의 세계에 갇혀 있는 자신을 발견하게 될 때면 불현듯 엄습하는 공포가 우리를 덮습니다.

어떻게 하면 멈추지 않을 것 같은 불안의 쳇바퀴를 멈춰 세울 수 있을까요? 멈추고 싶다면, 정말 멈추기를 원한다면 우리는 예수 그리스도께 주목해야 합니다. 예수님의 제자들은 예수님의 십자가 사건 앞에서 두려움에 떨었습니다. 이때 예수님께서 말씀하십니다. "평안을 너희에게 끼치노니 곧 나의 평안을 너희에게 주노라 내가 너희에게 주는 것은 세상이 주는 것과 같지 아니하니라 너희는 마음에 근심하지도 말고 두려워하지도 말라"(요 14:27). 예수님이 말씀하신 "나의 평안", 즉 죽음의 공포 앞에서도 눌리지 않던 그 평안을 제자들에게 주신다고 약속하십니다.

새벽 기도를 나온 젊은 부부가 있었습니다. 이제 갓 결혼한 듯 보이는 이들 부부는 부인이 하얀 털모자를 쓰고, 마스크를 착용했기에 멀리서도 눈에 확 띄었습니다. 그녀는 남편의 팔에 기대어 찬양을 부르고 있었습니다. 멀리서 보이는 젊은 부부의 모습은 참 평안해 보였습니다. 그러나 부인이 난소암으로 투병 중이었습니다. 그 부부를 보면서 제 마음에서 '어떻게 저렇게 얼굴에 평안한 빛이 가득할까?'하는 질문이 맴돌았습니다. 부인은 남편과 함께 하나님을 찬양합니다. 이미 예수님께서 허락하신 '나의 평안'을 받아 누리고 있었던 것입니다.

하나님은 오늘도 어제와 변함없이 우리의 모든 것에 관심을 가지고 계십니다. 나의 작은 신음에도 반응하시며 나와 함께 걷기를 원하십니다. '세상의 어떤 것도 빼앗을 수 없는 예수님의 평안'을 받아 누리십시오. 그래서 세상이 알 수 없는 예수님의 평안을 세상과 이웃에게 선물할 수 있는 그리스도인이 되시기 바랍니다.

I

당신의 눈물을
보셨습니다

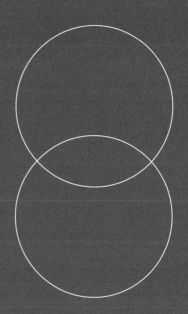

바다가 만조를 이루면 온 해변이 바닷물로 덮이는 것처럼 우리를 향해
만조를 이룬 예수님의 사랑은 고통당하는 자들을 가장 먼저 덮습니다.

누가복음 7:11-17

11 그 후에 예수께서 나인이란 성으로 가실새 제자와 많은 무리가 동행하더니 12 성문에 가까이 이르실 때에 사람들이 한 죽은 자를 메고 나오니 이는 한 어머니의 독자요 그의 어머니는 과부라 그 성의 많은 사람도 그와 함께 나오거늘 13 주께서 과부를 보시고 불쌍히 여기사 울지 말라 하시고 14 가까이 가서 그 관에 손을 대시니 멘 자들이 서는지라 예수께서 이르시되 청년아 내가 네게 말하노니 일어나라 하시매 15 죽었던 자가 일어나 앉고 말도 하거늘 예수께서 그를 어머니에게 주시니 16 모든 사람이 두려워하며 하나님께 영광을 돌려 이르되 큰 선지자가 우리 가운데 일어나셨다 하고 또 하나님께서 자기 백성을 돌보셨다 하더라 17 예수께 대한 이 소문이 온 유대와 사방에 두루 퍼지니라

당신의 눈물을
보셨습니다

○ ○ ○ ○ ○
나인 성 여인

관을 따라 쭉 이어진 장례 행렬 속에 울고 있는 한 여인이 보입니다. 갈릴리 바닷가 가버나움이라는 동네에서 남쪽으로 하룻길쯤 가면 나오는 골짜기가 있는데, 바로 그곳에 자리 잡은 나인 성에서의 일입니다.

그 아름다운 동네에 한 여인이 살고 있었습니다. 아마 처녀 때는 아름다운 여인이었겠죠? 그녀는 마음에 드는 남자를 만나서 사랑하게 되었고, 결혼도 하였습니다. 그리고 얼마 후 아들이 태어났습니다. 아마 인생에 있어서 가장 달콤한 시기가 있다면, 갓 결혼해서 자녀를 낳았을 때일 것입니다. 아이들이 재롱부리는 것을 보면서 젊은 부부가 오순도순 살아가는 그때가 가장 행복한 시기라고 해도 과언은 아닐 것입니다. 이 여인도 그랬습니다. 행복한 앞날만이 있을 거라고 생각하면서, 부푼 꿈에 가득 찬 하루하루를 보냈습니다.

그러던 어느 날, 느닷없이 남편이 세상을 떠났습니다. 행복했던 이 여인은 하루아침에 과부가 되었습니다. 요즘 세상과는 달리, 당시에는 여자가 남편을 잃었다는 것은 앞날에 엄청난 시련과 극심한 가난, 혹독한 고독이 기다리고 있다는 것을 전제합니다. 얼마나 많은 눈물을 흘리면서 하루하루를 보냈겠습니까? 그래도 그녀에게는 한 가닥 희망이 있었습니다. 그것은 바로 무럭무럭 자라고 있는 어린 아들이었습니다. 그녀는 고생인 줄도 모르고 최선을 다해 아들을 키웠습니다. 예수님이 과부의 죽은 아들을 향해 "청년아"(14절) 라고 부르신 것으로 보아, 아마도 그녀의 아들은 성인에 가까운 나이가 되었던 것 같습니다. 장성한 아들을 보며 어머니로서 얼마나 마음이 든든하고 큰 꿈에 부풀었겠습니까? '이제는 가정에 기둥이 생겼구나. 이제는 기대고 살 만한 기둥이 생겼어'라고 생각하며 안도의 한숨과 함께 마음에 위로를 받았을 것입니다. 그런데 어찌된 영문인지 그 아들마저 세상을 떠났습니다. 이 여인은 남편을 잃고, 그녀의 모든 꿈이었던 아들마저 잃는 설상가상의 화를 당했습니다. 아들을 잃은 슬픔 앞에 그녀는 울고 싶어도 더 짜낼 눈물이 없을 만큼 많이 울었을 것입니다. 우리는 지금 그런 여인을 보고 있습니다.

동네 사람들은 사람이 죽었다는 이야기를 듣고 모여들었습니다. 아마도 속으로 '이 여자, 무슨 죄가 많길래 이렇게 팔자가 사납담? 남편 먼저 보내더니 이제는 하나밖에 없는 아들까지 떠나 버렸네.' 이런 생각을 하면서 장례 준비를 거들었을 것입니다.

시체를 마루에 눕혀 놓고 머리를 반듯하게 빗겨 줍니다. 그런 다음 가장 좋은 새 옷을 입히고, 갈대로 정성껏 만든 관에다가 시체를 누이고는 두 손을 꼭 모아 놓습니다. 이것이 이 나라의 입관 절차입니다. 장례식은 당일에 치릅니다. 하룻밤을 더 보내지도 않고, 오후 5시나 6시쯤 되면 죽은 자가 누워 있는 관을 메고 나갑니다. 장례 행렬의 맨 앞쪽에는 여자들을 세웁니다. '이 세상에 죽음이 들어온 이유는 여자가 먼저 하나님의 명령을 어기고 죄를 범했기 때문이다'라는 것을 보여 주기 위해서입니다. 남자들은 관을 메고 그 뒤를 따라갑니다. 또 그 뒤에는 돈을 주고 불러온 호곡꾼들이 피리를 불고 곡을 하면서 따라 갑니다. 장지라고 해 봐야 동네에서 한 2, 30분이면 도달할 수 있는 곳에 있습니다. 이제 청년의 장례 행렬이 동네를 지나 성문 밖으로 빠져 나갑니다.

○ ○ ○ ○
울지 말라

이때 예수님은 많은 무리를 이끌고 나인 성을 향해 걸어오고 있었습니다. 예수님이 성 가까이에 이르렀을 때, 마침 장례 행렬은 성문을 빠져 나오고 있었습니다. 지금 이 장면을 머릿속에 그려 봅시다. 생명의 주, 하나님의 아들이 많은 무리를 이끌고 나인 성을 향해 오고 있습니다. 그 반대편에는 죽음의 사신인 사탄이 이끄는 죽음의 행렬이 다가오고 있습니다. 두 행렬이 마주칩니다. 생명과 죽음의 만남입니다. 이것은 과연 생명과 죽음의 대결입니다. 이 얼마나 의미 있는 대결입니까!

예수님이라면 이런 상황에서 어떻게 하셔야 될 것 같습니까? 생명의 주인이신 예수님, 죽음을 정복하기 위해 세상에 오신 구세주 예수님이 과연 이 순간에 어떻게 하셨을까요? 피하셨을까요? 아니면 청년의 장례 행렬이 지나가도록 길가에 비켜서서 기다리셨을까요? 예수님은 우리의 기대를 저버리지 않으셨습니다. 예수님은 정면 대결을 택하셨습니다.

예수님의 시선은 관 뒤를 따라오며 슬피 우는 과부에게 머물렀습니다. 그 자리에 많은 사람들이 있었지만, 예수님은 울고 있는 과부에게 주목하셨다고 성경은 기록합니다. 예수님이 세상에 계실 때 가장 먼저 주목하셨던 사람들은 이 세상에서 슬픔을 당한 자들이었습니다. 그들은 세상에서 고통당하는 자들, 세상에서 버림받은 자들입니다. 실패한 자들입니다. 병든 자들입니다. 사복음서를 살펴보면 '예수께서 보셨다'는 말이 40번 정도 나옵니다. 그때마다 주님의 눈길이 머무는 곳에는 인생의 무거운 짐을 지고 고통당하는 사람들이 있었습니다.

늘 그렇듯이 예수님은 먼저 이 과부를 보셨습니다. 그리고 불쌍히 여기셨습니다. 예수님은 인생의 고통을 안고 씨름하는 자에게 민감하십니다. 예수님의 마음은 항상 사랑의 만조를 이루고 있기 때문입니다. 바다가 만조를 이루면 온 해변이 바닷물로 덮이는 것처럼 우리를 향해 만조를 이룬 예수님의 사랑은 고통당하는 자들을 가장 먼저 덮습니다. 예수님은 그렇게 그들의 아픔에 동참하고, 그 아픔을 그대로 느끼셨습니다. '이 여인이 얼마나 슬플까, 그 마음이 얼마나 찢어질까, 얼마나 두려울까, 얼마나 자기 신세를 한탄하고 있을까.' 예수님은 굳이 설명을 듣지 않아도 과부의 처지를 다 알고 계셨고, 과부의 괴로움과 아픔에 자기 마음을 내주셨습니다. 이것이 '긍휼'입니다.

울고 있는 과부를 보고 주님이 조용히 말씀하십니다. "울지 말라"(13절). 예수님의 위로는 빈말이 아니었습니다. 우리는 흔히 슬픔을 당한 사람을 볼 때, 자기도 모르게 "울지 마, 울지 마"라고 말하곤 합니다. 그것은 어찌할 수 없어서 하는 위로입니다. 그 고통을 대신 해결해 줄 수 없기 때문에 그렇습니다. 하지만 예수님은 빈말로 "울지 말라"고 하신 것이 아닙니다. 예수님은 분명히 그 과부의 눈에서 흐르는 눈물을 씻어 주겠다고 약속하셨습니다.

이는 마치 예레미야 선지자가 대언하는 하나님의 음성과 비슷합니다. "여호와께서 이와 같이 말씀하시니라 네 울음소리와 네 눈물을 멈추어라 … 너의 장래에 소망이 있을 것이라"(렘 31:16-17상). 예수님은 지금 이 여인에게 이 말씀을 하고 계신 것입니다. "울지 말라, 너의 장래에 소망이 있을 것이라."

이어 예수님이 청년의 관에 손을 대시자 관을 메고 가던 자들이 그 걸음을 멈추어 섰습니다. 그러자 예수님이 명령하십니다. "청년아 내가 네게 말하노니 일어나라"(14절하). 그러자 죽었던 청년이 관 속에서 일어나 앉습니다. 예수님이 그 청년을 과부에게로 이끄십니다. 예수님은 과부의 눈물이 변하여 기쁨이 되게 하셨고, 슬픔이 변하여 춤이 되게 하셨습니다. 예수님은 슬픔의 근본을 해결해 주심으로 그녀를 위로하셨습니다.

○ ○ ○ ○ ○
생명의 주인

나인 성 과부 이야기는 참으로 아름다운 사건입니다. 예수님이 이 사건을 통해 우리에게 보여 주고자 하시는 것이 있습니다. 우리 중에는 남편을 먼저 보내고, 하나밖에 없는 아들까지 잃고 비탄에 잠긴 과부와 같은 사람이 그리 많지 않을 것입니다. 설령 그런 사람이 있다고 해도 예수님이 당장 그 아들을 무덤에서 일으켜 주시는 일은 흔치 않습니다. 나인 성 과부와 같은 일이 지금 우리에게 모두 동일하게 적용되는 것은 아닙니다. 하지만 예수님께서 이 사건을 통해 우리 각자에게 알려 주시고자 하는 진리가 있습니다. 하나님은 성경의 어느 한 구절도 그냥 기록해 놓으신 것이 없습니다.

그렇다면 예수님은 왜 이런 기적을 일으키셨을까요? 이 이야기에는 근본적인 목적이 있습니다. 예수님은 성문 앞에서 죽음의 사자들과 만났습니다. 생명의 주인이신 예수님은 죽음의 사자들 앞에서 생명의 능력을 보이셔야 했습니다. 그냥 피해 갈 수 없었습니다. 온 세상 앞에서 예수 그리스도만이 죽음을 이기신 생명의 주시요, 하나님 되심을 선포하는 것이 이 사건의 주된 목적입니다. 이는 예수님께서 온 세상을 향해서 '나는 죽음을 이기었노라, 나는 생명의 주가 되느니라'고 선언하는 큰 사건이었습니다. 예수님은 "청년아 내가 네게 말하노니 일어나라"(14절하) 하고 외치셨고, 바로 그때에 죽었던 자가 일어난 것입니다.

죽음의 사자인 사탄은 장례 행렬을 이끌고 나오며 의기양양했을 것입니다. 죽은 청년의 시체를 끌고 나올 때, 사탄은 자신만이 이 세상에서 가장 힘 있는 군주라고 생각했을 것입니다. 그러나 바로 그 자리에서 생명의 주인이신 예수님과 마주치게 되었습니다. 예수님께서 "청년아 일어나라"고 선포하셨을 때 사탄은 아무 손도 쓸 수 없었습니다. 청년을 붙들 수도, 죽음에 그대로 묶어 둘 수도 없었습니다. 주님이 명령하시자 관 속에 누워 있던 청년이 죽음을 이기고 일어났습니다. 사탄은 결국 항복할 수밖에 없었습니다.

성경은 "이를 위하여 그리스도께서 죽었다가 다시 살아나셨으니 곧 죽은 자와 산 자의 주가 되려 하심이라"(롬 14:9)고 선포하고 있습니다. 또한 "(주가) 이제 세세토록 살아 있어 사망과 음부의 열쇠를 가졌노니"(계 1:18)라고 하셨습니다. 예수님은 친히 스스로 "나는 부활이요 생명이니 나를 믿는 자는 죽어도 살겠고 무릇 살아서 나를 믿는 자는 영원히 죽지 아니하리니"(요 11:25-26)라고 말씀하셨습니다. 그러므로 예수님을 믿는 우리에게 사실상 죽음이란 존재하지 않습니다.

육신의 죽음은 영원한 생명으로 옮기기 위한 하나의 과정에 지나지 않습니다. 찬송가에도 나오듯이 요단강을 건너가는 과정입니다. 요단강을 건넌다는 것은 이편에서 저편으로 옮겨 가는 짧은 과정인데, 이것이 바로 믿는 자에게 있는 '육신의 죽음'입니다.

믿는 자에게 있어 진정한 죽음은 이미 떠나갔습니다. 십자가에서 부활하신 예수 그리스도께서 죽음을 정복하셨기 때문입니다. "그리스도 안에서 모든 사람이 삶을 얻으리라"(고전 15:22하). 믿음의 조상 아브라함도 살아 있습니다. 이삭도 살아 있습니다. 야곱도 살아 있습니다. 그러므로 우리도 예수 그리스도 안에서 영원히 사는 것입니다. 하나님 안에 있는 모든 사람은 산 자이지, 죽은 자가 아닙니다.

먼저 사랑하는 남편을 하나님 앞으로 떠나보냈거나 어린 자녀를 하나님 앞에 보낸 분이 있다면, 우리는 인간이기에 사랑하는 사람이 곁에 없다는 사실로 슬퍼할 수 있습니다. 하지만 먼저 간 그들은 죽은 자가 아닙니다. 예수님은 죽은 자를 보고 항상 "죽지 않았다"고 말씀하셨습니다. 항상 "잔다"라고 말씀하셨습니다(마 9:24 참조). 실제로 그들은 영원한 생명을 받아 누리며, 하나님 품에서 살고 있습니다. 우리도 다 그곳으로 갈 것입니다.

그렇습니다. 예수 그리스도가 놀라운 생명의 주이심을 선포하는 것이 나인 성 과부의 아들을 살리신 사건의 목적이었습니다. 아직도 예수님을 믿지 않는 사람이 있다면, 이 죽음의 문제를 어떻게 해결할 것인지 묻고 싶습니다. 죽음의 문제를 해결하지 않고서 어찌 남은 인생을 마음 놓고 살 수 있습니까? 예수 그리스도를 믿고, 산 자와 죽은 자의 주가 되시는 그분께 우리 인생을 모두 맡겨야 합니다. 이미 죽음을 정복하신 그분께만 영원한 생명이 있기 때문입니다.

○ ○ ○ ○ ○ ○ ○ ○ ○ ○
우는 자를 눈여겨보시다

나인 성 과부의 아들을 살리신 기적이 주는 교훈은 단지 '예수 그리스도가 생명의 주가 되신다'라는 사실 하나만이 아닙니다. 나인 성 과부의 아들을 살리신 사건으로 예수님은 우리에게 그분의 성품을 보여 주십니다.

예수님은 울고 있는 과부에게 주목하셨습니다. 그리고 지금 울고 있는 우리도 눈여겨보입니다. 우리 중에 단 한 번도 눈물을 흘리지 않고 세상을 살아온 사람은 아무도 없을 것입니다. 위대한 설교자 스펄전(Charles Haddon Spurgeon, 1834-1892)은 이런 재미있는 질문을 했습니다. "하나님이 눈물을 흘리지 않는 자녀를 두신 일이 있습니까?" 하나님이 죄 없는 자녀를 두신 일은 한 번 있습니다. 그분은 예수 그리스도십니다. 그런 예수님도 세상에 계실 동안 몇 번을 우셨습니다.

눈물이란 말문이 턱 막힐 때 터지는 것입니다. 말로 표현할 수 없는 어떤 벅찬 감격이나 슬픔에 휩싸일 때 자연스럽게 나오는 반응입니다. 이런 의미에서 눈물은 그 자체로 완벽한 언어라고 할 수 있습니다. 통역할 필요도 없습니다. 설명할 필요도 없습니다. 눈물 그 자체로 완벽한 표현이 됩니다.

혹자는 인생을 '고통의 바다'라고 합니다. 인생은 고통과 슬픔의 파도가 몰아치는 먼 항해 길과 같습니다. 어찌 눈물이 없을 수 있겠습니까? 인간은 태어날 때부터 울음으로 인생을 시작합니다. 그리고 죽을 때는 두 눈에 눈물이 고인 채 숨을 거두는 것을 볼 수 있습니다. 눈물을 부끄럽게 여길 필요가 없습니다. 눈물 흘리는 것은 수치스러운 일이 아닙니다. 세상 문화 이면에는 우는 것을 천시하는 경향이 짙게 깔려 있습니다. 이것은 잘못된 문화입니다. 슬퍼도 슬프지 않은 척 노력하는 것이 가식이고, 힘들어도 힘들지 않은 것처럼 행동하는 것은 위선입니다. 울고 싶을 때는 맘껏 울어야 합니다. 우는 것은 인생 본연의 모습 중 하나입니다.

이 세상을 봅시다. 구석구석을 살펴보면 눈물 없이는 볼 수 없는 처참한 일들이 너무 많습니다. 내가 아무리 평안하다고 해도, 어려움이 없으며 형통한 인생을 산다고 할지라도 눈을 돌려 고통당하는 내 주변, 내 이웃들을 살펴보면 생각이 달라집니다. 조금만 주위를 둘러보아도 눈물 없이 바라볼 수 없는 참혹한 일들이 너무 많이 일어나고 있습니다. 하나님의 아들인 예수님도 세상에 계실 때 우셨습니다. 이런 세상에서 우리가 눈물 없이 살기란 참 어렵습니다.

일제 강점하에서 고달픈 신앙생활을 하던 우리 조상들은 예배당에 모였다 하면 울었습니다. 하나님 앞에 무릎 꿇고 통성기도를 시작하면 어느새 그 기도는 통곡으로 바뀌어 있습니다. 6 · 25 전쟁이 터져 비참하게 하루하루 살아가던 우리 부모들은 조상들이 울던 그 장소에서 또다시 통곡했습니다. 하나님 앞에 가는 것은 울기 위해서라고 생각할 정도로 그들 안에는 눈물이 가득했습니다. 그러니 예배 시간이 울음바다가 되는 일은 다반사였습니다.

설교를 듣고 은혜받아 우는 것보다 인생의 무거운 짐이 너무 괴로웠기 때문에 그 슬픔과 한을 주님께 풀어놓았습니다. 예수님의 이름을 부르면서 울고, 찬송하면서 울고, 기도하면서 울고, 서로 붙들고 울고, 그러면서 위로를 받았고, 그러면서 주님의 손길을 체험했습니다. 그 힘을 가지고 험한 세상을 헤쳐 나갔습니다.

우는 것은 부끄러운 일이 아닙니다. 주님은 우리의 눈물을 귀히 여기십니다. 우는 자를 주목하십니다. 우리 가운데 남모르게 우는 사람이 참 많을 것입니다. 반드시 기억하십시오. 여러분이 울고 있을 때, 주님이 여러분을 주목하십니다. 다 보고 계십니다.

다윗은 하나님 앞에 이렇게 기도했습니다. "나의 눈물을 주의 병에 담으소서"(시 56:8중). 참 재미있는 기도입니다. 참 인간적인 표현입니다. 다윗은 젊은 나이에 10년이 넘도록 많은 수모와 모함과 고통을 당하며 쫓겨 다녔습니다. 그의 삶은 매일 울다시피 하는 인생일 수밖에 없었습니다. 우리는 시편을 통해 다윗의 우는 장면을 자주 목격하게 됩니다.

다윗은 '나는 하나님의 사랑받는 자녀. 사람들은 나의 눈물을 보지 않는다 할지라도 주님은 나의 눈물을 반드시 보고 계시고, 관심을 갖고 소중히 여기실 것이다'라는 믿음을 가지고 하나님 앞에서 울었습니다. 그렇기 때문에 다윗은 이런 기도를 할 수 있었습니다. "주여, 나의 눈물을 주님의 병에 담아 두소서. 주님의 아들이 울고 있습니다. 내 눈물을 주의 병에 담으시고 기억하소서. 내 눈물을 잊지 마소서!" 하나님은 그의 기도를 들으셨고, 다윗의 눈물이 변하여 춤이 되게 하셨다는 해피 엔딩을 우리는 잘 알고 있습니다.

어린아이가 닭똥 같은 눈물을 뚝뚝 흘리고 있을 때, 그 광경을 보는 부모의 마음은 내 아이가 흘리는 눈물의 이유에 쏠리게 됩니다. 자녀의 눈물에 부모의 마음이 움직일 수밖에 없습니다. 이와 마찬가지로 우리가 울고 있으면 하나님의 마음이 움직입니다.

우리는 성경의 인물 가운데 히스기야를 잘 알고 있습니다. 죽을병에 걸린 히스기야가 이제 더는 살 수 없다는 말을 들었을 때, 벽을 바라보며 하나님께 대성통곡했습니다. 그때 하나님께서는 이사야를 통해 이런 말씀을 다시 전했습니다. "너는 가서 히스기야에게 이르기를 … 내가 네 기도를 들었고 네 눈물을 보았노라 내가 네 수한에 십오 년을 더하고"(사 38:5). 하나님은 우리의 눈물을 눈여겨보고 계십니다. 눈물에는 큰 능력이 있습니다. 눈물의 기도는 하나님의 마음과 그 보좌를 움직입니다.

○ ○ ○ ○
상한 갈대

제가 사랑의교회를 담임할 때의 이야기입니다. 심방을 열심히 하는 한 부목사가 있었습니다. 우리 교회에 부임하기 전에 강남이 아닌 다른 지역에 살던 그는 강남은 다른 지역과는 좀 다를 것이라고 생각했답니다. 강남이야말로 성공한 사람들이 모여 사는 고급 주택들이 즐비한 곳이고 형편이 어려운 사람을 찾아보기 힘든 부촌이라고 생각했답니다. 그런 그가 사랑의교회에 부임해서 담당 구역들을 돌아보고는 저에게 이런 편지를 썼습니다.

> "목사님, 강남이라는 곳이 겉모습과 다르게 속으로는 많은 아픔을 끌어안고 있다는 사실에 놀라움을 금할 수가 없습니다. 가정마다 아픔이 많았습니다. 눈물이 마를 날이 없고, 한숨이 없는 가정이 거의 없습니다."

그는 편지에서 몇 가지 사례를 들었습니다. 카드 빚을 갚느라 부부가 밤낮으로 뛰고 있지만 해결되지 않아 허덕이는 가정이 수두룩했고, 지하나 옥상에 있는 조그마한 단칸방에서 근근이 살아가는 가족도 있었습니다. 그런가 하면, 경제적으로는 안정되었지만 툭하면 자녀가 가출하는 바람에 부모의 얼굴에는 수심이 가득하고, 눈물 마를 날이 없는 가정도 있었습니다. 남편이 실직해서 아내가 대신 일거리를 찾아 동분서주하는 가정도 있었고, 살 만하니까 남편이 다른 여자와 바람을 피우고 살림을 차려서 그 남편을 두고 벌써 2년이 넘도록 눈물, 콧물 흘려 가며 하나님 앞에 통곡하는 부인도 있었습니다. 이런 갖가지 고통의 상황들을 돌아보면서 그 목사는 참 많이 놀랐던 것 같습니다.

　세상에서 성공해서 소위 잘나간다고 하는 사람들 중에는 예수님을
믿지 않는 사람이 많이 있습니다. 이들은 예수님이 꼭 필요하지 않다
고 생각하며 자기 자신을 믿고 삽니다. 그러나 교회를 찾아오고 예수
님을 믿어 보겠다고 하는 사람들 중에는 고통과 눈물을 안고 있는 사
람들이 많습니다. 강남에서, 특히 교회를 다니는 사람들 중에서 인생
의 밑바닥을 경험하고 고통에 허덕이는 사람들이 더 많다는 말입니다.

　우리 주변에 있는 어려움에 처한 이웃들을 보면, 마치 예수님이 비
유로 말씀하신 '상한 갈대, 꺼져 가는 심지'와 같다는 생각이 듭니다.
갈대는 강기슭에서 주로 자라는 풀로 다른 풀과 비교가 안 될 정도로
키가 큽니다. 한참 잎이 파랗게 뻗어 날 때는 정말 매력적인 광경이 연
출됩니다. 운치 있습니다. 당당합니다.

　인생을 살아갈 때 한순간은 이런 갈대와 같이 우리의 모습이 화려
할 때가 있습니다. 승승장구할 때가 있습니다. 다른 사람보다 빨리 진
급합니다. 가정이 평안합니다. 젊음의 아름다움을 마음껏 즐길 수 있
는 여건이 마련되어 있습니다. 모든 사람의 부러움을 삽니다. 당당한
갈대의 모습입니다. 그러나 어느새 그 갈대는 상해 있고, 한순간에 꺾
여 버립니다.

　꺼져 가는 심지가 무엇인지 요즘 젊은이들은 상상하기 어려울지도
모르겠습니다. 하지만 제 연배와 비슷한 사람들은 꺼져 가는 심지가
무엇인지 잘 알 것입니다. 기름이 점점 말라 없어지거나 심지가 오래
타서 못 쓰게 되면 불을 켜 놓아도 불꽃이 점점 시들어집니다. 문이 살
짝 열려서 바람이라도 들어오면 바로 꺼질 듯 희미합니다. 죽기 일보
직전입니다. 소망이 거의 없는 존재입니다. 바람이 조금이라도 불어
오면 이제 다시는 소생할 수 없는 나약한 모습, 이것이 꺼져 가는 심지

입니다.

상한 갈대와 같은 사람들, 꺼져 가는 심지와 같은 사람들이 우리 중에도 정말 많이 있습니다. 지금도 이런 사람들은 말할 수 없는 고통으로 인해 눈물을 흘리고 있을 것입니다. 어쩌면 아무도 보지 않는 곳에서 숨죽이며 울고 있을지도 모릅니다. 암담한 현실 앞에서 나오는 눈물에는 남녀의 구별이 없습니다.

갈대가 상해서 꺾이면 사람들은 아무도 그 갈대에 신경 쓰지 않습니다. 꺾인 갈대를 무심코 밟고 지나갑니다. 우리는 40대에든 50대에든, 아니면 30대에라도 상한 갈대처럼 꺾일 수 있습니다. 아마 그 순간에 세상이 얼마나 야박한 곳인지 알게 될 것입니다. 사람들은 꺾여 버린 자에게 쌀쌀맞게 등을 돌립니다. 비정하게 그를 밟고 지나갑니다. 이것이 세상입니다.

그러나 예수님은 다릅니다. "(주님은) 상한 갈대를 꺾지 아니하며 꺼져 가는 심지를 끄지 아니(하신다)"(마 12:20상)라는 말씀으로 우리를 위로해 주십니다. 주님은 상한 갈대와 같은 우리를, 다 꺼져 가는 심지와 같은 우리를 품에 안으시고 나지막한 목소리로 달래 주십니다.

○ ○ ○ ○ ○ ○ ○ ○
눈물을 씻어 주시는 분

과연 예수님이 우리를 위로하시고, 우리의 눈물을 씻겨 주실까요? 과부의 경우처럼 당장 관에서 죽은 아들을 살려 주실까요? 모든 사람에게 그런 일이 동일하게 일어나는 것은 아닙니다. 하지만 아파하는 이들에게 동일하게 역사하시는 주님의 방법이 있습니다. 이 세상을 사는 동안 고통당하는 우리를 위로하시는 두 가지 말씀이 있습니다.

하나는 "우리는 긍휼하심을 받고 때를 따라 돕는 은혜를 얻기 위하여 은혜의 보좌 앞에 담대히 나아갈 것이니라"(히 4:16)는 말씀입니다. 궁휼이 많으신 주님은 나와 나의 필요에 대해 어느 누구보다도 잘 아시기 때문에, 정확한 때에 도와주시기 위해 늘 은혜를 준비하고 계십니다. 주님께 간구하면, 때를 따라서 채우시고 위로해 주시는 손길이 항상 우리 곁에 있음을 알게 될 것입니다. 자비로우신 하나님은 울고 있는 당신에게 주목하시고, 당신의 눈물을 소중히 여기시며 "울지 말라"고 위로하십니다. 더 나아가 우리의 문제가 어디에 있는지를 아시고, 정확한 때에 필요한 은혜를 허락해 주십니다. 예수 그리스도는 우리 눈의 눈물을 씻어 주는 분이십니다.

다른 하나는 "우리가 알거니와 하나님을 사랑하는 자 곧 그의 뜻대로 부르심을 입은 자들에게는 모든 것이 합력하여 선을 이루느니라"(롬 8:28)는 말씀입니다. 모든 것이 합력하여 선을 이룬다는 것은 굉장히 큰 그림을 말합니다. 그러므로 우리는 이 그림을 금방 알아볼 수 없습니다.

어떤 사람이 인생의 큰 풍랑을 만났습니다. 정신을 차릴 수가 없습니다. 1년이 지나도, 2년이 지나도, 3년이 지나도 문제는 해결되지 않습니다. 아무리 기도해도 하나님은 들어주시지 않습니다. 간혹 하나님의 존재를 의심하기에 이릅니다. 정신을 차릴 수 없는 어려움이 몰아칩니다. 이럴 때는 주님이 위로하시지 않는 것일까요? 눈물을 씻어 주시지 않는 것일까요? 그렇지 않습니다. 지금 당장은 정신을 차릴 수 없고 해답을 알 수 없지만, 모든 것을 합력하여 선을 이루시는 하나님은 큰 그림을 가지고 우리의 인생을 바라보고 계십니다. 우리는 그것에 주목해야 합니다. 이 큰 그림을 완성하기까지 많은 시간이 걸릴 수도 있습니다. 경우에 따라 우리 당대에서 보지 못하고 다음 세대로 넘어갈 수도 있습니다. 그러나 하나님께서 우리를 위하여 아름답고 선한 뜻과 큰 계획을 가지고 계신다는 것을 신뢰해야 합니다.

구약성경의 룻기를 보면 '나오미'라는 여성이 나옵니다. 이 이름의 뜻은 '희락'입니다. 참 좋은 이름인데 반해 그녀의 인생은 너무 기구합니다. 그녀는 흉년을 만나자 좀 더 잘 살아 보려고 남편을 따라 아들 둘을 데리고 모압으로 이민을 갔습니다. 거기서 10년을 사는 동안 두 아들은 모압 여성과 결혼을 했습니다. 한동안 나오미는 행복한 가정의 어머니로 살았습니다. 그러나 모압으로 이민 온 지 10년 만에 남편이 죽어 과부가 되었고, 얼마 지나지 않아 큰아들과 작은아들이 차례로 세상을 떠났습니다. 그렇게 집안의 남자들이 전부 다 죽었습니다. 그 사실만으로도 처절하고 슬픈데 사람들에게 저주받은 집안이라고 손가락질까지 당했을 것입니다. 집안에는 20대 초반이나 10대 후반쯤 되었을 법한 어린 자부 둘과 나오미, 이렇게 과부 셋만 고스란히 남았습니다.

우리는 이런 가정이 하나님께 복을 받았다고 감히 말할 수 없을 것입니다. 하지만 룻기를 읽어 보면 모든 것이 합력하여 선을 이루게 하시는 하나님의 큰 그림을 볼 수 있습니다. 왜 그런 고통과 아픔의 눈물을 겪어야 했는지, 하나님은 당장 그 답을 주시지 않습니다.

나오미는 자부 룻과 함께 고향으로 돌아왔습니다. 나중에 룻은 재혼을 하고 아들을 낳게 되는데, 그 아들이 오벳입니다. 오벳은 다윗 왕의 할아버지입니다. 이스라엘의 왕통이 과부 둘을 통해 이어지고, 그 혈통에서 인류를 구원하실 예수 그리스도가 이 세상에 나셨습니다.

만약 나오미에게 그런 끔찍한 비극이 없었다면, 다윗 왕의 할아버지가 그 가족 가운데서 나올 확률은 전혀 없었을 것입니다. 그와 같은 비극을 통해서도 하나님은 다윗 왕의 혈통을 조성하고 계셨습니다. 인류를 구원하실 구원의 길을 닦고 계셨던 것입니다. 이것은 너무나 엄청난 계획이었기 때문에 나오미로서는 상상조차 할 수 없었던 일입니다. 이 비밀에 대해 당시 어느 누구도 알 수 없었습니다. 그러나 하나님은 그 가운데 선한 뜻을 품고 계셨고, 그 계획을 이루셨습니다.

눈물이 눈물로 끝나지 않게 하신다

믿지 않는 사람들보다 믿는 사람들 중에 고생하는 사람이 더 많아 보입니다. 신앙이 좋음에도 불구하고 눈물 마를 날이 없는 인생을 사는 사람들도 많습니다. 하지만 하나님께서는 우리에게 약속하셨습니다. 때를 따라 돕는 은혜를 주시든지, 모든 것이 합력하여 선을 이루는 큰 계획 속에 한 부분이 되게 하시든지, 아니면 두 가지 모두를 주신다고 하셨습니다.

사랑의교회 교역자 가운데 젊은 나이에 세상을 떠난 목회자의 아들이 있습니다. 그의 아버지는 가난한 교역자 시절에 은혜를 더 받기 위해 어린 자녀들과 아내를 두고 40일 금식 기도를 하러 산으로 갔습니다. 하지만 금식 기도를 마치고 나서 그만 죽고 말았습니다. 금식 기도를 40일이나 했으면 성령이 충만해져서 펄펄 뛰어내려 오거나, 무슨 능력을 얻어서 굉장한 종이 되어야 하는데, 금식 기도 후에 죽었답니다. 그것도 목사가 말입니다.

수십 년 전에 일어난 사건이지만, 크게 보면 거기에는 하나님의 선한 뜻이 있었습니다. 모든 것이 합력하여 선을 이루게 하시는 하나님의 큰 그림이 있었습니다. 지금 우리는 목사가 된 그의 아들을 보고 있습니다. 하나님이 그를 어떻게 사용하실지 모릅니다. 아니, 큰 일꾼이 될 엄청난 조짐이 벌써 보이고 있습니다.

하나님은 절대로 우리의 눈물이 눈물로 끝나지 않게 하십니다. 인생이 비록 초라하고 보잘것없이 느껴질지라도 예수님의 이름을 부르는 자는, 주님을 의지하고 인생을 영위하는 자는, 눈물이 눈물로 끝나지 않는다는 사실을 기억하십시오. 반드시 거기에는 열매가 있습니다.

지금 눈물의 나날을 보내는 이가 있다면, 그 눈물을 귀중히 여기시는 주님을 신뢰하며 그분 앞에 나아가십시오. "울지 말라"고 말씀하시는 주님께 집중하십시오. 하나님 안에는 실패가 없을 뿐만 아니라 최후 승리가 있습니다. 주님이 주시는 영광스러운 내일이 있을 뿐입니다.

> 여호와께서 이와 같이 말씀하시니라 네 울음소리와 네 눈물을 멈추어라…너의 장래에 소망이 있을 것이라_렘 31:16-17상

2

사람이
두려울 때

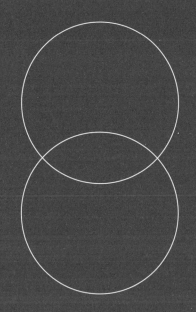

사자는 인격을 해치지는 못합니다. 그러나 사람의 혀에서 나오는 모함이나 비난,
수군거림이나 공박은 우리 마음 깊은 곳에 쓰라린 상처를 냅니다.

시편 7:1-10

1 여호와 내 하나님이여 내가 주께 피하오니 나를 쫓아오는 모든 자들에게서 나를 구원하여 내소서 2 건져 낼 자가 없으면 그들이 사자같이 나를 찢고 뜯을까 하나이다 3 여호와 내 하나님이여 내가 이런 일을 행하였거나 내 손에 죄악이 있거나 4 화친한 자를 악으로 갚았거나 내 대적에게서 까닭 없이 빼앗았거든 5 원수가 나의 영혼을 쫓아 잡아 내 생명을 땅에 짓밟게 하고 내 영광을 먼지 속에 살게 하소서 (셀라) 6 여호와여 진노로 일어나사 내 대적들의 노를 막으시며 나를 위하여 깨소서 주께서 심판을 명령하셨나이다 7 민족들의 모임이 주를 두르게 하시고 그 위 높은 자리에 돌아오소서 8 여호와께서 만민에게 심판을 행하시오니 여호와여 나의 의와 나의 성실함을 따라 나를 심판하소서 9 악인의 악을 끊고 의인을 세우소서 의로우신 하나님이 사람의 마음과 양심을 감찰하시나이다 10 나의 방패는 마음이 정직한 자를 구원하시는 하나님께 있도다

사람이
두려울 때

분별의 지혜

성경에서는 인생을 나그넷길이라고 표현하고 있습니다. 우리 모두는 지금 그 길 위를 걸어가고 있습니다. 모퉁이를 돌아설 때면 우리는 잘 보이지 않는 불투명한 미래를 좀 더 잘 보려고 안간힘을 씁니다. 하지만 예상치도 못했던 일들이 복병처럼 나타나 우리의 생각과는 점점 다른 길로 가게 됩니다. 이렇게 우리의 인생길에는 예기치 못한 불안감이 산재해 있습니다.

이 나그넷길에서 우리를 참으로 무섭게 하는 것이 무엇입니까? 질병입니까? 천재지변입니까? 아니면 불의의 사고입니까? 물론 이 모든 것도 우리를 두렵게 하고 불안하게 합니다. 하지만 성경을 비추어 볼 때 우리가 정말 두려워해야 할 대상은 사람입니다. 사람만큼 무서운 것이 없습니다. 우리 주변에 있는 사람들이 모두 선하지만은 않습니다. 선한 것처럼 가장하면서도 근본적으로 몹시 잔혹한 사람들도 많습니다. 사람이 얼마나 무서운 존재인가에 대해 성경은 놀라울 정도로 많은 증거를 가지고 있습니다.

인생의 지혜를 가르쳐 주는 잠언서를 보면 처음부터 선한 사람, 악한 사람을 잘 가려서 택하는 것이 지혜라고 나와 있습니다. 주의해야할 사람이 누구인지, 멀리해야 할 사람이 누구인지 잘 분별하여 선택하도록 사람을 다각도로 잘 구분해 놓았습니다. 예를 들면 패역한 자, 미련한 자, 게으른 자, 어리석은 자, 말쟁이, 사특한 자, 거짓된 자, 궤휼한 자 등 우리 주변에 있는 악한 사람들을 그 성격과 행위대로 구분해서 알려 줍니다. 이런 사람은 이렇게 해서 나쁘니 주의하고, 저런 사람은 저렇게 해서 위험하니 경계하고, 이런저런 사람들과 부딪히는 복잡한 사회에서 인간관계에 조심하며 살아가도록 충고하고 있습니다. 이것이 곧 지혜입니다.

○ ○ ○ ○ ○ ○ ○
사람이 무섭습니다

시편은 우리의 심리를 가장 잘 표현하고 있는 성경입니다. 시편을 읽을 때마다 종종 제가 그 상황 속에 들어가 기도하는 것처럼 착각을 하게 됩니다. 또 시편 속에 나타나는 감정의 흐름들은 마치 저의 감정을 그대로 노출시키는 것같이 느껴지기도 합니다. 그만큼 시편은 인간의 내면세계를 정확히 꼬집어 표현하고 있습니다.

시편을 읽다 보면 저자가 사람 때문에 고통스러워하고 신음하며 탄식하고, 부르짖는 내용이 많이 있습니다. 그것은 아마도 세상에서 우리를 가장 괴롭게 하는 존재가 바로 사람이기 때문일 것입니다.

시편 7편을 보면 저자 다윗은 '식가욘'이라는 이상한 말을 기록해 놓았습니다. 학자들은 이 단어의 뜻이 정확하게 무엇인지 아직 규명하지 못했습니다. 하지만 일반적으로는 '큰소리로 부르짖는다'라는 의미로 받아들이고 있습니다. 이 단어는 성경에 정확히 두 번 나옵니다. 하박국 3장과 지금 이야기하는 시편 7편(히브리어 성경 시 7:1)입니다.

저자는 큰소리로 부르짖고 있습니다. 그것은 바로 옆에 있는 베냐민 사람 '구시' 때문입니다. 이 사람은 다윗을 몹시 괴롭혔습니다. 그래서 다윗은 하나님 앞에 앉을 때마다 어린아이처럼 울부짖으며 하소연했습니다.

다윗을 괴롭힌 '구시'에 대해서는 더 이상 성경에 나오지 않습니다. 다윗의 생애를 기록한 사무엘상 · 하를 보아도 '구시'라는 인물은 없습니다. 우리가 알 수 있는 것은 단지 베냐민 사람이라는 것뿐입니다. 베냐민 지파는 다윗의 정적이자 선임자였던 사울 왕의 가문입니다. 사울이 망하고 나서 그다음 대를 이은 다윗에게 원한을 품은 베냐민 지파 사람들이 다윗과 심한 갈등 관계를 형성한 것은 어떻게 보면 너무나 당연한 일이었습니다.

'구시'는 '검둥이'라는 뜻입니다. 그래서 학자들은 '구시'라는 사람이 실제적으로 성경에 등장하는 인물이 아닌 것으로 보아 어떤 사람을 상징적으로 표현하기 위해 쓴 별명이라고 이야기합니다. 성경 내용의 흐름상 사울 왕을 가리키고 있다고 유추하기도 합니다.

사울은 셈족이자, 유대 민족이기 때문에 피부색은 검지 않습니다. 그러나 사울 왕의 하는 짓을 보면 속이 얼마나 캄캄한 사람인지 알 수 있습니다. 겉모습으로는 매우 겸손한 것 같고, 굉장히 관용한 것 같으며, 풍채가 좋고, 너털웃음을 껄껄 웃을 수 있는 사람으로 보입니다. 그러나 그가 20여 년간 다윗에게 한 짓을 보면 얼마나 그 속이 캄캄하고 잔인한 사람인지 분명히 알 수 있습니다. 다윗은 이런 사울 왕의 캄캄한 마음에 당한 피해자였기에, 사울 왕을 '검둥이'라고 불렀을 가능성이 있다는 말입니다. 상당히 재미있는 해석입니다.

로마의 시인 호라티우스(Quintus Horatius Flaccus, B.C. 65-B.C. 8)는 그의 시에서 이런 말을 했습니다.

저 사람은 검둥이야

오, 로마 사람들이여

사람을 주의하게

여기서 이 "검둥이"는 겉이 검기 때문에 표현한 것이 아닙니다. 시인 호라티우스도 흑인이고 그의 시에서 "주의하게"라고 표현하고 있는 것을 보아 "검둥이"는 특별히 마음이 검은 사람을 지목하는 것으로 해석할 수 있습니다.

다윗의 생애는 처음부터 악한 사람들로 인하여 피 말리는 시련과 함께 시작되었습니다. 평생 그 상처는 완전하게 아물지 못했습니다. 아물 만하면 터지고, 또 터지고 계속 피가 흘렀습니다. 다윗을 괴롭힌 주변의 악한 사람들 중에 대표적인 사람을 꼽으라면 단연 사울 왕일 것입니다. 그다음으로는 그가 자랑하던 미남 아들 압살롬입니다. 압살롬은 칼을 뽑아 자기 아버지를 겨누었습니다. 또 한 사람을 들면, 다윗의 심복으로 섬긴 군대 장관 요압입니다. 이 사람은 평생 다윗의 가슴에 박힌 가시 노릇을 했습니다. 다윗은 가까운 가족부터 먼 원수들까지 많은 사람들에게 시달림을 당했고, 괴로움을 맛보았습니다.

다윗은 이러한 경험으로 세상에서 그 무엇보다도 인간에 대해 잘 알 수 있었습니다. 인간이 얼마나 악한 존재인지, 그 본심이 얼마나 놀라울 정도로 잔인한지를 몸소 체험했기 때문입니다. 그런 다윗이 생의 좌우명으로 택하게 된 중요한 원리가 사무엘하 24장에 나옵니다.

다윗이 범죄를 저질렀습니다. 하나님은 죄를 범한 다윗을 바로 응징하셨습니다. 선지자가 와서 하나님의 말씀을 전했습니다. 하나님께서 그에게 세 가지 선택권을 주셨는데, 그중 두 가지가 이것입니다. "네가 대적 앞에 쫓겨서 3개월 동안 도망 다니겠느냐, 아니면 전염병에 시달려서 3일 동안 고생하겠느냐, 둘 중의 하나를 택하라"(삼하 24:13 참조).

다윗은 가만히 생각해 봅니다. '대적에게 쫓겨서 3개월 동안 도망 다닌다고? 아 이것은 싫어! 대적은 사람이야. 사람만큼 잔인한 것이 없어. 그러니 사람의 손에 빠지는 것이 더 두렵고 불행한 일이야. 전염병은 하나님에게서 온 것이니까 차라리 자비롭고 긍휼하신 하나님의 손에 빠지자. 그게 낫겠다.' 그는 고민한 끝에 이렇게 결정을 내립니다. "여호와께서는 긍휼이 크시니 우리가 여호와의 손에 빠지고 내가 사람의 손에 빠지지 아니하기를 원하노라"(삼하 24:14).

다윗은 사람이 너무나 잔인하고 무서운 존재라는 것을 잘 알았습니다. 그러므로 사람 손에 빠지느니 차라리 자비하신 하나님 손에 빠지는 것이 낫겠다는 선택을 한 것입니다. 그래서 3일 동안 전염병에 걸리는 쪽을 선택합니다.

시편 7편에서 다윗은 '구시'라는 사람과 함께하고 있는 사람들을 가리켜 "사자"라고 표현했습니다. "사자같이 나를 찢고 뜯을까 하나이다"(2절). 시인은 인간이 사자처럼 잔혹해질 수 있다고 말합니다. 또 "악인이 죄악을 낳음이여 재앙을 배어 거짓을 낳았도다"(시 7:14)라는 표현이 등장합니다. 이 표현은 곧 '날마다 더러운 생각만 하고 죄 되는 일만 한다'는 말입니다. 이어 "그가 웅덩이를 파 만듦이여 제가 만든 함정에 빠졌도다"(시 7:15)라고 합니다. 이 말의 뜻은 무엇입니까? 짐승을 잡을 때 땅을 파 놓듯이 함정을 만들고, 그물을 쳐 놓아 사람들이 지나갈 때 걸리도록 만드는 것이 인간이라는 말입니다.

칼보다 날카로운 혀

이 '구시'라는 사람이 다윗에게 얼마나 못된 짓을 했길래 다윗이 사자라고 묘사하고, 웅덩이를 파서 기다리는 무서운 사냥꾼과 비교를 했을까요? 다윗에게 칼을 들이댔을까요? 아니면, 다윗의 재산에 손해를 끼쳤을까요? 혹은 다윗의 왕위를 노렸을까요? 아닙니다. 1절 바로 앞에 있는 서론에는 다윗의 식가온, 베냐민 사람 구시의 말에 대해 나옵니다.

사람이 가장 잔인해지는 때는 바로 혀를 가지고 사람을 죽일 때입니다. 혀는 참으로 부드럽습니다. 그런데 이 혀가 얼마나 무서운지, 칼의 날카로움보다 더 날카롭게 찌르기도 합니다. 다윗은 지금 구시에게 모함과 입에 담기조차 어려운 저주와 비난을 듣고 있습니다. 한마디 말로 치명타를 입히는 구시는 마치 사자와도 같습니다. 사실 인간은 사자보다 더 잔혹합니다. 사자는 인격을 해치지는 못합니다. 아무리 무서운 짐승이라도 인간의 명예나 고귀한 정신은 끌어내리지 못합니다. 기껏 해 봐야 육체에 상처를 주거나 해칠 뿐입니다. 그러나 사람의 혀에서 나오는 모함이나 비난, 수군거림이나 공박은 우리 마음 깊은 곳에 쓰라린 상처를 냅니다. 몸에 난 상처는 약을 바르고 정성껏 돌보고, 적당한 시간이 흐르면 아물게 됩니다. 하지만 말 때문에 산산조각 난 마음을 회복하는 데에는 이루 말할 수 없는 고통과 함께 오랜 시간이 필요합니다.

최근에 일어난 여러 가지 사건을 보면 "사람이란 정말 무서운 존재구나" 하는 말이 절로 나옵니다. 문제의 시시비비를 가리는 것은 일단 접어 두고서라도, 마음속에 불같이 일어나는 질투를 억제하지 못해서 모함하고, 험담하고, 헐뜯고, 나중에는 그것도 모자라서 투서까지 합니다. 상대방을 말로 무참히 짓밟고 자기도 처참하게 무너져 내리는 것을 수도 없이 봤습니다.

요즘 인터넷을 보면 정말 악하기 짝이 없습니다. '악플'이라는 신조어가 나올 정도입니다. 타인의 기사나 글에 자신의 의견을 간단히 덧붙이는 글을 댓글이라고 하는데, 그 댓글 중에서도 악의적으로 상대방을 비난하는 글을 '악플'이라고 합니다. 근거 없이 비난하는 댓글들을 보면 정말 소름이 끼칠 정도입니다. 익명으로 된 악플은 기사의 주인공이나 글쓴이의 인격까지도 처참하게 밟아 버립니다. 급기야 모 연예인은 잇단 악플에 못 이겨 스스로 목숨을 끊기도 했습니다. 그처럼 말은 상대방의 인격뿐 아니라 목숨을 위협할 정도로 무서운 것입니다.

이것은 비단 교회 밖에서만 있는 일이 아닙니다. 교회 안에서도 마찬가지입니다. 이해와 사랑은 사라지고, '교회 정화'라는 미명 아래 한 사람의 인격과 명예와 소명을 사정없이 난도질하는 무서운 일들이 교회 안에서 빈번히 일어나고 있습니다. 과거에도 보았고 지금도 그러한 일을 보고 있습니다. 그런 말을 하는 사람들이 실제로 구원을 받았는지 아닌지는 판단할 수 없지만, 그들의 입에서 나오는 말은 듣기에도 소름이 끼칠 정도로 잔인합니다.

최근에 모 교회의 남자 집사님 한 분을 만났습니다. 그분이 저를 붙들고 매우 안타까운 탄식을 했습니다. "목사님, 우리 교회에 새 목사님이 부임하신 지 불과 3개월도 안 됩니다. 그런데 교회에서 항상 가시 노릇을 하는 장로님이 그 목사님을 잘못 봤습니다. 그래서 그 목사님을 틈만 나면 헐뜯더니, 요즘은 아예 집집마다 다니면서 '목사가 사무실에서 근무하는 아가씨와 스캔들이 있다'고 소문을 퍼뜨리고 돌아다닙니다. 이럴 땐 어떻게 해야 합니까?" 제가 그 말을 듣는데, 마치

제 눈앞에 어떤 사람이 사자의 얼굴을 하고 있는 모습이 연상되었습니다. 무서운 발톱이 있는 사자가 연상되었습니다. 어린양을 잡아 가지고 무조건 입에 물고 사정없이 찢는 사자 말입니다. 교회 안에서 중한 직책을 맡은 사람들도 무서워질 수 있고, 잔인해질 수 있습니다. 시편 10편에서도 다윗은 똑같은 탄식을 하고 있습니다.

> 그의 입에는 저주와 거짓과 포악이 충만하며
> 그의 혀 밑에는 잔해와 죄악이 있나이다
> 그가 마을 구석진 곳에 앉으며
> 그 은밀한 곳에서 무죄한 자를 죽이며
> 그의 눈은 가련한 자를 엿보나이다
> 사자가 자기의 굴에 엎드림같이
> 그가 은밀한 곳에 엎드려
> 가련한 자를 잡으려고 기다리며
> 자기 그물을 끌어당겨 가련한 자를 잡나이다
> _시 10:7-9

말을 가지고 사람을 잡는 사람들이 사자처럼 엎드려서 기다리고 있습니다. 은밀한 곳에서 가련한 자를 잡으려고 숨어 있습니다. 말을 가지고 사람을 잡는 사람은 보이는 데서 말하지 않습니다. 면전에서 말하는 사람들이 아닙니다. 항상 보이지 않는 으슥한 곳에서 헐뜯고 깎아내립니다. 앞발을 들어 온 힘을 다해 공격하는 사자처럼 뒤에서 말로 칩니다. 이런 무서운 사람들을 주의하고 잘 가려내야 합니다. 가능하면 이런 자들을 멀리해야 합니다.

세상은 갈수록 비정한 사회가 되어 갑니다. 더욱 잔인해지고 있습니다. 어떻게 대처할 수 있습니까? 우리 눈으로 좋은 사람, 나쁜 사람을 가리지 못합니다. 나쁜 사람일수록 겉은 더 좋아 보일 수 있습니다. 이상하게 마음이 잔인한 사람일수록 겉은 더 그럴 듯해 보이곤 합니다. 아마 아름다운 얼굴에 잔인한 행동이 더욱 대비되기 때문에 그렇게 느껴지는 것일 수도 있겠지요. 포학한 사람일수록 말씨가 부드러운 것을 자주 봅니다. 그러니 무슨 재주로 사람을 가릴 수가 있겠습니까?

○ ○ ○ ○ ○ ○ ○
악한 말을 그치며

시편 7편 말씀을 통해 우리는 세 가지 교훈을 받을 수 있습니다.

첫째로 양심적인 대인 관계를 유지해야 한다는 것입니다. 양심적인 대인 관계를 맺는 사람은 이웃에게 책망받을 짓을 하지 않습니다. 이런 사람은 말 한마디를 하더라도 남을 해치는 말은 하지 않습니다.

구시의 말 때문에 고통을 당하면서 다윗은 하나님 앞에 자기 자신을 검토했습니다. "여호와 내 하나님이여 내가 무슨 잘못을 했나요, 내 손에 무슨 죄악이 있나요, 주님 좀 봐 주십시오, 내가 나하고 화해를 한 사람, 화친한 사람을 뒤에서 악으로 갚은 일이 있나요, 아무리 내 원수지만 내 원수에게 이유 없이 그들을 치며 그들의 물건을 빼앗은 일이 있나요, 하나님 나 좀 살펴 주세요"라며 자기 자신을 검토했습니다.

다윗은 일생 동안 자기를 해치려고 하는 자들이 아무리 많았어도, 자기가 먼저 남을 해치는 법이 없었습니다. 말 한마디라도 자기가 먼저 남을 욕보이는 일이 없었습니다. 하나님 앞에 그는 양심적인 생활을 했습니다.

말을 함부로 하면 나도 모르게 이웃에게 상처를 줄 수가 있습니다. 이웃에게 상처를 주는 것은 상처받은 이웃이 나에게 언제든지 무슨 짓이라도 할 수 있도록 여지를 만드는 것이 됩니다. 결국 우리의 한마디 말이 이웃을 악하게 만들 수도 있다는 이야기입니다. 그러므로 사람들의 그 무서운 계교와 잔인함에서 벗어나 평안한 인생길을 걸어가려면 내가 먼저 남을 해치는 말을 하지 말아야 합니다. 그러나 경쟁 사회에서 사람을 전혀 해치지 않고 상처 주지 않고 산다는 것은 매우 어려운 일입니다.

저는 이규태 씨의 글을 참 즐겨 봅니다. 그분이 언젠가 신문 칼럼에다가 '평등 반발 현상'이라는 재미있는 글을 쓴 적이 있습니다.

"예쁜 여자끼리는 결코 친하지 않습니다. 서로가 비슷하면 친하게 지내지 않는다는 말입니다. 특히 우리 한국 사람들은 서로가 질투하고 반발하는 경우가 대단히 많은데, 권력이 비슷한 사람끼리 사이가 나쁘고, 업적이 비슷한 사람끼리 사이가 틀어지고, 윗사람으로부터 신망이 비슷하게 두터운 사람끼리 틈이 잘 생기고, 학교에서 비슷비슷하게 공부하는 학생들끼리 사이가 좋지 않습니다."

이게 소위 평등하면 반발한다는 현상인데, 서양 사람들은 일반적으로 서로가 평등할 때 공정하게 선의의 경쟁을 해서 오히려 안정된 인간관계를 유지한다고 합니다. 그러나 한국 사람들은 종적인 관계, 상하의 관계에서는 안정감을 누리지만, 횡적인 관계에서는 안정감이 깨지면서 조금만 서로 비슷하다 싶으면 무서울 정도로 서로가 헐뜯고 사납게 경쟁하는 관계가 됩니다. 그래서 정정당당하게 경쟁할 생각은 하지 못하고 뒤쪽에 가서 험담하고 헐뜯는 음성적인 처리를 하는 것이 일반적인 사람들의 행태라고 합니다. 이런 사람들이 살고 있는 우리 동네, 우리 직장, 형제자매 사이에서 상대방에게 어떤 해나 손해를 끼치지 않고 성자같이 살기는 참 어려운 일인 것 같습니다. 그러나 그렇다고 해서 말이나 행동을 마음대로 하여 다른 사람에게 상처를 주는 행위를 한다면, 이것은 결국 내가 그로부터 받을 상처의 대가를 미리 지불하는 것이나 다름없습니다.

성경은 이렇게 말씀합니다. "아무 일에든지 다툼이나 허영으로 하지 말고 오직 겸손한 마음으로 각각 자기보다 남을 낫게 여기고"(빌 2:3). "생명을 사랑하고 좋은 날 보기를 원하는 자는 혀를 금하여 악한 말을 그치며 그 입술로 거짓을 말하지 말고"(벧전 3:10).

○ ○ ○ ○ ○ ○ ○ ○ ○ ○ ○
목사님, 타이가 너무 길어요

주님이 마태복음 5장에서 우리에게 진지하게 교훈하신 말씀이 있습니다. "네가 만약 교회에 가서 예배를 드리다가 행여 상처 준 사람이 떠오르거나 서로 사이가 나빠졌다고 가책이 드는 사람이 있으면 예배를 중단하고 그 사람을 먼저 찾아가라. 먼저 가서 그 사람하고 화해하거라. 그러고 와서 예배를 드려라. 그렇게 하지 않으면 네가 예배 드리는 사이에 그 사람이 너를 고소해서 명예훼손죄로 끌고 갈지도 모르니까 화해부터 먼저 하거라." 이 얼마나 실리적인 이야기입니까!

특히 비판할 때 우리는 정말 주의해야 합니다. 비판이 무엇입니까? 자기 기준으로 남을 평가하는 것입니다. 내 안에서 내가 설정한 기준을 표준이라고 여기고 말하는 것입니다. 내가 만든 자를 가지고 남을 재는 것이 비판입니다. 그래서 그 자보다 길면 길다고 욕하고, 짧으면 짧다고 욕하게 됩니다.

우리는 '나는 옳고, 그 말은 꼭 해야 된다'는 전제로 비판의 말을 하곤 합니다. 하지만 성경은 무엇이라고 합니까? "비판하지 말라 그리하면 너희가 비판을 받지 않을 것이요 정죄하지 말라 그리하면 너희가 정죄를 받지 않을 것이요"(눅 6:37)라고 교훈합니다. 괜히 남을 비판해서 내가 상처 입을 필요도 없고 남에게 상처 줄 필요도 없습니다. 이것이 악한 세상의 틈바구니에서 사고 없이 인생을 살아갈 수 있는 지혜입니다.

존 웨슬리(John Wesley, 1703-1791)는 영국을 18세기의 도덕적인 타락에서 건진 위대한 전도자입니다. 그는 가난한 부흥사였기 때문에 있는 대로 입고 다녔습니다. 한 번은 집회를 가야 하는데 넥타이가 없어서 나비넥타이를 하고 부흥회 인도를 했답니다. 그 당시 나비넥타이는 날개가 길게 양쪽으로 내려왔습니다. 아버지 것을 매고 왔기 때문에 웨슬리에게는 좀 더 길었던 모양인지 타이가 벨트까지 내려왔습니다. 그것도 모르고 그는 나가서 열심히 설교를 했습니다. 집회가 끝난 뒤, 똑똑하게 보이는 어떤 부인이 웨슬리를 찾아오더니 "목사님, 타이가 너무 길어요. 타이가 너무 기니까 제가 보기에 꼭 세상에서 되는 대로 굴러먹은 속인같이 보이네요. 타이를 조금 자르는 게 어떠세요?"라고 말했답니다.

그 말에 웨슬리는 기분이 좀 상했습니다. 이에 웨슬리는 부인에게 "부인, 가위 있나요?"라고 물었고, 부인이 큰 가위 하나를 빌려 왔습니다. "자, 제 타이를 부인이 보기에 좋은 길이로 잘라 보세요." 웨슬리의 이 말에 그 부인은 웨슬리의 타이를 싹둑 잘랐습니다. 그러고 나서 그 부인이 "이제 보기 좋군요"라고 하자 웨슬리가 부인에게 "부인, 그 가위를 저에게 좀 주십시오"라고 했습니다. 부인이 웨슬리에게 가위를 건넸습니다. 그러자 "저… 부인, 죄송하지만 혓바닥 좀 내밀어 주시겠습니까? 제가 보기에 부인 혓바닥이 너무 길군요, 부인 혓바닥이 너무 길어서 제 마음에 상처를 주었거든요, 제가 보기 좋게 잘라 드릴게요"라고 했답니다.

구시가 말 몇 마디를 가지고 다윗을 그렇게 괴롭힌 것처럼 오늘 우리도 몇 마디 말로 사람들을 괴롭힐 수 있습니다. 그러므로 항상 우리 양심을 깨끗하게 유지해야 합니다. 내가 누구에게 말로 상처 준 일이 없는지, 누구의 마음을 아프게 한 일이 없는지, 한 사람의 인격을 사정없이 짓눌러 놓고도 태평스럽게 잠자고 있지는 않은지 살펴보아야 합니다. 상처를 줄 대로 다 주고, 태평스럽게 허허 웃을 수 있는 사람이라면 사자보다 무서운 사람입니다. 독사보다 독한 사람입니다.

○ ○ ○ ○ ○ ○ ○ ○ ○ ○ ○ ○
저 대신 하나님이 갚아 주세요

시편 7편 말씀을 통해 얻는 두 번째 교훈은 보복하고 싶은 감정을 먼저 내려놓아야 한다는 것입니다. 다윗은 구시에게 직접 보복하려고 하지 않았습니다. 다윗의 일생을 보면 다윗은 아무리 자기를 괴롭히는 사람이라도 자기 손으로 직접 그 사람을 치려는 생각을 가져 본 적이 없습니다. 다윗은 오로지 하나님 앞에 자기의 원한과 고통을 토로하고 있습니다.

또한 "여호와여 진노로 일어나사 내 대적들의 노를 막으시며 … 하나님은 의로우신 재판장이심이여 매일 분노하시는 하나님이시로다"(6절상, 11절)라고 말했습니다. "하나님, 저 대신 하나님께서 저 사람에 대해 갚아 주십시오." 이것이 다윗의 고백입니다. 다윗은 하나님께 모든 것을 다 맡겼습니다. 자기 스스로 보복하겠다는 생각을 전혀 하지 않았습니다. 이런 태도가 다윗을 위대하게 만들었습니다.

겟세마네 동산에서 주님이 잡혀 가실 때 대제사장의 종이 못되게 굴자, 베드로가 칼을 뽑아 그 사람의 귀를 베었습니다. 그때 주님이 뭐라고 하셨는지 기억나십니까? "네 칼을 도로 칼집에 꽂으라 칼을 가지는 자는 다 칼로 망하느니라"(마 26:52)고 말씀하셨습니다. 보복은 항상 보복을 불러들입니다.

시기와 다툼이 너무나 많은 세상에서 우리는 말씀대로 살아야 합니다. "아무에게도 악을 악으로 갚지 말고 모든 사람 앞에서 선한 일을 도모하라 할 수 있거든 너희로서는 모든 사람과 더불어 화목하라"(롬 12:17-18). 할 수 있거든 주님은 우리에게 모든 사람들과 더불어 화목하라고 하십니다. 선으로 악을 갚는 곳에 악이 존재할 수 없습니다. 사랑으로 모든 허물을 덮어 주는 곳에, 용서하는 자리에 원한을 가지고 달려드는 사람이 있을 수가 없습니다.

○ ○ ○ ○ ○ ○ ○ ○
하나님의 레이더망

시편 7편 말씀의 세 번째 교훈은 하나님이 항상 나의 방패가 되심을 의뢰해야 한다는 것입니다. 다윗은 "나의 방패는 마음이 정직한 자를 구원하시는 하나님께 있도다"(10절)라고 고백했습니다. 하나님을 "방패"라고 했습니다. 이것은 엄밀히 따지면 '방패자'를 뜻합니다. 나보다 앞서 가면서 방패를 가지고 막아 주는 사람입니다. 다윗은 이 말을 즐겨 사용했습니다. 그의 시에 열 번 이상 나옵니다.

방패를 현대 용어로 바꾸면 '레이더'입니다. 가장 취약한 지점에다 레이더를 설치해 놓고 그곳에 어떤 적이 공격해 오는가를 항상 살피는 것이 오늘날의 군사작전입니다. 인간의 가장 큰 취약점은 인격이요 명예일 것입니다. 돈은 빼앗겨도 괜찮다고 하는 사람이 있습니다.

물건을 빼앗겨도 그렇게 할 수 있습니다. 그러나 인격과 명예가 짓밟히면 대부분 참지 못합니다. 인간에게 가장 약한 부분이기 때문입니다. 그런 곳에 우리는 하나님의 레이더망을 쳐 놓아야 합니다. 나를 해치는 악이 들어오지 않도록 하나님의 방패를 설치하고는 그것에 기대고 의지해야 합니다. 그뿐만 아닙니다. 아무리 내가 사람을 주의한다고 해도 어떤 사람이 선하고 좋은지를 구별하기란 어렵습니다. 언제 어떤 사람을 통해서 해를 받을지 전혀 모릅니다. 그러므로 철저하게 하나님만이 이 문제의 주관자요 간섭자가 되어 주셔야 합니다. 우리 주변의 악한 사람들로부터 우리를 막아 주셔야 합니다. 내 힘으로 안 되는 영역이 있습니다.

작년 2월, 스물두 살 된 김 모 군이 낮 12시에 그가 알고 지내던 집을 찾아갔습니다. 그 집에서 커피와 곶감을 대접받고 앉아 있다가 부인이 점심을 해 주겠다며 부엌에 들어간 사이, 가방에 숨기고 들어갔던 망치로 부인의 뒤통수를 열일곱 차례 때려서 죽였습니다. 이어 학교에서 귀가하는 그 집 딸아이의 목을 졸라서 죽이고 부인의 지갑에서 2만 3천 원을 가지고 도망치다가 잡혔습니다. 저는 그 보도를 보고 '야, 정말 기가 막힌다'라고 생각했는데, 그보다 더 기가 막힌 이야기는 이것입니다.

가해자인 김 군과 희생당한 그 가정은 10년 전부터 알고 지낸 사이였습니다. 이 가정의 부부가 신혼생활을 할 때, 이 범인의 집 식구들과 어떤 집에 같이 세 들어 살았답니다. 그때 김 군은 12살이었습니다. 신혼부부가 얼마나 귀여워했겠습니까? 소년은 신혼부부에게 사랑을 받으며 자랐습니다. 그렇게 귀엽다고 생각한 아이가 10년 후에 망치를 들고 찾아와서 이토록 잔인한 짓을 하리라고는 누가 생각이나 했겠습니까?

○ ○ ○ ○ ○ ○ ○ ○

사람이 내게 어찌할꼬

이와 같은 상황은 인간의 어떤 능력으로도 막을 수 없습니다. 하나님이 막아 주시지 않으면 다른 도리가 없습니다. 어떤 사람과 만나느냐, 어떤 사람과 헤어지느냐, 어떤 사람과 거래가 있느냐 하는 모든 상황에서 하나님께서 나를 해칠 수 있는 악한 자를 미리 사전에 막아 주시고, 우리의 발을 그물에서 벗어나게 하셔야 합니다. 사람의 꾀에서 벗어나게 하시고, 구설의 다툼에서 면하게 하시며, 나를 밀쳐 넘어뜨리려 하는 자에게서 나를 보호하지 않으시면 우리는 한시도 안심하고 살아갈 수가 없습니다.

다윗은 이렇게 이야기합니다. "여호와는 내 편이시라 내가 두려워하지 아니하리니 사람이 내게 어찌할까"(시 118:6). 하나님만이 나의 방패가 되십니다. 하나님이 나를 지켜 주신다면, 아무리 악한 사람이 땅 위에 많이 있다고 할지라도 우리의 나그넷길을 평안히 걸어갈 수 있습니다. 하나님 나라에 갈 때까지 아무리 사자 같은 복병들이 나의 인생길에 함정을 파 놓고 웅크리고 기다린다 할지라도, 아무리 독사의 혀로 나를 해치는 말을 하는 사람이 있다 할지라도, 여호와가 나의 방패 되셔서 나를 보호해 주시고, 내 앞에서 모든 위험을 제거해 주시면 두려울 것이 없습니다. 찬양하며 걸어갈 수 있습니다. 하나님이 나의 방패라는 사실을 온전히 믿는다면, 하나님께서 이 믿음을 보시고 우리를 모든 위험에서 건져 주실 것입니다.

> 여호와는 내 편이시라 내가 두려워하지 아니하리니 사람이 내게 어찌할까_시 118:6

안아 주심

●

3

근심이
나를누를때

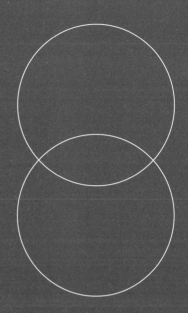

신뢰하는 엄마로부터 받은 약속, 그 약속 하나면 다른 아이들이 다 돌아가서
혼자 남아도 걱정하지 않습니다. 이것이 '소망'이 주는 기막힌 은혜입니다.

요한복음 14:1-4

1 너희는 마음에 근심하지 말라 하나님을 믿으니 또 나를 믿으라 2 내 아버지 집에 거할 곳이 많도다 그렇지 않으면 너희에게 일렀으리라 내가 너희를 위하여 거처를 예비하러 가노니 3 가서 너희를 위하여 거처를 예비하면 내가 다시 와서 너희를 내게로 영접하여 나 있는 곳에 너희도 있게 하리라 4 내가 어디로 가는지 그 길을 너희가 아느니라

근심이
나를 누를 때

근심에 빠진 제자들

어떤 대문호는 '근심'을 이렇게 표현 했습니다. "이 세상에서 가장 벗어나기 어려운 것이 있다면 그것은 근심이라고 하는 마귀다. 아무 일이 없는 날에도 그 마귀는 사람을 괴롭게 하고 혼란 속에 몰아넣는다." 그럼 근심이 마귀라는 뜻일까요? 표현이 너무 과하다 생각될지 모르겠지만, 마귀가 근심과 걱정을 가지고 사람을 끊임없이 괴롭혀 온 것은 사실입니다. 특별히 이것으로 예수님을 믿는 사람들을 자주 시험합니다. 이런 의미에서 볼 때 "근심은 마귀다"라는 말도 일리가 있습니다.

세상을 살아가면서, 우리는 하루도 근심거리를 떼 놓지 못하고 삽니다. 하지만 놀랍게도 복음서를 읽어 보면 예수님은 '근심'에 대해 단 두 번밖에 다루고 있지 않습니다. 한 번은 마태복음 6장 산상수훈에서 "염려하여 이르기를 무엇을 먹을까 무엇을 마실까 무엇을 입을까 하지 말라 내일 일은 내일이 염려할 것이요 한날의 괴로움은 그날로 족하니라"(31절, 34절)고 말씀하셨습니다. 이후로 근심에 대한 이야기는 전혀 나오지 않다가, 요한복음 14장에서 "너희는 마음에 근심하지 말라 하나님을 믿으니 또 나를 믿으라"(1절)고 말씀하십니다.

의외로 예수님은 근심에 대한 교훈을 많이 하지 않으셨습니다. 하지만 근심에 대해서 말씀하실 때는 굉장히 단호했습니다. 더이상 설명을 붙일 필요도 없이 "염려하지 말라"고 단호하게 명령하십니다. 그 다음에 바로 "나를 믿으라"는 명령이 나옵니다. 다른 어떠한 이야기도 언급하시지 않습니다. 이와 같이 단순 명료하고 단호한 명령 속에 분명한 진리가 담겨 있습니다.

본문 말씀 1절에서 "너희"가 가리키는 대상은 '제자들'입니다. 가룟 유다를 제외한 열한 명의 제자를 앉혀 놓고, 주님은 "너희는 마음에 근심하지 말라"고 하셨습니다. 제자들로서는 근심할 수밖에 없는 상황이었습니다. 지금 제자들은 잠을 잘 수도, 먹을 수도 없습니다. 그들은 예수님을 따라 예루살렘에 들어오면서부터 긴장감에 휩싸여 있었습니다. 왜냐하면 예수님이 공공연히 제자들에게 십자가에서 죽으실 것을 예언하셨기 때문입니다. 그러한 가운데 예루살렘에 들어와 보니, 그 분위기 또한 십자가에서의 죽음에 맞장구를 치듯이 아주 살기등등합니다. 언제 무슨 일이 터질지 도무지 예측할 수 없는 긴장감이 제자들을 공격했습니다. 상황이 이렇다 보니 제자들이 근심하는 것은 어떻게 보면 당연한 일이었습니다.

제자들의 근심은 세 가지로 볼 수 있습니다. 그 하나가 예수님의 운명(殞命)이었습니다. 제자들은 예수님과 이별할 수 있다는 것, 영원히 헤어질 거라는 걱정 때문에 어찌할 바를 몰랐습니다. 또 하나는 자신들이 가지고 있던 세상의 꿈이 산산조각 나 버릴지도 모른다는 생각 때문에 근심했습니다. 집도 버리고, 생업도 버리면서까지 '부귀영화를 누릴까' 하고 3년 동안 그렇게 열심히 예수님을 따라다녔건만, 이제 그 모든 꿈이 물거품으로 되기 직전에 있으니 어찌 근심하지 않을 수 있겠습니까? 동시에 예수님의 말씀대로라면 예수님이 처형을 당하실 텐데, 예수님의 제자로 이미 많은 사람들이 주목하고 있던 자신들의 신변 또한 안전하지 못할 것이라는 걱정이 생길 수밖에 없었습니다. 예수님이 떠나고 나면 무엇을 어떻게 해야 할지, 세상을 어떻게 살아가야 할지, 당장 눈앞에 놓인 생계 문제만 생각해도 눈앞이 캄캄할 수밖에 없습니다. 이러한 근심으로 제자들의 마음이 무거워진 것입니다. 이런 제자들의 걱정은 너무나 당연합니다. 그들이 이런 것들을 걱정하는 것이 잘못된 일이 아니라는 것을 우리는 충분히 이해할 수 있습니다.

걱정 위에 걱정을 쌓으며 고민하는 제자들을 주님이 가만히 바라보셨습니다. 여기서 참 묘한 것 한 가지를 발견하게 됩니다. 주님이 제자들에게 걱정이 많다고 나무라지 않으셨다는 사실입니다. "왜 쓸데없이 걱정하고 있느냐?" 하며 큰소리 한 번 지르지 않으셨습니다. 예수님은 걱정하는 제자들을 진심으로 이해하고 계셨습니다. 그래서 "너희는 마음에 근심하지 말라"고 하시며 나직이 타이르십니다. 주님의 이 한마디를 가만히 마음으로 음미해 보십시오. 근심하는 제자들의 마음을 감싸 주시려는 주님의 마음이 그대로 느껴지지 않습니까?

오늘날 우리도 마찬가지입니다. 근심에서 완전히 벗어나서 사는 사람이 이 세상에 있을까요? 근심의 소용돌이에 싸여 고민할 때가 더 많지, 근심 없이 창공을 훨훨 날듯 가벼운 마음으로 세상을 살아가는 때는 그리 많지 않습니다. 오늘도 변함없이 예수님은 우리에게 이 한마디를 건네십니다.

"너희는 마음에 근심하지 말라."

제자들과 다를 바 없는 우리

유명한 사상가인 세네카(Seneca, B.C. 4 추정)가 한 말이 있습니다. "가벼운 근심은 말이 많고, 무거운 근심은 말이 적다." 진짜 근심이 깊은 사람은 말이 없습니다. 어떤 면에서는 겉으로 보기에 전혀 문제가 없는 사람처럼 보일 수도 있습니다. 하지만 말이 없고, 근심하는 티가 잘 나지 않는 사람의 마음속에 오히려 더 무거운 근심이 자리 잡고 있을 수 있습니다.

근심거리를 주로 말로 푸는 사람들은, 물론 걱정이 되어서 늘어놓겠지만 아직 나눌 수 있는 여유가 있다는 것입니다. 근심의 무게로 사람들과 단절되지 않았기 때문에 아직 심각한 상태가 아닐 수 있습니다. 이런 의미에서 근심이 별로 없는 것처럼 보이는 사람, 어려워 보이지 않는 사람들이 실은 나누지 못하는 무거운 근심거리를 가지고 있을 수 있습니다.

이런 모습은 제자들이 갖고 있던 근심과 별 차이가 없습니다. 제자들은 예수님과의 인간관계에서 오는 근심을 가지고 있었습니다. '이분이 떠나면 어떻게 하나, 우리가 사랑하는 분을 잃어버리면 어떻게 하나, 이분만 믿고 따랐는데 떠나시면 어떻게 해야 하나….'

우리도 마찬가지입니다. 근심 중의 근심은 사랑하는 사람 때문에 오는 근심입니다. 가족들, 내가 돌보아야 할 자녀들, 또 나이가 들면서 자녀들과 얽히게 되는 다양한 주변 관계들…. 그 사람들이 늘어나면 늘어날수록 근심은 더 많아집니다. 옛날 속담처럼 가지 많은 나무에 바람 잘 날이 없다고, 나이와 함께 근심의 분량은 점점 비례하듯 늘어납니다.

인간관계에서 오는 근심뿐만 아니라, 제자들처럼 산산조각 난 꿈 때문에 오는 근심도 있습니다. 세상을 살아가면서 정말로 무엇인가를 바라보고 소원하면서 2, 30년을 힘차게 달렸는데, 그것을 이루지 못하는 사람들도 많이 있습니다. 또 꿈을 이루고 원하는 바를 손에 넣었지만 왠지 모를 허탈감에 빠진 사람도 있습니다. 더불어 꿈을 꾸기도 전에 세상에 대한 의욕을 잃어버린 사람들도 참 많이 있습니다. 목적도 잃고, 삶의 의미도 상실한 사람에게 남은 것은 한숨 소리뿐입니다.

제자들처럼 우리도 보장된 미래, 안정적인 삶을 꿈꾸다가 일순간에 그 꿈이 허사가 되어 버리면 근심에 휩싸입니다. 사랑하는 사람이 갑자기 죽었을 때 마음이 저미는 고통을 느끼게 됩니다. 나이가 들수록 병원에서 고통스러워하는 사람들을 볼 때마다 이 일이 남의 일만이 아니라는 생각에 불안해지곤 합니다. 우리의 신변에 대해, 장래 문제에 대해, 생계에 대해 얼마나 많은 걱정을 하게 되는지 모릅니다. 제자들과 우리가 다를 바 없습니다.

더욱이 우리나라 사람들은 걱정이 한 가지 더 있습니다. 그것은 나라 걱정입니다. 이제 대통령 선거가 얼마 남지 않았습니다. 지금 돌아가는 나라 형편을 생각해 봅시다. 이 나라가 제대로 될 것인지 안 될 것인지 누가 장담할 수 있습니까? 교육계는 어떻습니까? 뉴스에서는 스승을 폭행하는 학생들의 이야기가 꾸준히 들려오고, 학과목을 가르쳐야 하는 시간에 사상 교육을 하는 어느 교사의 이야기가 나오기도 했습니다. 이들의 정신적 순수성이나 도덕성은 어디로 갔는지 찾을 길이 없습니다.

경제는 날마다 기울어 가고, 나라는 쌓이는 빚더미에 올라앉았습니다. 땀 흘려 일하기를 회피하는 사람들의 수도 늘고 있습니다. 반면, 노력하지도 않고 떼돈을 버는 졸부들은 외제만 찾고, 돈 가지고 거드름 피우며 태만히 삽니다.

우리 교회 장로님이 쓰신 글에서 본 내용입니다. 모 학교 동창회가 미국에서 열렸다고 합니다. 그런데 여기 모인 사람들이 어느 정도로 거드름을 피우며 즐겼느냐 하면, 호텔 방까지 짐을 옮겨 주는 포터에게 팁으로 20달러를 주었다고 합니다. 그 상황에서 누가 가장 놀랐겠습니까? 바로 20달러를 받은 포터였다고 합니다. 외국에서 팁은 보통 1달러입니다. 호텔 포터에게 팁을 많이 준다고 해 봤자 2달러면 신경 써서 준 금액입니다. 이런 이야기를 들으면 이 나라가 걱정되지 않을 수 없습니다. 우리 모두 개인적인 걱정뿐 아니라 나라 걱정까지 마음에 안고 살고 있습니다.

예수님의 처방전 1 - 나를 하나님으로 믿으라

이런 상황에서도 참 감사한 것은, 성경을 보면 주님은 걱정하는 제자들을 나무라지 않으셨다는 것입니다. 예수님은 그들을 이해하시고 그들의 고통을 싸매 주셨습니다. 주님은 근심하는 우리를 동일하게 대해 주십니다. 나무라지 않고 오히려 우리를 마음 깊이 이해하시고 우리의 아픔을 싸매 주십니다. 우리는 그런 주님을 의지해야 합니다. 그분은 우리를 다 이해하고 계십니다. 이해에서 멈추는 것이 아니라, 근심에서 우리를 자유하게 하시기 위해 처방전까지 주시는 분입니다.

근심하는 제자들에게 주신 주님의 두 가지 당부를 보면 이 사실을 잘 알 수 있습니다. 요한복음 14장을 보면, 첫 번째 처방전은 '믿음'이고, 두 번째 처방전은 '소망'입니다.

"너희는 마음에 근심하지 말라"고 하신 후 그 대신 "하나님을 믿으니 또 나를 믿으라"고 하십니다(1절). 여기서 우리가 주의해야 할 대목이 있습니다. 그것은 주님께서 "근심거리가 곧 사라질 테니, 걱정하지 말라"고 말씀하시지 않는다는 것입니다. 제자들의 형편은 갈수록 더 어려워지고 있습니다. 주님은 잡히셨고 제자들은 어찌할 바를 모른 채 사방으로 흩어져 버립니다. 그리고 주님은 끔찍한 십자가형을 당합니다. 갈수록 태산입니다. 근심이 없어지는 것이 아니라 점점 더 쌓이고 있는 상황입니다. 그럼에도 우리 주님은 무조건 "근심하지 말고 나를 믿으라"고 하십니다. 여기에서 말하는 '믿음'은 무엇일까요? 본문 1절 말씀, "하나님을 믿으니 또 나를 믿으라"는 이 말씀을 깊이 묵상해 보면 '예수님을 하나님으로 믿으라'는 의미입니다. 문제는 제자들이 예수님을 하나님으로 믿지 않은 데 있었습니다. 제자들이 근심에 깊이 빠진 이유가 바로 여기에 있습니다.

제자들은 유대교 배경을 가지고 있었기 때문에 하나님에 대해서는 철저한 믿음이 있었습니다. 하나님은 천지의 창조자요, 공의로우신 분이시요, 온 땅에 충만하신 분이요, 유일한 신이라는 것을 서슴없이 고백하는 자들입니다. 어려운 일이 있을 때마다 언제든지 하나님의 전능하신 손이 반드시 그들을 구원해 주신다고 믿었습니다. 이처럼 하나님에 대해 철저한 믿음을 가진 자들이었습니다. 그러나 예수님에 대해서는 조건부 신앙이었습니다. 제자들은 예수님을 내 눈에 보이는 분으로, 나와 동행하시는 분으로 보았습니다. 또 눈앞에서 떡 다섯 덩이와 물고기 두 마리로 5천 명을 먹이시고 내가 보고 듣는 자리에서 각양각색의 병을 고쳐 주시고 풍랑이 이는 바다를 꾸짖어 잠잠하게 하시는 분이었습니다. 나중에는 죽은 자를 살리시는 분으로, 이 세상에 오신 예수님을 믿었습니다. 그럼에도 불구하고 예수님을 하나님으로는 믿지 못했습니다.

빌립이 한 말이 있습니다. "주여 아버지를 우리에게 보여 주옵소서"(요 14:8 중). 이 말은 예수님을 하나님으로 보고 있지 않다는 증거입니다. 이런 빌립에게 주님은 "빌립아 내가 이렇게 오래 너희와 함께 있으되 네가 나를 알지 못하느냐 나를 본 자는 아버지를 보았거늘 어찌하여 아버지를 보이라 하느냐"(요 14:9)라고 답하십니다. 바로 여기에 제자들의 문제가 있었습니다.

이제 예수님은 제자들을 떠나려고 하십니다. 제자들은 십자가의 죽음이 갖는 의미를 잘 몰랐습니다. 왜 그분이 죽어야 하는지 전혀 알지 못했습니다. 더욱이 처참한 모습으로 십자가 형틀에 매달릴 사형수를 이제 더 이상 믿을 용기조차 나지 않았습니다. 아니, 그러한 믿음이 그들에게는 없었습니다. 그들은 앞이 캄캄했습니다. 예수님에 대한 절망밖에 남지 않았습니다. 모든 걸 다 버리고 예수님을 쫓았던 제자들이 왜 이렇게 쉽게 무너져 버렸습니까? 그들이 예수님을 하나님으로 믿지 못했기 때문입니다.

예수님은 말씀하십니다. "하나님을 믿으니 또 나를 믿으라"(1절하). 이제 내가 너희 눈에 보이지 않더라도, 이제는 내가 너희들과 영원히 이별한 것처럼 듣고 보지 못한다 할지라도 믿으라는 것입니다. 항상 살아 있고 늘 깨어 온 우주를 주관하며 모든 약한 자와 고통당하는 자를 돕는 하나님인 것을 믿으라는 것입니다. 그리하면 염려로부터 자유로울 수 있다는 말입니다. 제자들은 결정해야 했습니다. 예수님을 하나님으로 믿을 것인가, 계속 절망 가운데 머물 것인가를….

만약 예수 그리스도를 하나님으로 믿는다면 그는 "내가 하는 일을 그도 할 것이요 또한 그보다 큰일도 하리니"(요 14:12중)라고 주님은 말씀하셨습니다. 모든 근심과 어려움을 극복하고 예수님이 하는 일을 하게 될 뿐 아니라 더 나아가 주님보다 더 큰일을 할 수 있는 능력을 얻게 된다는 말씀입니다. 이것이 예수 그리스도를 하나님으로 믿는 자에게 주시는 약속입니다.

우리 마음이 근심으로 고통받지 않도록 보호하기 위해서는 예수 그리스도를 하나님으로 믿어야 합니다. 예수 그리스도를 우리 육안으로는 볼 수 없지만, 그는 전능하신 하나님이시요 자비로우신 구원자이심을 믿어야 합니다.

그래도 믿어지지 않을 때

예수 그리스도가 하나님이심을 믿는 것이 이 시대를 살고 있는 그리스도인에게는 그리 문제가 되지 않으리라 생각됩니다. 그러나 혹시 제자들처럼 예수님이 하나님이라는 사실을 아직도 풀리지 않는 숙제로 갖고 있다면, 그것부터 해결해야 됩니다. 예수님이 하나님이라는 사실이 그저 믿어지면 참 좋겠는데, 믿어지지 않을 때가 있다는 말입니다.

이런 사람들을 위해 주님은 해결할 수 있는 방법을 하나 가르쳐 주셨습니다. 믿고 싶어도 믿어지지 않는 사람들에게 이렇게 말씀하십니다. "내가 아버지 안에 거하고 아버지께서 내 안에 계심을 믿으라 그렇지 못하겠거든 행하는 그 일로 말미암아 나를 믿으라"(요 14:11). 이 말씀은 '내가 세상에 와서 무슨 일을 했는지 자세히 살펴보아라. 하나하나 생각하면서 깊이 묵상해 보아라. 그러면 안 믿어질 수가 없다'라는 뜻입니다. 왜냐하면 예수님이 세상에 오셔서 하신 모든 일은 하나님만이 하실 수 있는 일이기 때문입니다.

죽은 자를 살리신 것에서부터, 바다를 꾸짖어 잔잔하게 하신 것, 나병 환자를 고치신 것과 같이 그가 하신 모든 일 하나하나를 생각해 보면 '누구든지 나를 하나님으로 믿게 될 것이다'라는 말씀입니다. 만약 예수 그리스도가 하나님이신 것이 아직도 믿어지지 않는다면, 부디 하나님의 말씀인 성경을 깊이 읽기를 바랍니다. 그리고 성경을 공부하기 바랍니다. 성경 속에 살아 계신 예수님, 곧 전지전능하신 하나님을 만나기 바랍니다. 그분과 깊이 만나고 나면 나도 모르는 사이에 나를 누르던 근심 걱정에서 벗어나게 됩니다. 주님이 가르쳐 주시는 비결이 바로 이것입니다. 예수님을 하나님으로 철저하게 믿으면, 우리는 모든 염려를 주님에게 다 맡길 수 있는 자리까지 나아가게 됩니다.

베드로 사도는 이렇게 말합니다. "너희 염려를 다 주께 맡기라"(벧전 5:7상). 전부 다 맡기라고 말씀하십니다. 그렇게 맡기면 하나님께서 권고(眷顧)하시는 것을 보게 된다고 했습니다. 염려스러운 일이 계속 이어질 때 하나님께서 그 염려를 제거해 주시는 것을 체험하게 됩니다. 나 혼자서 감당하기 벅찰 때, 주님이 그 염려를 덜어 주시는 것을 알게 됩니다. 내가 꼭 짊어지고 가야 되는 염려라면, 너무 무겁지 않도록 감당할 능력을 주시는 분이라는 것을 체험하게 됩니다. 어떤 문제로 인한 염려가 내게 전혀 유익하지 않다면 주님이 나보다 앞에 가시면서 그 염려를 다 없애 주시는 것을 발견하게 됩니다.

예수 그리스도가 전능하신 하나님이신 것을 믿으면, 그것을 믿는 믿음만으로 우리가 가지고 있는 모든 염려에서 자유로울 수 있습니다. 이 얼마나 대단한 믿음인지요.

1930년대까지만 해도 세계에서 가장 큰 선교단체는 허드슨 테일러(James Hudson Taylor, 1832-1905)가 조직한 '중국 내지 선교회'였습니다. 중국 내륙 지방으로 깊이 들어가서 무지한 농군들을 대상으로 선교하는 단체였습니다. 이 내지 선교회에서 선교사를 가장 많이 파송했을 때가 1,368명이었고, 수많은 선교사가 복음을 들고 중국 내륙지방으로 들어갔습니다.

이 선교단체가 철저히 지키는 신조가 하나 있는데, 그것은 선교사들에게 봉급을 약속하지 않는 것입니다. '당신에게 매달 얼마씩 보내

주겠다'라는 약속이 없습니다. 그러면 이들에게 어떻게 하라는 것이 겠습니까? 자신의 필요를 철저히 하나님께 맡기고, 믿고 기도하여 얻으라는 것입니다. 그 믿음이 흔들리지 않게 하기 위해 사람들에게 돈 이야기를 한다거나 교회를 두루 찾아다니면서 선교 헌금을 모금하는 일을 일절 못하게 했습니다.

정말 대단한 믿음입니다. 한국에서 교회를 개척해도 한 달에 얼마씩 사례비가 들어오지 않을 때는 교역자들이 가족의 생계 걱정으로 목회를 제대로 못하는 경우가 많이 있습니다. 그런데 백 년도 훨씬 전에 영국에서 살던 사람들이 편지 한 장을 받으려면 6개월을 기다려야 하는 중국 내지로 들어갔습니다. 그 어렵고 고독한 환경에서 정기적으로 들어오는 물질도 없이 오직 하나님만 의지한다는 것이 상상이 되십니까? '주님이 주시면 먹고, 주님이 주시면 마시고, 주님이 주시면 입는다'라는 이 믿음을 가지고 '중국 내지 선교회'는 오직 예수 그리스도를 전했습니다.

인간의 계산으로는 1년도 버티지 못하고 다 무너질 것 같습니다. 그런데 놀라운 것은 이 선교단체가 가장 크게 부흥했고, 헤아릴 수 없이 많은 일을 했으며, 오늘까지도 세계적으로 훌륭한 본이 되는 선교단체로 남아 있다는 것입니다.

주님의 말씀은 참으로 옳습니다. 어떤 환경에서든지 염려가 아무리 많이 쌓여 있다 할지라도 중요한 것은 예수님을 하나님으로 믿고 인정하느냐는 것입니다. 이 믿음만 있으면 중국 내지 선교사들처럼 돈 한 푼 없이 저 중국 내륙에서 고독하게 살아도 하나님이 허락하시는 모든 것을 받아 누리며 자신의 사명을 감당할 수 있습니다. 모든 염려를 주님의 이름으로, 주님의 권능으로 해결할 수 있습니다. 이것은 역사가 보여 주는 산 증거입니다. 그러므로 "너희는 마음에 근심하지 말라 하나님을 믿으니 또 나를 믿으라"(1절)는 말씀으로 주님은 우리에게 확실한 양자택일을 요구하고 계신 것입니다. "너, 근심하고 있을래? 아니면 나를 믿을래?" 둘 중에 하나를 택하라는 말씀입니다.

이 상황은 마치 아빠 품에 꼭 안겨 깊은 바닷물 속으로 들어가는 어린아이와 같아 보입니다. 바닷가에 가면 이런 모습을 가끔 보게 됩니다. 아빠가 어린 자녀에게 수영도 좀 가르쳐 줄 겸, 또 바닷물에 푹 잠기는 경험도 하게 해 주고 싶어서 아이를 품에 안고 물속으로 한 걸음 한 걸음 들어갑니다. 아이는 겁에 잔뜩 질려 "아빠, 그만, 그만, 그만⋯" 하며 들어가지 말라고 떼를 쓰다가 이내 울음을 터트리고 맙니다. 그럴 때 아빠는 아이를 품에 딱 안고 아이의 눈을 보며 묻습니다. "너 여기서 울고 있을래? 아니면 아빠 믿을래?" 그제야 아이는 아빠의 목을 더 힘차게 꼭 끌어안습니다. '나, 아빠 믿을래요'라는 뜻입니다. 그러면 아빠는 "그래 됐어. 자, 울지 말고, 아빠만 믿으면 돼" 하며 아이와 함께 바닷물 속으로 성큼성큼 걸어 들어갑니다. 그때부터 아이는 아빠의 목을 꼭 감아쥐고, 겁이 나도 아빠만 믿고 물속으로 그냥 들어가는 겁니다.

우리는 이와 같은 모습으로 주님께 나아가야 합니다. 주님은 바로 이것을 원하십니다. 주님이 지금 당신에게 질문하고 있습니다. "그 자리에서 계속 근심하며 울고 있을래? 아니면 나를 믿을래?" 당신의 선택이 필요합니다. 예수님을 하나님으로 믿기로 선택할 때, 자기도 모르는 사이에 이 근심이라는 마귀가 겁을 집어먹고 도망갑니다. 모든 권세 위에 뛰어난 예수 그리스도의 이름을 믿으면, 마음에 들어와 우리를 근심하게 만들던 마귀는 줄행랑을 칠 수밖에 없습니다. 주님이 이 원리를 아시기에 우리에게 이런 명령을 하시는 것입니다.

예수님이 주신 두 번째 처방은 바로 '소망'입니다. "내 아버지 집에 거할 곳이 많도다"(2절상)라고 하시며 "가서 너희를 위하여 거처를 예비(하리라)"(3절상)라는 말씀에서 보듯이 예수님은 우리를 위해 처소를 마련하십니다. 처소를 준비하는 일이 다 끝나면, 제자들에게 다시 와서 그들을 데려갈 것이라고 말씀하셨습니다. 이것이 '소망'입니다.

예수님의 죽으심으로 우리는 죄에서 해방되었습니다. 주님이 부활하심으로 새 생명을 얻었습니다. 주님이 승천하심으로 하나님 나라에 당당하게 걸어 들어갈 자격을 얻었습니다. 이것이 주님이 우리에게 주신 복입니다. 예수님이 재림하시면 우리는 '할렐루야' 찬송하며 주님의 손을 잡고 영원한 나라, 근심이 다시는 따라올 수 없는 그 나라에 들어가서 살 것입니다. 이것이 우리의 소망입니다.

주님께서 마치 집을 준비하시는 것처럼 하나님 나라를 표현한 데는 더 깊은 의미가 있습니다. 우리는 '하나님 나라'라고 하면 감을 잡기가 어렵습니다. 그곳은 물질계가 아니기 때문에 이 세상의 차원에서 설명할 수가 없습니다. 성경을 아무리 보아도 하나님 나라를 정확히 묘사할 재간이 없습니다. 하나님은 영이십니다. 영이신 하나님은 형체가 없습니다. 형체가 없으면 어떤 공간이 필요하지 않을지도 모릅니다.

그러나 하나님이신 예수님은 어떠셨습니까? 몸이 있었습니다. 예수님은 세상에서 제자들에게 보이시던 그 몸 그대로 승천하셨습니다. 그래서 우리가 찬송을 부를 때에 "그 나라 가면은 그 손에 못 자국을 보겠네"라고 합니다.

하늘의 천군과 천사들도 형체가 있습니다. 예수님을 믿고 하나님 나라에 간 우리도 주님이 재림하시면 새 몸을 입게 됩니다. 새 몸을 입으면 우리 모두가 눈으로 똑똑히 보고 확인할 수 있는 형체를 가지게 됩니다. 예수님도 몸을 가지고 계시고, 우리도 몸을 갖고 있고, 천사들도 다 형체를 가지고 있다면 그곳은 우리가 거할 수 있는 어떤 처소가 될 수 있다는 이야기입니다.

어떤 사람들에게는 주님이 자신을 위해 아름다운 처소를 준비해 두신 것을 기대하며, 이 세상에서 더욱 열심히 주를 위하여 달리는 믿음이 있습니다. 아예 일생 동안 세상 것은 다 해(害)로 여기고, 허드슨 테일러처럼 그저 복음을 위해 살다가 주님께 돌아가는 사람이 있습니다.

하나님은 공평한 분이시고, 상을 주는 분이십니다. 복음을 위해서 한평생 살아온 사람은 하늘의 별과 같이 빛난다고 했습니다. 그 영광이 특별하다는 뜻입니다. 예수님의 열한 제자들은 다 예수님 때문에 순교했습니다. 이들을 위해서 주님이 준비하신 처소는 기가 막힐 것입니다. 주님은 제자들에게 "너희는 소망을 가져라. 너희가 갈 곳이 있다. 내가 데리러 올 것이다"라고 당부하십니다. 이 소망을 가지면 근심에서 자유로울 수 있다는 말입니다.

미국에서는 교통이 불편하기 때문에 아이들이 초등학교에 입학하면 부모가 학교에 데려다주고 또 때가 되면 데려오고 합니다. 초등학교에 갓 들어간 학생들이 수업을 마치면 당연히 엄마 차가 있던 곳으로 갑니다. 만약 엄마 차가 없고 기다려도 오지 않는다면, 울고불고 야단이 납니다. 그걸 잘 알기 때문에 부모가 가끔 시간을 맞추지 못할 때는 담임선생님에게 전화를 합니다. "제가 약속한 시간에 도착하지 못할 것 같아요. 4시까지 간다고 좀 전해 주세요." 그러면 담임선생님은 아이에게 "네 엄마, 4시까지 오신대. 이 안에서 장난감 가지고 놀면서 기다리자"라고 말해 줍니다. 그 한마디가 아이에게 얼마나 안정감을 주는지, 4시에 엄마가 올 거라는 약속을 믿고 아이는 혼자 책을 뒤적이든지, 장난감을 가지고 놀든지 하면서 마음 편히 기다립니다. 신뢰하는 엄마로부터 받은 약속, 그 약속 하나면 다른 아이들이 다 돌아가서 혼자 남아도 걱정하지 않습니다. 날이 좀 어두워져도 걱정하지 않습니다. 시간에 맞추어 엄마가 올 줄 믿기 때문입니다. 이것이 '소망'이 주는 기막힌 은혜입니다.

1910년부터 1940년대까지 우리나라는 절체절명의 위기에 처해 있었습니다. 일본이 우리나라를 완전히 삼켜 버리는 바람에 나라가 짓밟혀 암흑 같은 세상이 되었는데, 이 땅에 사는 뜻있는 사람들이 어찌 편히 잠을 잤겠습니까? 어찌 밥을 제대로 먹었겠습니까? 나라를 생각하면 암담함이 가슴을 눌렀을 것입니다. 그러니 우리 민족에게 근심은 산더미처럼 쌓일 수밖에 없었습니다. 이 시기에 하나님의 자녀들이 생명을 유지할 수 있었던 큰 힘이 하나 있었는데, 그것은 예수님이 재림하신다는 소망이었습니다.

교회마다 요한계시록 강해가 큰 인기였습니다. 길선주 목사는 요한계시록을 만 번이나 읽었고, 그가 부흥집회를 하면 사람들이 인산인해를 이루어 일주일 동안 자리를 뜨지 않고 말씀을 배웠습니다. "주여, 속히 오시옵소서. 아멘" 하는 이 간절한 구호와 함께 우리 선조들은 나라 걱정과 자기 개인의 근심을 내버리고, 매일매일 주님이 주시는 새 힘으로 살아갔습니다. 걱정 많은 사람에게 '나는 돌아갈 집이 있어. 주님이 나를 데리러 오실 거야' 하는 이 소망이 걱정에서 벗어날 힘을 얻게 해 주었습니다.

근심하는 자 같으나 항상 기뻐하고

주님께서 걱정하는 제자들에게 두 가지 처방을 주셨습니다. 그것은 예수님을 하나님으로 믿으라는 권면과 장차 예수님이 제자들을 데리러 오리라는 소망을 가지라는 권면이었습니다. 믿고 소망하든지, 아니면 걱정하든지 둘 중 하나를 선택하라고 말씀하십니다.

이 원리는 오늘을 살고 있는 우리에게도 그대로 적용됩니다. 우리에게 걱정거리가 자꾸 쌓이는 것은 이상한 일이 아닙니다. 세상을 살 동안 우리는 걱정을 피할 수가 없습니다. 그러나 걱정으로부터 우리를 지킬 수는 있습니다. 걱정의 종이 되지 않으려면 주님이 우리에게 가르쳐 주신 대로 행동하기만 하면 됩니다. 그렇다고 해서 전혀 걱정 없이, 걱정을 완전히 초월한 사람처럼 살 수는 없습니다. 세상 사람들 앞에 굳이 위선적인 행동을 할 필요가 없습니다. 걱정스러운 일이 있을 때에는 걱정을 하기 마련입니다. 바울이 쓴 편지를 보면 "근심하는 자 같으나 항상 기뻐하고"(고후 6:10상)라고 합니다. 바로 이 모습입니다. 세상이 주는 걱정거리가 아예 없어지는 것은 아니지만, 주님이 가르쳐 주신 방법으로 세상 사람들과 다르게 대처할 수 있습니다.

세상 사람들이 보기에도 근심 때문에 우리 얼굴이 종종 어두워지는 것을 볼 수 있을지 모릅니다. 그러나 우리는 이 근심 때문에 희생당하는 일이 없을 것입니다. 주님만 믿으면, 장차 오실 주님에 대한 소망만 갖는다면, 내 마음속에 나도 모르는 기쁨이 생겨나게 됩니다. 근심 걱정을 벗어 버리고, 그것을 대수롭지 않게 여기며 힘차게 다시 일어날 수 있는 새 힘을 주님께서 허락하십니다. 이와 같은 은혜를 받아 누려야 합니다.

예수님은 우리를 죄와 사망에서 건져 주실 뿐만 아니라, 근심에서

안아 주심

●

282

도 건져 주는 분이십니다. 주님은 우리가 모두 행복하기를 바라십니다. 세상 사람과 다른 차원에서 영구한 행복을 누리기를 바라십니다. 그래서 제자들에게 그렇게 말씀하신 것입니다.

"근심하지 말라. 하나님을 믿으니 나를 믿으라. 또 내가 처소를 다 예비하면 너희를 데리러 오마. 그러므로 믿고 소망하라. 그리하면 모든 근심에서 벗어날 수 있단다."

"너 여기서 울고 있을래? 아니면 아빠 믿을래?"

_하나님 아빠가

4

하나님이
도우시는사람

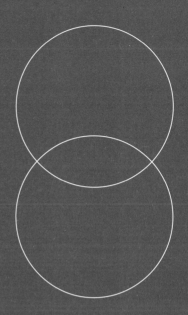

기도는 환난에서 쓰러지지 않게 하는 강한 버팀목입니다.
하나님의 약속을 온전히 믿는 믿음으로 견디는 고난의 시간들은
하나님의 더 큰 복을 받고 은혜로 나아갈 수 있는 발판이 됩니다.

역대하 32:1-8

1 이 모든 충성된 일을 한 후에 앗수르 왕 산헤립이 유다에 들어와서 견고한 성읍들을 향하여 진을 치고 쳐서 점령하고자 한지라 2 히스기야가 산헤립이 예루살렘을 치러 온 것을 보고 3 그의 방백들과 용사들과 더불어 의논하고 성 밖의 모든 물 근원을 막고자 하매 그들이 돕더라 4 이에 백성이 많이 모여 모든 물 근원과 땅으로 흘러가는 시내를 막고 이르되 어찌 앗수르 왕들이 와서 많은 물을 얻게 하리요 하고 5 히스기야가 힘을 내어 무너진 모든 성벽을 보수하되 망대까지 높이 쌓고 또 외성을 쌓고 다윗 성의 밀로를 견고하게 하고 무기와 방패를 많이 만들고 6 군대 지휘관들을 세워 백성을 거느리게 하고 성문 광장에서 자기 앞에 무리를 모으고 말로 위로하여 이르되 7 너희는 마음을 강하게 하며 담대히 하고 앗수르 왕과 그를 따르는 온 무리로 말미암아 두려워하지 말며 놀라지 말라 우리와 함께하시는 이가 그와 함께하는 자보다 크니 8 그와 함께하는 자는 육신의 팔이요 우리와 함께하시는 이는 우리의 하나님 여호와시라 반드시 우리를 도우시고 우리를 대신하여 싸우시리라 하매 백성이 유다 왕 히스기야의 말로 말미암아 안심하니라

역대하 32:20-21

20 이러므로 히스기야 왕이 아모스의 아들 선지자 이사야와 더불어 하늘을 향하여 부르짖어 기도하였더니 21 여호와께서 한 천사를 보내어 앗수르 왕의 진영에서 모든 큰 용사와 대장과 지휘관들을 멸하신지라 앗수르 왕이 낯이 뜨거워 그의 고국으로 돌아갔더니 그의 신의 전에 들어갔을 때에 그의 몸에서 난 자들이 거기서 칼로 죽였더라

하나님이
도우시는 사람

거대한 위기의 소용돌이

"IMF 때보다 살기가 더 힘들다"라
는 말이 여기저기서 심심치 않게 들려옵니다. 어떤 면에서는 IMF 때
의 위기보다 더 심각하다고 걱정하는 분들도 있습니다. 그런 걱정 가
운데는 아마도 나라를 이끌고 있는 리더십에 대한 불안감과 불신이
팽배해진 까닭도 간과할 수 없습니다.

나라의 중심을 잡아 주고, 국민들의 다양한 소리를 통합해서 내일
을 위한 비전을 제시해 주어야 할 리더십들이 제 역할을 하지 못하고
있습니다. 이렇게 되면 국민들이 정부를 신뢰하지 못합니다. 정부 역
시 국민들의 지지 없이 나랏일을 하려니 국정 운영이 여간 어려운 것
이 아닙니다. 이것은 리더십만의 문제가 아닙니다. 우리 모두의 문제
이며 나라의 운명을 좌우하는 문제입니다. 그러므로 내가 야당에 속
했든, 여당에 속했든 대통령을 위해 기도해야 합니다. 다소 혼란이 있
더라도 즉시 제자리를 잡고 안정적인 국정 운영을 할 수 있도록 우리

가 기도해야 합니다.

만일 통치자가 잘못 판단했다고 합시다. 그래서 그 잘못 판단한 것으로 계속 실정을 했다고 합시다. 그렇게 되면 국정이 혼란에 빠집니다. 외국인 투자자들이 떠나갑니다. 수출 길이 막히고 경제가 어려워집니다. 실업이 속출하고 빈부 격차는 계속 벌어집니다. 이런 나라에서 우리가 안심하고 살아갈 수 있겠습니까?

자신의 입장만 고수하며 목소리를 높이고 집단행동으로 나라 전체를 무질서로 만드는 사람들이 여기저기 많습니다. 이런 것 하나 통제하지 못하는 나라, 질서를 세우지 못하는 나라에 소망이 있다고 할 수 있겠습니까? 혹시라도 예수님만 잘 믿으면 나라가 어떻게 되든 하나님의 은혜로 근심 걱정 없이 살 수 있다고 생각하십니까? 만약 그런 생각을 하고 있다면, 굉장히 순진하거나 어리석은 사람이라고 할 수밖에 없습니다.

신자든 불신자든 우리는 '대한민국 호'라는 큰 배를 함께 탄 사람들입니다. 한배를 타고 거친 물결이 소용돌이치는 드넓은 바다를 항해하고 있습니다. 선장 한 사람의 실수로 생긴 어려움이라 할지라도 함께 짊어져야 하는 것입니다. 배에 화재가 나도, 빙하에 부딪혀도 그 위기에 함께 직면하게 됩니다. 폭풍우는 더 말할 것도 없습니다. 그러므로 '신앙생활만 잘하면 뭐, 나라가 어떻게 되든 걱정할 것 없다'라고 생각하는 것은 바른 신앙인의 자세가 아닙니다.

○ ○ ○ ○ ○ ○ ○ ○ ○ ○

믿음의 왕 히스기야의 위기

성경에 나온 인물 중 히스기야가 이 교훈을 우리에게 이야기해 주고 있습니다. 신앙생활을 잘해도 위기를 만날 수 있습니다. 내가 무엇을 잘못하지 않았는데도 어려움을 겪을 수 있습니다. 우리 가정에 특별한 문제가 없어도 나라 때문에, 지도자 때문에, 이웃 때문에 가정에 어려움이 닥칠 수 있습니다.

예수님을 믿는 사람도 예외가 아닙니다. 하나님을 잘 섬기고 하나님의 뜻대로 살아도 곤고한 날이 올 수 있다는 것을 성경은 히스기야를 통해서 분명히 보여 주고 있습니다. 또 하나, 우리에게 이런 곤고한 날이 닥쳤을 때 어떻게 대처하는 것이 어려움을 극복하고 이길 수 있는지도 보여 줍니다. 이런 면에서 우리 모두 히스기야를 주시할 필요가 있습니다.

히스기야는 우리나라와 같이 남과 북이 분열된 유대 나라의 남쪽 왕국 열세 번째 왕입니다. 그는 스물다섯 살에 왕위에 올랐습니다. 그의 아버지 아하스 왕은 매우 악독한 왕이었습니다. 얼마나 사악했는지 하나님을 모시고 섬기도록 지어 놓은 거룩한 성전에서 하나님을 섬기는 기구들을 다 치워 버리고 이방신을 섬기도록 우상 제단을 만들었습니다. 하나님의 성전을 완전히 더럽혀 놓은 아주 지독한 왕이었습니다. 또 얼마나 백성들로부터 미움을 받는지 왕이 죽으면 당연히 묻혀야 할 왕릉에도 들어가지 못하고 엉뚱한 데 묻힌 사람이었습니다.

그런 악한 왕, 영적으로 타락한 왕에게서 히스기야가 태어났습니다. 그런 아버지 밑에서 자란 히스기야는 희한하게도 하나님을 잘 섬기는 사람이었습니다. 하나님의 말씀에 순종하는 왕으로 성경에 기록되어 있습니다. "히스기야가 이스라엘 하나님 여호와를 의지하였는데 그의 전후 유다 여러 왕 중에 그러한 자가 없었으니"(왕하 18:5). 히스기야 왕의 앞뒤로는 아무리 살펴보아도 히스기야처럼 성실한 믿음의 사람이 없습니다.

어떻게 이런 이변이 일어날 수 있었을까요? 바로 어머니의 영향 때문이었습니다. 히스기야의 어머니 아비야는 경건한 제사장 스가랴의 딸이었습니다(대하 29:1 참조). 선지자의 딸인 아비야는 어려서부터 신앙 안에서 잘 자란 여성으로 아하스 왕의 왕비가 되었습니다. 그 둘 사이에서 히스기야가 태어났습니다.

자녀 교육에 절대적인 영향력은 아버지보다는 어머니에게 있습니다. 어머니의 믿음이 흐리멍덩하면 자녀의 믿음도 그렇게 자랄 수밖에 없습니다. 반면 어머니가 신앙에 철저하면 자녀도 철저하게 됩니다. 아마 자녀를 키워 본 사람이라면 이 말에 다 동의하실 것입니다.

히스기야 왕은 바로 그 어머니의 영향을 받으며 자랐습니다. 그래서 왕위에 오르자마자 하나님 보시기에 좋은 일을 정말 많이 했습니다. 아버지가 더럽혀 놓은 성전을 깨끗하게 다시 일으켜, 하나님만 섬기는 거룩한 성전으로 정화시켰습니다. 나라 곳곳마다 우상을 섬기기 위해 만들어 놓은 산당과 우상들을 다 쓸어버렸습니다. 나라 구석구석 하나님이 기뻐하시지 않는 모든 것을 개혁했습니다. 뿐만 아니라 수백 년 동안 잊어버리고 지키지 않던 유월절을 다시 회복시켰습니다. 유월절은 하나님이 이스라엘 백성을 애굽에서 구원해 주신 놀라운 은혜를 기억하고 감사하며 찬양하는 절기입니다.

이렇게 잘못된 것을 바로잡고, 하나님을 온전히 섬기던 히스기야 왕에게 절체절명의 위기가 찾아왔습니다. 본문 말씀을 보면 재미있는 어구가 하나 나옵니다. "이 모든 충성된 일을 한 후에"(1절상). 이 말은 히스기야 왕이 하나님 앞에서 나라를 깨끗하게 정화시키고, 우상숭배를 없애고, 성전을 깨끗하게 하고, 유월절을 회복시키고, 또 하나님의 말씀대로 나라를 다스리려고 선정을 베푸는, 이런 "충성된 일을 한 후"라는 말씀입니다. 이 말씀을 현대어성경으로 보면 좀 더 이해하기 쉽습니다. "그토록 귀한 일들을 모두 수행하여 자신의 진실함을 하나님께 증명한 다음에" 위기가 찾아온 것입니다. 앗수르 왕 산헤립이 유다를 침공했습니다.

히스기야식 위기 대처법

인간적으로 생각하면, 하나님께 불평할 상황입니다. "하나님, 이게 무슨 꼴입니까? 저는 전국에 있는 우상을 다 치우고, 오직 하나님만 섬기자고 백성들을 설득했습니다. 그러면 이 나라가 복을 받고, 하나님의 은총을 입는 거룩한 백성이 될 것이라고 백성들에게 자신 있게 이야기했는데, 이게 웬일입니까? 앗수르가 이 나라를 침공하다니요! 제체면이 뭐가 됩니까?" 대부분의 사람들이 이렇게 말하면서 하나님 앞에 불평했을 것입니다. 그러나 성경 어디를 봐도 히스기야 왕은 하나님께 불평한 흔적이 없습니다. 그는 아무리 신앙생활을 잘해도 어려운 일이 찾아올 수 있다고 생각하며 담담하게 현실을 받아들입니다. 어려움을 겪지만, 어려움 속에서 믿음으로 바르게 대처하면 하나님께서 놀라운 복을 안겨 주실 것이라는 그 나름의 희망을 갖고 있었던 것 같습니다. 히스기야 왕이 위대한 것은 평안할 때에나, 위기를 만났을 때에나 변함없이 하나님 앞에 성실했다는 것입니다.

흔히 우리는 '내가 신앙생활 잘하면, 내가 하나님을 전적으로 의지하고 신뢰하면, 내가 주님 뜻대로 살기만 하면 평탄하게 살 수 있다'라고 믿습니다. 야베스가 기도해서 응답받은 것처럼 환난에서 건져 주시고 근심이 없는 인생을 살게 해 주실 거라고 철석같이 믿었는데, 갑자기 어려운 일이 터진 것입니다. 이렇게 두려운 일들이 엄습해 올 때, 히스기야를 주목해 볼 필요가 있습니다.

히스기야가 어려움을 당했을 때 그가 어떻게 대처했는지 보면서 세 가지 교훈을 받을 수 있습니다. 새로운 개념이나 이론이 아닙니다. 항상 듣던 이야기고, 아는 이야기입니다. 그러나 다시 한번 진지하게 우리 자신에게 적용하면서, 어쩌면 가장 평범해 보이는 이 진리에 우리가 얼마나 순종하고 있었는지, 그 진리를 붙들고 실천하고 있었는지를 스스로 돌아볼 필요가 있습니다.

위기 대처법 1 - 최선을 다했다

히스기야는 자기가 해야 할 일에 최선을 다했습니다. 하나님 앞에 도와 달라고 구하기 전에, 또 구하는 중에도 자신이 해야 할 책임을 다했습니다. 그는 적군이 쳐들어올 때 왕으로서 해야 할 일이 무엇인가를 깊이 생각했습니다. '어떻게 하면 적군을 막을 수 있을까? 어떻게 하면 적군이 예루살렘을 포위하지 못하게 하고 장기전이 되지 않도록 할 수 있을까? 어떻게 하면 나아가서 적군을 물리칠 수 있을까?' 이런 것들을 생각하면서 부하들과 의논하며 자신의 손이 미치는 데까지 최선을 다했습니다.

예루살렘 남쪽에 '기혼 샘'이라고 하는 수원지(水源池)가 있습니다. 이곳은 물이 막 솟는 곳이었습니다. 유대 나라는 물이 참 귀한 나라였기 때문에 이 물이 솟는 큰 샘에서부터 수로를 만들어 물을 끌어왔습니다. 그 물로 기드론 골짜기 양편에 있는 과수원에 물을 대고, 또 백성들의 식수로 쓰기도 했습니다. '적군이 쳐들어오는 이 상황에 어떻게 할 것인가?' 히스기야는 생각했습니다. 마침내 '앗수르 군대가 물을 구하기 어렵도록 만들자'라는 묘책을 내어 수로를 다 묻어 버렸습니다. 그러고는 지하 500m 아래에 터널을 파서 기혼 샘에서 나오는 생수를 그대로 끌어와 예루살렘 성 안으로 바로 통하도록 만들었습니다.

적군에게 포위당해도 성 안에 물이 부족해서 백성들이 어려움을 당하지 않도록 대책을 세웠습니다. 그뿐만이 아닙니다. 무너진 성곽은 증축하고 망대도 다시 손질했습니다. 군사들을 재정비하고 무기를 공급했습니다. 그는 인간으로서 할 수 있는 모든 일에 최선을 다해 나라의 위기에 대처한 것입니다.

제가 미국에 가서 집회 인도를 할 때 놀라운 이야기를 하나 들었습니다. 사랑의교회에 다니는 한 똑똑한 젊은이가 미국으로 유학을 갔습니다. 몇 년 동안 많이 고생하면서 열심히 공부해서 자신이 세운 목표를 달성했습니다. 그러나 한국은 취업하기가 너무 어려워 미국에서 자리를 구하기로 했습니다. 그러나 미국도 어렵기는 마찬가지였습니다. 이 젊은이는 기도하면서 회사에 지원서를 제출했습니다. 그런데 제가 놀란 것은 자그마치 천여 개가 넘는 회사에 문을 두드렸고 지원 서류를 넣었다고 합니다. 보통 사람 같으면 상상이나 할 수 있습니까? 결국 그는 좋은 회사에 입사할 수 있었고, 지금 미국에 정착해서 잘 살고 있습니다.

'기도만 하면 다'라고 생각하십니까? 아닙니다. 두드려야 합니다. 열 번 두드려서 열리지 않으면 백 번 두드리고, 백 번 두드려서 열리지 않으면 천 번이라도 두드려야 합니다. 하나님이 길을 열어 주실 때까지 최선의 노력을 다하는 것, 이것이 위기를 극복하는 신앙인의 자세입니다.

'하는 일이 잘 풀리지 않아. 그래서 매일 예배당에 와서 기도하고 있어.' 이것은 하나님이 우리에게 원하시는 자세가 아닙니다. 잠잠히 기도해야 할 때가 있으면, 기도하는 마음으로 모든 일을 행하며 나아가야 할 때가 있어야 합니다.

히스기야는 또한 하나님의 약속을 굳게 믿었습니다. 그래서 왕으로서 "너희는 마음을 강하게 하며 담대히 하고 앗수르 왕과 그를 따르는 온 무리로 말미암아 두려워하지 말며 놀라지 말라 우리와 함께하시는 이가 그와 함께하는 자보다 크니 그와 함께하는 자는 육신의 팔이요 우리와 함께하시는 이는 우리의 하나님 여호와시라"(7-8절상)고 선포하며 백성들을 안심시켰습니다.

또한 "반드시 우리를 도우시고 우리를 대신하여 싸우시리라"(8절중)고 확신에 찬 고백을 합니다. 하나님을 온전히 신뢰함으로 걱정하지 않았습니다. 이렇게 할 수 있었던 것은 하나님께서 히스기야에게 하신 약속의 말씀을 굳게 믿었기 때문입니다.

히스기야는 신명기 28장에 나오는 말씀을 틀림없이 기억하고 온전히 믿었습니다. "내가 오늘 너희에게 명령하는 그 말씀을 떠나 좌로나 우로나 치우치지 아니하고 다른 신을 따라 섬기지 아니하면"(신 28:14). 이 전제 조건을 지킬 때 "여호와께서 너를 대적하기 위해 일어난 적군들을 네 앞에서 패하게 하시리라 그들이 한 길로 너를 치러 들어왔으나 네 앞에서 일곱 길로 도망하리라"(신 28:7)는 말씀이 실현됩니다.

좌로나 우로나 치우치지 않고, 하나님 말씀대로 살면 적군이 쳐들어와도 보호해 주신다고, 승리를 주신다고 하나님께서 약속하신 것입니다. 히스기야는 이 약속을 믿었습니다.

또한 히스기야는 자신 있었습니다. 왕이 된 후, 하나님의 명령에 순종하여 하나님의 나라를 깨끗하게 정리하고 성전을 깨끗하게 세우고 백성들을 하나님 앞으로 돌아오게 이끌었기 때문입니다. 하나님 앞에서 신실하게 살면, 하나님은 전쟁에서도, 기근에서도, 어떤 어려움 가운데서도 말씀에서 약속하신 그대로 반드시 이루어 주실 것이라는 믿음이 그에게 있었습니다. 그런 믿음이 백성들을 격려할 수 있는 원동력이 되었습니다.

하나님은 신실하신 분입니다. 하나님은 절대로 거짓말을 하지 않으십니다. 아브라함을 찾아가서 약속하신 하나님을 기억합니까? "내가 네게 복을 주리라. 내가 네 이름을 창대하게 하리라. 내가 네 자손을 하늘의 별과 같이 많게 하고 너로 인하여 전 세계 민족이 복을 받게 하리라." 이것이 하나님의 약속이었습니다. 황당하기 짝이 없는 약속이었습니다.

당시 아브라함에게는 혈육 하나 없었습니다. 혈육 하나 없는 사람 앞에서 "하늘에 있는 별처럼 네 자손이 많아지리라"고 말씀하셨습니다. 아브라함은 가나안 땅에 있는 지극히 작은 부족의 한 족장에 지나지 않습니다. 그런데 하나님께서는 그 이름을 창대하게 하시겠다고 합니다. 아브라함은 세계의 어떤 사람과 비교해 보아도 주목받기 어려운 무명 인사입니다. 그럼에도 불구하고 하나님은 그의 자손을 통해서 세상이 복을 받게 하겠다고 약속하셨습니다.

성경을 읽어 보면, 또 역사를 통해 이루어진 사실을 보면, 아브라함에게 약속하신 하나님의 그 말씀은 정말 진실한 약속임을 알 수 있습니다. 아브라함만큼 그 이름이 창대하게 된 사람이 있습니까? 이스라엘 백성만큼 복을 많이 받은 민족이 있습니까? 이스라엘 혈통에서 난 예수 그리스도로 인하여 온 인류가 어떤 영향을 받았는지, 얼마나 많은 사람이 하늘의 복과 하늘의 구원을 얻게 되었는지 우리는 잘 알고 있습니다. 하나님은 절대 거짓말하시지 않습니다. 히스기야는 이것을 믿었습니다.

아침이면 해가 동쪽 하늘에서 떠오릅니다. 그것을 아무도 의심하지 않습니다. 저녁이면 해가 서쪽 하늘로 집니다. 이 또한 아무도 의심하지 않습니다. 이처럼 하나님께서는 창세기부터 요한계시록까지 기록해 놓은 말씀대로 반드시 이루십니다.

위기 극복의 최후 복병

여기에는 실제적인 문제가 있습니다. 이것은 우리 모두에게 해당되는 문제입니다. 하나님의 약속은 틀림없다고 우리는 확신합니다. 그러나 막상 어려운 일이 눈앞을 가리고 위기에 직면하면 하나님을 온전히 신뢰하는 것이 결코 쉽지 않다는 것을 경험하게 됩니다.

더 열심히 하나님의 말씀을 붙들어야 할 상황인데, 오히려 그럴 때 하나님의 말씀을 허황된 것처럼 생각하고 밀쳐 내는 일들이 우리에게 빈번히 일어납니다. 정말로 믿음을 가지고 대처해야 할 시기에 정반대로 믿음을 차 버리고 싶은 유혹을 받을 때가 많이 있습니다. 이것이 우리의 현실입니다. 목사, 장로, 권사, 집사, 모두 다 그렇습니다. 위기 앞에 서면 믿음이 마구 흔들립니다.

이 문제에 대해 우리가 좀 더 이성적으로 생각해야 할 필요가 있습니다. 히스기야가 하나님을 온전히 신뢰하는 믿음 속에서 고난을 이겼다는 말씀을 보면, '감사합니다! 하나님, 내 문제도 하나님이 해결해 주실 줄 믿습니다' 하는 새로운 기대감이 생깁니다. 그런데 현실은 여전히 그대로입니다. 그러면 이내 마음이 약해지고, 불안해지고, 흔들리게 됩니다. 이것은 우리 모두 다 경험하는 일입니다.

탁월한 기독교 변증가이자 문학가인 C. S. 루이스(Clive Staples Lewis, 1898-1963)는 《순전한 기독교》(Mere Christianity)라는 책에서 아주 멋진 말을 했습니다.

"제 믿음을 무너뜨리는 것은 이성이 아닙니다. 오히려 정반대로 제 믿음은 이성에 근거해 있습니다. 정작 제 믿음을 무너뜨리는 것은 저의 상상력과 감정입니다. 믿음과 이성이 한편이 되고, 감정과 상상력이 다른 편이 되어 싸움을 벌이는 것이지요."

우리는 이성으로 하나님을 알게 되었습니다. 하나님이 한 분이시고, 천지 만물을 창조하신 분이라는 사실을 우리의 이성으로 받아들인 것입니다. 또 그분이 나를 위하여 자기 아들을 이 땅에 보내시고 십자가에서 구원하셨다는 것을 우리는 이성으로 받아들입니다. 그러나 위기를 만나면, 이 이성에 근거한 우리의 믿음을 흔들어 버리는 장애물이 생깁니다. 그것이 바로 감정입니다. 위기 앞에 동요되는 것입니다.

일어나지도 않은 일들을 미리 만들어서 공상을 하고 스스로 불안을 조성합니다. 기도한다고 엎드리지만, 기도는커녕 거침없이 달려드는 부정적인 생각들이 꼬리에 꼬리를 물고 이어집니다. 겉잡을 수 없는 부정적인 공상과 엉뚱한 생각들은 우리를 더욱 불안과 두려움에 가두어 버립니다. 이게 감정입니다. 이 근거 없는 감정이 이성에 근거한 믿음을 흔들기 시작하는 것입니다.

어려운 상황에서 하나님을 믿는다는 것이 무엇입니까? 루이스는 이렇게 정의했습니다. "믿음은, 아무리 기분이 바뀌어도 한 번 받아들인 것은 끝까지 고수하는 기술(art)이다." 참 멋진 말입니다. 어려운 상황에서 내가 하나님의 약속을 믿는다는 것은, 이성으로 받아들인 하나님의 말씀을 나의 기분과 상관없이, 흔들림 없이 밀고 나가는 기술이라는 것입니다. 기술을 얻기 위해서는 훈련이 필요합니다. 그렇기 때문에 믿음에도 일종의 훈련이 필요하고, 훈련을 통해서 좋은 습관을 기를 필요가 있습니다.

어려운 일을 당하면 나의 상한 감정이나 나의 아픈 마음이 나를 끌고 가지 못하도록 해야 합니다. 내가 건강하지 못한 감정에 끌려다니지 않기 위해서는 적당히 감정을 다스릴 수 있는 훈련이 필요합니다. 상한 감정이 내 믿음을 흔들기 위해 부정적인 공상으로 나를 초대할 때, 단호하게 거절해야 합니다. 감정 기복이 심한 채로 끌려다니면서 믿다가 말다가 하는 실수를 범하면 안 됩니다. 믿음 앞에서 냉정해야 됩니다. 이것이 위기를 극복할 수 있는 믿음을 항상 유지하는 비결입니다.

믿음으로 하나님의 약속을 굳게 붙잡고 위기에 대처하는 훈련을 해야 합니다. 감정 때문에 자꾸 왔다 갔다 하는 믿음에서 머물러 있으면 위기에서 결코 승리할 수 없습니다. 우주 만물을 창조하신 하나님, 전지전능하시고 우리를 사랑하시는 하나님 아버지를 깊이 생각해 봅시다. 그 하나님을 믿는 믿음을 가지고 문제를 해결하는 훈련이 잘 되어 있는지, 그 기술을 잘 갖추고 있는지 스스로 돌아볼 필요가 있습니다.

청교도 목사인 토머스 왓슨(Thomas Watson, 1620~1686)이라는 분은 이런 이야기를 했습니다. "물고기가 물속에서 살듯이 믿음이란 하나님의 약속 안에서 사는 것이다. 하나님의 약속은 팽팽하게 부푼 튜브와 같아서 우리가 아무리 거센 고통의 바다에 빠져도 그 튜브만 잡으면 절대로 가라앉지 않는다." 하나님의 약속의 말씀을 히스기야처럼 꼭 붙들고 있으면, 튜브를 가슴에 안은 어린아이처럼 물에 빠지지 않는다는 말입니다. 우리도 이런 믿음을 가져야 합니다.

위기 대처법 3 - 하나님께 부르짖었다

히스기야는 또한 간절하게 부르짖으며 기도했습니다. 히스기야 왕은 선지자 이사야와 더불어 "하늘을 향하여 부르짖어 기도하였(다)"(20절하)

라고 합니다. 열왕기하 19장에도 앗수르 왕 산헤립이 쳐들어와서 협박하자, 히스기야는 하나님의 성전에 들어가 자기 옷을 찢고 굵은 베를 입고 하나님 앞에 간절히 기도했다고 나옵니다(1절 참조). 혼자서 기도하기 힘들 때에는 선지자 이사야를 불러서 함께 기도하자고 했습니다.

이런 히스기야에게 하나님은 이렇게 말씀하셨습니다. "네가 앗수르 왕 산헤립 때문에 내게 기도하는 것을 내가 들었노라"(왕하 19:20하). 하나님께서 친히 "내가 들었노라"고 말씀하고 계십니다. 그는 하나님이 들으시는 기도를 했습니다. 나중에 히스기야가 병들어 죽게 되었을 때에도 그는 하나님을 향하여 울고 부르짖으며 기도했습니다. 그때에도 하나님은 "내가 네 기도를 들었고 네 눈물을 보았노라"(왕하 20:5중)고 말씀하셨습니다. 그는 기도의 사람이었습니다.

기도는 환난을 이기게 하는 가장 강력한 무기입니다. 기도는 환난에서 쓰러지지 않게 하는 강한 버팀목입니다. 기도하는 사람은 역경을 크게 두려워하지 않습니다. 하나님께서 그 역경의 때를 지날 수 있는 믿음을 지키도록 그를 도우시기 때문입니다. 또 하나님의 약속을 온전히 믿는 믿음으로 견디는 고난의 시간들은 하나님의 더 큰 복을 받고 은혜로 나아갈 수 있는 발판이 됩니다.

시편에서는 "그가 내게 간구하리니 내가 그에게 응답하리라 그들이 환난당할 때에 내가 그와 함께하여 그를 건지고 영화롭게 하리라"(시 91:15)고 말씀하셨습니다. 기도하면, 환난에서 건지고 또 영화롭게 하겠다고 하나님이 친히 약속하셨습니다. 히스기야는 이 약속을 의지하여 하나님께 부르짖으며 기도했습니다.

결국 하나님께서 앗수르 군대를 하룻밤에 시체로 만들어 버리시고 겨우 몇 사람만 도망하게 하셨습니다. 게다가 그들과 함께 도망한 앗수르 왕은 결국 자기 아들의 손에 살해당하는 끔찍한 비극을 겪게 됩니다. 하나님께서 히스기야의 기도를 들으시고 앗수르 군대를 심판하신 것입니다. 기도하는 히스기야 앞에서 앗수르 군대가 진멸되었습니다. 기도하는 자에게는 반드시 기적이 일어납니다.

○ ○ ○ ○ ○ ○ ○
콕스 부부 이야기

어느 잡지에 콕스라고 하는 미국의 젊은 부부 이야기가 나왔습니다. 내용은 평범합니다. 그러나 그 평범함 가운데에서도 우리가 겪을 수 있고, 날마다 실감할 수 있는 이야기를 담고 있어 제가 유심히 읽으며 감동을 받았습니다.

콕스 부부는 세 살배기 아이와 태어난 지 두 달밖에 안 된 아이를 데리고 사는 젊은 부부입니다. 다니던 회사가 부실 경영으로 망해서 남편이 실직을 했습니다. 좀 모아 두었던 돈은 둘째 아이를 낳으면서 바닥이 났습니다. 그날 벌어서 그날 사는 사람들이라 이렇게 돈을 쓰고 나니 남은 게 하나도 없었습니다. 그런데도 이들 부부는 밤마다 성경을 펴 놓고 읽었습니다. 하나님의 말씀을 읽다가 감동적인 약속의 말씀이 있으면 그것을 가지고 서로 나누고, 위로하고, 격려하고는 함께 손을 잡고 간절히 기도했습니다. "하나님, 우리를 이 위기에서 건져 주세요. 남편에게 직장을 주세요."

어느 날 저녁에는 마태복음 6장 33절의 말씀을 보게 되었습니다. "너희는 먼저 그의 나라와 그의 의를 구하라. 그리하면 이 모든 것 — 이방 사람들이 걱정하는 것, 먹고 마시는 모든 문제를 하나님께서 해결해 주실 것이다." 콕스 부부는 이 말씀을 꼭 붙들었습니다. 이 말씀에 따라 아무리 어려워도 하나님의 뜻을 따르는 것을 우선순위에 두자고 약속했습니다. 그리고 재정을 위해 하나님께 손 내밀지 말자고 했습니다. 왜 손 내밀지 말자고 했을까요? 그것은 하나님이 다 알아서 해 준다고 하셨으니까 하나님만 바라보겠다는 뜻이었습니다. 그렇게 약속을 하고, 기도하고 서로 위로했습니다.

아침이 되어 남편이 직장을 구하러 나가면, 어린 자녀들을 데리고 집안에 남아 있는 아내는 당황스러워집니다. 기도할 때에는 하나님이 금방이라도 은혜를 주실 것 같았습니다. 해가 뜨고 나면 직장을 주시고, 모든 문제가 다 해결될 것 같았는데, 아침에 일어나서 보면 아무런 변화도 없었습니다. 아무 일도 일어나지 않습니다.

얼마나 마음이 불안하겠습니까? 자기도 모르게 의기소침해지고, 불길한 생각들이 자꾸 마음을 흔들어 버립니다. 철없이 놀고 있는 자녀들을 보면 불쌍해서 가슴이 아프고, 그러고 있는 자기 모습도 너무나 처량해서 점점 우울해집니다. 아무리 거기에 끌려가지 않으려고 해도 '죽고 싶다. 살고 싶지 않다' 하면서 계속 끌려가는 것입니다. 저녁에는 기도하면서 힘을 얻었지만, 낮이 되면 찾아오는 이런 심리적 갈등 때문에 고통받으며 힘겹게 하루하루를 보냅니다. 하지만 감정에 눌리지 않고, 믿음으로 하나님의 말씀을 붙잡고 나아갔습니다.

어느 날 전화벨이 울렸습니다. 받아 보니 가까운 사이는 아니지만, 교회에서 인사하고 지내는 집사님 한 분이었습니다. "저, 이상하게 부인 가정이 자꾸 생각나서요. 혹시 가정에 무슨 일이 있으세요? 있으면 저에게 좀 말씀해 주시겠어요?" 처음에는 괜찮다고 대답했지만 진지하게 물어오는 집사님에게 사실을 이야기했습니다. "남편이 실직을 했고, 우리는 무일푼이에요." 그 집사님은 "아, 그래요? 우리도 교회에서 열심히 기도할게요. 하나님이 어려움 중에도 함께하신다는 사실을 잊지 마세요"라며 전화를 끊었습니다.

그 후 한 일주일쯤 지났을 때, 교회 친구 하나가 지나가면서 봉투를 건네주었습니다. 열어 보니 50달러가 들어 있었습니다. 그때 이들 부부가 가지고 있던 전 재산은 39센트였습니다. 정말 감사한 일이었습니다. 그것으로 장을 보고 요리를 해서 자녀들과 따뜻한 저녁 식사를 할 수 있었습니다. 이들 부부는 앉아서 "하나님, 때를 따라 일용할 양식을 주셔서 감사합니다" 하고 기도를 드렸습니다. 2주 동안 그 돈을 가지고 생활했고, 다시 재정이 바닥났습니다. 여전히 직장은 구해지지 않았습니다.

주일학교에서 봉사하고 집으로 돌아오려고 하는데, 목사님 한 분이 달려오시더니 하얀 봉투 하나를 건네주셨습니다. 이름을 밝히지 말라며 어떤 분이 주었다는 것입니다. 집에 와서 뜯어보니 봉투에는 150달러가 들어 있었습니다. 콕스 부부는 하나님께 정말 감사할 수밖에 없었습니다. 그것을 보면서 이들은 때를 따라 일용할 양식을 주시는 하나님을 깊이 체험하게 되었습니다.

남에게 도움을 받아서 산다는 것이 쉬운 일은 아닙니다. 절대 아닙니다. 그러나 이들 부부는 하나님께서 까마귀를 통해 엘리야에게 먹을 것을 보내 주셨던 것과 같은 그런 기적을 체험한 것입니다.

그렇게 넉 달이 지난 후에 남편은 신발 파는 큰 가게에 취직이 되었습니다. 그리고 첫 월급을 받게 되었습니다. 부부는 함께 그 첫 월급을 앞에 놓고 감사 기도를 드렸습니다. 그리고 이 부부는 어려운 과정을 통해 깨달은 두 가지가 있다고 했습니다. 첫째는 하나님은 신실하시다는 것과 또 하나는 하나님의 약속에는 거짓이 없다는 것입니다. 신실하시다는 것을 본인들이 실제적으로 체험했다고 했습니다. 또 한 가지, 간절히 구하고 기도하면 정확한 때에 하나님께서 반드시 들어주신다는 것을 배웠다는 것입니다.

상상하지 못한 은혜와 축복

우리에게 크고 위협적인 앗수르 군대는 무엇입니까? 가난입니까? 실직입니까? 아니면 육체의 질병입니까? 자녀 문제입니까? 지금 우리를 포위하고 있는 앗수르 군대가 도대체 무엇입니까?

예수님을 잘 믿어 보려고 최선을 다했는데, 교회에서 하나님의 말씀대로 살려고 있는 힘을 다해 충성했는데, 우리의 예상과 달리 생각지도 않은 어려운 일을 당해 고통받고 있습니까? 그때에 히스기야를 떠올려 보십시오. 할 수 있는 일에 최선을 다하는 그를 배우고 그를 닮아야 합니다.

그러나 더욱 중요한 것이 있습니다. 날마다 하나님의 말씀을 읽으면서 나아가야 합니다. 당신을 위해 하나님께서 주신 약속의 말씀이라고 깨달아지는 본문이 있으면 그 말씀을 붙들고, 그 약속을 온전히 믿으십시오. 하나님께서 당신에게 주신 그 약속을 믿고 선포하고, 그 약속을 믿고 생각하고, 그 약속을 믿고 행동하십시오.

또한 히스기야처럼 하나님 앞에 부르짖고 기도하십시오. 그러면 정확한 때에 하나님께서 손수 우리 앞에 앗수르 군대를 모두 물리쳐 주실 것입니다. 고난과 역경을 통해서 과거에는 상상하지도 못했던 놀라운 은혜와 축복을 체험할 수 있을 것입니다.

기도는 우리를 환난에서 쓰러지지 않게 하는 강한 버팀목이다.

5

예수의 인내를
배우자

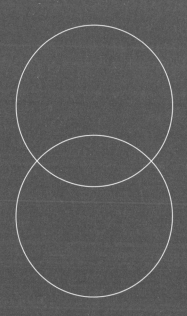

우리에게는 '무엇을 인내하는가'보다 '어떻게 인내하는가'가 더 중요합니다.
기뻐하면서 인내할 수 있다면 그는 진정한 승리자입니다.

히브리서 12:1-3

1 이러므로 우리에게 구름같이 둘러싼 허다한 증인들이 있으니 모든 무거운 것과 얽매이기 쉬운 죄를 벗어 버리고 인내로써 우리 앞에 당한 경주를 하며 2 믿음의 주요 또 온전하게 하시는 이인 예수를 바라보자 그는 그 앞에 있는 기쁨을 위하여 십자가를 참으사 부끄러움을 개의치 아니하시더니 하나님 보좌 우편에 앉으셨느니라 3 너희가 피곤하여 낙심하지 않기 위하여 죄인들이 이같이 자기에게 거역한 일을 참으신 이를 생각하라

예수의 인내를
배우자

조금만 더 견뎠더라면

빅터 프랭클(Viktor Frankl, 1905-1997)

이라는 유대인 의사가 쓴 《죽음의 수용소에서》(*Man's Search for Meaning*)라

는 책이 있습니다. 그는 독일 나치 시대에 잔혹하기로 유명한 감옥에

끌려가 수년간 생사를 넘나드는 고통을 당했습니다. 그때의 경험으로

이 책을 쓴 것입니다. 이 책에서 소중한 진리를 담고 있는 이야기 하나

가 제 마음을 사로잡았습니다.

1944년 성탄절 전후에서 1945년 신년 연휴 즈음까지, 불과 2주 사

이의 일이었습니다. 이 의사가 수감되어 있었던 수용소에서 많은 유

대인 수감자들이 죽었다고 합니다. 무슨 질병 때문에 죽은 것도 아니

고, 그 악명 높은 가스실에 끌려가 죽임을 당한 것도 아니었습니다.

수많은 수감자들이 죽은 이유는 바로 크리스마스 시즌이 지나갔기 때

문이었습니다.

많은 유대인 수감자들의 마음은 이미 어린아이와 같은 꿈으로 부풀

어 있었습니다. 이번 크리스마스가 되면, 석방되어 집으로 돌아갈 수 있지 않을까 하는 기대에 찬 꿈 말입니다. 그렇게 되면, 집에 돌아가서 크리스마스트리를 만들고 트리 위에 전등을 밝히고, 옛날처럼 가족들과 따뜻한 크리스마스를 보낼 수 있지 않을까 하는 막연한 기대감에 설레었던 것입니다. 그런데 성탄절이 지나도 전혀 석방될 기미가 보이질 않자 이전보다 더한 절망감으로 많은 수감자들이 마음의 병을 얻게 되었습니다. 그것이 몸에도 악영향을 미쳐 그들의 생명까지 앗아 가는 결과를 낳았다고 이 책은 이야기하고 있습니다.

연말, 연초 2주 남짓 되는 이 시간 동안 수많은 수감자들이 차가운 감옥에서 죽음을 맞이했다고 합니다. '그들이 조금만 더 견뎠더라면…' 하는 안타까운 마음이 듭니다. 이 일이 있은 지 불과 4개월 만에 히틀러가 항복했기 때문입니다. 4개월 남짓 되는 그 시간만 잘 견뎠더라면 수감자들은 모두 고향으로 돌아갈 수 있었을 텐데, 그래서 각자 가족들과 함께 아름다운 날을 맞이할 수 있었을 텐데…. 그 4개월을 참지 못하고 절망 속에서 죽었다는 이야기입니다.

이것은 우리 삶에서 인내가 얼마나 중요한가를 단적으로 보여 주는 이야기입니다. 신앙생활을 잘하기 위해서, 사회생활에서 성공하기 위해서 인내가 꼭 필요하다는 사실을 우리는 상식으로나 경험으로 잘 알고 있습니다.

인간은 믿음으로 구원을 얻습니다. 하지만 믿음은 인내 없이 열매를 맺을 수 없습니다. 우리는 믿음의 눈을 들어 주를 바라보며 세상을 이겨 냅니다. 이 어두운 세상을 이길 수 있는 믿음은 인내 없이는 아무 효력을 발휘하지 못합니다. 우리는 인생의 고초, 절망, 고통을 믿음으로 극복할 수 있다는 것을 잘 알고 있습니다. 하지만 이와 같은 고난을 극복하는 믿음도 인내 없이는 그 기쁨의 단을 거둘 수 없습니다. 하나님을 향한 절대적인 믿음은 인내를 통해서만 증명되기 때문입니다.

○ ○ ○ ○ ○ ○ ○ ○
믿음을 이루는 여정

신앙생활뿐만 아니라, 사회생활에서도 인내의 중요성을 참 많이 보게 됩니다. 케빈 쿨리(Kevin Cooley)라는 사람은 "이 세상에는 재능이 있으면서도 성공하지 못하는 사람들이 참 많습니다. 다른 사람들보다 훌륭한 교육을 많이 받았지만, 성공하지 못한 사람들도 많이 있습니다. 또한 특별한 용기를 가지고 있었지만 성공하지 못한 사람들도 많습니다. 왜 그럴까요? 그 이유는 단 하나, 인내하지 못했기 때문입니다. 참을성이 없었기 때문에 그렇게 된 것입니다"라는 말을 남겼습니다. 저는 이 이야기에 참 많이 공감합니다.

지금 우리는 국가적으로나 개인적으로 매우 어려운 처지에 놓여 있습니다. 영국의 경제 잡지인 〈이코노미스트〉(The Economist)에서 한껏 비꼬는 어투로 우리나라에 대해 이런 기사를 썼습니다. "그처럼 빨리 부자가 된 나라도 없었고, 그처럼 갑작스럽게 모욕을 당한 나라도 없었다." 굶주린 북한, 부도 위기에 몰린 남한, 이래저래 우리나라는 온 세계의 구경거리가 된 것입니다.

이런 형편에서 우리 모두에게 필요한 성품은 바로 인내입니다. 한번 건강을 잃으면 누구든지 그 건강을 회복하기까지 시간이 필요합니다. 성급하게 건강을 회복하려고 조바심을 내다가는 더 깊은 수렁으로 빠져 버리기 십상입니다. 나라도 마찬가지입니다.

우리나라는 이미 오래전부터 중병에 걸렸다는 증상이 이곳저곳에서 많이 나타났습니다. 그러나 그런 증세들이 감지되었을 때, 대수롭게 여기지 않고 쉬쉬하며 전혀 돌보지 않았습니다. 설마 하는 생각으로 요행을 하나님처럼 믿으며, 병든 곳을 묵인하고 지나쳤습니다. 국민들이 잘못된 길로 간다 싶으면, 이 땅의 요직을 맡고 있는 지도자들이라도 먼저 올바른 방향으로 나아가고 이끌어야 하는데, 안타깝게도 그것이 안 되고 있는 것이 이 나라의 현실입니다.

그러나 이렇게 주저앉아 있을 수만은 없습니다. 정신 차리고 다시 일어나야 합니다. 아프더라도 과감하게 고칠 것은 고치고, 깨뜨릴 것은 깨뜨리고, 버릴 것은 버리고 다시 일어나야 합니다. 한 번 잘못된 것을 바로잡는 데는 많은 시간이 필요합니다. 그 시간의 여정을 걸어가기 위해 반드시 필요한 것이 바로 인내입니다. 참고 기다려야 한다는 말입니다.

히브리서 12장 말씀은 성경에서 인내를 가르치는 대표적인 본문입니다. "인내로써 우리 앞에 당한 경주를 하며"(1절하). 그다음은 "십자가를 참으사"(2절중)라고 되어 있고, 이어 "죄인들이 이같이 자기에게 거역한 일을 참으(셨다)"(3절하)는 말씀이 나옵니다. '인내'와 '참는다.' 이렇게 각각 다르게 번역했으나, 원어 성경을 보면 똑같은 말로 표현되어 있습니다.

○ ○ ○ ○ ○ ○
믿음의 선배들

히브리서 12장은 우리가 잘 알고 있는 '믿음 장'인 11장과 연관되어 있는 말씀입니다. 11장에는 세상에서 하나님을 믿고 구원을 얻기까지 남다른 믿음을 가지고 고군분투하며 믿음의 싸움에서 승리한 선조들 수십 명을 나열하고 있습니다. 그들은 이미 믿음으로 승리한 사람들입니다. 11장에 열거된 위대한 믿음의 조상들을 12장에서 "허다한 증인"(1절상)이라고 부르고 있습니다. 마치 운동장 스탠드를 가득 메우고 앉아 응원하는 군중처럼, 구약에 출현했던 수많은 믿음의 선배들이 허다한 증인이 되어 지금 우리를 지켜보며 응원하고 있다는 것입니다.

믿음으로 승리한 선배들의 가장 큰 특징 중 하나는 어느 때에도 인내했다는 것입니다. 그들에게 있어서 믿음은 바로 인내를 가르쳐 주는 스승이었습니다. 인내는 믿음이고, 믿음은 곧 인내였습니다. 그들은 인내를 가지고 믿음을 지켜 왔고, 그 믿음 때문에 구원을 얻었습니다. 혹독한 환난과 핍박 속에서도 인내로 믿음을 견고히 지켰기에 승리한 것입니다.

성경에 기록된 수십 명의 위대한 믿음의 선조들은 이 세상에서 신앙을 지키기에는 너무나 어려운 시대를 살았습니다. 그들은 양자택일의 상황에 놓여 있었습니다. 예수님을 믿음으로 세상에서 망하느냐 혹은 죽느냐, 아니면 예수님을 믿지 않고 거부함으로써 이 세상에 살아남느냐 하는 기로에 서 있었습니다. 믿음의 선조들은 다 바보 같아 보이는 길을 선택했습니다. 예수 그리스도를 선택하고 세상에서 죽는 것이었습니다. 그것은 세상 사람들이 불쌍하게 여기는 초라한 신세로 전락하는 것을 의미합니다. 그들은 오만 가지 고통과 서러움, 핍박과 멸시를 당했습니다. 예수 그리스도를 믿는다는 그 이유 하나 때문에….

그러나 지금 그들은 다 하나님 나라에 들어갔습니다. 예수 그리스도를 믿기로 결정하고 세상에서 죽기를 각오했을 때 당한 고난이 히브리서 11장에 나옵니다. 37절에는 좀 더 자세히 기록되어 있습니다. "돌로 치는 것과 톱으로 켜는 것"과 같이 말만 들어도 소름 끼치는 고문이 나옵니다. "시험과 칼로 죽임을 당"하는 사람도 있고, 죽지는 않지만 쫓겨 다니며 고생한 사람들도 있습니다. 이어 "양과 염소의 가죽을 입고"라는 표현이 나옵니다. 이 가죽옷은 저주의 옷입니다. 그 뻣뻣한 가죽과 내 살이 닿는다고 상상해 보십시오. 그런 가죽을 몸에 걸치고 도망 다니는 그들이 당하는 첫 번째 고통이 궁핍입니다.

자녀가 배고프다고 울어도 줄 것이 없기에, 매일 하늘을 보며 하나님께 부르짖는 삶을 살 수밖에 없는 궁핍함, 이것이 그들이 겪은 고통이었습니다. 이런 와중에도 그들은 인내하며 승리했다고 성경은 전하고 있습니다. 우리 마음에 있는 은근한 불안감은 어쩌면 이런 믿음의 선조들 앞에서는 너무나 가벼워 보일지 모릅니다. 그러나 오늘날 이 히브리서 말씀이 국가적으로 큰 경제 위기에 처한 우리에게 정확히 적용되고 있다는 사실을 분명히 알 필요가 있습니다.

히브리서 12장은 이렇게 많은 위대한 믿음의 선조들, 인내의 선배들이 있지만 특별히 주목해야 할 분은 예수님이라고 강조합니다. "믿음의 주요 또 온전하게 하시는 이인 예수를 바라보자"(2절상), 이어 "참으신 이를 생각하라"(3절하)며 인내의 본이 되신 예수 그리스도를 이야기합니다. 예수님의 짧은 생애는 인내로 점철되어 있습니다. 그분은 이 세상을 구원하기 위해 오셨고 구원자로서 자기 소임을 다하기 위해 베들레헴 마구간에서부터 골고다 언덕 십자가에 이르기까지, 그 험난한 여정을 인내하며 달렸고 마침내 승리하셨습니다.

◦ ◦ ◦ ◦ ◦ ◦ ◦ ◦
달리면서 인내하다

예수님의 인내야말로 완전한 인내입니다. 하나님의 뜻에 온전히 순종하고, 인간의 연약함을 참고 견디며 그 길을 걸었습니다. 그런 예수님의 인내 가운데, 우리는 특별히 두 가지 특징을 발견하고 배울 수 있습니다.

첫 번째, 예수님의 인내는 달리면서 참는 것이었습니다. "인내로써 우리 앞에 당한 경주를 하며"(1절하). 이것은 지나가는 말로 써 놓은 것이 결코 아닙니다. 이 말씀을 쉽게 풀면 '달리면서 인내하라. 인내하면서 달려라'는 뜻입니다. 이처럼 하기 위해 "믿음의 주요 또 온전하게 하시는 이인 예수를 바라보자"(2절상)고 합니다. 예수 그리스도야말로 달리면서 인내하신 분이요, 인내하면서 달리신 분입니다.

'인내'라고 하면 대개 약간은 정적이고, 수동적인 의미라고 생각합니다. '참는다'는 것을 그저 꼼짝하지 않고 고통을 고스란히 감내하며 견뎌 내는 것이라고 생각합니다. 병이 나서 고통스럽지만 이 고통이 지나가기까지 병상에서 이를 악물고 참아 내는 것을 인내라고 여깁니다. 어떤 일에 실패하면 문을 걸어 잠그고 우울한 기분이 회복될 때까지 혼자서 온갖 좌절감을 삼키며 참아 내는 것, 흔히 이것을 인내라고 생각합니다. 하지만 히브리서에서 말씀하고 있는 '인내'라는 뜻의 헬라어 '히포모네'는 정적이고 수동적인 인내를 가리키는 말이 아닙니다. 그와 반대로 적극적이고 능동적인 인내를 뜻합니다. 나약하기 때문에 어쩔 수 없이 당하고 참아 내는 것을 가리키는 것이 절대로 아닙니다.

이것은 예수님의 모습을 보면 알 수 있습니다. 예수님은 자기 앞에 있는 즐거움을 바라보고 십자가를 참으셨습니다. 주님은 그 십자가가 얼마나 고통스럽고, 얼마나 부끄러운 죽음인지를 아주 잘 알고 계셨습니다. 하지만 그것을 개의치 않으시고 부끄러움을 참으심으로 십자가를 향해 달려갔습니다. 바로 이것이 '히포모네'의 인내입니다.

예수님은 죄인들로부터 많은 멸시를 당했습니다. 예수님을 하나님의 아들로 인정하지 않으려는 수많은 악한 사람들에게 밤낮없이 시달리며 고통당하셨지만, 주님은 그 모든 것을 참으셨습니다. 그뿐만 아니라, 죄인들을 향해 계속해서 복음을 전하셨습니다. 이것이 바로 경주하면서 인내하는 '히포모네'의 모습입니다.

배가 고프다고 아무것도 하지 않은 것이 아니라, 오히려 고픈 배를 움켜쥐고 나아가 복음을 전하는 데 매진했습니다. 이것이 바로 달리면서 인내한 예수님의 자세입니다. 사람들이 자기를 반기지 않는다고 그들을 피하는 것이 아니라, 그들에게 찾아가 병자를 고치고 복된 소식, 하늘의 복음을 전했습니다. 바로 이것이 '히포모네'입니다. 죽음의 때가 오고 있다는 것을 잘 알고 있으면서도 몸을 숨기지 않고, 자신을 죽이려는 세상 앞에 담담히 "내가 여기 있노라"고 말씀하며 나아가셨습니다. 바로 이것이 달리면서 참는 것의 진정한 본입니다.

예수님이 이렇게 할 수 있었던 것은 하나님의 온전한 뜻이 자신을 통하여 이 땅 가운데 이루어지고 있음을 확신하셨기 때문입니다. 수치스럽고 고통스럽지만, 십자가를 지는 것이 바로 하나님의 뜻이었기에 그것을 수행해야 한다는 사실을 분명히 알고 계셨습니다. 그 때문에 예수님은 고통 가운데 십자가에 달리면서도 참을 수 있었고, 참으면서 달릴 수 있었습니다. 예수님은 주저앉지도, 도망가지도 않으셨습니다. 하나님을 기쁘시게 하는 것이, 하나님의 뜻을 이루는 것이 삶의 온전한 의미라고 확신했기 때문에 흔들리지 않고 달리면서 인내할 수 있었습니다.

'히포모네'는 불행할 때 가만히 있는 인내를 말하는 것이 아니라, 큰 충격이 따르더라도 개의치 않고 일하는 인내를 말합니다. 슬픔으로 주저앉아 울고 있는 인내가 아니라 눈물을 훔치면서 일터로 달려가는 것을 말합니다.

우리의 입장에서 설명하면 이런 것입니다. 장애물이 가로막아도 물러서지 않고 시장으로 갑니다. 직장으로 갑니다. 남을 섬기는 곳으로 갑니다. 어딘가 나의 할 일이 있을 만한 곳을 찾아 나섭니다. 열심을 내는 자세, 이것이 바로 달리면서 인내하는 사람의 자세입니다. 그런 사람은 심지어 몸이 아파도 가만히 누워 있기를 거부합니다.

진정한 '히포모네'

인내의 참된 비결은 참는 동안 다른 할 일을 찾는 데 있습니다. 이 문이 막히면 다음 문을 두드리는 도전을 감행해야 합니다. 그 문도 막히면 뒷문을 두드려 보는 것입니다. 문이 열릴 때까지 두드리면서 달려가는 자세입니다. 이것을 가리켜 '참는다'라고 합니다. 찬바람을 견딘 사람이 봄바람을 맞을 수 있고, 먹구름을 물리친 사람만이 태양을 볼 수 있습니다.

독일의 작곡가 베토벤(Ludwig van Beethoven, 1770-1827)은 귀가 들리지 않아 고생을 했습니다. 음악가로서 귀가 나쁘다는 것은 치명적인 일입니다. 청각을 잃어 가던 그는 결국 아무것도 들을 수 없게 되었습니다. 보통 사람이라면 음악이고 뭐고 신세를 한탄하며 모든 것을 포기하고 주저앉아 버렸을지도 모릅니다. 어쩔 수 없으니까 그저 그 모든 고통을 참아 내느라 애를 썼을지도 모릅니다. 그러나 베토벤은 그렇게 하지 않았습니다. 그는 귀가 멀자 '나는 생을 목구멍으로 살겠다'라고 다짐하며 포기하지 않았습니다. 귀가 멀었으니 이제는 목구멍으로 생을 살겠다는 이 결심이 고통 가운데서도 그 유명한 〈심포니9 합창〉을 탄생시켰습니다. 바로 이런 자세가 '히포모네'입니다.

예수님이 이와 같은 인내를 몸소 보여 주셨기에 예수님을 따르는 자들은 예수님과 닮은 인내의 주인공이 될 수 있었습니다. 바울이 그랬고, 베드로가 그랬으며, 요한이 그랬습니다. 바울은 "누구든지 예수님을 믿고 따라가려고 하는 자들은 다 이와 같이 히포모네, 인내의 주역이 되어야 한다"고 가르칩니다. "우리가 사방으로 우겨쌈을 당하여도 싸이지 아니하며 답답한 일을 당하여도 낙심하지 아니하며 박해를 받아도 버린 바 되지 아니하며 거꾸러뜨림을 당하여도 망하지 아니하고"(고후 4:8-9). '아니하며, 아니하며, 아니하며' 하는 이 자세가 인내하는 자세입니다. 또 예수님을 믿는 우리가 이렇게 해야 한다는 뜻입니다.

성경은 이런 자세를 가지고 삶을 사는 사람을 일컬어서 '인내한다' 라고 말합니다. 예수님이 보여 주신 뛰면서 인내하는 그 인내가 우리에게 있습니까? 어쩌면 지금이 당신에게 고난의 때일 수도 있습니다. 어쩌면 처음에 충격이 너무 커서, 달리고 싶어도 발이 잘 떨어지지 않을지도 모르겠습니다. 그러나 그 충격적인 순간을 넘기고 나면 그다음부터는 일어나 달려야 합니다. 가만히 앉아서 견뎌 내는 것이 인내라고 생각하면 큰 오산입니다. 믿음의 선조들과 같이 달리면서 참아야지, 앉아서 참고 있으면 안 됩니다.

미국에서 여러 교회에 영향을 끼치며, 많은 목회자들에게 주목받고 있는 릭 워렌(Rick Warren)이라는 목사가 있습니다. 우리에게는《목적이 이끄는 삶》(The Purpose Driven Life)이란 책의 저자로 더 친숙한 분이지요. 이분은 어려서부터 이상한 병이 있었습니다. '뇌기능 부전'이라는 병인데, 어려서부터 날마다 병원에서 살다시피 하고, 어떤 때는 학교도 못 가는 어려운 형편 속에서 자랐다고 합니다. 우리 뇌에는 아드레날린이라고 하는 호르몬이 분비됩니다. 이것은 우리에게 열정을 불러일으키기도 하고 조심성을 갖게 하기도 하며 에너지가 필요할 때는 에너지를 공급하기도 합니다. 그래서 사람들을 이끌어야 하는 리더들에게는 아드레날린이 굉장히 중요한 역할을 합니다. 그런데 뇌기능 부전증을 앓는 사람들은 이 호르몬이 뇌에 분비될 때마다, 뇌가 호르몬에 비정상적인 반응을 하게 됩니다. 뇌에 아드레날린이 분비되면 심한 현기증이 일어나기 시작합니다. 시간이 좀 지나면 시력이 갑자기 떨어져 앞의 사물이 잘 안 보이게 됩니다. 머리가 깨질 듯이 아프면서 공포증이 심하게 몰려오다가 결국에는 의식을 잃고 쓰러집니다.

굳이 비유하자면, 간질병 증세와 비슷하다고 말할 수 있습니다. 그런 고통의 순간이 다가오면 얼마나 무서운지 릭 워렌 목사는 "마치 그때는 엠파이어 스테이트 빌딩 꼭대기에서 손가락 하나를 딱 걸고 아래를 내려다보는 것 같다"고 표현합니다. "얼마나 무서운지, 설교를 하다가도 가끔 이런 증상이 나오면 교인들이 갑자기 보이지 않아요. 그러고는 머리가 터질 듯이 아파서 '이러다가 쓰러지면 어쩌나' 하는 무서운 공포가 몰려옵니다"라고 고백합니다. 그럼에도 불구하고 이 목사는 지난 18년 동안 놀라운 하나님의 교회를 일구어 냈습니다. 이것이야말로 정말 기적이라고밖에는 설명이 되지 않습니다. 그는 주일에 네 번을 설교하는데, 설교하러 올라갈 때마다 중보 기도팀에게 찾아가 "나를 위해 기도해 달라"고 요청한다고 합니다. 그러고는 강단에 올라가 설교할 때 마음으로 계속 하나님께 기도한다고 합니다. "하나님 제가 이 시간을 견딜 수 있도록 해 주옵소서. 이 약한 그릇을 사용해 주옵소서. 저의 약함 속에 당신만이 능력이 되게 하옵소서. 주님, 제가 이 자리에서 쓰러지면 안 됩니다."

제가 이 기사를 읽으면서 '이것이야말로 진정한 히포모네다. 달리면서 인내하고, 인내하면서 달리는 자세다' 하며 무릎을 쳤습니다. 웬만한 사람 같으면 이런 상황에 목사가 될 수 있었겠습니까? 그의 모습은 우리에게 많은 도전을 줍니다.

우리가 처한 어려운 상황 앞에서, 우리 육신의 연약함 위에 하나님의 강함이 드러날 때까지 인내해야 합니다. '히포모네'는 뒤로 물러서는 자세가 아닙니다. 모든 것을 떨쳐 버리고 하나님을 바라보며 열심히 뛰어가는 모습입니다. 장벽이 있으면 뛰어넘고, 가로막혔으면 손으로 밀어붙이는 것입니다. 그래도 안 되면 방망이를 가지고 와서 그 벽을 헐고 뛰어가는 것입니다. 이것이 인내입니다. 우리에게 이 인내가 필요한 때입니다.

○ ○ ○ ○ ○ ○ ○ ○ ○
기뻐하며 인내하다

예수님께서 보이신 인내의 두 번째 모습은 '기뻐하면서 참는 것'입니다. "그는 그 앞에 있는 기쁨을 위하여 십자가를 참으사"(2절 중). 그 앞에 있는 기쁨이 무엇인지 예수님은 아셨습니다. 십자가를 지고 나면 하나님께서 죽음에서 일으키신다는 것, 죄와 사망의 권세를 이기고 참 정복자로 서실 것을 아셨습니다.

예수님은 십자가에서 승리하고 나면 하나님께서 하늘과 땅의 권세를 다 위임해 주실 것을 알았고, 자신을 통하여 전 인류가 하나님께 구원받는 영광의 날이 도래할 것을 알았습니다. 비록 십자가가 부끄러운 것이요, 잔인한 죽음의 상징이었지만, 예수님은 그 뒤에 주어질 영광을 바라보고 기쁨으로 십자가의 죽음을 맞이하셨습니다.

결국 예수님은 기뻐하면서 참으신 것입니다. 이 사실은 요한복음 15장에 잘 나타나 있습니다. 예수님은 이제 몇 시간 후면 십자가를 져야 합니다. 제자들과 헤어지는 순간에 예수님은 제자들에게 많은 이야기를 하셨습니다. "내가 왜 너희에게 이 같은 말을 많이 하는지 아느냐?" 주님이 물으시고는, "내가 지금 가지고 있는 기쁨이 너희 안에 있어서 너희 기쁨을 충만하게 하기 위해서다"라고 대답하셨습니다. 십자가형을 불과 몇 시간 앞두고 있는 예수님의 마음에 기쁨이 있다고 하십니다. 이 기쁨을 제자들에게 나누어 주려고 하신답니다. 예수님은 이 기쁨을 제자들이 받아서 그들의 가슴속에도 기쁨이 충만해지기를 간절히 바라고 계셨습니다.

우리는 이것을 이해하기 어려울 수 있습니다. 그러나 간단합니다.

예수님은 참으시되, 기쁨으로 참으셨습니다. 왜냐하면 하나님의 보상이 어떤 것인지 잘 알고 계셨기 때문입니다. 지금은 비록 고단하고 무섭고 끔찍한 고난의 길이지만, 결과적으로는 하나님이 모두 갚아 주실 것이기에, 하나님이 모든 것을 합력하여 선으로 만드실 것이기에, 하나님께서 영광을 안겨 주실 것이기에 예수님은 하나님을 신뢰하므로 기뻐할 수 있었습니다.

우리에게는 '무엇을 인내하는가'보다 '어떻게 인내하는가'가 더 중요합니다. 똑같이 인내해도 자세가 중요합니다. 기뻐하면서 인내할 수 있다면 그는 진정한 승리자입니다. "내 형제들아 너희가 여러 가지 시험을 당하거든 온전히 기쁘게 여기라"(약 1:2)고 했습니다.

시험은 참아야 하는 어려운 과정입니다. 시험은 정말로 견디기 어려운 고통을 말합니다. 하지만 진리는 이렇게 외칩니다. "기쁘게 여기라 이는 너희 믿음의 시련이 인내를 만들어 내는 줄 너희가 앎이라"(약 1:2하-3). 시련의 열매는 인내입니다. "인내를 온전히 이루라"(약 1:4상)는 말은 끝까지 인내하라는 뜻입니다. 인내하기만 하면 "너희로 온전하고 구비하여 조금도 부족함이 없게 하려 함이라"(약 1:4하)고 하셨습니다.

어려운 고난이 다가옵니까? 상황이 점점 더 악화됩니까? 계획대로 일이 진행되지 않습니까? 이것이 우리에게 다가오는 시험, 곧 연단의 과정일 수 있습니다. 하지만 여기에서 우리는 기가 막힌 축복을 얻게 됩니다. 이 인내의 훈련을 바로 견디고 정확히 깨닫고 나면 그다음에는 부족함 없는 사람이 됩니다. 그 무엇도 인내하는 사람을 당해 낼 재간은 없습니다. 그 사람은 온전한 사람입니다. 인내하기를 배운 사람은 어떤 형편에서든지 하나님이 기뻐하시도록 온전히 반응할 수 있게 됩니다. 이런 귀중한 인내의 열매를 맺게 하는 것이 바로 내 앞에 놓인 여러 가지 어려운 시험과 역경들입니다.

기막힌 기도 응답을 언제 받습니까? 역경을 거쳐 나오면서 받게 됩니다. 만사가 잘 풀릴 때는 기도 응답이 무엇인지도 잘 깨닫지 못합니다. 하나님께서 광활한 곳에 우리를 세우겠다고 하셨는데, 그 광활한 곳이 어떤 곳인지 우리는 고난의 터널을 통과할 때 경험할 수 있습니다. 인내할 때 경험하게 됩니다. 하나님께서는 우리를 때를 따라 은밀한 장막에 숨기겠다고 약속하셨습니다. 누가 이 은밀한 장막을 알 수 있습니까? 바로 고난의 여정에서 인내를 배운 사람이야말로 이 비밀을 알 수 있습니다. 그 사람이야말로 이 장막에 들어가 평안한 쉼을 맛보게 됩니다.

하나님은 우리에게 아침에 찾아오는 기쁨을 약속하셨습니다. 사망의 음침한 골짜기를 다닐지라도 지팡이와 막대기로 안위하시는 축복을 주신다고 약속하셨습니다. 이와 같은 은혜는 사망의 음침한 골짜기를 통과할 때 비로소 깨닫게 됩니다. 그러니 고난이 무조건 나쁘다고 할 수 없습니다. 고난 당할 때 선하신 하나님, 우리를 안위하시는 하나님을 생각하면서 인내하면, 오히려 주님이 주시는 엄청난 보화들을 거둬들일 수 있습니다.

○ ○ ○ ○ ○ ○ ○ ○
예수를 닮아 간다는 것

한 형제가 있었습니다. 그는 한 가정의 장남이었고, 오랫동안 고약한 병을 안고 씨름해 온 사람입니다. 장남이 그러니 부모의 마음은 어떻겠습니까? 제가 그 부모를 만날 때면 늘 묻곤 합니다. "아들은 좀 어떻습니까? 힘드시지요?" 이분은 이렇게 대답합니다. "목사님, 우리가 간절히, 간절히 기도한다고 말하잖아요. 하지만 평안할 때 우리가 간절한 기도를 하게 됩니까? 저는 우리 아들 때문에 정말 간절한 기도의 의미가 무엇인지 가슴 깊이 깨닫고 있습니다. 목사님, 너무 걱정하지 마세요." 저는 그 자리에 한동안 멈춰 서 있을 수밖에 없었습니다.

이런 고난을 통해 참 소중한 것을 얻게 되는데, 그것은 우리의 속사람이 예수 그리스도를 닮아 간다는 것입니다. 하나님께서 우리에게 제일 관심을 기울이시는 부분은 각자가 얼마만큼 예수를 닮았느냐 하는 것입니다. 내가 볼 때가 아니라, 하나님이 나를 보셨을 때 얼마나 예수 그리스도를 닮았는지가 중요합니다.

하나님은 우리 모두가 하나님의 아들과 똑같아지기를 바라십니다. "내가 온전한 것처럼 너희도 온전하라. 내가 거룩하니 너희도 거룩하라. 내가 자비한 것처럼 너희도 자비하라"고 말씀하십니다. 하나님은 우리를 '자녀'라고 부르셨습니다. 자녀는 부모를 닮기 마련입니다. 그렇기에 하나님의 관심은 '우리가 얼마나 당신을 닮아 가고 있느냐' 하는 것에 있습니다.

그렇다면 우리는 생각해 봐야 합니다. 흥청망청 사는데도 잘되고 세상 사는 재미가 좋아 어쩔 줄 모르고 신이 난 사람이 하나님을 어떻게 닮겠습니까? 세상에서는 가만히 있어도 마귀를 닮아 가게 됩니다. 이 세상은 사탄이 왕 노릇하는 곳이라 그렇습니다.

그러나 하나님을 닮아 가는 것은 연단이 없이는 어림도 없습니다. 내가 누리는 세상의 안락함보다 가난과 고통과 고난을 가지고 씨름하면서 주님을 의지하고 그분 앞에 쉼 없이 엎드릴 때, 어제보다 오늘 더욱 그분을 닮아 있는 것입니다. 하나님처럼 겸손합니다. 하나님처럼 의롭습니다. 하나님처럼 자비합니다. 하나님처럼 사랑합니다. 이럴 때 나도 모르게 하나님을 더욱더 닮아 가는 것입니다. 이것이 바로 고난의 불을 통과해 순금같이 나아가는 것입니다.

하나님은 우리가 흥청망청 살면서 마귀를 닮아 가도록 절대 그냥 내버려 두시지 않습니다. 오늘날 한국 교회에 이처럼 어려운 시련을 주시는 이유가 분명히 있습니다. '새벽마다 일어나 기도하는 믿음 좋은 사람들에게 왜 이런 일이 생길까?' 도무지 이해가 안 되는 어려움이 우리 앞에 다가오는 이유가 있습니다.

거기에 담긴 하나님 아버지의 마음은 이렇습니다. "애야, 비록 어려운 상황이지만, 나와 같은 선택을 하지 않겠니? 조금만 참아라. 나를 닮아 가는 네 모습이 참 기쁘고 보기 좋구나!" 하나님이 기뻐하시는 그 기쁨으로 우리도 견딜 수 있습니다.

○ ○ ○ ○ ○
열두 진주 문

진주가 어떻게 만들어지는지 우리는 잘 알고 있습니다. 굴 속에 유리 조각이나 모래 같은 이물질이 안으로 들어오면 이물질은 그 안에서 굴의 부드러운 살을 갉아 생채기를 냅니다. 이때 굴은 자기 몸에 있는 모든 에너지를 동원해 호르몬을 만들고 그것으로 이물질을 감쌉니다. 그렇게 해서 이물질이 몸 안에서 어떠한 거부반응을 일으키지 못하도록, 몸과 조화를 잘 이룰 수 있도록 계속해서 감싸 안습니다. 굴은 아픔을 견디는 것에 만족하지 않고 그 아픔을 극복하기 위해 무던히 노력하고 있는 것입니다. 계속해서 성실히 씨름하다 보면 그 이물질은 어느새 영롱한 진주가 되어 새롭게 탄생합니다.

어디선가 이런 글을 본 적이 있습니다. "여러 가지 시련이 당신의 삶에 들어올 때, 그것을 침입자로 여기지 말고 친구로 맞이하십시오. 시련은 당신의 인내를 훈련하기 위해서 파견된 것임을 잊지 마십시오. 인내하는 과정을 통해서 당신의 속사람은 점점 성숙한 경지에 이르러 예수 그리스도의 형상을 온전히 이룰 것입니다."

하나님은 우리를 진정으로 사랑하시기 때문에, 많이 움켜쥐고 생각 없이 즐기다가 마귀처럼 되는 것보다, 부족한 듯 적게 가져서 겪게 되는 고난을 인내로 극복하기 원하십니다. 우리가 예수 그리스도처럼 되는 것이 참 복이기에 하늘 아버지는 우리에게 고난을 주십니다. 하나님은 나를 단련시켜 순금같이 나오게 하십니다.

이때 우리는 "하나님, 저에게 이런 고난을 주셔서 참으로 감사합니다. 어제보다 오늘 저는 예수님을 좀 더 닮게 되었어요"라고 고백할 수 있어야 합니다. 이것이 하나님의 자녀다운 건강한 모습입니다.

천국에는 "열두 진주 문"(계 21:21 참조)이 있습니다. 우리가 천국에 들어갈 때 그 아름다운 진주 문으로 들어가게 됩니다. 진주는 인내의 상징입니다. 세상을 살면서 오직 인내한 자, 곧 주님을 닮기 위해 인내하고, 하나님의 뜻을 행하기 위해 인내하며 의를 행하기 위해 인내하고, 믿음을 지키기 위해 인내하는 자. 그리고 세상이 주는 고통을 감수하면서 인내하고, 기뻐하며 인내한 사람만이 그 열두 진주 문을 통과해서 천국으로 입성하게 됩니다. 그러므로 우리는 내 안에서 진주가 만들어질 때까지, 내 삶이 예수 그리스도를 온전히 닮기까지 현재의 고난을 참고 인내해야 합니다. 하나님이 우리에게 이것을 원하십니다. 달리면서 인내합시다. 기뻐하면서 인내합시다. 예수님의 인내를 배웁시다. 그렇게 하면 오래지 않아 고난의 어두움을 헤치고 나온 영광의 별을 보게 될 것입니다. 하나님은 반드시 인내한 자에게 축복을 주십니다.

하나님을 향한 절대적인 믿음은 인내를 통해서만 증명됩니다.

삶에 지친 당신에게

***

눈물 흘리는 자를 주목하시는 예수님

울고 있는 과부를 보신 예수님께서 지금 우리의 눈물도 눈여겨보고
계십니다. 주님은 우리의 눈물을 귀히 여기십니다. 우는 자에게 주목
하십니다. 우리가 올리는 눈물의 기도는 하나님의 마음과 그 보좌를
움직입니다. 하나님은 절대로 우리의 눈물이 눈물로 끝나게 하지 않
으십니다.

사람이 두려울 때 기억해야 할 시편 7편

시편 7편은 다윗이 구시에게 괴롭힘을 당할 때 하나님께 부르짖은 시
입니다. 이 시는 건강한 인간관계를 유지하는 비결을 우리에게 알려
줍니다.

비결 1_ 말 한마디를 하더라도 남을 해치는 말은 하지 말라.

비결 2_ 사랑으로 허물을 덮어 주면 적이 생기지 않는다.

비결 3_ 나의 방패가 되시는 하나님을 항상 의뢰하라.

근심에 눌린 자에게 주시는 예수님의 처방전

처방전 1_ '나를 하나님으로 믿으라.'

　　　당신을 사랑하시는 예수님은 '항상 살아 있고, 늘 깨어 온
　　　우주를 주관하며, 모든 약한 자와 고통당하는 자를 돕는 하
　　　나님'이십니다.

처방전 2_ '천국 소망을 품으라'

안아 주심

●

예수님이 다시 오시면 우리는 주님의 손을 잡고 영원한 나라, 근심이 따라올 수 없는 평안의 나라로 들어갈 것입니다. 믿는 자의 결국은 해피 엔딩입니다.

히스기야식 위기 대처법

위기 대처법 1_ 자기가 해야 할 일에 최선을 다한다.

　　잠잠히 기도해야 할 때가 있으면, 기도하는 마음으로 모든 일을 행하며 나아가야 할 때가 있습니다.

위기 대처법 2_ 하나님의 약속을 굳게 믿는다.

　　"믿음은, 아무리 기분이 바뀌어도 한 번 받아들인 것은 끝까지 고수하는 기술(art)이다." _C. S. 루이스

위기 대처법 3_ 하나님께 부르짖는다.

　　기도는 환난에서 쓰러지지 않게 하는 강한 버팀목입니다.

예수님의 히포모네(인내)

히포모네 1_ 달리면서 인내하다

　　인내의 참된 비결은 참는 동안 다른 할 일을 찾는 데 있습니다. 주저앉아 고통이 끝나기만 기다리지 않습니다. 모든 것을 떨쳐 버리고 하나님만 바라보며 열심히 뛰어가는 것입니다.

히포모네 2_ 기뻐하며 인내하다

　　십자가형을 불과 몇 시간 앞둔 예수님의 마음에 기쁨이 넘쳤습니다. 지금은 고난의 십자가이지만, 결국엔 영광의 십자가가 될 것을 아셨기 때문입니다. 예수님은 이 기쁨이 제자들의 마음에도 충만하기를 바라셨습니다.

Part

02

마음이 상한 당신에게

"목사님, 우리 큰아이가 아직 저렇게 누워 있지만 우리 가족 모두 이렇게 밝고 평안할 수 있는 것은, 어찌할 바를 모르던 그 절망의 길에 하나님이 우리 가족만 덩그렇게 내버려 두지 않으셨기 때문이에요. 이제는 우리 가족 모두 고백할 수 있어요. 하나님이 정말 우리의 아버지시라고요. 그 끔찍한 사고 이후로 우리 가족을 돌보시는 진짜 아버지가 되어 주셨다고요." 집사님 부부의 간증을 들으며 제 눈시울이 따뜻하게 젖어 들었습니다.

프롤로그

인생을 살아가면서 마음에 병이 나면 우리는 어떻게 하나요? 가벼운 우울증 정도라면 재미난 영화를 보거나 가까운 산에 오르거나 교외로 드라이브를 나가는 등 기분 전환 거리를 찾습니다. 좀 심각하다 싶으면 상담을 받거나 신경안정제를 복용하기도 합니다. 하지만 이런 행동들이 상한 마음에 근본적인 치료는 되지 못하는 것을 우리 모두 잘 알고 있습니다.

믿음이 좋은 집사님 부부가 있습니다. 그 집 둘째가 태어나기 전이니까 15년 전의 일입니다. 큰아들이 갑작스럽게 불의의 사고를 당했습니다. 의식은 있지만 몸을 가누지 못하고, 지능도 성장도 거의 멈춘 채 지금까지 생명만 유지하고 있다고 합니다. 젊은 부부에게 이 얼마나 청천벽력 같은 일입니까? 그때까지만 해도 신앙생활이 견고하지 못했던 그 부부는 하나님을 붙잡고 매달리기 시작했습니다. 십수 년이 넘도록 매일 기도하며 하나님 앞에 나아갔습니다. 최근에 집사님 부부가 저에게 이런 고백을 하더군요.

"목사님, 우리 큰아이가 아직 저렇게 누워 있지만 우리 가족 모두 이렇게 밝고 평안할 수 있는 것은, 어찌할 바를 모르던 그 절망의 길에 하나님이 우리 가족만 덩그렇게 내버려 두지 않으셨기 때문이에요. 이제는 우리 가족 모두 고백할 수 있어요. 하나님이 정말 우리의 아버지시라고요. 그 끔찍한 사고 이후로 우리 가족을 돌보시는 진짜 아버지가 되어 주셨다고요."

집사님 부부의 간증을 들으며 제 눈시울이 따뜻하게 젖어 들었습니다. 거친 광야 생활로 마음이 상한 이스라엘 백성들에게 모세는 하나님이 아버지 되심을 기억하라고 간곡히 당부합니다.

"하나님이 우리 아버지 되신다! 크고 강하신 여호와께서 우리를 품에 안고 광야 길을 걸어가고 계신다!"

그렇습니다. 우리를 사랑하시는 하늘 아버지께서 차갑고 외로운 인생길에 선 우리를 그 넓고 따뜻한 품으로 안아 주십니다. 하나님께서 친히 우리의 아버지가 되어 주셨다는 사실을 가슴 깊이 느껴 봅시다. 그리고 그 넓은 품에 안겨 걸어가고 있는 우리의 모습을 그려 봅시다. 지금 이 시간, 하나님의 품에 안겨 우리의 모든 상한 마음이 치유되기를 기도합니다.

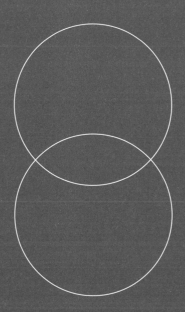

I

지친 영혼의
비타민

하나님께서 우리에게 '예수를 생각하라'고 하시는 이유가 여기에 있습니다.
"한번 잘 생각해 보렴. 너와 같은 세상을 이미 산 예수를 생각하면
마음에 큰 위로와 힘이 생기게 될 거야."

히브리서 12:3

너희가 피곤하여 낙심하지 않기 위하여 죄인들이 이같이 자기에게 거역한 일을 참으신 이를 생각하라

지친 영혼의
비타민

○ ○ ○ ○ ○ ○
영혼이 지칠 때

             몇 해 전, 《아버지》라고 하는 소설이 사람들에게 감동을 주면서, 서점마다 '아버지' 코너가 따로 마련될 정도로 많은 인기를 얻었습니다. 그 내용은 참 소박합니다.

    서기관으로 공무원 생활을 화려하게 시작한 어느 남자가 결혼을 하고, 자녀를 낳고, 가정을 이끌어 가면서 생기는 이야기들을 담고 있습니다. 열심히 살아 보려고 하는데 뜻대로 진급이 되지 않고, 일에서 좌절을 맛보고, 치열한 경쟁 사회 구조 속에서 조금씩 뒤처지면서 남자 주인공이 겪게 되는 내적 갈등을 보여 주고 있습니다. 그러다가 결국에는 중병이 들어 인생을 마친다는, 어떻게 보면 간단한 구성입니다.

    사람들은 왜 이런 평범한 이야기를 읽으면서 눈물을 흘릴까요? 또 어떤 사람들은 왜 통곡까지 했다고 할까요? 부인들은 왜 이 소설을 읽고 남편을 보는 눈이 달라졌다고 말할까요? 자녀들은 왜 아빠를 이해하게 되었다고 고백할까요?

주인공 아버지는 참 피곤한 인생을 살아가는 사람입니다. 그는 가족을 부양하려고, 또 자기가 가진 꿈을 조금이나마 이루어 보고자 세상을 살아갑니다. 그런데 그렇게 열심히 살아도 일이 뜻대로 풀리지 않습니다. 피곤이 쌓이고, 그것에 짓눌려 허덕이다가 결국 두 손두 발 다 들고 인생을 초라하게 마치게 되는 한 남자, 피곤한 남편, 피곤한 아빠를 생각해 보십시오.

어디 남편만 피곤하겠습니까? 부인도 피곤하고 자녀도 피곤합니다. 우리 모두 피곤한 인생을 살고 있습니다. 어느 시대보다도 이 '피곤'이라는 단어는 지금 우리에게 거인처럼 다가옵니다. 우리의 하루 일과는 마치 전쟁과도 같습니다. 몇 시인가를 따지지 않고 몇 분, 아니 몇 초인가를 따질 정도로 시간에 쫓기며 살아갑니다. 많은 약속들이 있고, 스케줄이 줄을 잇고, 업무량은 갈수록 많아집니다.

스트레스라는 융단폭격을 하루 종일 당하다 보면 무기력증이 생기고, 결국에는 의욕이 상실됩니다. '이러다가 실패하는 것 아닌가?' 하는 불안감은 우리의 마음에 떠나지 않는 고통으로 자리합니다. 이 모든 것이 피곤이 쌓이고 쌓여서 일어나게 되는 현상입니다. 사람들은 피곤이 쌓이면 예민해집니다. 아무것도 아닌 일에 예민해지고, 긴장한 탓에 서로 상처를 쉽게 주고받습니다.

누군가가 우리에게 이런 피곤에 대해서 "육체적인 피곤이냐?"고 물어 온다면 꼭 "그렇다"고 대답하기가 어렵습니다. 만약 육체적 피곤뿐이라면 푹 쉬고 나면 해결될 것입니다. 그러나 현대인들의 피곤은 잠을 자도, 쉴 만큼 쉬어도 잘 해결되지 않는 것 같습니다. 그것은 아마도 우리의 피곤이 정신적인 부분과 연관이 있기 때문인 듯합니다. 좀더 명확히 말하자면 '영적 피곤'이라는 것이지요.

헤드 필드(James Arthur Hadfield, 188-1967)라는 심리학자가 이 부분을

분명하게 지적했습니다. "우리를 괴롭히는 피로의 대부분은 정신적인 데서 비롯한다. 순수하게 육체적인 원인에서 오는 피로는 오늘날 극히 드물다"라고 말입니다. 이 말에 동의하든, 동의하지 않든 간에 오늘날 현대인이 느끼는 피곤의 특징은 대부분 영적인 것이고, 정신적인 것이라는 사실입니다. 우리는 이 사실을 부인하기 어렵습니다.

과거와 달리 오늘날 대부분의 사람들은 하루 종일 논밭을 매는 중노동을 하지 않습니다. 선조들처럼 하루 종일 지게를 지고 땔감을 구하느라 높은 산을 오르내리는 심한 노동을 하는 사람들을 이제는 거의 찾아보기 어렵습니다. 이제는 물동이를 이고 물을 길러 다니는 고생스러운 일을 매일같이 하는 사람들도 보이질 않습니다. 대부분의 사람들은 중노동에서 이미 해방되었습니다. 그럼에도 불구하고 왜 이렇게 피곤해 할까요?

오늘날 우리의 피곤은 정신적인 뿌리에서, 영적인 뿌리에서 찾을 수 있습니다. 그렇다고 해서 '피곤은 전적으로 나쁘다, 피곤은 비정상적인 것이다'라고 할 수는 없습니다. 피곤은 나쁜 것도, 좋은 것도 아닙니다. 인간은 한정된 힘을 가진 육신 안에 담겨 있습니다. 유한한 육체가 감당하기 어려운 분량의 일들을 하다 보면 과부하가 걸리고 맙니다. 이것은 하나님께서 우리 몸에 남겨 놓으신 자연적인 원리입니다. 그러니까 피곤하다고 해서 그 피곤이 나쁜 것이나 이상한 것이 아닙니다. 세상을 살아가는 일은 참 피곤한 일입니다. 피곤은 인생의 운명이자, 숙명인 것 같습니다.

○ ○ ○ ○ ○ ○ ○
하나님의 처방전

지금으로부터 3천 년 전, 여유롭고 풍족하게 살던 제왕 솔로몬도 "모든 만물이 피곤하다는 것을 사람이 말로 다 말할 수는 없나니"(전 1:8 상)라고 고백했습니다. 만물이 얼마나 피곤한가를 말하면서 그는 한술 더 떠 온 우주 만물이 다 피곤하다고 했습니다. 하늘의 달과 별도 피곤하고 물과 나무도 피곤합니다. 동물도 피곤하고 물고기도 피곤하며 피곤하지 않은 것이 하나도 없다고 말합니다.

그 가운데서도 인간은 유달리 피곤함을 표현할 수 있는 능력을 가진 존재입니다. 그래서 사람의 피곤은 어느 피조물의 피곤보다 더 노골적이고 확실하게 드러납니다. 3천 년 전에 살던 사람도 '만물의 피곤함을 말로 다 할 수가 없다'고 합니다. 그 옛날에도 그렇게 피곤한 인생을 살았다니, 정신없이 복잡하고 너무 빨라서 도무지 숨 쉴 틈도 없는 현대 문명을 살아가는 우리가 왜 피곤하지 않겠습니까? 우리의 피곤은 두말할 나위가 없습니다.

피곤한 것이 당연하다고 해서 이 피곤을 그대로 쌓아 놓고 해결하지 않는다면 무기력증에 걸리게 되고, 마음에 낙심이 찾아옵니다. 마치 험난한 파도와 싸우던 선원이 쉴 새 없이 계속되는 파도에 지쳐 배를 포기하고 바다로 뛰어드는 것처럼 우리 삶에 대해 포기하고 그렇게 행할 수 있습니다. 오만 가지가 다 하기 싫어집니다. 백기를 들고 항복하고 싶습니다. 도망가고 싶습니다. 급기야 자살을 선택해 버리는 경우도 있습니다.

하나님께서는 본문 말씀을 통해 "너희가 피곤하여 낙심하지 않기 위하여 죄인들이 이같이 자기에게 거역한 일을 참으신 이를 생각하라"고 하십니다. 이 말씀은 우리가 피곤할 수 있지만, 피곤 때문에 낙심하지 않기 위해서는 예수를 생각해야 한다는 뜻입니다. 어찌 보면 하나님께서 동문서답을 하시는 것 같아 보입니다. 피곤하면 환경을 개선하라고 한다거나 좀 더 편하게 살 수 있는 방법을 알려 주는 등 구체적인 처방전을 제시해야 할 것 같은데, '예수를 생각하라'는 것입니다.

환자의 증상을 파악하고 처방전을 써 주는 의사처럼 명확하고 구체적인 방법으로 해결책을 던져 주면 좋을 텐데, '예수를 생각하라'는 말씀은 어딘지 모르게 생뚱맞아 보입니다. 그러나 하나님은 어리석은 이야기를 하시는 분이 아닙니다. 하나님은 터무니없는 말씀으로 우리를 속이시는 분이 아닙니다.

우리는 어떤 어려운 상황이나 어떤 특별한 순간이 되면 누군가를 떠올리는 버릇을 조금씩은 가지고 있습니다. 아주 슬플 때 자연스럽게 생각나는 사람이 있습니다. 만사가 귀찮을 때 생각나는 사람이 있을 수 있습니다. 그 사람을 생각하면 무언가 위로를 받고, 어떤 격려를 받을 수 있기 때문에 특별한 순간이 되면 나도 모르게 그 사람을 생각하게 되는 것입니다.

저도 가끔은 게으름 좀 피우고 아무것도 하지 말자는 유혹을 받을 때가 있습니다. '아휴, 왜 이리 목사 생활이 힘드나! 좀 수월하게 하자. 좀 풀어놓고 편하게 목회하고, 설교 준비도 좀 여유를 가지고 즐기면서 하자. 무얼 그리 아웅다웅하고 있나?' 하는 생각이 들기도 합니다. 그때마다 떠오르는 분이 있습니다. 저도 모르는 사이에 그 모습이 제 눈앞에 나타납니다. 바로 우리 아버지입니다.

아버지는 무식한 농군이었습니다. 평생에 아들을 앉혀 놓고 이렇게 하라, 저렇게 하라고 한 번도 교훈하신 일이 없으셨습니다. 그러나 당신 삶을 통해 저에게 보여 주신 것이 참 많습니다. 아버지는 새벽별을 보며 지게를 지고 나가셨고, 밤이 어두워야 돌아오셨습니다. 어떤 날에는 밤새도록 복통을 괴롭게 앓았으면서도 날이 밝기가 무섭게 일어나 괭이를 들고 들로 나가십니다. 하루 종일 일하시고, 일하시다 복통이 나면 논두렁에 엎드려서 혼자 신음하다가, 또 힘이 좀 나는가 싶으면 일하시고, 그렇게 몇 안 되는 가족을 먹여 살리며 평생을 소박하게 사셨습니다.

그런 아버지의 뒷모습을 보며 저는 배운 것이 참 많습니다. '부지런해야 한다. 사람은 자기 일에 부지런해야 하고 최선을 다해야 된다.' 이 생각 하나가 제 마음속에 강하게 남아 있습니다. 그래서인지 게으름이 나려 하고, 일을 좀 쉽게 하려는 유혹이 올 때마다 아버지 생각이 납니다. 저의 경우를 보아서도 어려울 때, 인생이 고될 때, 어떤 특별한 상황에서 '누구를 생각하라'는 말은 동문서답이 아닙니다.

미국의 유명한 잡지인 The Wall Street Journal에 한동안 거의 매일 광고를 실은 유나이티드 테크놀로지(United Technology)라는 회사가 있습니다. 그 회사는 똑같은 내용의 광고를 반복해서 연재했는데, 그 광고 문구는 이런 것입니다.

"만약에 당신이 피곤하거나 낙심이 되면, 이런 사람을 한번 생각해 보지 않겠습니까? 초등학교를 중퇴했습니다. 시골에서 구멍가게를 열었지만 그나마 파산하고 말았습니다. 다른 사람에게 빌린 돈을 갚는 데 15년이 걸렸습니다. 장가를 갔지만 악처를 만나 가정생활이 행복하지 못했습니다. 상원의원에 입후보하였지만 두 번이나 낙선했고, 하원의원 선거에도 두 번이나 쓴잔을 마셨습니다. 역사에 남을 만한 유명한 연설은 몇 편 했지만, 당시 청중은 그의 연설에 별 관심을 보이지 않았습니다. 신문에서는 연일 비난이 쏟아졌고, 나라의 절반은 그를 벌레 보듯 싫어했습니다. 그러나 생각해 보십시오. 이런 형편이었는데도 불구하고 그는 지금 전 세계 어느 곳에서나 사람들의 입에 오르내리고 있으며, 수많은 사람들이 이 사람 때문에 자극을 받아 용기를 내고 힘을 얻어 살아가고 있습니다. 이 사람이 죽은 지 백 년이 훨씬 지났는데도 그의 존재는 더욱 새롭게 빛나고 있습니다. 이 사람은 바로 에이브러햄 링컨입니다. 당신이 낙심될 때, 이 사람을 한번 생각해 보시지 않겠습니까?"

그도 피곤하셨다

하나님께서 '피곤할 때 예수를 생각하라'고 말씀하신 이유는 세 가지입니다.

첫째로, 예수님은 경험자셨습니다. 우리가 당하고 있는 이 피곤을 똑같이 체험하신 경험자입니다. 내가 낙담될 때가 언제인지를 주님은 아주 잘 알고 계십니다. 세상에 오셔서 그는 가난과 씨름하셨고, 목수의 아들로 중노동을 하면서 하루 종일 여가 없는 생활도 하셨습니다. 특별히 예수님을 피곤하게 만든 것은 사람들이었습니다. 본문 말씀의 기록처럼 "죄인들이 이같이 자기에게 거역한 일" 때문입니다.

예수님 주변에는 정말 많은 사람들이 모였습니다. 물론 선한 사람도 있었지만, 대부분은 죄인들이었습니다. 그들은 예수님을 하나님의 아들로 인정하지 않았습니다. 그들은 예수님이 하나님의 아들이신 줄 몰랐기 때문에 그분을 비판했습니다. 대적했습니다. 급기야 증오하여 죽이기까지 했습니다. 이런 사람들에게 둘러싸여 예수님은 하루 종일 시달렸습니다.

특별히 몇 사람을 선택해서 제자로 삼았습니다. 하지만 그 가운데 한 사람은 마귀였습니다. 또 나머지 열한 명도 그다지 예수님의 마음을 잘 이해하지는 못했습니다. 그런 제자들을 데리고 다니면서 예수님의 심신이 얼마나 피곤했을지 충분히 짐작할 수 있습니다.

나사로가 죽었을 때도, 예수님은 그를 찾아가 통분히 여기시고, 민망히 여기시고, 나중에는 참지 못해 눈물까지 흘리셨습니다. 속이 타고, 아파서 눈물을 쏟을 정도로 예수님은 우리가 당하는 피곤, 우리가 당하는 낙심, 우리가 당하는 고통을 다 당하셨습니다. 삶의 모든 고통 가운데 하나님의 아들이라고 예외는 없었습니다. 그러므로 예수님은 우리를 너무 잘 아시고, 속속들이 이해하십니다.

'동병상련'이라는 말을 잘 아시지요? 같은 병상에서 함께 고통을 겪고 있는 사람들끼리는 서로 공감하는 것이 있고, 서로 이해하고 통하는 무언가가 있습니다. 그래서 같은 처지에 놓인 사람을 만나면 마음이 좀 편안해집니다. 내가 피곤할 때 의기양양한 사람을 만나고 나면 더 피곤해집니다. 내가 낙심될 때 모든 일에 형통한 사람을 만나면 그냥 가슴이 내려앉습니다. 더 답답해집니다.

하나님께서 우리에게 '예수를 생각하라'고 하시는 이유가 여기에 있습니다. "내 아들 예수는 너와 똑같은 세상을 살았단다. 똑같이 고생했고 피곤했단다. 낙심될 때가 참으로 많았고, 그를 이해해 주는 친구 하나 없었지. 한번 잘 생각해 보렴. 너와 같은 세상을 이미 산 예수를 생각하면 마음에 큰 위로와 힘이 생기게 될 거야." 지금 우리에게 이렇게 말씀하고 계십니다.

본문 말씀에 "생각하라"는 히브리어 단어에는 두 가지 의미가 들어 있습니다. 하나는 '비교하라'는 의미입니다. 또 하나는 '묵상하라'는 의미입니다. 예수님을 나와 비교할 때, '아, 예수님도 내가 당하고 있는 이 고통을 다 당하셨구나. 내가 짊어지고 있는 인생의 피곤함을 예수님도 짊어지셨구나. 아니, 나보다 더한 것을 지셨구나' 하는 생각을 하게 됩니다. 예수님도 내 아픈 마음을, 내가 처한 상황을 잘 이해하실 것이라는 확신이 옵니다. 그것이 든든한 힘이 됩니다.

또 그 예수님을 마음에 모시고 깊이 묵상하면 내 마음에 어느새 위안이 찾아옵니다. 예수님의 삶이 깊은 위로가 되어 다가옵니다. 그래서 '예수를 생각하라'는 것입니다. 예수님은 우리를 돕는 분이시기 때문에 힘들 때 그분을 생각할 이유가 충분합니다.

예수님은 하나님이십니다. 그는 다 가지신 분이요, 무엇이나 다 하실 수 있는 분이요, 긍휼이 많으신 분이시라 우리를 항상 도와주기 원하십니다. 구약성경은 "(하나님은) 명철이 한이 없으시며 피곤한 자에게는 능력을 주시며 무능한 자에게는 힘을 더하시(는)"(사 40:28하-29)분이라고 말합니다.

신약성경은 우리에게 "때를 따라 돕는 은혜를 얻기 위하여 은혜의 보좌 앞에 담대히 나아(가라)"(히 4:16)고 촉구합니다. 하나님은 우리가 피곤할 때는 피곤할 때의 은혜를 준비해 놓으십니다. 고통을 당할 때는 그 고통의 때를 견딜 수 있는 은혜를 준비하십니다. 때를 따라 돕는 은혜를 준비하고 우리를 도우십니다.

"수고하고 무거운 짐 진 자들아 다 내게로 오라"(마 11:28상)고 하십니다. 수고하고 무거운 짐 진 자들에게 하나님은 "내가 너희를 쉬게 하리라"(마 11:28하)고 말씀하십니다. 예수님은 피곤한 자에게 쉼을 주시는 하나님이십니다. 그는 무엇이든지 나를 위해서 해 주실 수 있는 분이십니다. 그렇기 때문에 하나님께서는 "피곤하면 예수를 생각하라. 낙심될 때마다 예수를 생각하라"고 말씀하시기에 충분합니다.

○ ○ ○ ○ ○ ○ ○ ○
낙심할 이유가 없다

우리가 지칠 때 예수님을 생각해야 할 두 번째 이유는 무엇일까요? 그분에게는 낙심할 이유가 하나도 없기 때문입니다. 우리가 그분을 생각해야 할 가치가 여기에 있습니다. 십자가 형벌은 부끄러움까지 따라오는 것이었습니다. 사실 십자가는 수치요, 부끄러움이요, 망신거리요, 구경거리입니다. 하지만 이 끔찍하고 모욕적인 죽음도 예수님이 사양하지 않으신 이유는 십자가 다음에 있을 부활의 영광 때문이었습니다. 그분은 죄와 사망의 고통을 이기시고 모든 인류를 죄에서 구원하실 영광을 생각하셨습니다.

영광스러운 하나님의 아들로 부활하면 십자가의 그 수치도, 십자가의 그 고통도 다 물러갈 것이기에, 그 이상의 것이 있다는 것을 아셨기에 견디어 내셨습니다. 그러므로 예수님은 십자가 앞에서 낙심하지 않으셨습니다. 십자가 앞에서 절망하지 않으셨습니다. 십자가 앞에서 한숨 쉬지 않으셨습니다. 바로 이런 예수님을 생각하라는 말씀입니다.

부활하신 주님, 하늘과 땅의 권세를 다 가지신 주님, 장차 이 세상을 심판하시고 모든 인류의 불행을 행복으로 바꾸어 놓으실 주님, 모든 인생의 한숨과 원한을 풀어 주실 주님, 그 주님을 생각하면 낙심할 이유가 하나도 없습니다. 지금 가난합니까? 오늘의 가난 때문에 낙심할 이유가 없습니다. 주님께는 그 가난을 몇 천 배, 몇 만 배 보상하고도 남는 부가 있습니다. 이 세상의 경쟁 대열에서 뒤로 처지는 것만 같고 일이 뜻대로 잘 안 풀립니까? 물론 사람이니까 그런 것들 때문에 마음이 상할 수도 있습니다. 하지만 그리스도인은 그런 일로 낙심할 필요가 없습니다. 주님이 준비하신 영광의 나라로 들어가면, 내가 세상에서 얼마나 성공했느냐, 아니냐 하는 것은 아무런 가치가 없는 일이기 때문입니다. 꿈에서 본 듯 세상의 모든 일을 잊어버릴 만큼, 영원토록 주님과 함께 누릴 영광은 그 무엇과도 비교할 수 없는 것이기 때문입니다. 그렇기 때문에 예수님만 생각하면, 내가 남에 비해 뒤처진 것 같아도, 남에 비해 좀 못 따라가는 부분이 있어도 그것 때문에 절망할 이유가 하나도 없습니다. 오히려 예수님을 생각하면 신이 납니다.

지금 남편이 미워집니까? 아내가 마음에 들지 않나요? 자식이 속을 썩입니까? 세상을 살다 보면 이런저런 일이 많이 생깁니다. 내 소원대로 다 되면 무슨 걱정이 있겠습니까? 그러나 세상은 내 마음대로 돌아가지 않습니다. 그렇기 때문에 피곤하고, 안 되니까 낙심하게 됩니다. 그러나 그런 형편 가운데서도 예수님을 생각하면, 그 낙심될 만한 여건 때문에 오히려 찬송하게 됩니다.

"현재의 고난은 장차 우리에게 나타날 영광과 비교할 수 없도다"(롬 8:18). 현재의 가난이 장차 주님이 우리에게 주실 영광과 비교가 안 된다는 말씀입니다. 오늘 겪고 있는 고난은 장차 우리에게 주어질 영광과 비교할 때 '새 발의 피'라는 말입니다. 지금 사람 때문에 시달리고 있습니까? 혹은 마음대로 되지 않는 가족 때문에 고통스러워하고 있습니까? 그러나 장차 예수님이 내게 주시려고 준비하신 그 영광에 비하면 이것은 정말 아무것도 아닙니다. 도무지 비교할 수가 없다는 이야기입니다.

예수님을 생각할 때마다 예수님만 주실 수 있는 굉장한 은혜가 따라옵니다. 이것이 피곤할 때 예수님을 생각해야 할 세 번째 이유입니다. 히브리서의 초기 독자들은 로마제국의 황제에게 핍박당하는 상황이었습니다. 따돌림당하고, 미움받고, 쫓겨 다니고, 불이익을 당하고, 잘못하다가 붙잡히면 죽게 되는 상황이었습니다. 그들은 예수님을 믿기 위해서, 믿음을 지키기 위해서 자신의 전부를 희생하고 생명까지 걸었습니다. 이런 사람들에게 주님이 주시는 위로라면, 핍박을 한 사람들을 한순간에 모두 멸하시고 즉시 핍박에서 건져 주시는 것이라고 우리는 흔히 생각합니다. 그러나 하나님께서는 그렇게 하시지 않고 '예수를 생각하라'고 하십니다. 세상에서 아무리 핍박을 당해도

"애야, 지금 당하는 핍박이 참 괴롭지? 그러나 내가 준비한 영광을 맛보는 그날부터 너는 지금 당하는 이 핍박에 대해 두 번 다시 생각하지 않게 될 거야"라고 위로하십니다. 그렇습니다. 상대가 되지 않습니다. 핍박의 크기와는 비교도 안 되는 엄청난 은혜가 쏟아지기 때문에 성도들은 예수님을 생각할 때마다 환난 중에서도 기뻐할 수 있는 특별한 은혜를 체험하게 됩니다.

○ ○ ○ ○ ○ ○
예수를 생각하라

예수님을 생각할 수 있는 좋은 방법이 두 가지 있습니다. 하루 일과로 씨름하다 보면 때로 '아, 피곤하다, 정말 힘들다, 다 내려놓고 싶다'라는 마음이 생기기도 합니다. 그럴 때마다 5초도 좋고, 10초도 좋고, 1분도 좋습니다. 잠깐 동안이라도 예수님을 한번 생각해 봅시다. 운전을 하고 있다가도 문득 피곤하다는 생각이 들면, 풀리지 않는 문제로 마음이 답답해지면, 그때 잠깐이라도 예수님을 생각해 봅시다. '아, 예수님은 내가 겪는 이 모든 고통을 다 경험하셨어.'

예수님은 얼마든지 우리를 도우실 수 있는 분입니다. 예수 안에는 절대로 낙망할 이유가 없다는 것을 신뢰하면서 예수님을 생각해 봅시다. 이것은 쉬운 것 같아도 실제로는 어렵습니다.

세상 사람들은 화가 나면 분노하다가 제풀에 지치거나 피곤하면 '휴우' 하고 한숨을 쉬어 버립니다. 예수님을 모르는 사람들에게는 그것이 최선일지 모릅니다. 어쩌면 답답한 일을 다른 일로 잠시 잊어버리려 할 수도 있습니다. 그런데 예수님을 믿는 우리는 예수님 생각을 해 보는 것입니다. 어려운 상황 가운데 그렇게 예수님을 생각하다 보면 나도 모르게 기도가 나옵니다. 그리고 나도 모르게 몇 마디 나오는 그 기도 때문에 다음에 따라오는 상황이 아주 달라질 수 있습니다.

또 하나는 일주일 중에 어느 날이라도 좋습니다. 한 시간 정도, 좀 더 가능하면 두 시간 정도를 따로 구별해 놓읍시다. 밤이든 새벽이든 낮이든 가능한 시간을 구별하여 떼어 놓읍시다. 한 주에 한 번, 한두 시간 정도는 꼭 구별하여 혼자만 머물 수 있는 환경을 마련해 봅시다. 그 자리를 찾아갈 때는 홀로 가야 합니다. 핸드폰은 잠시 꺼 두기 바랍니다. 부인이나 남편이 따라가서도 안 됩니다. 모두 다 끊어 버리고 홀로 하나님께 나아가는 시간을 가져 봅시다. 혼자 생각도 하고, 정리도 하는 그런 시간을 갖기 바랍니다.

파스칼(Blaise Pascal, 1623-1662)이 이런 말을 했습니다. "사람들은 조용히 있는 시간을 마련하지 못해서 세상의 모든 좋은 것들을 다 놓치고 있다." 나 홀로 있는 시간을 만들고 그 시간에 조용히 앉아서 예수님을 생각해 봅니다. 실루아니라는 수도사처럼 시계도 풀어 놓고, 오직 예수님과 나만이 마주 앉는 시간을 만들어 보자는 것입니다.

그 시간에는 '내가 기도한다'라고 하는 어떤 능동적인 자세를 취할 필요가 없습니다. 이러이러한 문제를 가지고 하나님을 한번 설득해 보자는 식의 자세로 그분께 나아갈 필요가 없습니다. 그렇게 하면 피곤해집니다. '이런 기도를 해서 꼭 응답받아야지' 하고는 "하나님, 응답하셔야 합니다! 들으세요!" 하면서 막 흔들어 대고 소리치며 부르짖을 필요가 없습니다. 그것 또한 너무 피곤합니다. 지쳐 있는 자에게는 그런 기도가 참 피곤합니다. 당장 하늘 문이 열려 내가 원하는 것을 다 채워 주면 정말 좋을 것 같은데, 하나님은 그렇게 해 주시지 않습니다.

내가 피곤하기 때문에 무거운 마음으로 나와 주님과 단둘이 앉습니다. 이때는 주님을 깊이 생각하려고 선 것이기 때문에 수동적인 자세로 주님 앞에 설 필요가 있습니다. 침묵 중에, 아니면 차분히 기도

하는 중에, 아니면 하나님의 말씀을 조용히 읽는 중에, 하나님의 뜻과 지시를 기다리는 중에 "주여 말씀하옵소서. 제가 듣겠나이다. 주님, 사는 것이 참 피곤해요. 좀 도와주세요"라고 고백하며 그냥 마음을 열고 가만히 기다립니다. 하나님께 모든 주도권을 맡기고 잠잠히 있습니다. 모든 소란스러운 잡음의 스위치를 내리고, 오직 하나님의 음성에만 주파수를 고정하고 조용히 기다립니다.

육신의 피곤은 푹 쉬면 해결이 됩니다. 하지만 그리스도인은 육신의 피곤보다는 영적인 피곤을 푸는 것이 더 중요합니다. 영적인 피곤은 성경적으로 풀어야 합니다. 성경적으로 영적인 피곤을 푸는 방법은 '예수를 생각할 수 있는 조용한 시간을 만들라'는 것입니다. 어렵지 않습니다. 이것을 실천하지 못한다면, 우리는 가장 중요한 것을 놓치게 됩니다. 주님과 마주 앉아서 조용한 시간을 한번 가져 보십시오. 이 맛을 알게 되면 피곤에 지쳐 시간을 만들지 않을 수 없는 상황이 되기 전에 스스로 이 시간을 만들게 될 것입니다.

눈을 감고 멍하게 있으면서 공상하다가 시간을 다 보내는 것이 아닙니다. 예수님을 생각하라고 했습니다. 우리 안에 각자 예수님을 생각하는 방법이 있어야 합니다. 성경을 펴 놓고 읽을 수도 있습니다. 그러나 성경을 편다고 다 하나님의 말씀이 눈에 들어옵니까? 어디를 읽어야 할지 모를 때가 많습니다. 그럴 때에는 주일 설교로 들은 말씀 중에 한 부분을 선택해 조용히 읽으면서 묵상해 봅시다.

'그때 이런 말씀을 들었었지. 이 말씀은 이런 뜻이었지' 하며 묵상을 하다 보면 해야 할 기도들이 떠오르고 자연스레 기도가 나오게 됩니다. 그리고 자기도 모르는 사이에 더 깊이 말씀을 묵상하게 됩니다. 이것이 예수님을 생각하는 방법입니다.

말씀의 되새김질

저는 어려서 시골에서 자랐기 때문에 소를 끌고 나가서 풀을 많이 먹였습니다. 눈만 뜨면 소를 끌고 나가서 한두 시간 풀을 뜯깁니다. 그 시간에 소에게 풀을 뜯기지 않으면 소가 하루 종일 굶을 수 있기 때문입니다. 그래서 아침 일찍 몰고 나가서 논둑에서 풀을 먹이고 돌아옵니다. 여름철에는 10시, 11시가 되면 해가 뜨거워집니다. 이때쯤 소는 그늘에 앉아서 되새김질을 시작합니다. 먹은 것을 다시 끄집어내서 잘근잘근 씹기 시작합니다.

소에게 여물을 먹여 보면, 처음 풀을 뜯을 때는 정신없이 뜯습니다. 숨이 차서 허덕이며 언제 씹어서 넘기는지도 모르게 마구 먹어 댑니다. 때로는 걱정도 됩니다. 그냥 막 뜯어 먹고 삼키니까 옆에서 보면 참 답답합니다. 그렇게 먹다가 배가 부르면 되새김질할 자리를 잡고 앉아서 눈을 지그시 감습니다. 그제서야 마구 삼킨 풀을 되새김질해서 다시 꼭꼭 씹기 시작합니다.

미첼이라고 하는 인도의 한 학자가 되새김질하는 소 곁에서 시간을 재 보았습니다. 마치 소가 몸에 타이머를 가지고 있는 것같이 정확하게 움직였다고 합니다. 한 번 되새김질하는 데 걸리는 시간은 55초였습니다. 장시간 체크를 했는데, 1초도 틀리지 않고 정확했다고 합니다. 되새김질을 해서 두 번째 위에다가 착착 채우고 두 번째 위가 가득 차면, 세 번째 위에 채우고 세 번째 위가 가득 차면, 네 번째 위까지 가득 채웁니다. 그러면 소의 침과 풀이 잘 섞여 위를 통해 흡수되고, 그 흡수된 영양분이 피를 통해 온몸에 공급됩니다. 되새김질을 잘하니까 소는 풀만 먹고 자라도 통통하게 살이 오르고 건강해집니다.

우리도 마찬가지입니다. 예배 시간에 설교를 열심히 듣지만, 이 시간은 어떻게 보면 아침에 소를 몰고 나가서 풀을 뜯기는 시간과 비슷합니다. 목사는 쉬지 않고 3, 40분 동안 설교를 합니다. 성도들은 계속해서 듣습니다. 그냥 받아먹고 삼키는 것입니다. 그러고 나서 소가 하는 되새김질의 시간을 가질 필요가 있습니다. 생각하고 곱씹으며 하나님이 왜 내게 이렇게 말씀하셨는지를 생각할 시간이 필요합니다. 특별히 따로 떼어서 예수님과 시간을 가집니다. 말씀을 조용히 외워도 보고, 묵상도 해 봅니다. 설교에서 들은 말씀 한마디 한마디를 되새김질하듯 곰곰이 되뇌어 봅니다.

그런 시간에 성령님께서 주시는 특별한 은혜가 있습니다. 설교자가 깨달은 말씀보다 어쩌면 더 달콤하고 깊이 있는 말씀을 깨달을 수가 있습니다. 성령의 은혜로 말씀을 깨닫고, 그 깨달은 말씀으로 영혼을 가득 채워 보시기 바랍니다. 말씀이 영혼의 혈관을 통해서 공급되면 영적 피곤이 싹 가시는 것을 체험하게 될 것입니다. 내 안에서 새 힘이 솟는 것을 우리 모두 체험하게 될 것입니다.

하나님의 말씀을 되새김질하면서 예수님을 생각해 본 적이 있습니까? 만약 이런 시간이 없었다면 당연히 피곤할 수밖에 없습니다. 마음에는 무거운 짐이 항상 짓누르고 있을 수밖에 없습니다. 예수님을 생각하라고 했는데 생각하지 않고 인생을 사니까 그럴 수밖에 없습니다. 피곤하다는 말만 하지 말고 이 문제를 해결하기 위해 성경에서 말씀하신 하나님의 해결책을 실천해 봅시다. 하나님은 거짓말하지 않는 분이십니다.

우리가 '피곤하고 낙심될 때 예수를 생각하라'고 하신 그 말씀대로 순종만 하면 반드시 우리 영혼의 피곤, 정신의 피곤을 주님께서 풀어 주십니다. 그렇게 하지 않으면 죽습니다. 《아버지》라는 소설에 나온 주인공처럼 죽게 됩니다. '지금까지 내가 예수님을 참 등한히 했구나.

그래, 잠깐이라도 예수님을 생각하는 습관을 기르자'고 결심하고 일주일에 한 시간 정도는 따로 떼어 구별해 놓읍시다.

하루 정도 운동을 못 하고 사우나를 못 가도, 내 영혼의 피곤을 풀기 위해 예수님을 깊이 만납시다. 소가 되새김질하듯 주의 말씀을 되새김질하면서 주님 앞에 자신을 한번 드려 봅시다. 그분과 마주 앉아서 이야기를 나누어 봅시다. 그분을 묵상해 봅시다. 시간을 내어 주님과 만나는 사람은 다릅니다. 영혼의 피곤이 해결되면, 우리의 얼굴은 훨씬 더 밝아지고 우리의 생각은 더욱 건강해질 것입니다.

당신이 낙심될 때, 이 사람을 한번 생각해 보시지 않겠습니까?

2

인생이 주는
피곤

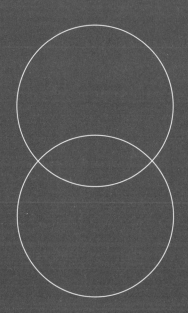

하나님께서 말씀하십니다.
"나를 앙망하라. 인생의 무거운 짐으로 피곤할 때마다 나를 앙망하면
반드시 내가 너를 그 피곤에서 벗어나게 해 줄 것이다."

이사야 40:25-31

25 거룩하신 이가 이르시되 그런즉 너희가 나를 누구에게 비교하여 나를 그와 동등하게 하겠느냐 하시니라 26 너희는 눈을 높이 들어 누가 이 모든 것을 창조하였나 보라 주께서는 수효대로 만상을 이끌어 내시고 그들의 모든 이름을 부르시나니 그의 권세가 크고 그의 능력이 강하므로 하나도 빠짐이 없느니라 27 야곱아 어찌하여 네가 말하며 이스라엘아 네가 이르기를 내 길은 여호와께 숨겨졌으며 내 송사는 내 하나님에게서 벗어난다 하느냐 28 너는 알지 못하였느냐 듣지 못하였느냐 영원하신 하나님 여호와, 땅끝까지 창조하신 이는 피곤하지 않으시며 곤비하지 않으시며 명철이 한이 없으시며 29 피곤한 자에게는 능력을 주시며 무능한 자에게는 힘을 더하시나니 30 소년이라도 피곤하며 곤비하며 장정이라도 넘어지며 쓰러지되 31 오직 여호와를 앙망하는 자는 새 힘을 얻으리니 독수리가 날개치며 올라감 같을 것이요 달음박질하여도 곤비하지 아니하겠고 걸어가도 피곤하지 아니하리로다

인생이 주는
피곤

내 눈이 쇠하도록

　　　　　　　　　우리는 세상을 살아가면서 여러 가
지 이유로 많은 피곤을 느낍니다. 아마 저마다 피곤을 해결하는 방법
하나쯤은 다 가지고 있을 것입니다.

　머리가 지끈거릴 만큼 신경 쓰이는 일이 생겼습니까? 어떤 사람
들은 친구를 만나서 속 이야기를 나누고 싶을지도 모릅니다. 몸이 무
겁고 말을 잘 듣지 않습니까? 이럴 때 잠을 달게 자고 나면 몸이 가뿐
해지는 사람도 있습니다. 어떤 사람은 피곤을 풀기 위해 배낭을 메고
산으로 가기도 하고, 또 어떤 사람은 라켓을 들고 밖으로 나가 땀을
흘리기도 합니다. 모두들 각기 자신에게 맞는 방법을 찾아 피곤을 해
결합니다.

　그러나 삶 자체가 주는 본질적인 피곤은 어떻게 해결하고 있습니
까? 실패가 주는 피곤을 여러분은 어떻게 풀고 있습니까? 평생을 안
고 살아야 하는 심각한 질병이 주는 피곤을 어떻게 풀고 있습니까? 남

몰래 가슴속에 깊은 고뇌를 안고 씨름할 때 오는 그 피곤을 여러분은 어떻게 해결하고 있느냐는 것입니다. 잠을 잔다고 해결이 됩니까? 산에 가서 두세 시간 있다가 오면 문제가 사라지고 없습니까? 그렇게 해서 해결될 일이 아니라는 것을 우리는 잘 알고 있습니다.

몸이 좀 피곤하고 머리가 복잡할 때는 대부분 스스로 해결할 수 있습니다. 하지만 인생이 주는 본질적인 피곤은 사람의 방법으로는 결코 해결할 수 없고 그것에서 자유로울 수도 없습니다. 이 사실은 누구나 인정할 수밖에 없습니다.

하나님은 우리에게 이 근본적인 피곤을 해결하는 방법 하나를 가르쳐 주셨습니다. '주를 앙망하라'는 것입니다. 하나님께서 말씀하십니다. "나를 앙망하라. 실패가 주는 피곤이든, 질병이 주는 피곤이든, 인생의 무거운 짐으로 피곤할 때마다 나를 앙망하면 반드시 내가 너를 그 피곤에서 벗어나게 해 줄 것이다. 또 새 힘을 줄 것이다." 이것이 바로 이사야 40장의 말씀입니다. "피곤한 자에게는 능력을 주시며 무능한 자에게는 힘을 더하시나니…오직 여호와를 앙망하는 자는 새 힘을 얻으리니"(29, 31절상).

'앙망'이란 단어는 히브리어로 '비틀어서 하나로 묶는다'라는 뜻입니다. 여러 가지 물건을 하나로 모으려면 비틀어서 한데 묶어 놓지 않습니까? 그런 의미라고 생각하면 됩니다. 이것이 어떻게 '앙망'이라는 단어와 통하는지는 조금만 생각해 보면 알 수 있습니다. 무언가를 간절히 기다리고, 간절히 소망하고, 간절히 바라보다 보면 우리 몸이 비틀리는 것처럼 느껴질 때가 있지 않습니까?

시편 저자는 이런 말을 했습니다. "내가 종일 주를 기다리나이다"(시 25:5하). 종일토록 바란다는 것을 생각해 봅시다. 한두 시간 기다리는 것은 누구나 할 수 있습니다. 그러나 하루 종일 간절하게, 아주 간절하게 기다린다고 생각해 보십시오. 몸이 뒤틀리는 고통을 느낄 수 있을 것입니다. 이런 자세를 일컬어서 '앙망한다'고 표현합니다.

이런 표현이 또 하나 있습니다. "내 눈이 쇠하도록 앙망하나이다"(사 38:14중). 얼마나 기다리고 바라보았으면 눈이 침침해질 정도로 피곤을 느꼈겠습니까? 이만큼 사모하는 것이 곧 앙망하는 것입니다. 그렇게 하면 하나님이 새 힘을 주시고 모든 피곤에서 벗어나게 하신다고 약속하셨습니다.

하나님을 앙망하라

하나님을 앙망하는 것이든, 사랑하는 사람을 앙망하는 것이든 간에 앙망을 하려면 마음에 끌리는 것이 있어야 됩니다. 내 마음이 움직여서, 그쪽으로 열심히 향하게 만드는 무엇인가가 있을 때 앙망하게 되는 것입니다. 옆에서 누가 떠민다고 절대로 그렇게 되지 않습니다. 협박을 해도 억지로 앙망하도록 만들 수는 없다는 이야기입니다. 무언가가 있어야 합니다.

이사야는 말씀을 통해서 하나님을 앙망하기 원하는 사람은 꼭 하나 알아야 될 것이 있다고 가르칩니다. 하나님이 얼마나 크신가, 얼마나 강하신가를 분명히 깨달아야 한다는 것입니다. 그 사실을 확인하고 깨닫게 된 사람은 자신도 모르게 그 크고 강하신 하나님을 앙망하게 된다고 가르쳐 주고 있습니다.

하나님이 강하고 전지전능하시다는 것은 사실 상식에 속한 이야기입니다. 굳이 성경 말씀을 찾아보지 않아도 기본적으로 '하나님은 크고 강한 분'이라고 모두 알고 있습니다. 그러나 하나님을 그 정도로 알아서는 앙망할 수가 없습니다. 우리는 성령으로 말미암아 하나님의 자녀가 된 거룩한 사람입니다. 하나님의 자녀로 다시 태어난 사람입니다. 그러므로 우리에게는 소위 '친자본능'이라는 것이 있습니다. 누구든지 자녀라면 자기 아버지를 알아보는 본능이 있지 않습니까?

제가 아는 어떤 사람은 네다섯 살 된 아들을 데리고 자주 외출을 하는데, 음식점에 가서 식사를 하거나 공공장소에서 사람들을 만나면 그 사이에 아이는 여기저기 돌아다니면서 사람들을 발로 툭툭 차고 다닌답니다. 그래서 한동안 아이에게 "왜 그러니? 왜 다른 사람들을 그렇게 차니? 그러면 못 써" 하며 말렸는데도, 그 버릇이 쉽게 고쳐지지 않았습니다.

아이의 아버지는 찬찬히 생각해 봤다고 합니다. '왜 저렇게 사람들을 발로 툭툭 차고 다닐까?' 그러다가 중요한 사실을 발견했습니다. 아이는 아빠가 옆에 있을 때만 그런 행동을 한다는 것이었습니다. 어린 자녀에게 아빠는 세상에서 제일 큰 존재입니다. 어린 자녀에게는 이 세상에 아빠보다 더 큰 사람이 없습니다. 그러니까 '우리 아빠가 내 옆에 있는데 넌 뭐냐?' 하며 발로 툭툭 차고 다녔던 것입니다. 아이의 생각에는 그렇게 큰 아빠가 뒤에 있으니, 신이 나서 의기양양하게 발로 차고 다닌 것입니다.

우리가 하나님의 자녀로 성령 안에서 거듭나면 이런 친자본능을 갖게 됩니다. 하나님 외에는 우리 눈에 들어오는 것이 없습니다. 우리에게 하나님이 가장 강하고 가장 크다는 사실은 가슴이 막 울렁거릴 정도로 감동적인 일입니다. 그러나 이런 본능적인 감동만 가지고 하나님을 전적으로 앙망하며 살아가는 것은 쉽지 않습니다. 그렇기 때문에 하나님께서는 말씀을 통해서 자신이 얼마나 강한지를, 자신이 얼마나 큰 존재인가를 우리에게 가르쳐 주고 계십니다.

하나님의 말씀을 보면 하나님이 얼마나 크신가, 얼마나 전지전능하신가 하는 것을 여러 군데에서 찾아볼 수 있습니다. 하지만 하나님의 크심을 우리가 어떻게 다 알 수 있겠습니까? 하나님의 강하심을 우리가 무슨 재주로 다 깨닫고 이해할 수 있겠습니까? 그것은 불가능한 이야기입니다. 우리는 한두 가지만 잘 알고 있어도 충분합니다.

혹시 풍경 사진을 찍어 본 경험이 있습니까? 가을 설악산으로 한번 가 봅시다. 붉은 단풍, 노란 단풍, 어떤 것은 아직도 초록색이 남아 있는 이제 막 붉게 물들어 가고 있는 단풍도 있습니다. 오색찬란한 설악산의 그 아름다운 모습을 보는 사람들마다 사진을 찍느라고 정신이 없습니다. 사방에서 찰카닥 찰카닥 셔터 소리가 요란합니다. 그렇게 열심히 찍었는데, 집에 돌아와서 사진을 보면 어떻습니까? 그때 보았던 그 풍경이 아닙니다. 온 산을 물들였던 그 단풍의 정취는 없습니다. 풍경만 찍고 보면 그때 그 느낌을 사진 한 장에 담을 수 없다는 것을 깨닫게 됩니다.

어찌 보면 그 장엄한 대자연을 작은 프레임 안에 담으려고 한 것이 억지였을지도 모릅니다. 그래서 전문 사진작가들은 전체 풍경을 다 담지 않습니다. 특별히 마음에 드는 한 부분만을 고르고 나머지는 싹둑싹둑 잘라냅니다. 그것은 설악산의 전부가 아닙니다. 그러나 사진을 감상하는 사람들은 "야! 설악산 단풍 아름답다. 우리나라 설악산 정말 명산이야!" 이렇게 감탄합니다. 설악산의 전부를 담아서 일일이 다 볼 필요가 없습니다. 한 부분만 보아도 알 수 있습니다. 하나님도 그렇습니다.

그분이 얼마나 크고 강하신지 그것을 우리의 지각으로 다 알 수가 없습니다. 우리가 이 땅에 사는 동안에는 그분을 알려고 해도 다 헤아리지 못할 정도로 그렇게 크신 분이십니다. 그러나 한두 가지만 깊이 인식하고 있어도 하나님을 앙망해야겠다는 마음의 감동이 일어날 수 있습니다. 이사야는 하나님이 얼마나 크신지, 하나님이 얼마나 강하신지를 다음 두 가지를 들어 증명하고 있습니다.

저 하늘을 창조하신 이를 보라

이사야는 하나님이 창조하신 하늘을 보면 그가 얼마나 크고 강한 분인가를 알 수 있다고 말합니다.

> 너희는 눈을 높이 들어 누가 이 모든 것을 창조하였나 보라 주께서
> 는 수효대로 만상을 이끌어 내시고 그들의 모든 이름을 부르시나
> 니 그의 권세가 크고 그의 능력이 강하므로 하나도 빠짐이 없느니라
> _사 40:26

하나님의 크심에 대한 감동이 깊이 전해지는 본문입니다. 그러나 본문에 어려운 부분이 있으니 다시 한번 깊이 생각해 보면 그 의미는 다음과 같습니다.

> '하늘을 올려다보아라. 누가 저 많은 별들을 창조하였느냐? 여호와
> 께서 그 많은 별들을 군대처럼 배치해 놓으시고, 하나하나 그 이름
> 을 불러 점호하신다. 권능이 무한하시고, 힘이 강하신 그분은 별 하
> 나도 빠뜨리지 않으신다.'

하나님의 무한한 권능, 웅장한 힘이 느껴집니까? 이사야는 하늘을 보면서 느끼는 깊은 감동으로 외치고 있습니다. 시편에도 이런 노래가 나옵니다. "그가 별들의 수효를 세시고 그것들을 다 이름대로 부르

시는도다"(시 147:4).

하나님이 천지를 창조하실 때, 하늘을 창조하시는 데 이틀을 보내셨습니다. 이틀 동안 말씀으로 창조하셨습니다. 저 하늘이 얼마나 크고 광대한가를 우리는 짐작하기 어렵습니다. 특히 하늘이 맑고 푸를 때, 그 아름다운 모습을 드러낼 때 하늘을 쳐다보고 있노라면 "와, 참 아름답다. 참 높다!" 하고 나도 모르게 절로 감탄사가 새어 나옵니다. 아침에 태양이 그 장엄한 자태를 드러낼 때 우리는 그 광경을 보며 감탄하고, 밤하늘을 수놓은 수많은 별들을 올려다보면서 그 어떤 신비감에 젖기도 합니다. 하늘이 얼마나 크고 광대한지 우리는 다 알지 못합니다. 천문학자들의 인터뷰나 기사를 보고 들어도 잘 실감하지 못하는 것이 우리입니다.

1977년에 토성을 탐색하기 위해 미국에서 우주선 하나를 쏘아 올렸습니다. '보이저 1호'입니다. 그 우주선은 지구를 떠나면서 하루 120만 킬로미터의 속도로 달렸습니다. 얼마나 빠른 건지 감이 잘 잡히지 않을 것입니다. 고속도로에서 차를 정신없이 몰아도 시속 140km 정도입니다. 그렇다면 하루에 120만 킬로미터라는 속도가 감이 오십니까? 그 속도로 3년 2개월을 달려 토성에 도착했습니다. 그러니 지구에서 토성까지 도대체 그 공간이 얼마나 넓은지 실감이 나지 않습니다.

천문학자들의 말을 빌리면, 지구가 속해 있는 태양계는 우리가 볼 때 어마어마하게 넓은 것 같아도, 전 우주에 비하면 한쪽 모퉁이의 조그마한 점 하나에 지나지 않는다고 합니다. 도대체 이 우주가 얼마나 넓은 것이기에 그렇습니까? 우리가 올려다보는 저 하늘은 얼마나 광대한 곳입니까? 우리의 지식을 가지고는 도무지 헤아릴 수 없는 공간입니다. 그만큼 넓고 큰 하늘을 하나님이 창조하셨습니다. 그러니 하나님은 또 얼마나 크고 광대하시겠습니까? 이 우주를, 저 하늘을 창조하신 분이 바로 우리 아버지 되십니다.

하나님은 우주 공간을 창조하는 것으로 끝내지 않으셨습니다. 이 우주를 창조하신 다음에 정연한 법칙에 따라 질서 있게 우주를 운행하는 전능하신 하나님입니다. 천문학자들의 말에 의하면 지구 주변으로 매일 큰 바윗덩이들이 지나가는데, 우리는 이 바윗덩이를 '소행성'이라고 부릅니다. 지름이 1km나 되는 큰 바윗덩어리들이 1년에 2천 개 이상 지구를 아슬아슬하게 스쳐서 지나간다고 합니다. 어떤 행성은 불덩이가 되어 지나가다가 타 버리기도 하고, 어떤 행성은 아예 공간 속으로 영원히 사라지기도 합니다. 그 하나하나의 소행성이 가지고 있는 에너지가 무려 백만 메가톤에서 수백만 메가톤이라고 합니다. 그중 하나가 지구의 어느 모퉁이에라도 부딪히기만 하면 이 지구는 완전히 끝나는 것입니다.

그러니 한번 상상해 보십시오. 이 우주를 지배하는 전능자가 계시지 않으면, 소행성이 지나가다가 충돌이 일어나고 사고가 일어날 수 있는 확률은 얼마든지 있는 것입니다. 지름이 1km 되는 2천여 개의 소행성, 100m 되는 30여 만 개의 소행성, 20m 되는 1억 개 이상의 돌덩이들이 지구 주변을 쏜살같이 날아가는데 그것들이 질서 안에 운행되지 않으면 생각하지 않아도 뻔한 일이 벌어집니다.

그런데 지금까지 소행성이 지구와 부딪혀서 사고가 났다는 기록이 없습니다. 어떤 때는 천문학자들이 조마조마해서 "야, 저 행성이 지금 우리 지구를 향해 다가온다. 조금만 있으면 가까이에 접근한다. 이것 잘못하면 충돌하겠다" 하며 흥분하는 모습이 방송과 신문에 나오는 것을 봅니다. 하지만 우리는 미동하지 않을 수 있습니다. 전 우주 만물을 주관하시는 하나님이 계시기 때문입니다. 또한 그분이 우리를 끔찍이 사랑하신다는 믿음이 있기 때문에 걱정하지 않을 수 있습니다.

하나님은 정말 크시고 능력이 많으십니다. "과연 내(하나님) 손이 땅의 기초를 정하였고 내 오른손이 하늘을 폈나니 내가 그들을 부르면 그것들이 일제히 서느니라"(사 48:13). 전능하신 하나님, 크신 하나님, 그분이 바로 우리 아버지십니다. 그 하나님이 우리를 지극히 사랑하는 아버지가 되신다는 것입니다. 그 하나님께서 "나를 앙망하라"고 말씀하십니다.

한번 생각해 봅시다. 우리가 그 하나님의 크고 능하심을 하늘을 보고 알 수만 있다면 어찌 그를 앙망하지 않겠습니까? 어찌 그를 찾지 않겠습니까? 어찌 그를 향하여 부르짖지 않겠습니까? 모르니까 내 마음에 감동이 없는 것입니다. 내 마음이 움직이지 않으니까 앙망하지 않는 것입니다. 하나님을 제대로 안다면, 그를 앙망할 수밖에 없습니다.

우리는 물방울 같고 티끌 같구나

이사야는 우리에게 하나님의 크고 강하심을 알려 주기 위해 또 하나의 예를 들고 있습니다. 하나님에 비해서 인간이 얼마나 하찮은 존재인가를 보여 줌으로써 크고 강하신 하나님을 역설하고 있습니다. "보라 그에게는 열방이 통의 한 방울 물과 같고 저울의 작은 티끌 같으며"(사 40:15상). 주님께는 세계 만민이 두레박에서 떨어지는 물방울에 불과하고, 저울의 접시 위에 앉은 먼지나 마찬가지라고 합니다.

하나님이 얼마나 크신가요? 얼마나 강하신가요? "그는 땅 위 궁창에 앉으시나니 땅에 사는 사람들은 메뚜기 같으니라"(사 40:22상)고 합니다. 인간이 메뚜기만큼 작아 보인다고 합니다. 또 "땅끝까지 창조하신 이는 피곤하지 않으시며 곤비하지 않으시며 명철이 한이 없으시"(사 40:28하)다고 합니다.

에이든 토저(Aiden Wilson Tozer, 1897-1963)라고 하는 저명한 기독교 저술가는 이런 말을 했습니다.

"전능하신 하나님은 새롭게 에너지를 보충하실 필요가 없습니다. 그분은 스스로 항상 충분하십니다. 우리가 기름이 떨어지면 주유소에 가고, 배가 고프면 식탁에 앉아서 밥을 먹듯이 그렇게 계속 충전을 받아야 힘이 생기는 그런 분이 아닙니다. 그분은 에너지를 공급받기 위해 어디를 찾아다닐 필요가 없습니다. 필요한 모든 힘은 자신의 무한한 존재 속에 내재되어 있으며, 줄지 아니하는 충만함 속에 거하십니다."

이분이 바로 우리가 믿고 있는 하나님입니다. 반면에 우리 인생은 그렇게 힘이 펄펄 넘치는 청년이라도 금방 피곤해지고, 도무지 지치지 않을 것 같은 장정이라도 세월이 조금만 지나면 넘어지고 자빠지게 됩니다. 그러니 능력 많고, 그 크신 하나님 앞에서 우리 인간은 얼마나 하찮은 존재입니까?

우리를 보고 메뚜기니, 버러지니 하면 자존심이 상합니다. 왜 그런가 하면 사실 우리도 대단한 존재이기 때문입니다. 평범한 존재가 아닙니다. 하나님이 그렇게 만드셨습니다. 굉장합니다. 조금만 잘못 생각하면 '내가 하나님이다'라고 착각할 충분한 이유가 있습니다. 우리 몸을 구성하는 염색체가 정보량을 얼마나 갖고 있느냐 하면, 염색체 하나에 정보량이 2백억 바이트나 된다고 합니다.

2백억 바이트란 3백 단어를 쓴 A4용지로 2백만 장을 찍어내는 정도의 정보량입니다. 이것을 5백 페이지짜리 책으로 만들어서 도서관에 비치한다면 그 양이 4천 권의 책과 맞먹는다고 합니다. 그러니까 우리 염색체 한 개에 장서 4천 권 규모의 도서관이 들어 있는 것입니다. 분석하면 분석할수록 이 인간이라는 존재가 얼마나 정교하고 대단한지요!

그럼에도 하나님은 인간을 "이 메뚜기야, 버러지야" 하고 부르십니다. 그러니 하나님이 얼마나 광대하신 존재입니까? 하나님께서 우리에게 묻습니다. "너희가 나를 누구에게 비기며 누구와 짝하며 누구와 비교하여 서로 같다 하겠느냐"(사 46:5).

그 크신 하나님을 우리는 아버지로 모시고 살고 있습니다. 그렇기 때문에 앙망하라는 것입니다. 피곤하다고 짜증 부리지 말고, 암담한 현실에 절망하지 말고, 그럴 때마다 크고 강하신 하나님을 앙망하라는 것입니다. 하늘을 창조하신 하나님, 이 우주에서 짝할 자가 하나도 없으신, 비교할 자가 하나도 없으신 저 크고 광대하신 하나님을 앙망하면, 새 힘을 주신다고 약속하십니다.

걸어가도 피곤하지 않으리

'새 힘을 준다'라는 말은 '새롭게 한다' 혹은 '재충전한다'라는 뜻을 갖고 있습니다. 이런 말씀을 들으면 가슴이 뛰지 않습니까? 아무리 믿음이 없는 사람이라도, 아무리 성경에 대해서 잘 모르는 사람이라도 이 말씀을 들으면 힘이 납니다.

오직 여호와를 앙망하는 자는 새 힘을 얻으리니 독수리가 날개치며 올라감 같을 것이요 달음박질하여도 곤비하지 아니하겠고 걸어가도 피곤하지 아니하리로다_사 40:31

이 말씀을 다시 한번 깊이 묵상해 보면 이런 뜻입니다.

'오랫동안 여호와를 믿고 기다리는 사람은 언제나 새 힘을 얻기 때문에 마치 강풍을 타고 창공으로 치솟아 오르는 독수리처럼 그들도 하나님의 영에 이끌림 받아 올라갈 것입니다. 그들은 뛰고 달려도 피곤한 줄을 모르며 아무리 먼 길을 걸어도 쓰러지지 않을 것입니다.'

우리는 보통 작은 것부터 시작해서 점차 큰 것으로 발전하는데, 이 말씀에서는 거꾸로 가고 있습니다. 날아가는 것을 먼저 이야기하고, 그다음에 달리는 것, 걷는 것 순으로 되어 있습니다. 이것은 '케타베이시스'(katabasis)라고 하는 표현법인데, 음악으로 말하자면 일종의 '데크레센도'(decrescendo)입니다. 아주 강하게 연주하다가 점점 여려지는 표현법입니다. 이는 은혜 안에서 볼 수 있는 성장의 단계를 나타내기도 합니다.

처음 예수님을 믿게 되면 우리는 예수님의 그 사랑을 깨닫고 그분이 나의 죄를 용서해 주신 감격을 알게 됩니다. 하나님이 우리에게 주신 하늘나라의 영광을 알게 되면, 가슴이 터지고 미어질 것 같아서 견디지 못할 큰 감동을 받습니다. 그런 뜨거운 사랑을 느끼고 나면 기도도 많이 합니다.

또 믿지 않는 자들이 지옥에 가는 것이 너무 안타까워 어떤 모욕을 당하더라도 열심히 전도하게 됩니다. 이런 황홀한 은혜, 첫사랑의 때는 우리 모두에게 '날아가는' 시기입니다. 그러나 계속 날아다닐 수는 없습니다. 물론 어떤 사람들은 지속적으로 날아다니기도 하지만, 대부분의 사람들은 한 3, 4년 정도 그런 첫사랑의 열정으로 날아다니는 삶을 삽니다. 여호와를 앙망하는 자에게는 그런 날아다니는 힘을 주십니다.

그다음 단계에 접어들면, 우리는 진리의 말씀을 배우면서 신앙을 키우게 됩니다. 하나님의 말씀을 통해서 그의 뜻이 무엇인지 분별하게 되는 제2단계, 영적 도약기가 있습니다. 이럴 때는 날아가는 모습이 아닌, 달려가는 형태를 띠게 됩니다. 어떤 면에서 속도는 좀 떨어질 수 있지만 이 단계도 빠른 속도를 내는 단계이기 때문에 나중 된 자가 먼저 되는 은혜를 경험하는 것을 자주 봅니다.

교회 안을 잘 살펴보면 이런 분들이 굉장히 많이 있습니다. 믿기는 늦게 믿었지만, 먼저 믿은 사람보다 앞서갑니다. 이 사람들은 달리고 있는 것입니다. 달리는 은혜도 굉장히 중요합니다. 날아오르는 은혜보다 달리는 은혜의 기간이 더 깁니다. 그러나 달리는 것도 그리 오래 지속되지는 못합니다.

마지막 단계인 영적 성숙의 자리에 들어서면 그때는 상황이 좀 달라집니다. 우리는 예수님을 믿으면서 많은 시험을 당하게 됩니다. 연단도 받습니다. 영적 싸움으로 인한 명예로운 상처들도 이 모양 저 모양으로 갖게 됩니다. 그렇게 시간이 흐르면서 우리의 모습은 예수님을 점점 닮아 갑니다. 이때 우리의 신앙생활은 걸어가는 모양입니다. 속도가 조금 느린 것 같고, 어쩌면 박진감이 없어 보일 수 있습니다. 그러나 계속해서 걸어갑니다. 신앙의 첫사랑으로 날아오르는 경험도 소중하고, 뒤이어 달리는 경험도 소중합니다. 그러나 무엇보다 중요한 것은 꾸준히, 계속해서 걷는 것입니다.

찬송가에도 이런 노랫말이 나옵니다. "메마른 땅을 종일 걸어가도 나 피곤치 아니함은…." 이 가사처럼 걷는다는 것은 굉장히 중요합니다. 하나님의 위대한 종들을 보면, 십자가를 지고 그 험한 길을 낙심하지도, 주저앉지도 않고 끝까지 걸어가 결국엔 승리하고 하나님께 영광을 돌립니다. 반면 한동안 막 날아다니는 것처럼 하다가 그다음에는 이내 곤두박질치고 떨어지는 사람들은 아무 일도 할 수 없습니다.

인생을 살다 보면 날아야 할 때도 있고, 달려야 할 때도 있습니다. 하지만 더 중요한 것은 늘 걸어야 한다는 것입니다. 신앙생활에서는 걷는 것을 멈추는 순간 죽게 됩니다. 인생을 완주할 때까지 우리는 쉬지 않고 꾸준히 걸어야 합니다.

달리거나 나는 것으로 반짝하다가 꺼지는 것보다는 걸어갈 수 있는 힘을 꾸준히 공급받는 것이 참으로 중요합니다. 매일 보는 남편 때문에 어려움이 있을 때에도, 매일 출근하는 직장에서 상사나 동료 때문에 어려움이 있을 때에도 우리는 쉬지 않고 걸어가야 합니다. 걸어갈 힘을 계속 얻으려면 하나님을 앙망해야 합니다. 앙망하면 새 힘을 주십니다.

◦ ◦ ◦ ◦ ◦ ◦ ◦ ◦
주를 앙망하나이다

아펜젤러(Henry Gerhard Appenzeller, 1858-1902) 선교사가 인천에 상륙하고 얼마 지나지 않아 동네 주민들을 전도해서 1885년에 예배당을 지었습니다. 그 교회가 지금 인천에 있는 '내리교회'입니다. 그 교회를 20년 넘게 담임하신 목사님과 담소를 나눌 기회가 있었습니다.

그분이 처음 부임했을 때에는 교회가 작았는데, 본래 있던 옛날 건물을 다 헐어 버리고, 1980년대에 새로운 예배당을 지었다고 합니다. 당시 교인수가 1,300명 정도였는데, 예배당을 새로 짓고 교회가 시험에 들었다고 합니다.

교회에서 중심 역할을 하는 중직자들이 한 20명 남짓 있었는데 그 가운데 7명이 교회 안에 분쟁을 일으킨 것입니다. 예배당을 지을 때 그분들은 경제적 여건이 안 좋아서 그랬는지 헌금을 많이 하지 못했습니다. 어떤 분은 1억 원도 내고, 또 다른 분은 2억 원도 냈는데 상대적으로 자기들이 너무 초라해진 것 같은 생각이 들었나 봅니다.

그들은 '예배당이 완공되었으니까 이제 우리가 설 땅이 없어지는구나' 하며 위기의식을 느꼈습니다. 그러고는 '지금까지 우리가 이 교회의 주도권을 쥐고 일을 한 것처럼 보이려면 저 목사를 쫓아내야 한다'고 생각하고 문제를 일으켰습니다. 얼마나 교회가 어려워졌겠습니까?

3년 반 동안 그 교회는 그야말로 죽지 못해 겨우 연명하는 것 같은 고통을 맛보았다고 합니다. 심지어 한참 어려울 때는 그 7명의 성도가 깡패까지 동원해 예배 시간에 목사를 강단에서 끌어내리려고 하기도 했답니다. 정말 기가 막힌 일입니다. 그러니 이 목사님이 어땠겠습니까? 밤에 자리에 누워도 잠이 오지 않았고, 밥맛도 달아나 몸은 야위어만 갔답니다.

어느 날, 그 목사님은 '야, 이러다가 내가 완전히 망가지겠구나' 하는 생각이 번쩍 들어서 다시 옷을 반듯하게 고쳐 입었다고 합니다. 넥타이를 다시 매고, '내가 죽어도 목사로서 죽어야지' 하고 예배당 기도실로 갔답니다. 기도가 나오지 않아, 밤중에도 "주여!" 하고 부르짖고, 새벽에도 "주여!" 하고 부르짖었다고 합니다.

하루는 여느 날처럼 불면증으로 고생하다가 밤중에 기도실로 가서 한 30분을 부르짖던 중, 본인도 모르는 사이에 코까지 골며 완전히 깊은 잠에 곯아떨어졌답니다. 한참 자다가 깜짝 놀라 일어나 보니 한 시간쯤 지나 있었습니다. 그 잠이 어찌나 달던지 그간 쌓인 피곤이 확 날아가 버리고 새 힘이 막 솟구쳐서, 그때부터 새벽까지 하나님 앞에 엎드려 기도하고 찬양을 하였답니다.

첫날 밤에 그렇게 재미를 보고 나서는 그 문제가 다 해결될 때까지 그분은 1년 반 동안 저녁에 옷 한 번 벗은 일이 없었다고 합니다. 밤만 되면 기도실로 가서 "주여!" 하고 부르면 하나님께서 "오냐, 잘 왔다! 푹 자거라! 내가 새 힘을 주노라" 하고 말씀하시니 그렇게 한 시간쯤 푹 자고 일어난 뒤 계속 기도하다가 아침이 되면 일하러 가는 것을 반복했다고 합니다. 그렇게 하니까 몸도 점점 좋아졌다고 합니다. 그 목사님은 그저 피곤하고 어려우면 하나님 앞에 가서 "주여!" 하며 주님만 바라보고 앙망하면 끝난다고 합니다. 그렇게 기도밖에 한 것이 없는데, 하나님께서 그 교회의 문제를 하나하나 해결해 주셨습니다. 이것은 누군가의 이야기 정도로만 여기고 넘어갈 것이 아닙니다. 이것이 바로 진리입니다. 하나님께서 피곤한 자들에게 약속하셨습니다. 자기를 앙망하는 자에게는 새 힘을 주신다고 말입니다. 우리 하나님은 거짓말하지 않으십니다. 저 높고 넓은 하늘을 창조하신 전능하신 하나님, 크신 하나님, 광대하신 하나님이 자기를 앙망하는 자에게 새 힘을 주신다고 약속하셨습니다.

독수리처럼 날아오를 수도 있고, 소년처럼 달려갈 수도 있고, 험한 사막이라도 꾸준히 걸어갈 수 있는 힘을 주신다고 약속하셨습니다. 그런 하나님을 앙망하지 않을 이유가 어디 있습니까? 피곤하십니까? 세상 살아가는 일이 만만치 않으십니까? 하나님을 앙망하십시오.

앙망하는 것은, 간절히 기도하는 것입니다. 앙망하는 것은, 하나님께 내 모든 것을 전적으로 맡기는 것입니다. 앙망하는 것은, 오직 하나님만 바라보고 그분이 내 모든 문제를 해결해 주실 것을 추호도 의심하지 않는 것입니다. 그런 믿음을 가지고 내 눈이 쇠하도록 하나님을 쳐다보는 것입니다. 이것이 '앙망'입니다. 우리 모두 하나님을 앙망합시다. 그분은 크고 광대하며 전능하십니다. 그분이 바로 우리 아버지 되십니다.

피곤한 자에게는 능력을 주시며 무능한 자에게는 힘을 더하시나니…

오직 여호와를 앙망하는 자는 새 힘을 얻으리니_사 40:29,31상

인생이 주는 피곤

●

3

마음이 텅
비었습니다

속사람은 바로 정신과 직결되기 때문에
속사람이 강건하면 정신 건강이 좋을 수밖에 없습니다.
정신 건강은 성령의 능력을 받아 속사람이 강건해지는 데서 옵니다.

에베소서 3:14-16

14 이러므로 내가 하늘과 땅에 있는 각 족속에게 15 이름을 주신 아버지 앞에 무릎을 꿇고 비노니 16 그의 영광의 풍성함을 따라 그의 성령으로 말미암아 너희 속사람을 능력으로 강건하게 하시오며

마음이 텅
비었습니다

○ ○ ○ ○　○ ○ ○
속사람이 병들다

　　　　　　　　최근 뉴스에 따르면 우리나라에서
교통사고로 죽는 인구보다 자살로 죽는 인구가 1.5배 더 많다고 합니
다. 참으로 충격적이지 않을 수 없습니다. 우울증뿐만 아니라 정신 분
열증을 앓는 사람도 증가했고, 신경증 환자나 성격 장애를 일으키는
사람들도 늘어났습니다. 더 넓게는 귀신에게 사로잡혀 완전히 혼돈의
세계에서 생활하는 사람도 많이 있습니다. 경우에 따라서는 정신적으
로 문제가 발생할 때 이 원인이 귀신 때문인지 정신병 때문인지 구별하
기가 굉장히 어렵습니다. 대부분의 증상이 비슷해 보이기 때문입니다.
　정신이 약해지면 사탄이 우리의 마음을 함부로 노략질할 수 있습
니다. 따라서 '정신이 약해졌다, 정신에 문제가 있다'는 것은 인격뿐만
아니라 개인의 삶을 볼 때에 얼마나 치명적인 일인지 모릅니다. 그러
나 어떤 면에서 보면 이런 정신적인 문제들이 많이 발생한다는 것은
우리나라가 선진국으로 진입하고 있다는 하나의 증거이기도 합니다.

왜냐하면 이것은 선진국, 즉 경제적으로 부유한 나라에서 흔히 볼 수 있는 현상이기 때문입니다.

우리는 모두 정신 건강을 해치기 쉬운 문화와 환경 속에 몸담고 살아가고 있기 때문에 경고가 필요합니다. 물질적으로 번영하면, 어느 시대를 막론하고 사람들의 정신에 병이 든다는 것은 무슨 하나의 공식처럼 적용되어 왔습니다. 물질적으로 번영한 나라치고 정신적으로 병들지 않은 나라가 역사상 지금까지 하나도 없었습니다. 단지 그 기간이 얼마나 길었느냐 짧았느냐의 차이였지, 결국에는 모두 망했습니다. 날마다 '어떻게 하면 즐길까?' 하는 생각이 머릿속에 가득 차서 인생을 즐길 생각만 하고 살다 보면 마침내 정신적으로 병이 들어 버린다는 것을 우리는 잘 알고 있습니다.

요새 아이들을 보면 도대체 아쉬운 것이 없습니다. 본인이 원하는 것을 거의 다 누려 가며 자라는 데도 가끔 보면 공부하는 것 자체를 감당하지 못하고 뒤로 넘어가는 아이들도 있습니다. 얼마나 아이들이 나약해졌는지 모르겠습니다. 또 요즘 부엌에 들어가면 주부들이 손가락 하나만 가지고도 부엌에서 해야 할 일들의 80%는 다 할 수 있습니다. 꼭 누르면 밥 되지, 꼭 누르면 세탁 되지, 꼭 누르면 음식도 데워집니다. 이렇게 버튼 하나 누르면 대부분 누릴 수 있는 세상이 되었습니다. 이 정도 여건이라면 옛날 주부들보다 훨씬 여유 있는 모습이어야 하는데, 이상하게 요즘 주부들은 더 날카롭고 예민해진 것 같습니다. 조금 더 여유를 누리기 위해 편리한 것들을 만들어 내고 그것들의 도움을 받고 있기에 이론상 더 여유가 있어야 하는데, 오히려 그 반대입니다. 정신적으로 자꾸만 약해진다는 것입니다.

3D(Difficult, Dangerous, Dirty)업종 기피 현상이 왜 있습니까? 이 일이 물론 쉬운 일은 아닙니다. 하지만 과거부터 해 오던 일이었음에도 불

구하고 왜 갑자기 3D 업종 기피 현상이 사회적으로 문제가 되었을까요? 그것은 우리가 정신적으로 약해져서 3D업종을 감당하기 어렵기 때문에 나타나는 현상입니다. 정신적으로 약한 사람들에게는 고통이나 어려움을 무조건 피하고 보자는 심리가 있습니다.

고통이라고 느끼는 것은 정신 건강과 굉장히 밀접한 연관성을 갖습니다. 우리는 한때 굉장히 가난했지만 정신적으로 건강했기 때문에 10리 길을 걷는 것을 고통스러워하지 않았습니다. 그러나 요즘은 버스를 타려고 한 블록을 걸어야 하는 상황이 되면 '귀찮다, 힘들다'라고 짜증을 내는 사람들을 심심찮게 볼 수 있습니다. 정신적으로 나약해져서 고통이라고 볼 수 없던 것까지 고통으로 여기게 되었기 때문입니다.

과거의 어머니들은 땔감을 들고 부엌에 들어가서 매운 연기를 마셔가며 불을 땠습니다. 그렇게 물을 끓여서 밖으로 가지고 나와 그것으로 세수도 하고, 빨래도 했습니다. 그네들은 불 때고, 더운 물을 나르는 것이 고통인 줄 몰랐습니다. 그러나 오늘날에는 어쩌다가 온수가 나오지 않아 가스레인지로 찬물을 데워야 하면, 불편하다고 툴툴거리는 것이 다반사입니다. 고통이 아닌 것을 고통으로 여기는 것은 정신적인 문제입니다. 이런 현상이 계속 진행되다 보면 급기야는 정신적으로 악영향을 미치거나 문제를 일으키기도 합니다.

° ° °
탓, 탓, 탓

정신 건강을 지키려면 신앙생활을 제대로 하는 수밖에 없습니다. 정신적으로 문제가 있던 사람도 신앙생활을 잘하면 정신이 건강해지고 완쾌됩니다. 평소에는 신앙생활을 잘하는 것처럼 보이는데, 정신적으로 문제를 안고 있다면 그것은 우리의 신앙생활에 문제가 있는 것입니다.

목회 생활에 늘 따라다니는 고민거리 하나가 있습니다. 그러지 않을 것 같은 사람인데, 그런 일이 있어서는 안 될 것 같은 사람인데, 가끔씩 정신적으로 문제를 일으키는 것을 보기 때문입니다. 본인 스스로 바로 서 있지 못하니까 부부 관계에 문제가 일어납니다. 자녀들과 충돌하게 됩니다. 이웃과 문제가 생깁니다. 가는 곳마다 문제가 생기고, 사고가 일어납니다.

저는 얼마 전에 충격적인 이야기를 들었습니다. 신유의 은사를 받은 집사님 한 분이 사랑의교회와 가까운 곳에서 봉사를 하고 계십니다. 지방에 사는 타 교회의 집사님인데, 그분은 항상 일주일에 이틀은 서울에 올라와서 자신의 은사로 섬긴다고 합니다. 그 집사님이 특별히 받은 은사는 신경 계통의 질환이나 귀신 들린 사람들을 고치는 것이라고 합니다. 그 집사님을 통해 놀라운 하나님의 역사가 일어났고, 많은 사람들이 치유 받았습니다. 그러니 그분이 한 번 올라오면 이틀 동안 수백 명의 환자들을 만나게 됩니다.

한번은 그 집사님이 제게 이런 말을 했습니다. "목사님, 정신적으로 이상한 사람이 어떻게 이렇게 많을 수가 있죠? 하루에 수백 명이 몰려옵니다. 어떤 때는 제가 너무 지쳐서 정신이 다 없습니다. 그런데 목사님 이거 아세요? 정신적으로 문제가 있어서 저에게 찾아오는 사람들 중 상당수가 교인이라는 사실이요."

이 말은 저에게 큰 충격이 아닐 수 없었습니다. 진실로 교회 안에 은혜가 충만하다면 정신적으로 약하거나 문제가 있는 사람들이 들어와도 그들이 강건해져야 마땅합니다. 그런데 치유 받으러 구름 떼처럼 몰려드는 사람들이 교인이라니 놀라지 않을 수가 없습니다.

사람들은 점점 영리해져서 자기에게 조금 문제가 된다 싶으면 전부 남 탓으로 돌립니다. 자라난 환경 탓, 가족에게 사랑받지 못한 탓, 누구한테 상처 입은 탓, 가난한 탓 등 별별 이유를 다 붙여 가며 남 탓하기 바쁩니다. '나는 잘못한 거 없다, 나는 억울하게 당한 사람이다'라는 식으로 설명하며 슬그머니 남에게 이유를 미뤄 놓습니다. 이것이 프로이트 심리학이 현대인에게 끼친 영향입니다.

심리학을 전공했든지 안 했든지 나도 모르는 사이에 프로이트(Sigmund Freud, 1856-1939)라고 하는 망령으로 우리 정신이 얼마나 병들었는지 모릅니다. 모든 것을 나 아닌 다른 사람이나 환경 탓으로 돌려 버립니다. 하나님의 말씀은 나의 모습을 돌아보게 하고 내 안의 잘못을 생각하고 반성하도록 이끌어 주는데, 이렇게 인도하는 말씀은 전부 옆으로 제쳐 놓습니다. 교회를 다녀도 항상 환경 탓, 남 탓, 가난 탓 등을 하며 건강하지 못한 생각들을 이어 갑니다. 예수님을 믿는다고 해도 그 안에 능력이 없습니다. 말씀에 순종하지 않고, 세상이 흘러가는 대로 내 정신이 흘러가게 놓아두기 때문입니다.

정봉덕 장로님이라는 분이 〈국민일보〉에 자신의 일대기를 연재했습니다. 읽어 보니 참 기가 막혔습니다. 태어난 지 열흘만에 어머니가 세상을 떠났고, 중학생 때는 아버지마저 세상을 떠났습니다. 그때가 일제 시대였는데, 어린 몸에 굶어 가면서 1인 3역을 했다고 합니다. 그리고 해방되자마자 혈혈단신으로 남한에 내려왔기에 이분은 제대로 사랑을 받아 본 적이 없습니다. 누군가의 보호 아래, 울타리 안에서 어린 시절을 제대로 난 적도 없습니다.

그의 마음은 만신창이였을 것이고, 상처투성이였을 것입니다. 하지만 그 장로님은 누구보다 건강하고 건전하게 사회에 기여하고 있습니다. 그는 하나님의 나라를 위해서 지금까지 수십 년 동안 봉사하면서 살아왔습니다. 그렇게 할 수 있었던 것은 신앙생활을 바르게 했기 때문입니다. 이 장로님만 봐도 환경 탓, 부모 탓, 가난 탓하는 것은 모두 자기 핑계입니다. 성경적으로는 이런 이유들이 통하지 않습니다.

새롭게 된 속사람

하나님의 은혜는 맨 먼저 우리의 속사람을 강건하게 하는 데 집중됩니다. 속사람은 바로 정신과 직결되기 때문에 속사람이 강건하면 정신 건강이 좋을 수밖에 없습니다. 속사람이 건강하면 정신도 건강합니다. 속사람에 문제가 있다면 정신에도 문제가 생깁니다. 이것은 누구도 깰 수 없는 영적인 원리입니다.

성경이 이 진리를 명확하게 교훈하고 있습니다. 정신 건강은 성령의 능력을 받아 속사람이 강건해지는 데서 옵니다. "그의 영광의 풍성함을 따라 그의 성령으로 말미암아 너희 속사람을 능력으로 강건하게 하시오며"(16절).

사도 바울의 이 말씀은 우리에게 깊고 심오한 진리를 가르쳐 줍니다. 하나님은 영광 중에 풍성하신 분입니다. 하나님에게는 없는 것이 없습니다. 이 하나님의 풍성함을 기본으로 하여 성령님이 날마다 우리에게 능력을 주시기 때문에 속사람이 강건하게 되는 것입니다.

바울은 지금 로마의 차디찬 감옥 바닥에 무릎을 꿇고 엎드렸습니다. 사랑하는 에베소 교인들을 생각하면서 하나님 앞에 이렇게 기도합니다.

"하나님, 하나님은 풍요로운 분이십니다. 모든 것을 가진 부요하신 분이십니다. 사랑하는 에베소 교인들을 위해 기도합니다. 성령의 능력을 날마다 공급하여 주시옵소서. 넘치도록 공급하여 주시옵소서. 그리하여 그들의 속사람을 강건하게 하옵소서. 네로 황제의 핍박이 다가옵니다. 이 백성들이 어떻게 될지 모르오니, 사랑하는 주의 백성들이 어려운 세상에서 핍박을 이기고 승리할 수 있도록, 주여 이들의 속사람을 강건하게 하옵소서. 그러기 위해서는 성령의 능력을 날마다 물 붓듯 부어 주셔야 합니다. 속사람을 새롭게 하여 주시옵소서."

이 기도 중에서 우리가 집중하고 보아야 하는 것은 '속사람'이라고 하는 단어입니다. 바울은 이 속사람을 다른 많은 용어들과 섞어서 사용합니다. 예를 들면 '정신'이라는 단어와 '속사람'이라는 단어를 거의 같은 개념으로 이야기하고 있습니다. 마음이나 뜻, 혼이라든지 영, 양심과 같은 용어들을 바울은 '속사람'과 거의 같은 내용으로 사용하고 있습니다. 그러므로 '속사람'이라는 단어는 인간을 두 자아로 나누어서 이야기할 때 사용하는 일반적인 표현이라고 보면 됩니다.

"겉사람은 낡아지나 우리의 속사람은 날로 새로워지도다"(고후 4:16하). 여기에서 '속'은 '겉'과 구별하여 기록하고 있습니다. '속'이라고 할 때 이것은 '속사람'이라는 뜻입니다. 결론은 '겉사람도 있고 속사람도 있다'는 이야기입니다. 성경은 이렇게 두 가지를 병행해서 우리의 인격을 해석하고 다룹니다. 이런 의미에서 보면 속사람은 우리가 예수님을 믿으면서 성령 안에서 거듭나는 새로운 자아입니다. 우리는 이것을 '새로운 피조물'이라고 말합니다. 이 자아는 하나님께서 내주하고 계시는 자아입니다. 성령님이 내 안에서 역사하시는 자아입니다.

우리가 예수님을 알기 전에는 이 자아가 죽어 있었습니다. 그러나 성경은 말합니다. "그는 허물과 죄로 죽었던 너희를 살리셨도다"(엡 2:1). 여기서 '죽었다'는 것은 우리 몸이 죽었다는 말이 아니라, '우리의 속사람이 죽어 있었다'라는 뜻입니다.

예수님을 믿지 않는 사람들은 겉사람은 살아 있지만 속사람은 다 죽은 자들입니다. 우리는 예수님 때문에 속사람이 생명을 얻게 된 자들입니다. 들을 줄 알고, 볼 줄 알고, 말할 줄 알고, 느낄 줄 알고, 울기도 하고, 좋아서 뛰기도 하는 속사람의 모든 기능이 살아났다는 것입니다.

살아난 속사람으로 우리는 누군가와 영적 교제를 나누게 됩니다. 바로 우리 안에 영으로 계시는 예수님, 하나님, 성령님입니다. 우리는 삼위일체 하나님과 말도 할 수 있고 그분의 말씀을 들을 수도 있으며 눈으로 보기도 하고, 손으로 만질 수도 있습니다. 어떤 때는 감정을 이기지 못해 그분 앞에서 울기도 하고, 춤추기도 합니다. 이 모두가 속사람이 할 수 있는 일입니다. 예수님을 온전히 믿으면 속사람이 성령님의 능력으로 강건해지고, 우리의 정신도 건강해집니다.

가끔 보면 겉보기에는 신앙생활을 잘하는 것 같은데 왕왕 문제를 일으키는 사람이 있습니다. 그런 사람의 경우, 신앙생활에 어딘가 허점이 있을 거라고 생각합니다. 만약 이런 문제가 있다면, 성령님의 인도하심을 구하며 자신의 문제를 분명히 발견해야 합니다.

하나님의 자녀가 속사람이 강건하지 못할 때 정신 건강에 빨간불이 들어옵니다. 우울증이나 신경 질환, 성격 장애가 찾아옵니다. 과민 반응을 하고, 정신 분열을 일으킵니다. 나중에는 누군가를 용서하지 못하고 받아들이지도 못하게 됩니다. 만나는 사람마다 충돌을 일으킵니다. 이웃과의 관계도 단절됩니다. 이런 일들이 계속해서 벌어지면 막다른 길까지 내몰리게 되고, 마귀가 와서 그 사람을 질질 끌고 다니게 됩니다.

이 세상은 아주 패역한 곳입니다. 아직은 마귀들이 판을 치는 곳입니다. 예수님을 믿지 않는 사람들은 마귀의 수중에 있습니다. 그들은 마귀가 일부러 건드릴 필요가 없는 사람들입니다. 어쩌면 그들은 세상에 살면서 항상 마귀의 보호를 받으며, 정신적으로 그리 대단한 공격 없이 살아갈 수 있는지도 모릅니다. 하지만 예수님을 믿는 사람은 새 생명을 얻은 자들입니다. 속사람이 살아난 하나님의 거룩한 백성입니다. 이 세상에서 예수님을 믿는 사람은 가라지가 아닌 알곡입니다. 알곡은 아무 데서나 자라지 않습니다. 알곡은 정성으로 돌봐야 합니다. 시간을 들여 가꿔야 됩니다. 그래야 건강하게 자랄 수 있습니다. 만약 제대로 돌봐 주지 않고 내버려 두면 잡초 때문에 살아남지 못합니다.

또한 예수님을 믿는 사람들은 마귀의 권세로부터 자유를 얻은 하나님의 백성입니다. 그러므로 우리는 마귀의 지배 아래 있지 않습니다. 하지만 아직 세상에서 살아가야 하기 때문에 늘 깨어 있어야 합니다. 마귀는 우리의 틈만 노리고 있다가 약점이 하나라도 잡히기만 하면, 바로 치고 들어옵니다.

우리가 마귀를 이기고, 세상을 이기고, 잡초 속에서 건강하게 자라고 좋은 열매를 맺기 위해서는 날마다 성령님이 주시는 능력을 공급받아야 합니다. 험난한 세상을 살면서 어설픈 신앙생활로 속사람에 문제가 생기면, 마귀는 그 기회를 놓치지 않고 와서 우리를 건드립니다. 시험합니다. 그리고 사탄의 수중으로 더 깊이 끌고 가려고 합니다. 그럴 때, 예수님을 믿는 사람이 오히려 믿지 않는 사람보다 정신적으로 더 문제를 일으킬 수 있습니다.

이 때문에 바울은 에베소 교인들이 성령님께서 주시는 능력을 받아 속사람이 날마다 강건하게 되기를 기도했습니다. 속사람이 날마다 강건하게 되는 것은 자연의 힘이 아니라 초자연의 힘입니다. 사람의 힘이 아니라 하나님의 힘으로 가능합니다. 인간의 의지에서 나오는 힘이 아닙니다. 성령님의 의지로 우리에게 주어지는 힘입니다. 우리는 이 힘을 공급받아야 합니다. 이 힘에 붙들려 살아야 합니다. 그래야만 우리의 정신도 제 기능을 발휘할 수 있습니다.

° ° ° ° ° ° ° ° ° ° 속사람을 위한 건강 수칙

속사람이 강건하기 위해서 무엇을 어떻게 해야 하냐고 묻는다면, 새로운 어떤 해답은 아무것도 없습니다. 우리가 아주 잘 알고 있는, 아주 상식적인 이야기들뿐입니다.

'신바람 나는 건강법'을 주제로 강의하는 황수관 박사의 책을 읽어 보거나, 그분 강의를 들어 본 사람이라면 공통적으로 느끼는 것이 있습니다. '새로울 것이 없다'는 것입니다. '어떻게 하면 우리가 건강하게 살 수 있느냐'는 질문에 대한 그의 대답은 아주 간단합니다. 골고루 잘 먹고, 좋은 공기 마시고, 적당하게 운동하고, 항상 기쁘게 생활하는 것입니다. 이것이 끝입니다.

여기서 황 박사가 특별히 강조하는 것이 있습니다. 바로 '기쁘게 살라'는 것입니다. 그럼 '어떻게 하면 항상 기쁘게 생활할 수 있느냐'라는 질문에 그는 "예수님을 믿으면 된다"라고 대답합니다. 이렇게 자기 강의를 통해 기쁨의 근원이신 예수님을 소개합니다.

속사람을 위한 건강 수칙도 이와 마찬가지입니다. 성령님이 우리에게 능력을 주시는 네 가지 방법이 있는데, 그것은 이미 우리가 잘 알고 있는 것들입니다. 첫째는 하나님의 말씀을 골고루 잘 먹는 것입니다. 둘째는 기도로 영적 호흡을 지속하는 것입니다. 셋째는 남을 위해 봉사하는 것입니다. 그리스도인에게 섬김의 생활은 영적 운동이라고 할 수 있습니다. 마지막으로 주님의 말씀대로 항상 기뻐하려고 노력하고 감사하려고 노력하는 것입니다. 이런 자에게 성령님께서 날마다 새로운 힘과 능력을 공급해 주십니다. 이 네 가지 방법을 통해 성령님은 우리 속사람을 강건하게 해 주십니다. 이제 한 가지씩 구체적인 방법들을 살펴봅시다.

첫째로, 속사람은 하나님의 말씀을 먹어야 삽니다. "하나님의 말씀은 살아 있고 활력이 (있습니다)"(히 4:12상). 그리고 예수님께서는 "사람이 떡으로만 살 것이 아니요 하나님의 입으로부터 나오는 모든 말씀으로 살 것이라"(마 4:4하)고 하셨습니다. 이 말씀에 나오는 '사람'은 속사람을 가리킵니다. 그러므로 우리는 말씀을 골고루 잘 먹어야 합니다. 주일이 되면 예배당에 나와 하나님의 말씀을 들으려고 집중합니다. 주중에는 수요예배를 드리며 말씀에 귀 기울이고, 구역 모임에 참석해서 말씀을 나눕니다. 더 열심을 내자면 시편 1편에 나오는 "복 있는 사람"처럼 말씀을 주야로 묵상합니다. 이렇게 영적인 영양분을 섭취하는 사람치고 정신적으로 문제를 일으키는 사람은 없습니다.

"여호와의 율법은 완전하여 영혼을 소성시키며"(시 19:7상). 하나님의 말씀은 완전합니다. 그래서 말씀을 주야로 묵상하는 사람의 영혼을 날마다 소생시켜 줍니다. 정신적으로 약해졌다는 생각이 들 때 가장 먼저 점검할 것은 하나님의 말씀을 제대로 먹고 있는가를 살피는 것입니다.

둘째로, 성령님은 당신 안에서 무시로 기도하는 사람에게 능력을 주십니다. 기도는 영혼의 호흡이자 영혼이 숨 쉬는 방법입니다. 두 가지 기도가 있는데, 좋은 공기를 마시는 기도와 혼탁한 공기를 마시는 기도입니다.

혼탁한 공기를 마시는 기도는 하기 싫어서 억지로 하는 기도를 말합니다. 믿음 없이 하는 기도, 하나님을 신뢰하지 못하면서 입으로만 하는 기도는 영적으로 혼탁한 공기를 들이마시는 것입니다. 다른 사람이 보니까 어쩔 수 없이 형식적으로 때우는 기도, 하다가 말다가 하는 기도, 정욕으로 구하는 기도도 마찬가지입니다. 이런 기도는 속사람에게 성령님의 능력을 주지 못합니다.

반면, 좋은 공기를 마시는 것과 같은 기도는 성령 안에서 무시로 하는 기도입니다. 어느 곳에 있든지 누구와 있든지, 말을 하거나 길을 걷거나, 앉거나 설 때에도 항상 성령의 감동하심으로 아버지 하나님과 속삭이는 기도입니다. 특별히 시간을 정해 놓고 주님 앞에 나아가 마음에 있는 모든 것을 토하고 아뢰는 기도입니다. 이런 기도의 흐름이 계속되는 사람은 좋은 공기를 마시는 것처럼 속사람이 건강합니다.

셋째로, 몸의 건강을 위해서 적당한 운동이 필수이듯 속사람을 위해서도 영적 운동이 필요합니다. 은혜받은 것을 흘려보내고 나누어야 합니다. 사랑으로 섬기는 일에, 세상에서 복음을 전하는 일에, 교회 안에서 봉사하는 일에, 남을 위해 희생하는 일에 시간을 들여야 합니다.

호스피스 봉사자들을 가만히 지켜보십시오. 죽음에 임박한 환자들은 바라보는 것만으로도 너무 비참해서 차마 보기가 어렵습니다. 그런 사람들을 마지막까지 돌보아 주고, 그들의 영혼을 위해 기도해 주고, 말벗이 되어 주는 일은 보통 일이 아닙니다. 아무나 쉽게 할 수 있는 섬김이 아닙니다. 호스피스 봉사자들을 보면 하나같이 그 얼굴이 얼마나 밝은지 모릅니다. 그들의 속사람이 얼마나 건강한지 모릅니다. 성령님께서 그렇게 봉사하는 사람들에게 매일매일 새 힘을 공급하심으로 속사람을 강건하게 해 주시기 때문입니다.

마지막으로, 항상 감사하고 기뻐하려고 노력하십시오. 범사에 감사하라고 했으니까 특별히 감사할 일이 없어도 감사하려고 노력하는 것입니다. 항상 기뻐할 일이 생기지는 않습니다. 그럼에도 불구하고 주님이 명령하시기 때문에 항상 기뻐하려고 노력하는 사람을 주님이 기뻐하십니다. 그리고 더욱 기쁘게 살아갈 힘을 풍성히 공급해 주십니다.

하나님이 우리에게 주시는 시간

이 네 가지 방법을 바르게 지킬 때, 우리의 속사람은 날로 강건해집니다. 만약 교회를 다니면서, 예수님을 믿는다고 하면서 정신적으로 문제가 일어난다면 이 네 가지 중 무엇에 소홀했는지 찾아야 합니다.

스승의 날을 맞아 어느 집사님 부부가 제게 장문의 편지를 보내왔습니다. 스승의 날이기에 주는 감사의 편지이기도 하지만, 그 내용은 저에게 큰 감동을 안겨 주었습니다. 읽는 내내 눈물을 많이 흘렸습니다.

집사님의 남편이 회사에서 파견을 받아 오사카에서 일을 하게 되었습니다. 어느 날 이들 부부가 서너 살 먹은 아들과 함께 외출하려고 준비하던 중, 아들이 정원에 있는 자그마한 연못에 그만 빠지고 말았습니다. 아이는 가라앉아 버렸고, 연못이 꽤 깊었는지 부모는 아이를 찾을 수가 없었습니다. 간신히 아이를 건져 냈을 때는 시간이 꽤 흐른 뒤였습니다. 다행히 숨은 쉬고 있었지만 뇌가 손상되어 버렸습니다. 뇌기능에 치명적인 상처를 입은 것입니다.

저는 그 일이 있은 지 1년쯤 지나서 그 가정을 만났기 때문에 아이를 앞에 두고 기도하고 돌아온 기억밖에는 없습니다. 그런데 편지에 보니까 사고가 난 후 하나님께서 그 집사님에게 어떻게 은혜를 주셨는지 자세히 써 있었습니다.

그 집사님은 주님께 필사적으로 매달렸다고 합니다. 그 당시에 남편은 그다지 믿음이 없었기 때문에 혼자서 주님께 매달렸다고 합니다. 그때 하나님께서 성령의 능력으로 속사람을 얼마나 강건하게 해 주셨는지 아무리 기도를 해도 힘들지 않고 오히려 그 시간이 짧게 느껴졌다고 합니다. 성경을 펼치면 하나님의 말씀이 그렇게 꿀맛처럼 달 수가 없었답니다.

아이가 그 지경이 되었는데 어떻게 성경이 눈에 들어올까 하는 의문이 드는 분도 계시겠지요. 우리 생각에는 그럴 수 있습니다. 그러나 그 집사님은 당시 상황을 이렇게 고백합니다.

> "'주의 영이 계신 곳에는 자유가 있느니라'(고후 3:17하)는 말씀처럼 하나님은 저를 찬송하게 만드셨고, 방언의 은사를 주셨습니다. 저는 성령 충만한 가운데 아들을 간호하는 것이 전혀 힘들지 않았습니다."

자기 손에 있는 무기라고 해 봐야 성경책과 찬송가 외에는 아무것도 없었습니다. 그러나 은혜에 사로잡히니까 병실에 오는 사람들마다 붙잡고 "예수 믿으라"고 전도하는 사람으로 바뀌었습니다. 옆집에 사는 타카하시라고 하는 학원을 경영하는 일본 여자가 있었는데, 평소에는 전도를 해도 바쁘다는 핑계로 잘 듣지 않았답니다. 그런데 아이에게 사고가 난 뒤로, 밤에 쓰레기를 버리러 나가면 가끔 마주쳐서 인사를 나눴다고 합니다. 타카하시 상은 이 집사님을 만날 때마다 그녀의 얼굴에 광채가 나는 것을 느꼈다고 합니다. 그 얼굴에 광채를 보고, '아들이 지금 죽느냐 사느냐 하는 고비에 있는데 어떻게 저렇게 얼굴에서 광채가 날까?' 하고 생각했답니다. '아, 그 집이 예수 믿는 집안이라지.' 그렇게 생각을 하고는 찾아와서 자기도 예수님을 믿겠다고 자기 발로 교회로 걸어 나왔답니다.

저는 이 편지를 읽는 내내 '목사보다 낫다. 목사보다 낫다'라는 감탄이 멈추질 않았습니다. 우리 집 아이들은 한 번도 그렇게 고생한 일이 없습니다. 그러니까 사실 저는 경험해 보지 않은 뭔가를 지금 말하고 있다고 해도 과언이 아닙니다. 그러나 한 가지는 분명히 알고 있습니다. 하나님의 능력이 얼마나 강하고 풍성하냐는 것입니다. 이런 이야기를 하면서 집사님은 이렇게 글을 썼습니다.

"아들의 상태는 지금도 여전하지만, 우리 가족은 이 상태로도 감사하며 하나님의 복음을 전할 수 있게 되었습니다. 목사님, 아들이 12년을 누워 있지만 하나님의 은혜로 견딜 수 있었으며 아들을 통해 불신자를 전도하게 해 주셨습니다. 아무리 힘들고 어려운 일을 만난 가정이라도 제가 당하고 있는 일을 이야기하면서 전도하면 그들은 할 말을 잃고 그런 힘을 주신 하나님이라면 자기도 믿어 보겠다는 말을 합니다. 제자훈련을 받으면서 '나는 아무것도 할 수 없다'며 두 손 들고 주님께 고백할 때마다 주님은 제 마음에 평안과 자유를 주셨고, 기쁨과 감사하는 마음을 주셨습니다."

더욱 저를 놀라게 한 것은 이 집의 초등학교 2학년 되는 딸아이가 쓴 한 편의 시였습니다. 학교 개교기념일을 맞아 열린 백일장에서 입선한 시라고 합니다.

12년이 지났다
지금까지 기도를 해 왔는데 소용이 없었다
하지만 우리는 하나님을 버리지 않고 열심히 기도한다
왜냐하면 하나님께서 우리에게
시간을 주시는 것일지도 모르기 때문이다

마음이 텅 비었습니다

•

우리 오빠를 보면 왠지 마음이 행복하다

오빠 얼굴을 보면 오빠가 누워 있는 모습이

꼭 천사가 누워 있는 모습 같다

우리 오빠는 그 어려운 위기에서도 이겨 내리라 믿는다

우리 오빠가 빨리 나았으면 좋겠다

이 가정의 조건을 생각해 봅시다. 정신적으로 부도가 나도 열 번은 넘게 날 수 있는 가정입니다. 말도 못하고, 제대로 듣지도 못하고, 움직이지도 못하는 그런 가족이 집안에 누워 있습니다. 그런 가정에서 자라면 정상적인 자녀들도 엇나갈텐데, 이 가정의 둘째는 아픈 오빠를 보면서 천사를 보는 것 같다는 말을 할 정도로 온 가정이 은혜 충만합니다.

믿음이 없던 남편은 벌써 제자훈련, 사역훈련을 다 받고 리더로 섬기고 있습니다. 부인은 지금 사역훈련을 받는 중입니다만 한때는 성가대에 앉아 있는 것을 제가 보았습니다. 그 부부의 얼굴에는 그늘이 없습니다. 얼마나 건강한 가정입니까? 이런 건강이 어디서 올 수 있습니까? 하나님의 말씀을 붙들고 날마다 기도했기 때문입니다. 성령님의 놀라운 능력을 공급받기 때문입니다. 말씀과 기도, 여기에 은혜가 있습니다.

○ ○ ○ ○ ○ ○ ○
성령의 능력으로

살벌한 경쟁 사회에서 우리가 지칠 대로 지쳐 있는 것이 사실입니다. 그렇다고 정신적으로 느슨해져 있으면 안 됩니다. 약한 부분이 보이면 속사람의 건강부터 체크해야 합니다.

과거에 비해 요즘 사람들은 마음에 여유가 참 없어 보입니다. 증오심과 열등감, 교만과 자기애, 질투심과 탐심으로 마음이 얼룩져 있어서 건드리기만 하면 터질 것 같은 증세를 보이는 사람들이 너무나 많습니다. 믿음생활을 한다고 하면서 이와 같이 심리적으로 무서운 적들에게 포위당해 있다면 그것은 정상이 아닙니다.

성령의 능력을 받아서 여러분의 속사람을 더욱 강건하게 하십시오. 성령의 능력을 받기 위해서 하나님의 말씀을 먹어야 합니다. 기도를 해야 합니다. 주님의 나라와 영광을 위하여 봉사할 수 있는 사람이 되어야 합니다. 그리고 더 기뻐해야 합니다. 더 감사해야 합니다.

가정에서 아내가 먼저 성령의 능력을 받으면, 남편도 힘을 얻게 됩니다. 용기를 가질 수 있습니다. 자신감을 회복할 수 있습니다. 또한 연약한 자녀들도 강건해집니다. 뿐만 아니라, 우리 주변에 정신적으로 약해서 살 소망을 잃어버린 많은 사람들에게 생기를 전달하는 통로가 될 수 있습니다. 그들을 하나님 앞으로 인도해서 성령의 치유하심을 받도록 돕는 강한 손을 가질 수 있습니다.

하나님은 성령의 능력으로 속사람을 강건하게 하십니다. 속사람이 강건하면 정신적으로 약해지지 않습니다. 이 영적 원리에서 벗어나지 않도록 하나님의 말씀대로 순종하여 성령의 능력을 받으시기 바랍니다. 성령의 능력이 우리 속사람을 힘 있게 소성시키는 놀라운 역사가 있기를 바랍니다.

하나님의 자녀는 속사람이 강건하지 못하면 정신 건강에 빨간불이 들어옵니다.

4

두려워
말라

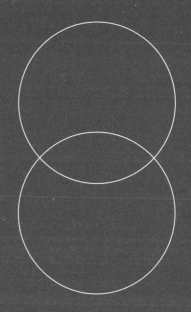

우리는 하나님의 자녀입니다.
하나님의 자녀라는 사실은 나의 머리카락까지도, 내 코의 호흡까지도,
내 마음의 생각까지도 일일이 간섭하실 만큼 하나님께 특별한 존재가 되었다는 것입니다.

이사야 41:8-10

8 그러나 나의 종 너 이스라엘아 내가 택한 야곱아 나의 벗 아브라함의 자손아 9 내가 땅끝에서부터 너를 붙들며 땅 모퉁이에서부터 너를 부르고 네게 이르기를 너는 나의 종이라 내가 너를 택하고 싫어하여 버리지 아니하였다 하였노라 10 두려워하지 말라 내가 너와 함께함이라 놀라지 말라 나는 네 하나님이 됨이라 내가 너를 굳세게 하리라 참으로 너를 도와주리라 참으로 나의 의로운 오른손으로 너를 붙들리라

두려워
말라

●

○ ○ ○ ○ ○ ○ ○ ○
두려움이라는 감정

"두려워하지 말라 내가 너와 함께함
이라 놀라지 말라 나는 네 하나님이 됨이라 내가 너를 굳세게 하리라
참으로 너를 도와주리라 참으로 나의 의로운 오른손으로 너를 붙들리
라"(10절).

우리 중에 이 말씀을 좋아하지 않는 사람은 아마 한 명도 없을 것입
니다. 우리는 이 말씀을 자주 묵상하기도 하고, 또 필요할 때는 일부
러 찾아서 읽을 만큼 즐겨 봅니다. 이 한 구절의 말씀으로 하나님의 은
혜를 떠올릴 수 있기 때문입니다.

병상에 누워 있는 형제를 찾아가도 이 말씀을 가지고 위로해 줄 수
있습니다. 낯선 곳으로 이민을 가는 가족들의 불안함에도 이 말씀은
큰 위안이 됩니다. 먼 길을 떠나는 형제나 어려운 시련을 만나 힘들어
하는 자매를 보면 어김없이 이 말씀을 건네주게 됩니다. 어떤 형제는
이 말씀을 지갑에 넣어 가지고 다니며 시시때때로 꺼내 보기도 합니

다. 또 어떤 자매는 예쁜 글씨로 액자를 만들어 침대 머리맡에 걸어 놓고는 아침저녁으로 이 말씀을 가까이합니다. 이렇듯 이 말씀을 의지하고 좋아하는 사람들을 주변에서 흔히 볼 수 있습니다.

그렇다면 그리스도인들 대부분이 왜 이 말씀을 좋아할까요? 그것은 너 나 할 것 없이 마음속에 두려움을 안고 있기 때문입니다. 출국하기 위해 공항에 가면 비행기를 타기 전에 한 사람도 예외 없이 몸수색을 합니다. 손으로 만져서 확인할 수 없는 것은 전자 기계를 동원해 무기류, 화약류를 찾아냅니다. 그 기계 앞에서는 웬만한 것은 다 걸리게 마련입니다.

우리 중에 아무나 좋습니다. 이사야 41장 10절이라는 문을 만들어 놓고 그 밑을 통과하게 해 보십시오. 분명히 빨간 경고등이 켜지면서 드러나는 증상이 있을 것입니다. 그것은 두려움에 대한 경고 사이렌입니다. 이 문을 지나는 모든 사람의 마음 한구석에 자리 잡고 있는 공포와 두려움을 이 말씀은 계속 찾아낼 것입니다. 사람들이 이 말씀을 좋아한다는 것은 각자의 마음속에 어떤 형태로든지 두려움이 자리 잡고 있다는 사실을 반증하는 좋은 증거라고 생각합니다.

두려움이라는 단어를 조금 더 피부에 와닿게 표현한다면, 공포증 혹은 공포심이라고 말할 수 있을 것입니다. 그러면 '두려움' 자체가 악한 것입니까? 꼭 그렇다고 대답할 수는 없습니다. 두려움은 인간이 느끼는 가장 기본적인 본능입니다. 어떤 학자는 두려움에 대해 정의하기를, "두려움이란 인체 내에 하나님이 설치해 놓으신 경보 장치"라고 했습니다. 참 좋은 표현입니다. 만약 두려움이라는 감정이 없으면 우리에게 닥치게 될 어떤 위험에 대해 예방하려는 생각을 전혀 하지 않을 것입니다. 두려움이 없으면 우리는 우리에게 주어진 건강을 유지하고 지키기 위해서 전혀 신경 쓰지 않을 것입니다. 아픔에 대한 두려운 마음은, 적어도 우리가 우리의 생명을 보존하고 관리하도록 돕습니다. 우리는 이 두려움이라는 감정 때문에 위기를 피하고자 노력하게 됩니다. 이런 두려움은 참으로 유익합니다.

우리는 평생 이 기본적인 두려움, 본능적인 공포심에서 완전히 탈피한다든가 자유로울 수 없습니다. 그런데 우리가 주의하면서 살아가도록 돕는 기본적인 두려움을 그대로 내버려 두면, 그 두려움의 깊은 곳에 있는 나쁜 성질 하나가 툭 하고 나와 버립니다. 그 성질은 폭군처럼 마음대로 사람을 부리면서 휘두르려고 하는 못된 성질의 공포심으로 우리를 몰아갑니다. 그렇기 때문에 약간의 두려움이나 공포감을 바로 제재하지 않고 방치해 두면 우리의 생명을 무력하게 만들거나 생활을 뒤틀리게 합니다. 아니면 정서적으로 혼란을 겪게 하거나 삶의 질서를 파괴할 정도로 치명적인 독소가 됩니다. 그러므로 우리에게 가장 중요한 과제는 '두려움'이라고 하는 감정을 어떻게 적절하게 관리하고 선용하느냐 하는 것입니다. 더 나아가서 필요에 따라 불건전한 공포심을 어떻게 극복할 수 있느냐 하는 것입니다.

에머슨(Ralph Waldo Emerson, 1803-1882)이라고 하는 유명한 사상가가 있습니다. 그는 두려운 감정들에 대하여 이렇게 이야기했습니다. "날마다 주어진 공포심을 극복하지 못하는 사람은 인생의 교훈을 아직 덜 배웠다." 나에게 손해를 줄 수 있는 두려움이라는 불건전한 감정을 절제하고 관리하며 극복하는 데에는 몇 가지 필요한 요건이 있습니다. 필요한 세 요건을 찾기 위해서 먼저 말씀의 핵심을 좀 더 선명하게 이해할 필요가 있습니다. 그 때문에 두려움에 대한 요점부터 정리하고 이야기를 시작하려고 합니다. 대부분의 사람들이 두려워하는 대상을 크게 세 가지로 나누어 보겠습니다.

첫째는 하나님, 둘째는 자기에게 언제 닥칠지 모를 불행한 사건,

즉 질병이나 죽음, 불의의 사고 혹은 실패 같은 불상사 등입니다. 마지막으로 셋째는 사람입니다. 누구나 이 세 가지에 대한 공포감을 가지고 있습니다. '나는 그런 것이 전혀 없다'라고 생각하는 사람은 아무도 없을 것입니다. 우리가 지금 주의를 기울이며 이 이야기에 관심을 가지고 있는 이유가 여기에 있습니다. 우리 모두는 마음속에 두려움을 가지고 삽니다. 이에 이 세 가지 두려움과 그 극복 방법에 대해 자세히 살펴보고자 합니다.

두려움 1 - 하나님에 대한 두려움

사람이 갖는 두려움 첫째는 '하나님에 대한 공포증'입니다. 어쩌면 이 말에 의아해하는 사람들도 있을지 모르겠습니다. 그 사람들은 '마땅히 하나님을 두려워해야지'라고 생각하는 사람들일 것입니다. 그렇습니다. 하나님은 우리가 경외해야 할 분입니다.

성경은 하나님을 두려워하는 것이 경건의 기초가 되고, 지혜의 근본이 된다고 했습니다. 시편 31편 19절에는 "하나님을 두려워하는 자를 위하여 쌓아 두신 은혜가 특별히 많다"고 했습니다. 그런데 앞에서 언급한 것은 건전하게 하나님을 경외하는 모습이 아니고, 하나님의 존재 자체에 대한 두려움을 이야기합니다.

성경에 등장하는 가장 좋은 예가 욥의 말입니다. 욥은 "하나님의 두려움이 나를 엄습하여 치는구나"(욥 6:4하)라고 했습니다. 하나님을 두려워하는 마음이 얼마나 심했으면, 마치 자기를 사정없이 때려눕히는 것 같은 위협을 느꼈다고 표현합니다. 이것은 참 비정상적인 일입니다.

예레미야도 "주는 내게 두려움이 되지 마옵소서 재앙의 날에 주는 나의 피난처시니이다"(렘 17:17)라고 하나님 앞에 호소합니다. 이것은 "하나님이여, 하나님이 어찌 나에게 두려운 존재가 되십니까? 두려운 존재가 되지 마옵소서" 하는 하소연입니다.

이런 모습 모두 하나님에 대한 비정상적인 공포증입니다. 하나님은 우리에게 하나님을 두려워하는 종의 영이 아니라 하나님을 "아빠 아버지"라고 부를 수 있는 양자의 영, 아들의 영을 주셨습니다(롬 8:15 참조). 종은 눈치를 살피며 늘 두려운 마음으로 주인을 바라봅니다. 그러나 우리는 종의 영이 아닌, 언제 어디서든 자유롭게 하나님을 부르고 애정을 표현할 수 있는 아들의 영을 받았습니다. 그러므로 지나치게 하나님에 대한 공포증을 가질 필요는 없습니다.

모처럼 긴 연휴를 맞이해, 주일을 무시하고 가족들과 함께 여행을 다녀오고 싶어도 주일에 예배드리지 않고 놀러 가면 하나님이 우리 가정에 벌을 내리셔서 무슨 일이 생길까 봐 마지못해 예배당에 나오는 사람이 있습니다. 이런 사람은 하나님이 좋아서라기보다는 겁이 나서 예배를 드리는 것입니다.

하나님을 향한 공포심이 바로 이것입니다. 내가 이렇게 저렇게 하지 않으면 하나님이 벌을 주시지 않을까 하는 걱정, 우리 가정에 우환이 들지 않을까 하는 이런 잡다한 불안이 바로 하나님에 대한 공포증입니다. 이것은 고쳐야 할 병입니다. 하나님이 보시기에 떳떳하지 못한 생활, 즉 죄를 은근히 숨기고 생활하는 사람들의 마음에는 하나님에 대한 공포증이 늘 따라다닙니다. 독사 같은 그 공포증은 언제, 어디서든 머리를 쳐들고 우리를 공격할 수 있습니다.

인간의 시조인 아담과 하와를 주목해 봅시다. 하나님이 따 먹지 말라고 한 선악과에 하와가 손을 댔고, 그런 다음 남편에게도 주어 먹게 했습니다. 죄를 범하고 나서 생긴 감정은 수치감이었습니다. 서로 벌거벗은 것을 보고 당황해서 나뭇잎으로 몸을 가렸습니다. 한참 후에 하나님이 동산을 거니시는 소리가 들리자 이들에게 어떤 마음이 들었습니까? 바로 공포심입니다. 이전 같았으면 하나님이 오셨다고 반갑게 뛰어나갔을 아담과 하와가 하나님에 대한 공포증으로 나무 뒤에 숨어 버렸습니다. 죄를 짓고 하나님 앞에 숨어 사는 사람들, 죄를 끊지 못하는 사람들에게는 하나님을 두려워하는 공포증이 있습니다.

인간은 작은 죄 하나를 버리지 못하고, 그것에 계속 미련을 두고 범죄하기를 반복하고, 또 반복합니다. 그것은 어쩌면 현실적으로 눈에 보이는 이익을 가져다줄 수도 있습니다. 거짓말 몇 번 해서 얻는 유익도 있을 것입니다. 불건전한 생활로 자신의 탐심과 정욕을 채울 수도 있습니다. 어떤 경우에는 양심을 속여 가며, 어두운 방법으로 돈을 벌면서 그것을 생활 수단으로 삼는 경우도 있습니다. 그러나 그것으로 얻는 이득에 비해 은근한 두려움이 주는 피해가 얼마나 큰지 생각해 본 적이 있습니까? 떳떳하지 못한 생활 때문에 마음에는 항상 불안이 도사리고 있습니다. 그 때문에 하나님과 친밀한 관계가 막힌다면 그것은 우리에게 백해무익한 것입니다. 그러므로 깨끗한 생활을 해야 합니다. 지금 당장은 눈앞에 손해를 보더라도 마음에 거리낌이 될 짐이라면 과감히 던져 버려야 합니다. 살면서 조금 손해를 보더라도 평안함으로 항상 하나님과 아름다운 교제를 나누기를 바랍니다. 하나님께로부터 오는 평안은 세상이 침범할 수 없습니다. 그것은 어떤 일이든 할 수 있는 안정감을 줍니다.

두려움 2 - 앞날에 대한 두려움

두려움의 요인, 두 번째는 '앞으로 나에게 어떤 불행한 일이 생길지도 모른다는 공포감'입니다. 미래에 일어날지도 모르는 불행한 사건이나 불상사에 대해 우리가 갖는 두려움은 생각보다 훨씬 큽니다. 이 두려움을 극복할 수 있는 방법은 딱 한 가지, 바로 '믿음'입니다. '병이 생기지 않을까? 사고를 당하지 않을까? 실패하지 않을까? 내가 이것을 책임질 수 있을까?' 하는 모든 장래사에 관한 의문들과 부정적인 생각들은 믿음이 약한 데서 오는 것입니다.

믿음이 두려움을 치료하는 데 최상의 방법이라고 하는 것은 많은 심리학자와 과학자의 실험을 통해 여러 번 입증된 사실입니다. 그렇다고 해서 밑도 끝도 없는 믿음을 가지라는 말이 아닙니다. 믿음에는 반드시 내용이 있기 마련입니다. 믿음의 내용은 이사야 41장에서 선명하게 가르쳐 줍니다.

이사야서는 이사야가 장차 나타날 일에 대해 예언한 내용을 담고 있습니다. 이사야의 예언은 예언하던 당시부터 170여 년 후에 일어날 일을 미리 말씀하고 있습니다. 이 예언은 실제로 다 이루어졌습니다. 우리는 이미 이 예언이 이루어진 이후의 세대이기 때문에 역사를 통해서 그 사실을 쉽게 받아들일 수 있습니다. 그러나 당시 사람들에게는 그렇게 간단한 문제가 아니었습니다. 이 예언은 예언이 선포된 시점에서 170년 후에 이스라엘 백성에게 일어날 사건이었습니다.

이스라엘 백성은 그 당시 바벨론의 포로로 4, 50년간 말로 다 표현할 수 없는 고난을 당하며 살고 있었습니다. 그러던 어느 날 전쟁이 일어났습니다. 고레스 장군이 일어나서 바벨론을 뒤집어엎은 것입니다. 하루아침에 정권이 무너지고 바벨론 제국이 망했습니다. 왕이 죽었습니다. 온 나라가 큰 혼란에 빠지고, 앞으로 어떻게 될지 모를 두려움과 불안에 떠는 상황이 벌어졌습니다.

쿠데타로 정부가 전복된다든지, 지도자가 갑자기 죽는다든지, 아니면 전쟁이 터져서 하루아침에 나라를 잃게 됐을 때, 국민이 당하는 심리적 불안과 공포는 상상할 수 없을 정도로 큽니다. 저는 실제로, 박정희 대통령이 20년가량 통치하다가 갑자기 세상을 떠나니까 안절

부절못하며 불안에 떠는 사람들을 많이 보았습니다. 정치적인 변혁은 우리에게 강한 충격을 던질 수 있는 문제입니다.

이와 같은 변혁기에 이스라엘 백성은 포로였습니다. '포로'는 인격적인 대우나 법적인 보호를 전혀 받지 못합니다. 처절하고 보잘것없고 나약한 처지입니다. 이때 하나님은 이스라엘을 무엇이라고 부르십니까? "지렁이 같은 너 야곱아"(사 41:14상, 개역한글)라고 하셨습니다. 정말 지렁이 같은 신세입니다. 비 오는 날, 길에서 기어 다니다가 오가는 사람들의 발길에 차이는 것이 바로 지렁이 아닙니까? 이스라엘 백성은 이제 바벨론 나라의 국민도 아니고 포로 신세입니다. 이 판국에 무슨 가치가 있고 권리가 있겠습니까?

언제 어떻게 될지 모르는 두려움에 휩싸인 이스라엘 백성들에게 하나님께서는 이 두 가지를 꼭 믿으라고 가르쳐 주십니다. 하나는 이스라엘 백성이 하나님과 어떤 관계를 맺고 있는지 생각해 보고 그 관계를 철저하게 믿으라고 하십니다. 이스라엘 백성이 하나님과 어떤 관계를 맺고 있습니까? 하나님은 "나의 종 너 이스라엘아 내가 택한 야곱아 나의 벗 아브라함의 자손아"(8절) 하고 이스라엘을 부르십니다.

이스라엘은 하나님 앞에서 종이자 벗입니다. 성경에서 이스라엘을 '하나님의 종'이라고 부르는 것은, 하나님이 마구 부리는 머슴이란 뜻이 아닙니다. '하나님의 종'이란 우주 만물의 주인이신 하나님을 섬기고 그분을 위해 봉사하는 영광스러운 신분을 말합니다.

느헤미야는 바벨론 왕의 술관원이었습니다. 날마다 왕에게 술을 올리는 일은 왕의 생명과 직결되는 중요한 임무로 그 영광과 권세가 대단했습니다. 그렇다면 하나님을 받들고 수종을 드는 종의 위치는 얼마나 영광스러운 것이겠습니까? 하나님은 이와 같이 영광스럽고 자랑스러운 신분을 이스라엘 백성에게 주셨습니다.

또한 이스라엘 백성은 하나님으로부터 '벗'이라는 칭호를 받았습니다. 하나님은 아브라함을 '벗'이라고 불렀습니다. 흉허물 없이, 비밀도 서로 털어놓을 수 있는 그런 관계가 친구입니다. 창세기 18장을 보면 하나님이 아브라함에게 나타나셔서 "내가 하려는 것을 아브라함에게 숨기겠느냐"(창 18:17하)라고 말씀하셨습니다. 하나님과 아브라함 사이에는 비밀이 없다는 것입니다. 이스라엘 백성은 하나님과 깊은 영적 관계를 맺고 있어서 하나님의 비밀과 하나님의 뜻을 어느 민족보다 먼저 알 수 있고 깨달을 수 있는 하나님의 벗으로 부름 받았습니다.

또 이스라엘 백성은 어떤 사람들입니까? "땅끝에서부터 너(이스라엘)를 붙들며 땅 모퉁이에서부터 너를 부르고 … 너를 택하(여)"(9절) 하나님 앞에 특별한 백성이 되었다고 했습니다. 장차 어떤 일이 벌어질지 모르는 정치적인 변혁기에 목숨조차 어떻게 될지 전혀 알 수 없는 불안한 상황에서 하나님은 이스라엘 백성들에게 '너희들의 정체성을 믿으라'고 철저하게 권면하십니다. 이 내용은 우리에게도 대단히 중요한 교훈입니다. 우리는 '내가 누구인가'를 반드시 생각해야 하고, 답을 가지고 있어야 합니다. 예수님 때문에 내가 어떤 신분이 되었는지를 다시 한번 깊이 생각해 보시기 바랍니다.

우리는 하나님의 자녀입니다. 부모가 자기 자녀가 어려울 때 가만히 있겠습니까? 내버려 두지도, 가만히 있지도 않을 것입니다. 우리가 하나님의 자녀이기 때문에 하나님이 반드시 우리를 위해 하시는 일이 있습니다. 그러므로 하나님의 자녀라는 신분, 그의 백성이라는 신분을 한시도 잊지 마십시오. 그래야 쓸데없는 두려움과 불안에 부들부들 떨지 않습니다. 설사 내 옆에 있는 사람이 어떤 사고를 당하고, 내가 알고 있는 사람이 어떤 병으로 죽어도 그것 때문에 내가 부들부들 떨 필요가 없습니다. 하나님의 자녀라는 사실은 나의 머리카락까지도, 내 코의 호흡까지도, 내 마음의 생각까지도 일일이 간섭하실 만큼 하나님께 특별한 존재가 되었다는 것입니다.

언젠가 사랑의교회 '새생명잔치'에 강사로 오신 분이 이런 이야기를 했습니다. 비행기를 타면 기내를 쭉 둘러보고는 '오늘 여기 탄 사람들, 다 나 때문에 안전한 줄 알아라'고 혼잣말을 한답니다. 이상하게 그 이야기를 듣고 난 뒤부터 저도 비행기를 탈 때마다 그분처럼 생각하는 버릇이 생겼습니다.

좀 유치한 이야기처럼 들리기는 하지만 여기서도 한 가지 배울 것이 있습니다. 그분의 말은 '나는 하나님의 자녀다. 하나님의 자녀인 내가 비행기를 탔는데 하나님이 가만히 계실 리가 없지. 끝까지 안전하게 지켜 주실 테니까 함께 탄 너희들도 다 안전할 것 아니냐' 하는 이야기입니다. 대단한 배짱이 아닐 수 없습니다. 자기 신분에 대한 확신이 없으면 감히 이런 말을 할 수 없습니다.

○ ○ ○ ○ ○ ○ ○ ○
약속을 붙잡으라

우리는 하나님의 약속을 믿어야 합니다. 이사야 41장에서 하나님은 "두려워하지 말라…놀라지 말라"고 하시며 "내가 너와 함께함이라", "나는 네 하나님이 됨이라"는 두 가지 이유를 알려 주십니다. 하나님의 존재 자체만으로도 모든 두려움에서 벗어날 근거가 된다는 것입니다. 하나님께서 내 뒤에 가만히 계시기만 해도 두려워할 이유가 전혀 없는데 하나님은 여기서 멈추지 않고 행동까지 약속하십니다. "굳세게 해 주겠다", "도와주겠다", "붙들어 주겠다." 내가 움직이기 전에 하나님이 먼저 우리를 위해 움직이신다는 것입니다. 위험과 어려움이 내 앞에 있으면 내가 먼저 어떤 일을 하기 전에 하나님께서 이미 움직이고 계신다는 것을 믿으십시오.

그런데 이 본문을 보면 상당히 흥미로운 점이 있습니다. 하나님은 어떤 공포나 두려움을 당하고 있는 우리를 공포의 사건이나 상황, 두려움을 주는 대상으로부터 멀리 옮겨 주겠다고 하시지 않습니다. "붙들어 주겠다"라고 하십니다. 두렵고 무서운 어떤 환경에서든지 "굳세게 해 주겠다. 도와주겠다. 붙들어 주겠다"라고 말씀하십니다.

아무리 예수님을 잘 믿는 사람이라도 인생은 험난한 파도가 쉴 새 없이 몰아치는 무서운 바다와 같습니다. 우리는 이 파도를 피할 수 없습니다. 아무리 예수님을 잘 믿어도 하나님이 우리의 생명을 거두어 가시기 전까지는 이 바다에서 파도와 맞서 싸워야 합니다. 우리 앞에는 언제든 무서운 일들이 벌어질 수 있고, 그래서 한시도 그 공포에서 헤어나지 못해 불안해할 수도 있습니다. 이런 환경 속에서 사는 우리에게 하나님은 분명히 함께한다고 약속하셨을 뿐만 아니라, 반드시 우리를 위해 움직인다고 하셨습니다. 붙들어 주시고, 힘을 공급해 주시고, 도움이 필요할 때는 오른팔로 강하게 붙들어 주신다고 말입니다. 그 약속을 붙잡읍시다.

두려움 3 - 사람에 대한 두려움

사람에게 두려움을 느낄 때 우리는 사랑해야 합니다. 신약성경에 이런 유명한 말이 있습니다. "사랑 안에 두려움이 없고 온전한 사랑이 두려움을 내쫓나니"(요일 4:18상).

사람에 대한 두려움에 관해 말하면, "사람이 뭐가 두려워?"라고 하실지 모르겠습니다. 하지만 우리 가운데 한 사람도 예외 없이 사람을 두려워하는 마음을 가지고 있습니다. 나보다 힘 있는 사람을 두려워하는 마음이 없습니까? 나보다 월등히 잘난 사람을 보고 경계하는 두려움이 없습니까? 나와 경쟁 관계에 서 있는 사람을 은근히 두려워하지 않습니까? 나를 바짝 추격해 오는 사람을 두려워하지 않습니까? 나를 미워하는 사람을 두려워하지 않습니까? 사회적으로 높은 위치에 있는 사람일수록, 무언가 성취했다고 자부하는 사람일수록 가슴속에 '인간 공포증'이 자리 잡고 있습니다.

그 좋은 예로 구약성경의 사울 왕을 들 수 있습니다. 사울은 이스라엘의 첫 번째 왕이라는 영광을 얻은 사람입니다. 사울은 모든 권력을 휘두르고 모든 권세를 누릴 수 있는 자리에 앉았습니다. 하지만 스무 살도 채 안 된 어린 다윗 때문에 곤혹을 치른 사람이기도 합니다. 적장 골리앗을 죽인 다윗은 이스라엘의 영웅이 되었습니다. 백성들은 다윗이 지혜롭게 행하는 것을 보고 그를 흠모했습니다.

많은 사람들에게 다윗이 사랑받는 것을 본 사울 왕의 마음은 어떠했을까요? 그 마음에 질투가 일어났습니다. 성경은 심리학적으로도 매우 예리하고 정확한 책입니다. 질투의 감정이 다음 단계에서 어떤 감정으로 발전하는 줄 아십니까? 바로 두려움이라는 감정입니다.

사무엘상 18장을 보면 사울이 다윗을 질투하다가 드디어 다윗을 두려워하게 되는 이야기가 반복해서 나옵니다. "여호와께서 사울을 떠나 다윗과 함께 계시므로 사울이 그를 두려워한지라"(12절), "사울은 다윗이 크게 지혜롭게 행함을 보고 그를 두려워하였으나"(15절), "사울이 다윗을 더욱더욱 두려워하여 평생에 다윗의 대적이 되니라"(29절).

질투의 대상은 공포의 대상으로 변합니다. 나도 모르게 사람을 두려워하는 감정에 휩쓸리게 될 때, 이 무서운 올무에서 벗어날 길은, 그 사람을 사랑하는 것입니다. 하나님은 그렇게 말씀하십니다. "사랑하라." 만약 사울이 자신의 아들 요나단처럼 다윗을 사랑했다면, 사울은 스스로 비극의 함정을 파는 불행을 겪지는 않았을 것입니다.

여기서 말하는 '사랑'은 적당히, 혹은 감정적으로 사랑하는 것이 아닙니다. 온유한 사랑입니다. 투기하지 않는 사랑입니다. 자랑하지 않는 사랑입니다. 교만하지 않는 사랑입니다. 자기의 유익을 구하지 않는 사랑입니다. 악한 것을 생각하지 않는 사랑입니다. 이런 사랑으로 감싸 안으면 그 대상에 대한 두려움이 깨끗이 사라집니다. 하나님의 말씀은 참으로 옳습니다.

살다 보면 공포가 우리의 인격을 해하고, 두려움이 우리의 정서를 혼란하게 하고, 우리 삶을 비틀거리게 만드는 일들이 일어날 수 있습니다. 하지만 깨끗한 생활과 하나님의 약속을 믿는 믿음, 그리고 사람을 사랑하는 마음이 있다면 우리는 주의 평안 가운데 거할 수 있습니다.

> 사랑 안에 두려움이 없고 온전한 사랑이 두려움을 내쫓나니
> _요일 4:18상

두려워 말라

●

5

안아
주심

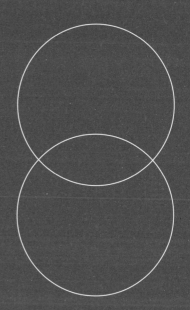

하나님을 "아버지" 하고 부르면
나도 모르게 마음 깊은 곳에서부터 촉촉이 젖어 드는 행복이 있습니다.
바로 안겨 있는 사람의 모습입니다.

신명기 1:29-33

29 내가 너희에게 말하기를 그들을 무서워하지 말라 두려워하지 말라 30 너희보다 먼저 가시는 너희의 하나님 여호와께서 애굽에서 너희를 위하여 너희 목전에서 모든 일을 행하신 것같이 이제도 너희를 위하여 싸우실 것이며 31 광야에서도 너희가 당하였거니와 사람이 자기의 아들을 안는 것같이 너희의 하나님 여호와께서 너희가 걸어온 길에서 너희를 안으사 이곳까지 이르게 하셨느니라 하나 32 이 일에 너희가 너희의 하나님 여호와를 믿지 아니하였도다 33 그는 너희보다 먼저 그 길을 가시며 장막 칠 곳을 찾으시고 밤에는 불로, 낮에는 구름으로 너희가 갈 길을 지시하신 자이시니라

안아
주심

○ ○ ○ ○ ○ ○ ○
크고 두려운 광야

　　　　　　여러 달 전에 저는 신명기 1장 말씀
을 읽다가 그날따라 유난히 제 마음을 사로잡는 말씀 한 구절을 발견
했습니다.

　광야에서도 너희가 당하였거니와 사람이 자기의 아들을 안는 것같
　이 너희의 하나님 여호와께서 너희가 걸어온 길에서 너희를 안으사
　이곳까지 이르게 하셨느니라_신 1:31

　이 말씀을 가지고 한동안 깊이 묵상했습니다. 하나님이 이스라엘
백성을 안으셨는데, 마치 아비가 자식을 안는 것같이 안으셨다는 말
씀이 바로 눈앞에 있는 커다랗고 선명한 글자처럼 제 마음에 확 들어
와 닿았습니다. 자연히 그 말씀은 여느 때 읽던 말씀으로 보이지 않았
습니다. 어쩌면 다들 무서워하는 병으로 수술을 받고, 투병 생활을 하

고 있었기 때문에 이 말씀이 더 민감하게 와닿았을지도 모릅니다.

'그래, 내가 큰 수술을 하는 가운데에도 나는 하나님 아버지 품 안에 안겨 있었어. 지금도 나는 하나님 품에 안겨 있는 사람이야' 하고 들리는 마음의 음성은 어느 때보다도 저를 더욱 강하게 사로잡았습니다. 밤낮없이 저를 안고 계시는 하나님 아버지를 깊이 묵상하게 해 주었습니다.

이 말씀은 이스라엘 백성이 애굽에서 노예로 살다가 해방되고, 시내산 광야로 들어와서 첫 1년간의 생활을 회고하면서 모세가 하는 말입니다. 이스라엘 백성은 1년 동안 광야 생활을 했습니다. 그들이 통과한 광야는 사람이 발을 들여놓아서는 안 되는 죽음의 계곡이었습니다. 모세는 이곳을 "그 크고 두려운 광야"(신 1:19중)라고 표현합니다. 이것은 그들이 지나온 광야에 많은 위험과 어마어마한 공포가 도사리고 있었음을 뜻합니다. 자연히 그 광야에 들어선 이스라엘 백성들은 필설로 형언하기 어려운 고생을 많이 했습니다.

출애굽기 15장을 보면 물을 구하지 못해 모세에게 원망하는 이스라엘 백성을 봅니다. 다음 장으로 넘어가면 며칠을 굶었는지 모르지만, 배가 고파 못 살겠다고 아우성치는 모습이 보입니다. 그다음 장으로 넘어가면 마실 물이 전혀 없어 어린아이들도 물을 달라고 엉엉 웁니다. 짐승들은 픽픽 쓰러집니다. 이스라엘 백성들은 이성을 잃고 맙니다. 나중에는 모세를 향해 돌을 던질 것 같은 정말 기막힌 상황이 벌어집니다.

그뿐이 아니었습니다. 그들은 며칠에 한 번씩 천막을 쳤다 걷었다 하는 불안정한 생활을 해야 했습니다. 언제 끝날지 모르는 여행의 연속이었기 때문입니다. 식단도 매우 단조로웠습니다. 만나로 만든 음식이 전부였으니까요. 한마디로 그들이 경험한 광야 생활은 고달픈 나날이었습니다. 모두가 신경이 날카로워져서 그들 안에서도 분쟁이 그치질 않았습니다. 늘 불안하고 지루하고 힘들고 짜증스러웠습니다.

이스라엘 백성의 눈에는 광야 생활이 하나님 품에 안겨서 걸어가는 삶이 아니었습니다. 죽지 못해 끌려가는 삶이었습니다. 하루하루가 고되었습니다. 이러니 모세가 "너희는 지난 1년 동안 하나님 아버지 품에 안겨서 이 광야를 지나왔다"(31절 참조)고 해도 믿지 않았습니다. "이 일에 너희가 너희의 하나님 여호와를 믿지 아니하였도다"(32절). 그들은 모세가 과장된 소리를 하는 것으로, 거짓말하는 것으로 받아들였습니다.

그렇다면 어떻게 모세는 이처럼 험난한 광야 생활을 놓고 백성들과 전혀 다른 시각을 가질 수 있었을까요? 모세가 혼자만 구름을 타고 다닌 건 아니지 않습니까? 백성들과 똑같이 고생하면서 광야 생활을 했습니다. 어쩌면 백성들보다 더 무거운 짐을 지고 걸어간다고 할 수 있습니다. 80세가 넘은 고령에, 광야에서 수백만 명의 생사를 책임져야 하는 지도자의 자리는 피를 말리는 위치였을 것입니다. 그럼에도 불구하고 그에게는 다른 점이 있었습니다. 광야 여정을 고난의 통로로 보지 않고 하나님의 품에 안겨서 걷는 은혜의 통로로 본 것입니다. 상황을 보는 시각이 달랐습니다. 백성들은 숨 막히는 환경만 쳐다보며 절망했습니다. 그러나 모세는 전능하고 자비로우신 하나님 아버지를 향해 눈을 고정했습니다. 이스라엘 백성들은 아래의 것, 곧 눈앞의 현실을 쳐다보고 있었습니다. 그러나 모세는 위의 것, 곧 하나님의 약속을 쳐다보았습니다. 이스라엘 백성들과 모세의 차이는 여기에 있었습니다.

너희를 품에 안으사

모세는 광야의 여정을 돌이켜 볼 때 안아 주시는 아버지의 품, 안아 주시는 아버지의 은혜라는 말을 빼놓고는 지난 1년을 도무지 설명할 수 없었습니다. "너희를 안으사 이곳까지 이르게 하셨느니라"(31절하)는 말씀을 중심으로 앞뒤 구절을 살펴보면, 모세는 세 가지 중요한 사실을 지적하고 있습니다.

첫째는 "이제도 너희를 위하여 싸우실 것이며"(30절하)라고 합니다. 이스라엘 백성을 품에 안고 지금까지 광야를 걸어오면서 그들을 대신해서 싸우신 하나님 아버지라는 것입니다. 이는 하나님께서 광야의 위험에서 백성들을 보호해 주셨다는 말입니다. 아말렉이 공격해 올 때 그 전투에서 생명을 지켜 주셨고, 광야에서 마주치는 사나운 들짐승들의 공격에도 해를 당하지 않도록 보호해 주셨습니다.

둘째로 "이곳까지 이르게 하셨느니라"(31절하)는 모세의 고백에는 광야 생활에 필요한 모든 것을 공급해 주신 하나님에 대한 감격이 들어 있습니다. 배고플 때 만나를 주셨고, 목이 타들어 갈 때에 반석에서 나온 생수를 마시게 하셨습니다. 고기가 먹고 싶다고 하면 고기를 주셨고, 오랜 여정 가운데서도 발이 부르트지 않도록 하셨습니다.

셋째로는 앞길이 보이지 않을 때 "너희가 갈 길을 지시하신 자"(33절하)가 되셔서 광야의 여정을 인도하셨습니다. 광야에는 길이 없습니다. 동서남북을 분간하기도 막막하고 어려운 곳이 바로 광야입니다. 하나님은 그곳에서 불기둥과 구름기둥으로 이스라엘 백성의 길을 열어 주셨습니다. 친히 그 여정을 진두지휘하셨습니다.

이런 사실들을 묵상한 모세에게 있어 하나님은 광야 길 가운데 자기 백성을 품에 안으신 자상한 아버지였던 것입니다. 백성들을 보호해 주시고, 필요한 것을 공급해 주시며 그 길을 인도해 주시는 분이었던 것입니다. 이런 사실들이 모세가 백성들의 어떤 말에도 흔들리지 않고, 하나님을 신뢰할 수 있었던 믿음의 근간이 되었습니다. 이러한 이유들로 모세는 평생 동안 하나님을 자비로우신 아버지로 생각하고 신뢰하며 사랑했습니다. 그는 광야 생활을 하나님의 품에 안겨 있는 삶으로 생각했습니다.

그렇게 39년이 흘렀습니다. 신명기 32장은 모세가 죽음을 앞두고 마지막 설교를 하는 장입니다. 이때 모세는 "그는 네 아버지시요"(6절 중)라고 설교하며 다시금 하나님의 아버지 되심을 강조합니다. 구약성경에서 하나님을 '아버지'라고 제일 먼저 부른 사람이 바로 모세입니다. 모세는 하나님을 자비로운 아버지로 보았습니다. 그래서 숨이 끊어지기 전에도 백성들에게 "하나님은 너의 아버지가 아니시냐?" 하고 질문할 수 있었습니다.

그는 임종을 앞두고도 "영원하신 하나님이 네 처소가 되시니 그의 영원하신 팔이 네 아래에 있도다"(신 33:27상)라고 말했습니다. 이 말을 현대 말로 바꾸면 "하나님의 영원하신 팔이 너를 끌어안고, 품고 계신다. 그러므로 하나님이야말로 너의 고향이요, 너의 품이요, 너의 안식처가 되신다"라는 이야기입니다.

모세는 이 믿음에 변함이 없었습니다. 광야 생활을 1년 한 뒤에나, 40년을 한 뒤에나 모세에게 하나님은 '나의 자비로우신 아버지', '내가 기대고 안길 수 있는 따뜻한 품을 가지신 분'이란 생각과 믿음이 떠나지 않았습니다. 광야 생활을 보는 모세의 눈은 이와 같이 백성이 보는 눈과는 달랐습니다.

모세와 같은 영적인 눈을 뜨고 하나님을 아버지로, 우리는 그의 품에 안긴 사랑받는 자녀로 고백할 수 있어야 하지 않을까요? 왜냐하면

안아 주심

●

413

지금 우리는 이스라엘 백성들이 통과했던 시내산 광야보다 더 크고 무서운 세상에 살고 있기 때문입니다. 이 세상의 삶은 온갖 위험이 도사리고 있는, 한치 앞을 예측할 수 없는 미지의 길입니다. 하지만 우리는 천국에 들어가기까지 이 세상을 걷고 또 걸어야 하는 나그네입니다. 그 길에는 눈물과 땀이 서려 있습니다. 지루하고 고독한 이 길이 바로 인생길입니다.

옥스퍼드대학의 맥그래스(Alister McGrath, 1953) 교수가 쓴《내 평생에 가는 길》(*The Journey*)이란 책에서 인생을 묘사한 한 구절이 참으로 제 마음에 와닿습니다.

"짧고 상쾌한 산책일 줄 알았던 것이 미처 제대로 준비되지 않은 마라톤으로 바뀐다."

어린 시절, 철이 없을 때는 인생이 부모의 사랑을 듬뿍 받으며 걷는 산책처럼 느껴집니다. 그러나 좀 더 걷다 보면 미처 준비가 안 된 채 달려야 하는 마라톤이 되어 버립니다. 이 마라톤을 달리면서 얼마나 많은 사람이 지쳐 쓰러지는지요, 얼마나 많은 사람이 탈락하는지요, 얼마나 많은 사람이 절망에 빠지는지요. 이것이 우리가 가는 인생길입니다.

○ ○ ○ ○ ○ ○ ○ ○ ○
내 아버지 되신 하나님

이런 광야 길을 달리는 우리가 모세의 눈을 가지고 하나님을 본다면 얼마나 좋겠습니까? 태산을 넘고 험한 계곡을 지날지라도 하나님 품에 안겨 걷는다면, 우리는 빛 가운데로 걸어가는 나그네로서 한평생을 살 수 있다고 믿습니다.

사실 우리는 구약시대에 살던 모세보다 엄청난 복을 누리는 사람들입니다. 율법의 시대에 그렇게 위대했던 모세도 은혜의 시대에는 작은 사람에 지나지 않기 때문입니다. 왜냐하면 '하나님이 우리를 사랑하는 아버지가 되신다'라는 사실을 모세가 안 것보다 우리가 더 자세하게 알고 있고, 더 분명하게 알고 있기 때문입니다.

예수님께서 이 세상에 오셔서 우리에게 해 주신 일이 무엇입니까? 그가 우리를 위해서 해 주신 큰일 가운데 하나는 하나님이 아버지이신 것을 가르쳐 주신 것입니다. 또 하나님이 어떤 분이신지를 몸소 보여 주셨습니다. "나를 본 자는 아버지를 보았거늘"(요 14:9중). 그러므로 우리가 하나님 아버지를 보고 싶다면 사복음서를 펴 놓고 예수님이 행하신 일과 말씀하신 것을 묵상하면 됩니다. 이렇게 하면 하나님을 아버지로 느끼는 것은 조금도 어렵지 않습니다.

예수님은 세상에 오셔서 하나님이 어떤 분이신가를 자신의 삶으로 보여 주셨습니다. 하나님은 가난하고 병든 자를 가까이하시는 자비로운 아버지이십니다. 죄인을 가까이하시고, 용서하고 품어 주시는 아버지이십니다. 좋은 것을 우리에게 주시는 아버지이십니다.

"너희가 악한 자라도 좋은 것으로 자식에게 줄 줄 알거든 하물며 하늘에 계신 너희 아버지께서 구하는 자에게 좋은 것으로 주시지 않겠느냐"(마 7:11). 여기에서 하나님을 누구라고 합니까? 우리의 "아버지"라고 합니다. 이것을 우리에게 가르쳐 주신 분이 누구십니까? 바로 예수님입니다. 예수님 이전 시대에 살았던 모세는 이런 가르침을 받지 못했습니다. 그러나 우리는 분명히 알 수 있지 않습니까?

예수님은 세상에 계시는 동안 날마다 하나님을 향해서 "아빠, 아버지" 하고 부르며 사셨습니다. 요한복음 17장에는 예수님이 세상을 떠나시기 직전에 제자들에게 고별사를 하시고, 제자들을 위해 기도해 주신 내용이 들어 있습니다. 여기서 예수님은 하나님을 서른아홉 번이나 "아버지"라고 부르셨습니다. 우리는 이런 예수님의 모습을 통해서 하나님이 나의 아버지 되시는 것을 깊이 배우게 됩니다.

또 "영접하는 자 곧 그 이름을 믿는 자들에게는 하나님의 자녀가 되는 권세를 주셨으니"(요 1:12)라고 하십니다. 이는 곧, 하나님이 우리 아버지가 되는 '자녀의 권세'를 주셨다는 말씀입니다. 우리는 예수님을 믿자마자 하나님을 아버지라고 부르는 사람이 되었습니다.

사실 우리의 본능만 가지고는 보이지 않는 하나님을 "아버지"라고 부르기 어렵지 않습니까? 하나님을 생각하면 두려운 생각부터 앞서지 않습니까? 이스라엘 백성의 심정과 똑같을 것입니다. 하지만 하나님은 우리의 이런 두려움을 제거해 주시기 위해 성령님을 보내 주셨습니다. 그가 우리 안에 거하셔서 시도 때도 없이 하나님을 "아빠, 아버지"라고 부르도록 도우십니다. 예수님이 세상에 계실 때 하신 것처럼, 우리도 그렇게 하도록 성령님이 우리 영을 감동하고 계십니다.

"너희는 다시 무서워하는 종의 영을 받지 아니하고 양자의 영을 받았으므로 우리가 아빠 아버지라고 부르짖느니라"(롬 8:15)고 말씀하셨습니다. 우리가 받은 은혜가 얼마나 큰지요! 우리 중에는 하나님이 아버지라는 사실을 모르는 사람도 없고 하나님을 아버지라고 부르기를 주저하는 사람도 없습니다.

사도신경으로 신앙을 고백할 때 제일 먼저 나오는 고백이 무엇입니까? "전능하사 천지를 만드신 하나님 아버지를 내가 믿사오며"입니다. 저는 매일 이 고백을 하면서 가끔 이렇게 말을 바꿔 봅니다. "전능하사 천지를 만드신 분이 하나님이신 줄 믿사오며, 그 하나님이 내 아버지 되심을 믿습니다."

주기도문을 암송할 때도 "하늘에 계신 우리 아버지시여" 하고 가만히 되뇌어 봅니다. 이 얼마나 마음을 포근하게 하는 말입니까? 온 천지

만물 위에 높이 좌정해 계신 하나님, 온 우주를 소유하고 계시는 그 하나님이 나의 아버지 되십니다. 날마다 이렇게 선포하면서 살아갑니다.

○ ○ ○ ○ ○ ○
아버지의 품

우리는 자신에게 정말 진지하게 물어봐야 할 질문이 하나 있습니다. 하나님을 '나의 아버지'로 믿는다고 입술로 고백하지만, 이 무서운 세상에서 나를 안고 걸어가시는 아버지라는 사실이 정말로 믿어지느냐는 것입니다. 하나님의 그 품을 얼마나 알고 있습니까? 그 품에서 무엇을 느끼고 있습니까? 평안이 있는지, 찬송이 있는지, 내가 그 품을 알고 있기 때문에 가족과 이웃에게 어떤 말을 하는지, 믿지 않는 사람과 구별되어 생활하고 있는지를 스스로에게 물어보십시오.

이것은 현실적인 문제입니다. 고개만 끄덕여서 될 문제가 아닙니다. 예배를 마치고 세상에 나가면 당장 부딪힐 문제입니다. 아무리 입으로 하나님 아버지를 불러도 하나님 아버지 품에 안겨 있다는 사실이 믿어지지 않고, 안아 주시는 은혜가 무엇인지 잘 모른다면, 그래서 나의 생각과 감정과 행동에 아무런 변화가 없다면 그 사람은 빈껍데기 그리스도인입니다.

누군가에게 안긴다는 것은 머리로 아는 데서 그치는 메마른 행위가 아닙니다. 사랑에 빠진 남녀가 서로 포옹을 한 후 집에 돌아와서 아직도 안겨 있는 듯, 흥분 속에서 깨어나지 못하는 것은 쉽게 이해할 수 있는 감정입니다. 그러나 우리가 한 번도 보지 못한 하나님의 품에 안겨 있다는 것은 머리만 가지고 되는 일이 아닙니다. 안긴다는 것은 온몸으로 느끼고 경험하는 행위입니다. 아무리 영적인 부분이라도 그것은 나의 전(全)인격을 흥분시킬 수 있는 문제요, 나의 전(全)인격이 느끼고 확인할 수 있는 행위이지 막연히 머리로만 생각하는 것이 아닙니다.

오프라 윈프리(Oprah Gail Winfrey)라는 이름을 한 번쯤은 들어 보셨을 것입니다. 그 사람의 영향력은 엄청납니다. 그녀는 미국에서 가장 탁월한 텔레비전 토크쇼 진행자이자 2004년 UN이 선정한 '올해의 세계지도자상'을 받은 흑인 여성입니다. 그녀는 어린 시절을 참 비참하게 보냈습니다. 토크쇼를 하면서 자기의 과거를 한 번씩 이야기할 때가 있는데, 부모의 이혼으로 오갈 데 없어 이곳저곳 전전하며 남의 신세를 질 수밖에 없었다고 합니다.

그 당시를 돌아보며 그녀는 이런 말을 합니다. "나는 아버지가 나를 안아 주신 경험이 단 한 번도 없다. 한 번도 내 아버지는 나를 안아 주신 일이 없다. 내 어머니에게서 사랑한다는 말을 들어 본 적도 한 번도 없다." 그것이 너무나 상처가 되어 지금도 부모를 생각하면 가슴에서 찬바람이 이는 것입니다.

한 번도 안아 준 경험이 없는 아버지를 어떻게 따뜻하게 여길 수 있습니까? 한 번도 사랑한다는 말을 해 주지 않은 엄마를 어떻게 엄마라고 느낄 수 있겠습니까? 우리 중에도 입으로는 하나님을 아버지라고 말하지만 정작 가슴은 싸늘하게 식어 있는 사람이 적지 않을 것입니다. 이것은 참 불행한 이야기입니다. 하나님은 그런 우리를 치유해 주기를 원하십니다. 성령님은 우리를 그런 메마른 신앙생활에서 벗어나도록 인도하십니다.

학자들은 많은 연구를 통해, 사랑하는 사람에게 안기거나 아이가 엄마에게 안기는 경험이 정서적으로나 신체적으로 좋은 반응을 일으킨다는 사실을 밝혔습니다. 몇 년 전 미국의 정신신체학회에서 이런 말을 했습니다. "안아 주면 건강해진다." 사람은 안기면 건강해진다는 것입니다. 안기는 느낌을 자주 맛보는 아이는 건강하게 자랍니다. 피부가 닿고, 신체를 접촉하는 것이 몸을 편안하게 해 주고 스트레스를 줄여 줍니다. 그만큼 안긴다는 것은 실제적인 일입니다.

이것이 어찌 육신에만 해당하는 이야기이겠습니까? 우리의 영혼에도 그대로 해당되는 원리입니다. 누가 속사람이 건강할 수 있습니까? 누가 험한 세상에서 마음의 평안을 가지고 살 수 있습니까? 누가 이 혼잡한 세상에서 스트레스로부터 자유로울 수 있습니까? 누가 두려워하지 않고 당당하게 문제를 극복할 수 있습니까? 바로 하나님 아버지의 안아 주심을 실제로 느끼고 체험한 사람입니다.

어떻게 하면 하나님을 나를 안아 주시는 아버지로 경험할 수 있을까요? 어떻게 하면 내가 하나님 품에 안겨 있다는 것을 느낄 수 있을까요? 바로 하나님이 나를 안아 주고 계시는 아버지라는 강한 확신을 갖는 것입니다. 모세처럼, 아무도 흔들 수 없을 만큼 내 마음에 그 믿음이 꽉 차 있다면 나는 하나님 품에 안겨 있는 사람입니다. 그런 강한 확신이 들면 평안과 기쁨이 솟아납니다. 이상하게 세상이 두렵지가 않습니다. 문제가 눈앞에 버티고 있는데도 걱정이 안 됩니다. '나는 하나님 품에 있는 사람이야, 하나님이 알아서 인도하실 거야.' 이런 생각으로 마음이 편안해지는 것입니다.

하나님을 "아버지" 하고 부르면 나도 모르게 마음 깊은 곳에서부터 촉촉이 젖어 드는 행복이 있습니다. 바로 안겨 있는 사람의 모습입니다. 지금 나에게 이런 감정이 있고, 이런 감동이 있고, 이런 은혜가 있는지 스스로에게 물어보시기 바랍니다.

아버지 되심을 묵상하라

하나님이 나를 안아 주시는 은혜를 매일 누리며 살기 위해서는 적어도 두 가지는 실천해야 됩니다.

첫째는 '하나님이 아버지가 되신다'라는 말씀을 찾아서 자주 묵상해야 합니다. 이런 말씀은 구약성경보다 신약성경에 훨씬 많이 있습니다. 중요한 것은 말씀을 '묵상'한다는 것입니다. 읽고 그냥 덮어 버리는 게 아니라, 혹은 몇 장 읽고 끝내는 것이 아니라, 마치 입에 음식을 넣고 씹듯이 읽은 본문을 묵상하는 것입니다.

시편 1장을 보면 누가 "복 있는 사람"이라고 합니까? 누가 '물가에 심긴 나무처럼 형통한 사람'이라고 합니까? 하나님의 율법, 하나님의 말씀을 즐거워하여 주야로 묵상하는 사람입니다. 마지못해서 한 장 읽는 사람이라고 하지 않았습니다. 말씀이 좋아서, 즐거워서 읽다가 보면 성경을 빨리 덮지 못합니다. 마음에 담고 자꾸 되새김질하고 기도하고 찬송하고 고백하게 됩니다. 이런 사람이 복 있는 사람입니다.

신명기 1장을 놓고 묵상해 봅시다. 모세는 험악한 광야 생활에서도 하나님을 아버지로 신뢰하고, 고생스러운 광야의 삶을 하나님 품에 안겨 있는 삶으로 보았습니다. 묵상이란, 나도 모세처럼 해 보고 싶어서, 모세처럼 되고 싶어서 선택하는 방식입니다. 모세는 광야에서 하나님의 안아 주심을 체험했습니다. 나도 그런 은혜를 받고 싶어서 말씀 앞에 의도적으로 마음을 여는 노력이 바로 묵상입니다. 말씀 속에 있는 모세의 자리에 나를 가져다 놓고, 생각하고 고백하고 기도하는 것입니다. 이런 묵상을 통해서 오늘의 모세가 되는 것입니다. 모세처럼 느껴 보고, 모세처럼 행복한 사람이 되어 봅니다.

'그때 내가 시내산 광야에 있었다면 어떻게 했을까? 목이 마르다는 백성들에게 모세처럼 반응했을까? 모세는 어떻게 백성들과 다를 수 있었을까? 백성들은 문제만 보고 아우성을 쳤지만, 모세는 하나님을 신실하신 아버지로 보았으니 나도 그렇게 해야지!' 이렇게 각자의 현실에 적용해 볼 수도 있습니다.

'내 몸이 아파도 나는 하나님 품에 안겨 있는 사람이야. 가난해도 나는 하나님 품에 안겨 있는 사람이야. 비록 직장을 구하지 못하고 눈앞이 캄캄하다 해도 나는 하나님 품에 안겨서 광야를 지나가는 중이야. 나는 모세야. 하나님이 모세를 한평생 지키시고 광야 생활에서 승리하게 하신 것처럼 내 인생도 승리하게 해 주실 거야. 내 영혼아 담대하라. 너는 하나님의 품에 있는 사랑받는 자녀야. 두려워하지 말고 오늘도 하나님 아버지를 바라보고 힘차게 발걸음을 내딛자. 그게 사는 길이야. 그게 하나님이 기뻐하시는 삶이야'라고 스스로 고백하고, 자신을 북돋아 하나님 앞에 일어서는 것이 '묵상'입니다. 이런 묵상을 통해서 우리는 오늘의 모세로서 이 세상을 살아갈 수 있습니다. 그래서 광야의 고난이 축복이었음을 깨닫게 해 주시는 하나님의 은혜를 맛보게 됩니다. 이렇게 묵상할 때 성령님이 우리에게 기름을 부으시고 하나님의 안아 주심을 체험하게 해 주십니다. 몸을 굽히고 우리를 안아 주시는 자비로운 아버지 하나님을 만나게 해 주십니다. 그분의 품에 안겨 광야를 통과하는 모세처럼 나도 그 황홀함을 느껴 보는 것입니다. 이것이 묵상이 주는 은혜입니다.

묵상하기 위해서는 적절한 환경이 필요합니다. 아무리 아버지와 자녀 사이라도 나쁜 감정이 끼어들면 어색해집니다. 하나님과 우리 사이에도 나쁜 감정이 낄 수 있습니다. 그렇기 때문에 하나님 아버지와 대화할 적절한 환경을 만들고, 마음에 생각나는 죄가 있으면 고백해야 합니다. 그리고 어린아이처럼 하나님을 갈망합니다. 고독과 침묵의 시간을 만듭니다. 마음을 열어 놓고 부르짖는 기도를 합니다. 그렇게 말씀 묵상이 가능한 환경을 만드는 것입니다.

많은 사람들이 바쁘다는 핑계로 하나님과 교제할 적절한 환경을 만드는 것을 등한시합니다. 대부분의 사람들이 명예와 건강, 온갖 흥밋거리에 몰두하다가 하루를 소진해 버립니다. TV나 신문, 인터넷에 매달려 시간을 다 내버리고 맙니다. 적절한 환경을 만들지 못하니까 묵상을 못하는 것입니다. 이런 사람들은 머리로는 하나님이 '아버지'이지만 마음으로는 '아버지'가 아닙니다. 이런 메마른 사람이 되지 않기를 바랍니다.

요새는 세상이 바쁘게 돌아가니까 아이들이 아빠 얼굴을 보기도 어렵다고 합니다. 미국의 어떤 통계를 보니 아빠가 하루에 자기 아이들과 얼굴을 맞대고 대화를 나누는 시간이 10분도 안 된다고 합니다. 만나는 시간이 짧아지니 점점 더 서먹서먹해지는 것입니다.

하나님과 우리의 관계도 마찬가지입니다. 하나님의 말씀을 묵상하고 하나님을 아버지라고 부를 수 있는 은혜를 자주 경험해야 합니다. 바쁘다는 핑계로 그런 시간을 만들지 않으면 묵상을 못하게 되고, 묵상을 못하니까 점점 그 사이가 서먹서먹해질 수밖에 없습니다. 하루에 10분이라도 좋습니다. 20분이면 더 좋습니다. 적절한 환경을 만드십시오. 그리고 말씀 앞에 나아가 하나님을 만나십시오. 하늘 아버지의 품이 어떠한지 직접 경험하십시오.

○ ○ ○ ○ ○ ○
돈키호테처럼

안아 주심의 은혜를 체험하려면 둘째로, 아버지의 품에 안겨 있는 자녀처럼 행동해야 합니다. 여기서 '마치 무엇처럼 행동한다'라는 말을 마음에 새겨 두시기 바랍니다.

세르반테스(Miguel de Cervantes Saavedra, 1547−1616)가 쓴 유명한 《돈키호테》(*Don Quixote*)라는 소설에서 주인공 돈키호테는 중세 유럽에 만연한 부정과 비리를 도려내고 학대받는 백성들을 해방시키는 기사가 되기를 열망했습니다. 그래서 나중에는 자기가 마치 기사가 된 것처럼 행세했습니다. 학자들은 이 소설이 주는 메시지가 놀랍다고 이야기합니다. 그것은 바로 '기사가 되고 싶으면 기사처럼 행동하라'는 것입니다.

어떤 신학자는 이런 말을 합니다. "성자가 되고 싶으면 성자처럼 행동하라." 저는 이렇게 말하고 싶습니다. "예수의 제자가 되고 싶으면 예수의 제자처럼 행동하라. 남편과 더 깊이 사랑하고 싶으면 애인처럼 행동하라. 하나님 품에 안겨 있는 자녀가 되고 싶으면 안겨 있는 자녀처럼 행동하라."

'마치 무엇처럼 행동하라'는 것은 신앙생활에도 통하는 아주 중요한 원리입니다. '믿는다'는 것은 마치 그렇게 된 줄로 알고 행동하는 것입니다. 예수님께서 이런 말씀을 하셨습니다. "무엇이든지 기도하고 구하는 것은 받은 줄로 믿으라 그리하면 너희에게 그대로 되리라"(막 11:24). 하나님 앞에 간절히 구했다면, 이제 구한 것을 받은 자처럼 행동해야 합니다.

권위 있는 기독교 저널리스트인 필립 얀시(Philip Yancey)는 이런 말을 했습니다. "신앙생활이란 마치 하나님의 모든 말씀이 사실인 것처럼 믿고 행동하는 것이다. 그래서 나는 하나님을 '사랑 많은 아버지'라 생각하고 행동하며 산다." 이것이 믿음생활입니다. 믿음은 행동입니다. 하나님 품에 안긴 자녀처럼 행동하면 그것이 얼마나 행복한 삶인지 알게 됩니다. 그러나 행하지 않으면 그 진리를 결코 알 수가 없습니다.

안아 주심

제가 잘 아는 권사님 한 분이 미국에 사시는데, 오래전에 제가 그 집을 방문해서 여러 날 신세를 진 적이 있습니다. 권사님은 평생 눈물 많은 생을 사신 분입니다. 그런데 그분 집에 머무는 동안 재미있는 광경을 보았습니다. 권사님은 아침에 출근을 하려고 나서면서 "아버지, 다녀오겠습니다" 하고 나갔다가 저녁에 돌아오면 문을 열고 현관에 들어서면서 "아버지, 잘 다녀왔습니다" 하는 것이었습니다. 그 광경을 처음 봤을 때는 그저 습관적으로 그러나 보다 했습니다. 그런데 며칠을 듣다 보니 그 아버지가 바로 하나님이셨습니다.

'하나님이 안방에 갇혀 있는 늙은이인 줄 아나?' 하는 생각에 혼자 웃기도 했지만, 제가 느낀 한 가지 분명한 사실은 그분은 날마다 하나님 품에 안겨 있는 딸처럼 산다는 것입니다. 어디를 가나 하나님의 품에 안겨 사는 딸처럼 말하고 생각하고 행동합니다. 제가 그 권사님의 삶을 지금까지 20년이 넘도록 조용히 지켜보았는데, 그분이 마치 하나님 품에 안긴 딸처럼 행동하니까 하나님께서 남이 모르는 특별한 은혜를 주시는 것이 분명했습니다.

성경을 보면 참 많은 명령들이 나옵니다. 하나님께서 제일 많이 하신 명령은 "두려워 말라"입니다. 신명기에서도 중요한 고비마다 모세는 이스라엘 백성에게 반복해서 "두려워 말라"고 명령했습니다. 왜 그럴까요? 하나님의 자녀는 하나님의 넓은 품에 안겨서 광야를 걸어가는 사람들입니다. 크고 따뜻한 아빠의 품에 안긴 어린아이가 공포에 질려 벌벌 떠는 것을 본 적이 있습니까? 아버지의 품에 안겨 있는 자녀는 떨지 않습니다. 그래서 하나님은 우리에게 "두려워 말라"고 하시는 것입니다.

지금 당장 살아갈 일이 아득해서 공포가 몰려옵니까? 앞날에 무슨 일이 생길지 몰라서 두렵습니까? 앞이 캄캄해서 길이 전혀 보이지 않습니까? 믿음으로 나 자신을 향해서 선포합시다. 세상을 향해서 선포합시다. 하늘을 향해서도 선포합시다. 땅을 향해서도 선포합시다.

"나는 하나님 아버지의 품에 안겨 있는 사람이야! 나는 하나님의 사랑받는 자녀야! 내 영혼아 두려워 말라! 내 영혼아 두려워 말라!"

이렇게 할 때 우리를 두렵게 하는 모든 것이 다 사라지고 우리 앞에 반석이 갈라져 생수가 솟는 기적을 볼 것입니다. 우리도 하늘에서 떨어지는 만나를 먹는 놀라운 기적을 체험할 것입니다. 불기둥과 구름기둥이 길을 열어 주는 기적을 보게 될 것입니다.

하나님은 반드시 우리를 인도해 주십니다. 그래서 광야 생활을 승리로 끝나게 하시고, 영원한 나라에서 하나님과 더불어 사는 복락을 누리게 하실 것입니다. 이런 은혜를 지금 삶의 현장에서 꼭 체험하며 사는 복된 그리스도인이 되시기를 축복합니다.

내가 기대고 안길 수 있는 따뜻한 품을 가진 아버지… 하나님!

마음이 상한 당신에게

***

[효능 · 효과]

영적 피곤의 예방 및 치료

[성분 · 함량]

피곤한 자에게 쉼을 주시는 예수님 (평생 권장량 이상)

"수고하고 무거운 짐 진 자들아 다 내게로 오라 내가 너희를 쉬게 하리라"_마 11:28상

십자가 앞에서도 절망하지 않으신 예수님 (평생 권장량 이상)

"그 앞에 있는 기쁨을 위하여 십자가를 참으사 부끄러움을 개의치 아니하시더니"_히 12:2하

[용법 · 용량]

남녀노소 누구나

수시 복용 : 마음이 지칠 때마다 몇 초에서 몇 분간 예수님을 생각합니다. 이때 짧은 기도를 곁들이면 효과가 커집니다.

정기 복용 : 일주일에 한두 시간을 구별하여 정해 놓고 예수님을 깊이 묵상합니다. 그분께 모든 주도권을 맡기고 잠잠히 귀 기울이십시오. 소가 되새김질하듯 말씀을 되새김질하십시오.

은혜 안에서 만나는 영적 성장의 3단계

***

[1단계]

신앙의 첫사랑으로 날아오르기

: 용서받은 은혜에 감격해 하늘로 솟아오른다.

[2단계]

진리의 말씀을 붙잡고 달려가기

: 말씀을 배우고 분별하며 영적 도약을 경험한다.

[3단계]

고난에도 굴하지 않고 계속 걸어가기

: 많은 시험과 연단을 통해 예수님을 닮아간다.

안아 주심

●

속사람을 위한 건강 수칙

***

"겉사람은 낡아지나 우리의 속사람은 날로 새로워지도다"_고후 4:16하

[건강 수칙 1]
영의 양식인 말씀을 골고루 섭취한다.
"여호와의 율법은 완전하여 영혼을 소성시키며"_시 19:7상

[건강 수칙 2]
영적 호흡인 기도를 지속하여 생기를 마신다.
"모든 기도와 간구로 하되 무시로 성령 안에서 기도하고"_엡 6:18상, 개역한글

[건강 수칙 3]
영적 운동인 섬김과 희생으로 영적 근력을 키운다.
"선한 행실의 증거가 있어 혹은 자녀를 양육하며 혹은 나그네를 대접하며 혹은 성도들의 발을 씻으며 혹은 환난당한 자들을 구제하며 혹은 모든 선한 일을 행한 자라야 할 것이요"_딤전 5:10

[건강 수칙 4]
날마다 기뻐하고 무조건 감사한다.
"항상 기뻐하라…범사에 감사하라 이것이 그리스도 예수 안에서 너희를 향하신 하나님의 뜻이니라"_살전 5:16, 18

안아 주심

●

우리는 왜 두려운가?

***

[두려움 1]

하나님 앞에 떳떳하지 못한 무언가가 있을 때

: 독사 같은 그 공포증은 언제 어디서든 우리를 공격할 것이다. 지금 당장 손해를 보더라도 마음에 거리낌이 될 짐이라면 과감히 던져 버리자.

[두려움 2]

갑자기 나에게 어떤 불행이 닥칠지도 모른다는 생각이 들 때

: 내가 하나님께 어떤 존재인지 생각해 보자. 어느 부모가 자기 자녀가 어려울 때 가만히 있겠는가?

[두려움 3]

나보다 앞서가는 사람이나 나를 추격해 오는 사람 때문에

: 질투의 대상은 쉽게 공포의 대상으로 변한다. 그럴 때 사랑으로 감싸 안으면 그 대상에 대한 두려움이 깨끗이 사라질 것이다.

하늘 아버지의 안아 주심

***

[하나님을 아버지로 경험하는 방법]

복음서를 펼쳐서 예수님이 행하신 일과 하신 말씀을 묵상하라.

시도 때도 없이 하나님을 "아빠, 아버지"라고 불러라.

[안아 주심의 은혜를 누리는 방법]

하나님이 아버지가 되신다는 말씀을 찾아서 자주 묵상하라.

하나님 품에 안겨 있는 자녀처럼 행동하라.

국제제자훈련원은 건강한 교회를 꿈꾸는 목회의 동반자로서 제자 삼는 사역을 중심으로 성경적 목회 모델을 제시함으로 세계 교회를 섬기는 전문 사역 기관입니다.

옥한흠 전집 주제 **06**

나의 고통 누구의 탓인가 | 안아 주심

초 판 1쇄 인쇄 2021년 9월 10일
초 판 1쇄 발행 2021년 9월 20일

지은이 옥한흠
디자인 참디자인 (02.3216.1085)

펴낸이 오정현
펴낸곳 국제제자훈련원
등 록 제2013-000170호 (2013년 9월 25일)
주 소 서울시 서초구 효령로68길 98 (서초동)
전 화 02.3489.4300
팩 스 02.3489.4329
이메일 dmipress@sarang.org

ISBN 978-89-5731-841-6 04230
978-89-5731-835-5 04230(세트)

* 책값은 뒷 표지에 있습니다. 잘못된 책은 구입하신 곳에서 교환해드립니다.